国家社科基金
后期资助项目
GUOJIA SHEKE JIJIN HOUQI ZIZHU XIANGMU

明清山陕乡村水利治理
中的制度、权力与文化

Institution, Authority and Culture of
Water Conservancy Governance in Shanxi-Shaanxi's
Rural Area During the Period of Ming-Qing Dynasty

王焕炎　著

中国社会科学出版社

图书在版编目（CIP）数据

明清山陕乡村水利治理中的制度、权力与文化／王
焕炎著. -- 北京：中国社会科学出版社，2024.10.
ISBN 978 - 7 - 5227 - 4373 - 8

Ⅰ. F329

中国国家版本馆 CIP 数据核字第 2024BL0539 号

出 版 人	赵剑英
责任编辑	孔继萍
责任校对	郝阳洋
责任印制	李寡寡

出 版	中国社会科学出版社
社 址	北京鼓楼西大街甲 158 号
邮 编	100720
网 址	http：//www.csspw.cn
发 行 部	010 - 84083685
门 市 部	010 - 84029450
经 销	新华书店及其他书店

印 刷	北京君升印刷有限公司
装 订	廊坊市广阳区广增装订厂
版 次	2024 年 10 月第 1 版
印 次	2024 年 10 月第 1 次印刷

开 本	710×1000 1/16
印 张	19
插 页	2
字 数	341 千字
定 价	98.00 元

国家社科基金后期资助项目

出 版 说 明

后期资助项目是国家社科基金设立的一类重要项目，旨在鼓励广大社科研究者潜心治学，支持基础研究多出优秀成果。它是经过严格评审，从接近完成的科研成果中遴选立项的。为扩大后期资助项目的影响，更好地推动学术发展，促进成果转化，全国哲学社会科学工作办公室按照"统一设计、统一标识、统一版式、形成系列"的总体要求，组织出版国家社科基金后期资助项目成果。

全国哲学社会科学工作办公室

前　　言

党的十八届三中全会会议公报明确提出了"国家治理体系和治理能力现代化"的重大国家建设目标，为新时代中国特色社会主义现代化建设指明了新的方向。国家治理现代化是一项系统性工程，涉及加强和改善党的领导、调整和优化中央与地方关系、夯实基层治理基础工程、基层社会治理优化等重大议题，是一项整体性、协同性、综合性的重大工程。作为国家治理的基础性工程，基层治理现代化及其相关议题颇受政府和学界瞩目：各级地方政府结合本地实际，展开了对本地区基层治理优化的多样化实践；学界相关理论性总结和探索也屡见纸端，与基层治理实践相互裨益。当下我国基层治理中的核心和关键问题是：基层治理是一个公众参与的公共性问题。公共性问题的有效治理有赖于良性商谈机制的建构，而这有着深刻的理论建构意义与实践指导价值。

在研究中认真对待公共性有效治理问题其来有自。自加勒特·哈丁（Garrett Hardin）于 20 世纪 60 年代提出"公地悲剧"这一重要的分析性概念以来，针对公共资源利用中合作悖论的探讨即不绝如缕。曼瑟尔·奥尔森（Mancur Lloyd Olson）"集体行动的逻辑"颇为悲观地断言，除非群体规模足够小，否则合作性的集体行动难以可能；经典"囚徒困境"中参与者各方利益均遭损失的博弈均衡解，则使奥尔森的这一悲观断言获得了来自数理模型的合理化支持。这一困境自身似乎陷入了无解之困。

揆度上述诸论述，其源初语境为公共资源之有效运用，而以公共性的合理建构为其实质性问题。这一实质性问题的解答存在两重进路：在实践上应探索合作和治理机制构建的问题；在理论上应着力于公共性的再生产问题。

埃利诺·奥斯特罗姆（Elinor Ostrom）以其"公共池塘"理论，通过对公共资源开发和利用中治理逻辑的讨论，为多主体参与下的公共事物的治理之道提供了一种可行的路径探讨。按照这一理论，公共事物的有效治理应满足参与者群体自组织条件下的自主治理原则。自主治理的基本框架可由清晰化的边界界定、规则的在地化、信息的可获得性、行动规则的可自主选择性、有效监督和制裁、有公共组织参与的冲突解决机制、对公共权威的认同服从等约束条件加以限定，从而达至一种公共治理的可获得结果。值得注意的是，在"公共池塘"治理案例的讨论中，奥斯特罗姆实际或多或少地假定了参与到公共资源治理过程中的各方的异质性主体地位。这种异质性表现为各方在利益诉求上的差异性，或者在利益博弈上策略的矛盾性或者竞争性。并且因行动的可自主选择以及自主治理，各方之间的地位是可以相互对等的。这一地位是上述诸多约束性条件达成的必要前提，也是一种自组织治理达成的必要条件。

罗伯特·阿克塞尔罗德（Robert Axelrod）则通过建立较为适切的数学模型方式，借由计算机模拟的技术手段，为一种合作可能性的博弈均衡策略框架和演化路径提供了可靠模拟。与经典"囚徒困境"的基本假定有所区别，阿克塞尔罗德的博弈模型建基于重复博弈这一相对更加符合社会实际的情形之上。在可以反复进行的博弈过程中，即使在合作各方信息不对称和缺乏公共权威监督的情形下，那些奉行"一报还一报"原则的选择仍可成为优势策略，并可建立起对他人背叛的监督和适度惩罚的合理机制，因此可以在足够多的博弈格局后获得合作的可能。对于格局中的各方参与者而言，这种优势策略可能并非诸种可选择方案中的最优选择，却通常是最具鲁棒性的。相比于奥斯特罗姆基于公共池塘资源治理实践的讨论，这一基于模型建构讨论的预设前提更显精练。至少信息可获得或者公共权威不再必需。在此意义上，合作中的公共性也可以以更简洁的约束条件而建构起来。

如果说奥斯特罗姆的讨论着重于以"公共池塘"为典型的公共事物有效治理问题，阿克塞尔罗德的理论则偏重于可以使参与到特定条件约束社会过程中的各方有效合作机制问题。虽然两种讨论各有所偏重，但其共同指向的是公共性的生产和再生产问题。参与到自组织过程中的各方，通过一系列条件约束搭建起来的治理框架，实现了公共资源的有效运用，这一过程同时是一种公共性的生产机制；而在阿克塞尔罗德模型中的各方通过可重复进行的博弈过程，最终建立起来的稳定合作机制，依赖的是可以为各方所共同接受的规则的确立。这些规则的有效和普遍可接受，正是其作为公共性不断被再生产出来的最终保证。也就是说，公共性的生产过程涉及的是一种治理机制框架搭建的事实性问题，而其再生产过程则意味着一种可普遍性的规则体系的规范性确立问题。

也正因如此，张凤阳通过对多元主体合作治理机制建构的讨论，试图对公共性的再生产过程予以重构，而这一重构的关键正是对事实与规范间张力的消解。按照哈贝马斯（Jürgen Habermas）的看法，任何特定治理过程都不可避免地充满了事实与规范的张力。对这一张力的消弭过程或者试图将两者重新进行整合的过程，在此也就可以被看作公共性的不断生产和再生产的过程；也就是一个不断在个体理性与公共理性之间构建起有效连接，从而获得两种理性契合的过程。这个过程的关键在于规范有效性的确立。

在现代社会情境下，这一规范有效性的确立，可以通过现代性条件下基于主体间性构造的商谈机制而实现。因为基于相互承认主体性，不同治理机制参与者主体可以通过其言语的合理运用，使被表达出来的主体诉求和意愿能够满足奥斯汀意义上的以言表意功能；而作为遵循可理解、真实、真诚、正确原则的公共商谈过程的结果，以言行事和以言取效得以凸显，事实有效和规范有效得到保证；个体理性的公开运用和表达获得了公共理性的形式，两者的裂痕终以交往理性的形式得到弥合，一种基于商谈机制的合作治理和公共性再生产过程成为可能。因此，具有共和精神的积极公民，通过协商民主的形式参与到治理场域中，是可以协调其形式理性和实质理性，进而实现公共性的再生产的。

可以看出，在这种基于商谈的合作治理机制中，公共性的达成是关键。为了保障这种达成，必须保障和承认参与者的主体性地位，而这正是霍耐特的理论指向。而在哈贝马斯的讨论中，这种互主体性地位的保障以法治国的整体建构作为前提。也即在一种民主的法治国框架下，事实与规范得以统一起来，个体理性与公共理性的合理连接得以重建。但是，在哈贝马斯那里，民主法治国的制度框架，恰恰又是以商谈机制建立起来的。因此，这里必须有一种能够在"原初"意义上对商谈合理性的保障，否则论证将陷入循环。这种"原初"的保障在哈贝马斯的理论中是以商谈原则的形式给出的，并且这些原则的合理性和有效性据信是充分的。

诚然，作为一种理论构造，作为推理起点的原则可以通过初始预设的形式直观地给出。但是，在实然性的历史进程中，这些"原初"原则的确立却是历史地生成的。探究这种历史进程中的合作治理机制，找出那些为了在公共事物有效治理之目的而形成的人们之间的冲突博弈协调方式、集体认同的共同价值构建方式，无疑对上述问题的讨论具有一定的推动作用，而这正是本书所进行的尝试。正是在对典型区域在历史时期中作为公共事物的水治理讨论中，我们可以对实践着的制度有效性、权力规范性和文化合理性进行一番重新审视，并且通过这种反思性审视尝试去发现这种合作共治背后的历史逻辑。当然，囿于作者的理论和资料的局限，这一探讨还是非常初步的，有待于在进一步的研究中不断深化。

　　本书的研究受到"国家社科基金后期资助项目"（14FZZ004）的资助支持，项目评审过程中也得益于匿名评审专家的宝贵修改意见，中国社会科学出版社的编辑老师也为本书的出版付出了辛勤的劳动，在此谨致以诚挚的谢意。借此机会，本人也想对给予我支持的师友一并表达我的感激之情。无论如何，没有这些支持，这本单薄的小书是难以写就的。

目　录

绪　　论

第一节　水利、农村、国家：共时性考察与历时性架构

一　水利问题与农村政治

（一）农村政治与国家政治

从清末开始，夹杂在内忧外患中的中国开始了现代化的历程，经历着种种艰难困苦，尽力追寻着民族复兴的共同梦想。21 世纪的中国，在不断的改革开放进程中取得了举世瞩目的伟大成就。当历史的进程延至时下，处在现代化进程中的国家和生活在这个国度中的人们，依然存在着种种的困惑与迷茫。撇开因社会的快速前行所带来的诸多难以调适的话题不说，政治社会的再度有效整合、社会合作机制的重构等问题，也不断萦绕在每一个关注国家进步与发展的思考者的心头。客观地说，摆在我们面前的现代化之路还很长。

特别是在占人口绝大多数的农村，仍然面临着不断推进现代化的艰巨任务，全面现代化仍然在路上。按照发展经济学的观点，农村问题是后发现代化国家现代化进程中的关键"卡夫丁峡谷"，因此，这是我们在推进中国现代化进程时不得不面对的一个问题。发展政治学的研究表明，随着现代化进程的逐步加深，"总有一天城市的启蒙会影响到农村"，"农民最终不仅意识到自己在受苦，而且会意识到他们能够设法消除这种苦难。这种意识比任何东西都更具有革命性"。① 而"农村在现代化国家的政治中起着举足轻重的作用。'绿色崛起'的性质、农民进

① ［美］塞缪尔·亨廷顿：《变革社会中的政治秩序》，李盛平、杨玉生等译，华夏出版社1988 年版，第291 页。

入政治体系的方式，决定了未来政治发展的道路"①。

考察国家政治的路径是多元的，农村政治或者发生在农村政治社会场域中的政治，实际上为我们提供了另一个观察政治社会互动关系的面向。福柯（Michel Foucault）论述到，对于任何一种权力的考察，应当是在微观层面，应当是在权力运作的最末梢，即一种权力与另一种权力交界的地方，这是一种权力运行的微观物理学。② 因为只有在这里，我们才能真正了解权力的实现机制。费孝通在讨论传统政治时也指出：从县衙到（乡间）每家大门之间的一段情形是最有趣、最重要的，因为"这是中国传统中央集权的专制体制和地方自治的民主体制打交涉的关键"③。如果搞不明白这个关键的话，就很难真正理解中国的政治社会生态。

（二）村内与村间关系

当然，进入农村政治中，观察农村政治运作的路径也是多元的。施坚雅（G. William Skinner）提出了中国村庄研究的"形式主义的观点"，对以往研究中"只注重小社团而忽略村庄与外界的联系的实体主义倾向"进行了批判，④ 这对启发我们思考农村问题的不同既往的路径探索提供了有益的参考。事实上，村庄之内、村庄之间、村庄与国家之间彼此均存在着复杂的政治关系，构成了一个交织复合的权力关系网络。

总体而言，乡村社会中的关系并不是一种单纯平面意义上的相互联系，而是全面统合在一起的一个立体式网络结构（这里我们先不考虑这个立体网状结构中何者为主导性因素）。在每一个独立村落内部，不同的个体之间通过一定的社会阶层关系结合起来，通过相应的权威关系进行着阶层之间的互动；村落之间通过诸如通婚、市场等关系联结起来，形成一种经济、政治与文化上的全向式立体纽结；而以上这诸种因素又共同与国家互动或互构，共同推动着村落与国家的政治变迁历程。从这个意义上看，村落政治关系是复杂而多彩的，而如何通过一种典型政治关系将这些复杂多维的层面概括地表达和透视，并进而通过这一典型政治关系来解析这一复杂网络，是值得我们去选择合适研究进路进入的问题。

---

① ［美］塞缪尔·亨廷顿：《变革社会中的政治秩序》，李盛平、杨玉生等译，华夏出版社1988年版，第285页。

② ［法］米歇尔·福柯：《规训与惩罚》，刘北成、杨远婴译，生活·读书·新知三联书店2007年第3版，第28—29页。

③ 费孝通：《乡土重建》，见《费孝通文集》第四卷，群言出版社1999年版，第338页。

④ 黄宗智：《华北的小农经济与社会变迁》，中华书局2000年版，第22—23页。

（三）　水利用和管理中的政治

1. 乡村秩序的基本逻辑

在以村庄为核心的诸种社会关系中，本书关心的重点是乡村秩序何以可能的问题。乡村秩序问题说到底是一个乡村社会中的有效合作问题，这种合作的达成依赖于特定的乡村政治生态构成。因此，本书将思考的重心放在乡村政治关系的构成和动作上。"社会的所有活动，社会的所有关系，一句话，社会的所有生活都是政治的，或具有政治属性的；或者换一句话讲，一切的政治生活，一切的政治关系又都是社会的。"① 政治关系的本质隐藏于社会种种关系之后，要破解政治关系的谜题，须将其同社会生活的诸多层面联系起来综合观察。这样才能洞悉其政治生活运作的深层逻辑，从而找到影响政治生活发展变化的真正原因。

彼德·布劳（Peter M. Blau）认为，社会结构是社会关系与社会地位的组合。人们依据分化了的社会地位构成社会生活的多维空间。在这个多维空间中，个体结合为群体，群体组成社会。② 乡村秩序的本质是不同社会结构中的各种要素之间的有序互动关系，并在这种互动中寻求相对的平衡与稳定。而社会结构本身是多层面的，"宏观上国家—中间精英层—民众三层结构和微观上的'差序格局'"成为构成乡村秩序的基本主体。③ 正是这些处于社会结构中不同位置上的社会关系主体的交往和互动，构成了乡村政治运行的现实场景。诚然，作为政治生活核心的国家，在乡村政治生活中必然扮演着举足轻重的角色。但是，坚持以国家为中心来研究乡村政治关系，并不意味着在乡村与国家的互动中，国家是在单向一维地作用于乡村社会，实际上国家对乡村社会发生作用必然受到诸多因素的影响和制约。反过来，乡村本身在一定程度上遵循着自身发展逻辑的基础上，对来自国家的政治要求、政治调适进行着不同程度的回应。④ 从某种意义上来说，乡村、社会、国家彼此是在历史发展进程中不断地进行着互构，共同推动着政治发展与变迁过程。

而在乡村社会中，秩序和组织本身并非直接目的，所谓的在特定组织形式所寻求的秩序化事实上都是指向确定的人的行为目标的。在农村

---

① 朱国云：《政治社会学概论》，清华大学出版社1998年版，第33页。
② ［美］彼德·布劳：《社会生活中的交换与权力》，孙非、张黎勤译，华夏出版社1988年版，第2—3页。
③ 吴思红：《乡村秩序的基本逻辑》，《中国农村观察》2005年第4期。
④ 参见时和兴《关系、限度、制度：政治发展过程中的国家与社会》，北京大学出版社1996年版，第23、28页。

社会中，同样存在着人们之间基于某些利益的竞争与合理分配，而形成的人们之间的竞争与和合作关系。而在以农业为主的乡村中，那些与农业生产密切相关的资源的分配，尤其社会关乎农业生产命脉的资源，例如水资源的分配与利用，就必然成为处在这个社会中影响人们生活的不可忽视的重大问题。围绕着水资源的合理分配，人们一定会以特定的方式组织起来；为有序地利用水资源，寻求用水过程中的有序而努力。而这些组织、秩序化的努力及建立在这些努力基础上的种种制度设置、观念形态以整体的形式呈现出来，便构成了这一乡村社会情境中基层社会政治生态的基本景观。

事实上，在本书所关注的历史时期中山陕地区①的农村基层水资源利用中，我们能够清晰地看到，因为一条灌溉水渠在其流经的地方，往往跨越了多个村庄，村庄与村庄之间就有了上游下游之分。因而，在每一个水渠渠道所流过之地，人们从"形成群体保护自己的利益，到为了共享资源和协作，有不同利益的不同群体亦需要结合成为一个超过村落范围的合作圈子"②。在沿着一条水渠的自然流淌所形成的自然区域内，村庄、社会和国家有机地联系和统一为一个整体。按照各自组成的不同层次的社会关系圈子，在乡村水利的这个舞台上，村庄之内，村庄之间，村庄与国家之间，围绕着管水、用水、分水的问题，上演着一幕幕竞争、冲突、调适与统合的政治戏剧，为我们观察农村政治与国家政治提供了一个良好的切入视角。

2. 水利与国家政治

如上文所述，农村水利问题就恰恰为我们提供了一个观察乡村政治问

---

① 本书主要研究的典型区域是位处我国中北、西北半干旱区的山西、陕西区域，从大的自然地理区位来说，同处半干旱区的华北平原的河北部分地区也被包括了进来。之所以简称为"山陕地区"，而没有称为"晋陕地区"，是参照了学术界某些研究的结果。2003年中法国际合作项目"华北水资源与社会组织"的第一批项目成果由中华书局结集出版。这批项目成果包括《沟洫佚闻杂录》（白尔恒等：《沟洫佚闻杂录》，中华书局2003年版，本书中以下简称《杂录》），《洪洞介休水利碑刻辑录》（黄竹三、冯俊杰等编著：《洪洞介休水利碑刻辑录》，中华书局2003年版，本书中以下简称《辑录》），《尧山圣母庙与神社》，《不灌而治：山西四社五村水利文献》一套共4本，丛书名称被确定为《陕山地区水资源与民间社会调查资料集》（在这套书的总序中称为《山陕地区水资源与民间社会调查资料集》）。考虑到本书所运用资料主要来自山西地区，因此本书参照这批资料的称谓方法将所研究区域简称为"山陕地区"，特此说明。另请参考韩茂莉《近代山陕地区基层水利管理体系探析》，《中国经济史研究》2006年第1期；张俊峰《金元以来山陕水利图碑与历史水权问题》，《山西大学学报》（哲学社会科学版）2017年第3期等文献。

② 王铭铭：《"水利社会"的类型》，《读书》2004年第11期。

题的可行视角。众所周知，水灌溉是农业发展的生命线。特别是在以农立国的中国古代社会，农业的发展和农村的稳定显然更是国家政治生活中的核心问题。同时，囿于当时技术条件的限制，农业灌溉所需的水资源往往又是以利用自然固有的山泉水或雨水的方式来进行，即所谓"靠天吃饭"式的水利利用。因此，在古代社会中，由国家直接或间接出面主持修建或维修的水利工程往往具有"超越一切的重要性"①。即使到了近现代社会，在基层政府的施政纲领中，水利对于国家政治的重要意义仍未削减。如民初的山西洪洞县长孙奂仑在《洪洞县水利志补》所引渠册中即有指陈说："窃以为水也者，天地生之，帝王治之，其为利大矣哉！上关朝廷之国富，下系民生之休养，故自古圣帝明王，体天地生人之心，莫不治水为兢兢。"② 传统的相关研究在讨论到农村的资源开发或者管理问题时，多注重土地问题。固然，土地是影响农村经济、政治与社会的最重要的资源，但在自然经济形态的传统农业中，水资源及其利用对于讨论农村政治社会等诸多方面也有着突出的重要性。

　　甚至在一定意义上说，一个王朝的兴衰成败也莫不与水利兴废有着一定的关联。如有研究即表明："贫困化和王朝的崩溃往往和水利系统的毁坏和失修密不可分。"③ 因此，历代封建王朝的统治者莫不重视对水利的兴修，并留下了许多丰富的治水经验和水利治理的佳话。在此意义上，水利问题不仅仅是一个关系作物生长、农业丰收，进而解决农村社会中的人们生存之道的社会问题，也不仅仅是一个关系村庄本身的经济考量意义上的利益得失问题，更是维系一个王朝和帝国政治命脉和统治稳定性的政治问题，其中牵涉着国家的政治经济利益和国家对自己安全的考虑。可以说，水利直接与国家治理的好坏密切相关。在长期历史过程中积累发展起来的农村水利，其背后往往隐藏着国家政治治理之奥秘，农村水利制度、组织和机制及其演化，也成为乡村治理过程中国家与农民互动关系的现实体现。

二　传统研究的现代意义

　　如上文所述，本书拟从对农村社会有着深刻影响的水资源问题入手，探讨在该社会情境中围绕这一问题而建构起来的政治社会关系。对该领域

---

① ［英］李约瑟：《四海之内》，劳陇译，生活·读书·新知三联书店1987年版，第35页。

② 《节抄万润渠渠册·册序》，见（民国）孙奂仑《洪洞县水利志补》，山西人民出版社1992年版，第254页，为简便起见，本书中以下引用均简称《志补》。

③ ［美］马文·哈里斯：《文化的起源》，黄晴译，华夏出版社1988年版，第166页。

的研究当然可以有多种进入的场景设定。本书的研究旨在通过对历史时期中特定地域社会中水治理研究，探索在这些特定时期中基层社会的权力关系、组织样式和社会意识形态。这一研究在何种意义上与当下的现代化进程相关，这些在历史进程中曾经显现过的基层政治社会生态，对于当下基层治理建设有何意义与价值？要厘清这些问题，就需首先对历史与现实、传统与现代的关系进行综观，进而辨析出这些以对称方式出现的概念之间的内在关系。

（一）进行长时段历史分析

对于历史的研究来说，进行长时段分析就意味着改变原有的立场、观点和方法，用新的观点去观察和思考。布罗代尔（Fernand Braudel）提出了历史应当作"长时段"理论分析的思想。他指出："人类发展的长河是由一段段强大的激流衔接起来构成的。"[①] 只有在一个较长时段的历史进程中，我们才可能对历史发展的一般过程作出较为深入的理解和把握。长时段的历史过程往往会对此后的历史发展进程起着决定性的作用。历史的发展过程往往因其较强的路径依赖性而前后继替、有序前进。较长时段的历史过程中往往蕴藏着当下社会发展中问题的基因或者潜在的可能性。要对于当下问题进行较为全面和深入的考察，就需将其放入历史发展的长河中，瞻前顾后，才能更深刻地认识和理解我们身处其中的现实。

历史发展的连续性也意味着，同一个国家中没有哪两个历史时期是前后断裂分开的。"从历史本身来说，前后连续的过程是很难一刀两断的。"[②] 一个国家或者民族的进步与发展不可能与自己的历史与文化的关联截然割断。例如，在近代史的研究中，很多学者正是从这一前提出发，深入探讨和分析了中国近代史的分期问题。按照传统的学术划分习惯，中国近代史一般将 1840 年的鸦片战争作为中国近代史的开端。但是，这一划分标准在某种意义上只能是人为的："这一标准所隐含的理论前提即是'西方冲击'或西潮东渐构成中国进入近代的契机。"[③] 事实上，即使是在近代社会发生的这一"千古未有之大变局"背后，传统并没有离我们远去，"某一突发事件并不能骤然改变社会经济生活的格

① ［法］布罗代尔：《历史和社会科学：长时段》，载蔡少卿主编《再现过去：社会史的理论视野》，浙江人民出版社 1988 年版，第 57 页。

② 章开沅：《章开沅学术论著选》，华中师范大学出版社 2000 年版，第 19 页。

③ 马敏：《放宽中国近代史研究的视野——评介〈近世中国之传统与蜕变〉》，《历史研究》1999 年第 5 期。

局"，① 传统实际上依旧隐藏在历史发展过程的深处并始终在发挥作用。即使是在当下，我们仍能从现实生活中解读出传统带来的潜在的巨大影响力乃至支配力，传统的"路径依赖"事实上仍在影响着我们民族的性格、思维方式和生活方式，并进而在现实政治、社会生活的诸多层面中潜藏，构成这些层面的一个看似模糊实则清晰的舞台总背景。

因而，对历史的解读是有效理解现实的必要准备，甚至是一个好的出发点。反过来讲，解读历史的目的也正是更好地认知和理解现实。没有对历史的合理的认知和体会，也很难对现存的种种现象作出符合其自身逻辑的合理化诠释。唯有对过去的良好体认，才能使我们在研究问题的时候，能够有效地避免就问题谈问题，从而使问题的研究走向纵深，发掘根源，而这也正是我们发掘传统，进而重新认识和理解传统的意义所在。

（二）传统与现代的交织与互构

如果谈及近代以来的中国社会变迁，恐怕没有比"传统—现代"的分析模式更普遍的了。早期以国外汉学界为主体的国内外学者多从"冲击—回应"的角度，阐述晚清以降中华民族在世界历史进入近代以后，面对新的文明如何被迫作出新的选择，进而逐渐改造自身传统，融入世界体系。"冲击—回应"模式蕴含着这样的假设：在近代以来的巨大政治社会变迁中，在外来力量的冲击下，传统逐渐被现代所替代而逐渐消亡。但是，20 世纪 80 年代以来，随着人们认识的不断深化，"冲击—回应"模式逐渐失去了其往昔的解释权威，② 甚至有学者开始探讨中国传统社会自

---

① 任放：《近代市镇研究的方法论》，《清华大学学报》（哲学社会科学版）2006 年第 3 期。

② 柯文就曾对该范式作了较为全面的批判，并提出了自己的原则。他说："如果我们坚持把'中国回应'这个概念和首次'西方冲击'过分紧密地联系在一起，同样也不会有太多帮助。如果一定要保留这些概念，则必须把注意力灌注于一种原为错综复杂的冲击—回应网络——在这网络中不论冲击或回应都应该既是中国的又是西方的。"在批判"冲击—回应""传统—现代"等模式的基础上，柯文提出了自己的历史解释原则："（1）从中国而不是从西方着手来研究中国历史，并尽量采取内部的（即中国的）而不是外部的（即西方的）准绳来决定中国历史中哪些现象具有历史重要性；（2）把中国按'横向'分解为区域、省、州、县与城市，以展开区域性与地方历史的研究；（3）把中国社会再按'纵向'分解为若干不同阶层，推动较下层社会历史（包括民间与非民间历史）的撰写；（4）热情欢迎历史学以外诸学科（主要是社会学科，但也不限于此）中已形成的理论、方法与技巧，并力求把它们和历史分析结合起来。"柯文的这些主张对我们的研究有很强的指导意义。当然，摆脱以西方视角来看待中国，并不意味着就完全摒弃西方成熟的社会科学方法，另起炉灶，而是应该要有研究中国问题的理论关切，要在研究中国问题的基础上丰富和推进其理论的解释力。对此，从上面的引述来看，柯文也应该是同意的。参见［美］柯文《在中国发现历史：中国中心观在美国的兴起》，林同奇译，中华书局 2002 年版，第 42、165 页。

身孕育的资本主义萌芽因素,① 力图以此证明中国社会的发展过程总体上也是符合西方的普遍化的传统—现代转型过程的。

　　上述论述是否真正符合中国历史发展的实际进程,总体来讲并不在本书的讨论范围之内。但是,有一点是可以肯定的:"不管是哪种模式,也不管出于哪种动因,现代化都是在传统社会的基础上开始的,与传统社会有着不可分割的联系。"② 迄今为止,世界上没有哪一个民族的现代化进程,是在彻底抛弃自己传统的基础上开始的。同样,也没有哪一个民族的现代化进程,是在完全与世界隔离的状态中进行的。"强调传统力量与新的力量具有同等的重要性是必要的,因为中国经济生活变迁的真正过程,既不是从西方社会直接转渡的过程,也不仅是传统的平衡受到干扰而已。"③ 中国的现代化进程所面临的问题,一方面固然是如何使中国能够被有效地纳入世界发展的进程中;另一方面实际上也存在着如何保持、延续和扬弃自身传统中的合理性的问题,虽然这看起来像是一个悖论式的选择。

　　事实上,传统与现代并非格格不入、水火不容。"任何现代社会的开放和弹性程度并不依赖于割断全部自群主义的纽带,而取决于特定的结构地位与普遍主义纽带的关系。"④ 传统与现代在许多层面上甚至呈现一种交融或者互补的状态。现代的因素不是建立在空中楼阁之上,它必嫁接在某种传统上,以之为土壤进而生根发芽,通过对传统中适合时代精神和时代需要的因素的扬弃从而获得新的生长点;传统也不是一成不变、永不创新的,其必与现代相结合使其既有的合理性在新的条件下而获得新的认可。传统是现代的基础,现代又不断地化生为传统。没有现代的传统只是适合被丢进历史故纸堆或者供人凭吊的已死之物,而彻底弃绝传统的现代更像是建立在沙堆之上的摩天大厦,看似辉煌壮丽,实则根基不稳,经不

---

① 傅衣凌提出"明清社会经济变迁论",认为自明代开始,中国的政治、经济、社会诸方面发生了一系列变化,表现出资本主义萌芽的性质,思想界也表现出了反传统的甚至是叛逆的思想。但总体上讲,中国并未进入资本主义社会。参见傅衣凌《明清社会经济变迁论》之"七:倾斜型的明清社会经济——论明清资本主义萌芽的历史道路",人民出版社 1989 年版。吴承明也在《中国的现代化:市场与社会》一书中提出可以将 16 世纪作为中国现代化的开端。其主要理由是当时市场经济形式的发展以及所带来的政治、法律、经济、制度和思想等方面的全方位变革。参见吴承明《中国的现代化:市场与社会》,生活·读书·新知三联书店 2001 年版。

② 虞和平:《关于中国现代化史研究的新思考》,《史学月刊》2004 年第 6 期。

③ 费孝通:《江村经济》,江苏人民出版社 1986 年版,第 1 页。

④ [以] S. N. 艾森斯塔德:《现代化:抗拒与变迁》,中国人民大学出版社 1988 年版,第 177 页。

起风吹雨打。也即是说，任何社会的总体性进程，总是在类似"传统—现代—传统—现代"的无尽交织与互构中，循环不已，永无止境，历史总是呈现这样一种循环往复、次第上升的螺旋式过程，传统不会消亡，现代亦不会穷尽，两者实际上是有机地统一在一起的。

第二节　从"治水社会"到"水利社会"

一　国家、经济区与水利事业发展

（一）国家与"治水社会"

毫无疑问，作为滥觞于黄河、长江流域的古文明，在长期的农业生产实践中，中华民族的先民们在如何有效利用水资源，治理水患上经历了漫长的探索历程，积累了丰富的治水用水经验。"探究中国历史与水的关系，将为我们提供一个了解水对于长期的社会发展中所起重要作用的良机。"[1] 人们以何种方式来有效组织合理治水用水是研究者一向关注的关键问题。

较早的研究多倾向于从传统国家在治水用水过程中所发挥的主导性作用入手，关注在国家主导下的较大规模水利工程的组织、管理和运作。典型的研究如：卡尔·魏特夫（Karl. A. Wittfogel）对东方传统国家在水利工程修建和管理过程中所起的主导性作用进行的分析；罗曼·赫尔佐克（Roman Herzog）则从国家进行水利兴修的政治功能角度，透视了在一个典型农业社会中水利的重要政治社会功能。这些从不同角度入手进行的研究，一方面拓展了古代水利治理研究的理论视角和维度，另一方面也在无形中固化了传统水利治理中国家的角色和作用，客观上造成了所谓"传统水利史研究中以水利工程技术史为主的格局和综述水利事业发展的宏大叙事"[2] 的基本研究进路。

不可否认，作为传统国家的基本社会职能，治水在古代中国确实表现出了相当的重要性。但对于国家这一职能重要性的强调并不就等同于说，在中国古代，治水机构就是官僚机构的全部或主要组成部分。如果从历史

---

① 李伯重：《水与中国历史：第 21 届国际历史科学大会开幕式的基调报告》，《思想战线》2013 年第 5 期。
② 魏文斌：《从"治水社会"到"水利社会"》，《浙江水利水电学院学报》2022 年第 4 期。

的事实看，中国古代的掌水官署实际上仅仅是从属于国家经济和社会管理职能的一个普通部门。它不仅不是国家机构的全部，而且也从来都不属于国家权力的核心部门。国家的主要职能从来不仅仅是治水职能，治水部门也从未成为国家政府机构中最重要的部门。

对于传统国家在基本公共工程修建和管理上的作用，马克思主义经典作家曾以"亚细亚生产方式"为典型，对东方社会的生产方式及国家社会关系进行了较为详细的论述。例如，马克思在《不列颠在印度的统治》一文中，在分析东方"治水社会"的基础上指出：

> 无论在埃及和印度，或是在美索不达米亚和波斯以及其他国家，都是利用河水的泛滥来肥田，利用河流的涨水来充注灌溉渠。节省用水和共同用水是基本的要求，在西方，例如在弗兰德和意大利，曾使私人企业家结成自愿的联合；但是在东方，由于文明程度太低，幅员太大，不能产生自愿的联合，所以就迫切需要中央集权的政府来干预，因此亚洲的一切政府都不能不执行一种经济职能，即举办公共工程的职能。这种用人工方法提高土地肥沃程度的设施靠中央政府办理，中央政府如果忽略灌溉或排水，这种设施立刻就荒废下去。①

需要注意的是，在这里，马克思所谈论的"亚细亚"或者"东方"，实际上都是以当时历史条件下欧洲人眼光所能及的广义范围为条件的。这一论述是否在包括欧洲人眼中的"远东"的中国在内的广大区域内具有普遍性，是需要做细致的探讨和辨析的。并且马克思是从生产组织的必要性角度入手，来谈论古代东方国家的国家和政府职能的。马克思所强调的重点是，由于地理和环境上诸因素的影响，以及国土资源的广阔，处在传统生产力水平下的这些国家为了维护自己的统治，必须把管理水利作为重要的政府职能。但是，在逻辑上，这一职能并非东方国家的全部职能。事实上，除了公共服务的职能，这些国家还履行其他重要职能。在其他研究中，马克思进一步指出：

> 从撒哈拉起横贯阿拉伯、波斯、印度和鞑靼直到亚洲高原最高地区，人工灌溉在这里是农业的第一个条件，而这不是公社和省的事，

---

① 《马克思恩格斯选集》第二卷，人民出版社 1972 年版，第 64 页。

就是中央政府的事。东方的政府总是只有三个部门：财政（掠夺国内）、军政（掠夺国内和国外）和公共工程（管理再生产）。①

显然，除了公共工程管理职能，东方国家还履行其他重要职能。在这些职能的履行中，也看不出必须以治水的公共职能为前提。更重要的是，两者间的关系毋宁是国家的政治职能是国家的决定性职能，国家的公共职能恰恰是为其政治职能服务的，是国家的政治职能决定国家的社会职能，而非相反。因此，在传统中国国家职能履行中，水利治理的公共性职能从未占据主要地位，水利部门从未成为国家的关键部门也就是可以理解的了。

事实上，即使就传统中国国家的实际治理能力来看，国家也很难做到在汲取足够的治理资源基础上，获得普遍参与社会所需的各项公共工程的机会。其基本原因在于，在一个以农业生产支撑的经济体系中，社会主要产业是无法提供足够的生产剩余以支持足够强的国家资源汲取和支配能力的。国家也就不能够对社会进行普遍的动员和全员的组织，从而也就实际上不能够积聚足够多的治理资源全面参与社会公共工程，并形成对作为经济要素的技术构成的有效替代。这一逻辑前提的不稳固，也就使整个社会的运作服从和服务于一套国家主导下的治水的基本逻辑，将之塑造为一种"治水社会"形态的结论显得颇为可疑。实际的情形毋宁是："传统中国的政府理应举办各类水利工程，但……历代政府为了维持稳定更愿意选择轻徭薄赋，国家的治水能力自然有限。……因此，中央和地方政府很少参与，亦没有能力参与基层社会小规模的治水。"② 因此，如果以一种"治水社会"的视角来看待传统社会的性质，将国家视为这种政治社会生态中的主导性力量，不论在理论上，还是传统社会的历史实践上，都是经不起检证和辩驳的。

如果从学界近些年来对这个问题更加深入的探讨来看，一方面，因传统社会的农业生产形式，水治理当然在整个经济社会运作中具有举足轻重的地位；另一方面，即使就最重要的经济要素——土地而言，其基本生产形式也与水治理和利用息息相关，呈现出很强的"流域"特征：如学界

① 《马克思恩格斯书信选集》，人民出版社 1962 年版，第 75—76 页。
② 郝亚光：《治水社会——基于"深度中国调查"的案例总结》，《云南社会科学》2020 年第 6 期。

所探讨的"泉域""湖域""洪灌""库域""垸田""圩田"等。① 但是，在这些规模或大或小的治水用水过程中，国家作为整体性治理资源的基本提供者和规则维护者既未缺席，也未完全参与到水治理全程中，传统社会的水治理毋宁说实际呈现出的是一种"治理合作模式"。在此意义上，"作为经济概念的'水利社会'，本质上是对区域资源配置模式的重新定义，它突破了行政干预的强制主导性，被视作一种'将自下而上与自上而下相结合'的资源配置体系运行结果"②。也有研究者在较全面总结史料遗存和相关研究基础上，进一步认为这种合作共治模式，在一定程度上有效塑造了国家与社会之间的边界和范式："我国古代从早期'治水即治国'到逐渐走向治理合作的过程，呈现出国家与社会之间关系的演变。国家和社会在治水上的共同需求以及各自能力的不足，使得'共治'治理模式得以实现，国家与社会的'共治'边界和范式得以形成。"③ 在对晚近时期的考察中，也有研究表明，即使在水治理和利用的技术层面获得了必要的突破之后，这种在水治理上的国家与社会合作模式也仍未被根本性突破："民国时期现代水利工程背后往往都有国家的身影，但在建设过程中又需要社会的配合。"④如果说水治理和利用分属两种不同层次的技术的话，那么近代以来的治水用水实践表明，水利用技术上的突破并未使得国家可以在充分利用现代化技术上获得绝对支配地位，在水治理过程中，国家与社会之间仍然维持着相互配合的基本格局。如果此观点基本可靠的话，那么我们可以合理推论，传统中国农业生产过程中围绕水利用而建立起来的国家社会关系，并非简单的国家主导动员式的治水社会形式，

---

① 相关典型性研究如：赵世瑜《分水之争：公共资源与乡土社会的权力和象征——以明清山西汾水流域的若干案例为中心》，《中国社会科学》2005 年第 2 期；钱杭《库域型水利社会研究：萧山湘湖水利集团的兴与衰》，上海人民出版社 2009 年版；张俊峰《泉域社会：对明清山西环境史的一种解读》，商务印书馆 2018 年版；［法］魏丕信《水利基础设施管理中的国家干预——以中华帝国晚期的湖北省为例》，魏幼红译，载陈锋主编《明清以来长江流域社会发展史论》，武汉大学出版社 2006 年版；鲁西奇《"水利社会"的形成——以明清时期江汉平原的围垸为中心》，《中国经济史研究》2013 年第 2 期；谢湜《16 世纪太湖流域的水利与政区》，《中山大学学报》（社会科学版）2012 年第 5 期。在下文的文献综述中，本书还会就相关文献做进一步阐释，在此不再做更多的列举。

② 邸明钰、石涛：《清代区域水资源配置效率的理论空间——山西水利社会问题研究综述》，《中国农史》2023 年第 1 期。

③ 金安平、王格非：《水治理中的国家与社会"共治"——以明清水利碑刻为观察对象》，《北京行政学院学报》2022 年第 3 期。

④ 张景平：《水利、政治与区域社会——以民国鸳鸯池水库建设为中心》，《近代史研究》2021 年第 5 期。

而是在国家与社会之间基于互动与配合而建立起来的复杂过程；并非简单按照官僚科层体系的命令服从关系形成的等级指挥关系，而是有着国家协调、民间协作、政治社会互动互构关系的多层次、多面向格局。

进一步来说，在经历较长历史演进的水治理和利用的社会中，水与国家、社会的关系实际上也已远非仅仅是一个政治经济问题，而是具有多层次、层叠交错内涵的"多重之水"。正如张俊峰的研究所表明的："不论是社会史学家还是人类学家，在水利社会研究上应该关注水的三个层次，即'自然之水''社会之水'和'文化之水'，尤其要重视三个层次的相互作用及之间的相互表达与投射。仅仅关注人与自然环境的互动，那是只看到了'自然之水'；仅仅关注地方人群之间、官府与人民之间的互动，那是只看到了'社会之水'；仅仅关注神明与现实的互动，那是只看到了'文化之水'，而且也无法弄明白各自的来源。"① 在此意义上，基于水治理和利用所关联起来的社会要素是全方位的，围绕这一主题所能够揭示出来的政治社会样态也是多样化和多重性的。从"水利社会"而非单纯的"治水社会"角度进入所能够透视的社会层面是更加立体和丰富的，是更能对传统社会的形态和运作做更加深入的理解的。

（二）社会组织形式、社会文化形式与水利

英国人类学家弗里德曼曾在对中国东南地区的宗族深入考察的基础上，提出了水利灌溉系统有利于促进村庄宗族团结的观点。其后，他的弟子巴博德在对台湾地区农村水利进行田野调查之后，却提出了不同于其师的看法。巴博德认为，水利灌溉系统能否促进宗族团结，与既定村庄灌溉的性质和土地分布的情形密切相关。他举例说：在台湾地区，中社（Chung-she）村在嘉南水利系统建成前，灌溉池塘促成宗族团结；相反地，另一个村落打铁（Ta-tieh）村的水利系统却促成了非血缘间的联合。对比起来看，土地的生产力，打铁村比中社村的条件好，虽然打铁村也有同姓家族合作捐献共同的祖产，但他们把最大的剩余投资到超越亲族的组织上；中社村的生产力虽然低于打铁村，但大部分共同财产的投资集中于村中主要的家族——赖姓家族，而且他们的投资几乎集中于地域性的祖产上。② 可见，共同用水关系并不必然导致村庄宗族内的自动团结，其对于村庄社会关系的作用可能是多方面的。

① 张俊峰：《当前中国水利社会史研究的新视角与新问题》，《史林》2019 年第 4 期。
② Pasternak, *Kinship and Community in Two Chinese Villages*, Stanford University Press, 1972, p. 174.

同时，巴博德指出：在依赖雨水和小规模灌溉的时期，冲突和合作较少。即使有冲突，解决的办法靠的是"面对面"的关系来调解。而随着灌溉规模的扩大，冲突和合作也随之增多，于是就出现了跨地域的联合组织。他总结说："地方不同的灌溉模式能导致重要的社会文化适应和变迁。对许多形式和方面的关系的理解，可以说明社会文化的差异不仅在中国，而且在所有使用灌溉的社会都存在。"①

巴博德对台湾地区水利的论述，指出了水利灌溉体系与社会组织形式和社会文化形式之间的关联。从最根本的意义上来说，一切社会关系无不是根源于人们在生产过程中所结成的人际关系。但是，应当注意的是，这种决定作用是受到多方面因素影响的。不论是自然环境、地理环境，还是文化环境的作用，都与人们在生产协作中形成的有机联系及社会组成形式息息相关，并以此为基础形塑丰富多彩的社会政治生活氛围。正因如此，传统社会中人们之间围绕水利治理和利用而形成的种种社会组织和水利文化样式，可以为我们考察传统社会的政治形态打开一扇管窥之牖。

（三）　市场、水利与基本经济区

1. 施坚雅的基层市场共同体理论与区域研究方法

施坚雅在其所著的《中国农村的市场和社会结构》② 一书中，建立了其独特的市场共同体理论，提出和重新确立了中国农村区域研究的基本单位。施坚雅认为：传统上将村落作为农村研究的基本单位的研究方法，对于农村研究来说是不够的。通过对中国内陆地区农村基层市场体系的考证，他认为，农村市场体系具备了农村社会体系的基本特征，是农村社会生产和生活交往的基本分界。"农民的实际社会区域的边界不是由他所在村庄的狭窄的范围决定，而是由他所在的基层市场区域的边界决定的。"③农村社会的基本交往关系，譬如婚姻、宗族、庙会等，都是在以基层市场体系所能达至的范围内进行的。而在每一个市场体系中，又都存在着中心地区（Core）和边缘地区（Periphery）的不同地域层级。中心地区向边缘地区依次等距离地展开为若干蜂窝状六边形，形成不同中心地区间的分界。而这种中心地区的优势是相对的，每一个中心地区又成为更高一级的

---

① Pasternak, "The Sociology of Irrigation: Two Taiwanese Villages", W. E. Wilmot ed., *Economic Organization in Chinese Society*, Stanford University Press, 1972, pp. 193 – 213.

② ［美］施坚雅：《中国农村的市场和社会结构》，史建云、徐秀丽译，中国社会科学出版社 1998 年版。

③ ［美］施坚雅：《中国农村的市场和社会结构》，史建云、徐秀丽译，中国社会科学出版社 1998 年版，第 40 页。

中心地区的环绕边缘地区。

当然，施坚雅的这种划分是机械的，近来也多有学者对此提出质疑。但是，他的这种划分的意义就在于"突破了中国历史研究中长期以来将行政单位等同于经济区域进行分析的思维定势"①。众所周知，人们可以依据自然地理条件，人为地把国家领土划分为不同的区块，以符合其管理的需要。但是，这种人为的划分却无法阻隔不同区块间的自然经济联系，也无法体现出大体处在同一地域和经济发展水平的地区间社会经济结构上的相似性。本质上说，社会毋宁首先是自然区域性的，然后才是政治管理性的。因此，相比于按照人为划分的行政区域进行研究的方法，显然，按照不同地区间社会经济关系而划分的经济地理意义上的地域研究，对于探究地域间的社会、组织和政治关联更具合理性，更能使对于"中国这样一个地域广阔，人口众多，自然环境复杂，社会经济发展又极不平衡的国家"② 的研究具有明确的指向性，因而也更能得出有说服力的结论。

值得特别指出的是，对于农村区域社会的研究，除了施坚雅的经济区范式，还有通过以婚姻圈、宗族网络为视角的研究。本书通过区域社会中围绕水资源利用而形成的同一灌溉渠道上下游村落之间关系的探究，对区域社会研究的视角做了进一步的扩张，并在这种扩展中发现了一些探究区域社会关系不同以往的向度。

2. 基本经济区与水利事业发展

《中国历史上的基本经济区与水利事业的发展》是冀朝鼎博士于20世纪30年代用英文写成的专著。原书由伦敦乔治·艾伦和昂温有限公司于1936年出版。对此书学界评价很高，李约瑟曾在此书的基础上写成了中国科技史著作中的水利部分。20世纪80年代，国内有学者将其译介为中文。在这部著作中，贯穿全书的是"基本经济区"这一个核心概念。所谓基本经济区，系指"农业生产条件与运输设施，对于提供贡纳谷物来说，比其他地区要优越得多，以至于不管是哪一集团，只要控制了这一地区，它就有可能征服与统一全中国"。③ 冀朝鼎认为，历代封建王朝基本上都是通过控制基本经济区进而达成对全国大一统式统治的。而对基本

---

① 龙登高：《施坚雅的中国社会经济史研究述评》，《国外社会科学》1998年第2期。
② 史建云：《对施坚雅市场理论的若干思考》，《近代史研究》2004年第4期。
③ 冀朝鼎：《中国历史上的基本经济区与水利事业的发展》，朱诗鳌译，中国社会科学出版社1981年版，第10页。

经济区概念的研究来自作者"对灌溉与防洪工程以及运渠建设的历史研究"①。因而搞清楚了"水利事业发展的过程,就能用基本经济区这一概念,说明中国历史上整个半封建时期(注:即我们所说的封建时期)历史进程中最重要的特点了"②。也就能够揭示出基本经济区同中国历史上统一与分裂问题重要关系问题的答案了。

冀朝鼎的研究思路与施坚雅有异曲同工之妙,不过将施氏通过市场圈构建的区域社会转换为通过水利圈区域社会,并通过这一区域社会去划分和透视经济区。更重要的是,历史上围绕水利而展开的种种社会关系,不能仅仅从水利本身去理解,而应该放到一个更为广阔的视域,联系社会经济发展、社会政治因素综合考虑。也即是放到一个布尔迪厄意义的政治社会"场域"中,才能更深刻地理解水利活动本身,从而更深刻地理解社会经济生活和政治生活。

二 国内的农村水利社区史研究

(一) 山陕地区农村水利之典型意义

1. 区域研究视角的必要性

地理环境无疑构成了人类活动框架中的重要部分,而且人本身也在参与形成这一环境。人与自然环境之间的密切关联,在漫长的历史发展过程中,逐渐形成了各地区之间不同的社会经济结构,并进而影响着各地区之间的政治关系和政治结构。在此意义上,对特定地域中环境与人之间关系的观察,也就意味着对该地区中的经济、政治、社会结构的观察,区域的自然环境或自然资源史也就是其经济史、政治社会史,两者是一体两面的关系。

进而地域作为社会客观存在,其中蕴含着丰富的信息。布罗代尔认为:"地域作为说明的本原,同时涉及历史的全部实在,涉及整体的所有组成部分:国家、社会、文化、经济等等。"③ "区域社会的历史脉络,蕴涵于对国家制度和国家'话语'的深刻理解之中。"④ 因而虽然区域社会

---

① 冀朝鼎:《中国历史上的基本经济区与水利事业的发展》,朱诗鳌译,中国社会科学出版社1981年版,前言。

② 冀朝鼎:《中国历史上的基本经济区与水利事业的发展》,朱诗鳌译,中国社会科学出版社1981年版,第14页。

③ [法]布罗代尔:《15至18世纪的物质文明、经济和资本主义:世界的时间》第3卷,施康强、顾良译,生活·读书·新知三联书店1992年版,第1页。

④ 陈春声:《历史的内在脉络与区域社会经济史研究》,《史学月刊》2004年第8期。

的讨论视角不可避免地会带上局部或者片面性的局限，但是，整体的政治社会总是由一个个分散的区域所拼合而成，其中的每一个碎片都应该能够折射出整体的某些特征。离开对区域的细致观察，对宏观整体的讨论必会缺乏内容，极易空洞无物。因此，对论题研究具有典型意义的地域的个案分析，应该是对讨论国家的整体特征理解有帮助的。因此说："区域史并不仅仅是相对于民族国家史的地方性的历史模式，它是一个新的整体史的研究视野和方法。"①

当然，我们也必须对区域研究视角抱以足够的警惕。施坚雅的市场圈理论把农村研究的基点，由一个个孤岛似的乡村拓展到了基层市场体系，这使得我们考虑问题的视角被进一步拓宽了。同时，他的研究也给了我们另一方面的启示：对于中国这样一个具有高度复杂性国家的农村问题研究而言，"把整个中国作为单位，或以省份等行政区作为单位，都是不相宜的"②，事实上，中国的农村不仅"极其庞大，区域非均衡状况也十分严重"，而且这一情况也使得"自上而下的各种安排在与不同农村社会的接触过程中，产生十分不同的后果"③。因而在这种"情况千差万别，异常复杂的情况下任何从典型乡村得出的一般性结论面临被证伪的危险"④。因此，如何选择一个合适的区域作为合适的研究对象，也即所选择的区域能在相当程度上具有研究的典型性，从而能够从这一特定区域入手透视全局，是摆在每一个想对问题进行深入探索的研究者面前进行选择的首要困难。

2. 山陕地区的典型意义

地处我国西北的山陕地区，相对于其他地区而言，大部处于干旱半干旱地带，自中古及今，自然环境较为恶劣。传统上认为，在这样的地区（尤其是山西）是不存在具有研究意义的水利问题的。但近年来国内外众多学者的研究表明：事实上越是干旱少雨的地区，其对水利的需求就越迫切，在共同利用水的过程中就越能形成复杂的管理制度和机制。"愈是惜

---

① 王先明：《"区域化"取向与近代史研究》，《学术月刊》2006 年第 3 期。
② 史建云：《对施坚雅市场理论的若干思考》，《近代史研究》2004 年第 4 期。
③ 贺雪峰：《中国农村研究的主位视角》，《开放时代》2005 年第 2 期。
④ 金太军：《规范方法在西方政治学研究中的复兴及其启示——兼论当代中国政治学的发展》，《政治学研究》1998 年第 3 期。关于区域视角研究的意义，还可以参见张小劲《"中国农村研究：交流与沟通"学术会议述要》，《社会主义研究》1998 年第 4 期；张静《基层政权——乡村政权诸问题》"导言"部分，浙江人民出版社 1999 年版；孙立平《"过程—事件分析"与当代中国国家—农民关系的实践形态》，《清华社会学评论》特辑 1，清华大学社会学系编，2000 年 6 月。

水如油的地区，愈会形成细致严密的用水惯习；愈是有细致严密的用水惯习，愈有可能保存更多的碑刻渠册等资料。"① 进一步讲，如果从历史渊源来看，这两个地区都曾经是孕育中华文明的摇篮。传说中的"鲧禹治水"的故事即发生于山西地区。而陕西地区则是周人故地，历史上多代在关中建都。山陕地区乃是中华文明的发源地和重要组成部分之一。山陕地区作为中华文明的孕育地和早期发展的中心，不仅积累了传统国家较为完整的管理层次和管理形式，还遗存了丰富的民族历史基因、文化积淀和思想资源。因而我们以山陕地区作为典型，通过其来透视传统以农业立国、以小农为主体的中国社会的管理方式、运作机制；从区域社会的视角入手对该地区的政治社会结构的讨论，也应该具备对理解整体国家政治社会结构的典型价值。总之，从地理区位及制度、文化环境来看，将这一地区作为一个研究区域，对于了解中国传统社会来说应该是合适的。

从现有历史资料来看，在这一地区，自古以来就有着合作防范水害、利用水利的悠久历史。除了众所周知的秦汉时代兴修的大型水利工程，如郑国渠、白渠、六辅渠等，再有证据如冀朝鼎在考察华北地区水利时所指出的："纵观中国本土十八个省的全部地方志，山西似乎是私人水利工程繁多的一个省。"② 徐光启也曾在《农政全书》中倡导西北水利说："今西北之多荒芜者，患正坐此。……内则关陕襄郑许洛齐鲁，外则朔方五原云代辽西，皆耕地也。弃而芜之，专仰输挽，国何得不重困？……水利者农之本也，无水则无田矣。水利莫急于西北，以其久废也。"③ 这也从另一个侧面彰显出水利对于该地区发展的重要性。在此意义上，从水利社会史的角度对该地区在历史时期中的水利治理进行研究是可行的，相关的史实资料和研究资料也是相对充分的。

值得特别指出的是，在区域社会的研究视角下，作为研究对象的特定区域并非行政区划意义上的政治区域，而更多是在自然地理环境意义上的区域，相对边界明确的行政区域而言，区域社会的边界是模糊的。那些凡是在资源、环境意义上具有相当强的类似性，因而同时也具有相似的政治社会结构的地方，都可以被放在同一区域社会中进行讨论。因此，在本书中，实际上也将与山陕地区具有类似资源禀赋和自然环境的周边其他区

---

① 行龙：《从"治水社会"到"水利社会"》，《读书》2005 年第 8 期。

② 冀朝鼎：《中国历史上的基本经济区与水利事业的发展》，朱诗鳌译，中国社会科学出版社 1981 年版，第 42 页。

③ （明）徐光启撰：《农政全书校注·凡例》，石声汉校注，上海古籍出版社 1979 年版，第1—2 页。

域，例如河北的个别典型水治理案例包括了进来。至于这样做是否合适，还请学界予以驳正。

（二）水利社会概观：学术史检阅

1. 水利社会说

按照魏特夫的论述，在东方社会中，国家通过组织大规模的人力物力，共同完成在小生产条件下无法完成的大型水利工程。在此基础上，结成了不同于西方的"治水社会"，形成自上而下的绝对专制的"暴君制度"。但是，从一定意义上来说，魏氏的这一学说，与其说是历史的事实，不如说是在特定历史环境下，根据现实的需要而有目的地对历史进行曲解的结果。在传统社会历史条件下，"朝廷到底有无可能通过水利的全面控制来造就一种'治水社会'和'暴君制度'是一个可争议的问题"。[1] 魏特夫从自己的"治水"想象出发，"将'治水'这个古老的神话与古代中国的政治现实完全对等"，事实上完全"抹杀了其间的广阔空间"。[2]

水利不仅仅对农业至关重要，事实上它关系着我们对于传统中国社会的理解。在"以水利为中心延伸出来的区域性社会关系体系"[3] 中，同处于区域社会中的官府、士绅、民间社团及其社区组织在这个狭小的舞台上纵横捭阖。他们围绕着一个共同关心的话题相互竞争、冲突、合作，基于预先设定的共同价值目标，组成了一个个基层水利组织，共同维护基层水利治理的秩序。进言之，事实上"以水利为中心的区域性社会关系"与"区域社会政治、经济、军事、文化、法律、宗教、社会生活、社会习俗、社会惯习等等都有直接或间接的关联"。[4] 由这样一个广阔背景构成的区域性社会体系构成的"水利社会"，为我们探索传统社会的社会政治、经济、文化诸方面，提供了一个极为广阔和开放的舞台。

从"治水社会"到"水利社会"的转变，不仅仅是一个研究范式的转变，笔者认为还是一个思维方式的转变，即从原先线性地自上而下的专制权力体制思维向上下互动的权力互动体制思维的转变。这一转变为我们重新思考传统社会的国家、社会和村庄关系提供了一个新的社会背景和讨论平台。本书试对这两种研究进路的差别做一简单的辨析。

首先，从研究视角看，"治水社会"采取的是自上而下的方式，也就是从政治权力意义上的上下分层关系入手，讨论在政治权力意义上处于上

---

① 王铭铭：《"水利社会"的类型》，《读书》2004 年第 11 期。

② 王铭铭：《"水利社会"的类型》，《读书》2004 年第 11 期。

③ 行龙：《从"治水社会"到"水利社会"》，《读书》2005 年第 8 期。

④ 行龙：《从"治水社会"到"水利社会"》，《读书》2005 年第 8 期。

层的政府，是如何通过一定的组织方式、管理手段汲取和运用社会资源，从而修建和管理较大规模的水利工程，实现国家的政治社会职能的。在此过程中，社会作为在政治权力意义上的在下者，只能是以劳动力资源的角色被动地参与到国家组织的大规模劳动中去。或者说，魏特夫只看到了国家在面对大型工程修建时如何运用权力，却把社会的行为模式假定为对来自国家权力的被动反应，社会在这里是完全被客体化了的。而"水利社会"则着眼于以下观上的研究视角，当然，这里的"下""上"不完全是政治权力上下分层的意义，更多地是以比拟的方式对政治—社会的称呼。在此意义上，"水利社会"力图通过解析和透视在社会内部所发生的制度、权力、文化等诸层面上的政治社会互动，观察来自国家的权力如何在政治社会交界处运作，正式制度和非正式制度如何相互交错，文化意义的习俗、惯例和民间仪式如何发生，并通过这些观察去反观整体政治运作和社会整合。

其次，两者所能采取的研究方法存在着差别。从上述研究的进路可以看出，"治水社会"的研究通常只能采取制度分析、结构分析等研究方法，更适合从宏观整体上讨论政治国家的基本运作制度，因而多采取国家职能分析—制度结构的研究思路；而"水利社会"的研究方法则可以是多样化的：既可以采取制度、结构分析的政治学方法讨论水治理过程中的具体建制，也可以从政治社会互动、社会运作机制等方面进行政治社会学研究，还可以采取人类学、民俗学等多学科的观察视角，分析那些典型的水利事件，因而能给我们提供更为微观、细致的研究思路。

再次，从研究内容看，"治水社会"的研究多着眼于讨论国家的管理体制，研究国家通过怎样的水利管理制度、资源汲取制度和政治动员方式，通过对那些关系国计民生的大型水利工程进行有效的管控，从而事实上形成了适应这样一些管理制度的相应国家体制——在这套管理体制中，权力是集中的、管控式的，并在一定程度上深入社会各个层面的；而"水利社会"的研究则可能向我们表明，即使在那些较大型的水利工程中，国家正式权力究竟是如何在特定区域社会中的政治社会交界处发挥作用的，政治权力的集中和分散是如何交织发生的，社会又是在何种程度上形成了自组织式的结构，从而实现乡村水利有效治理的。在此意义上，水利社会的研究多少具有了现代社会的治理机制的内涵，可以为我们重新思考传统社会基层治理机制提供历史经验和借鉴。

最后，两种研究进路也存在着相当的互补性。从"治水社会"视角切入进行的研究，对于我们从整体上把握传统国家、传统社会的性质无疑是有价值的。如果忽视这些研究，则很可能会陷入具体机制细节的辨析而忽视问题讨论的整体背景，从而得出与传统政治社会现实相悖的结论；而从"水利社会"角度入手的分析，则能够为我们提供那些发生在政治统治末端的细微观察，有助于我们深刻理解整个政治社会体制的实际运作过程，观察到传统政治形态下基层政治运作的方式、政治社会化的雏形形态、政治意识形态的起源与散布形态等问题，从而有助于我们对传统政治社会性质的反思和把握。

2. 道德、权力与水利系统

英国学者沈艾娣（Henrietta Harrison）对隐藏在晋水水利背后的道德理念系统进行了探讨。她在较为全面地考察了晋水系统中若干分水和水利纠纷的案例后认为：表面上看，统治中国传统社会的是儒家正统思想。官方在对晋水系统的控制中，也竭力将这种正统理念贯彻到基层中去，但是这种贯彻的效果是值得怀疑的。事实上，在晋水水利系统内部，"控制晋水水利系统的人对系统有自己一套看法，与官方对水利的看法大不相同"①。

民间对水的许多看法，比如把水视为商品的观念，得不到官方的认同，因而只能或者借着宗教仪式的形式呈现出来，或者直接以武力的形式来确定和巩固民间契约加以强化。而在民间宗教仪式、祭祀活动及民间传说中，又往往对成功运用武力维护村庄利益的行为加以肯定，甚至把这些在武力斗争中牺牲或者作出重大贡献的人作为典型理想人格加以推崇膜拜，立庙祭祀。因此，在传统中国的乡村社会中，事实上存在着两种不同的价值体系，一个是以传统儒家正统思想的面目出现的官方价值体系，另一个是以村庄理念为核心的村庄认可的价值系统。这两个价值系统在村庄社会的现实中、仪式中、共同体的想象和建构②中展开了竞争。

通过一些典型事例，沈艾娣试图探讨："道德经济如何在中国农村得到体现，并企图说明支撑某种道德经济的价值系统。"值得注意的是，这

---

① ［英］沈艾娣：《道德、权力与晋水水利系统》，《历史人类学学刊》2003 年第 1 期。

② 因共同的资源利用关系而结合起来的人类共同体，符合安德森意义上的"想象的共同体"界定，与这种"想象的共同体"建构也存在着可类型化的同质性。按照安德森对民族想象共同体的界定，"一个社会学的有机体遵循时历规定的节奏，穿越同质而空洞的时间的想法，恰恰是民族这一理念的准确类比，因为民族也是被设想成一个在历史中稳定地向下（或向上）运动的坚实的共同体。""区别不同的共同体的基础，并非他们的虚假/真实性，而是他们被想象的方式。"这些针对民族共同体想象的阐释，可以为我们讨论水利共同体提供一些理论上的引导和支持。参见 ［美］本尼迪克特·安德森《想象的共同体：民族主义的起源与散布》，吴叡人译，世纪出版集团 2011 年版，第 6 页，第 24 页。

种价值系统不是存在于某一阶级里的，而是以组织的方式存在和实现的。因而这些组织系统"或多或少给个人和群体提供了一个选择不同的价值结构的可能性"。① 这一思维进路实际上为我们认识和分析人们所身处于其中的社会及其与国家的价值观念关系提供了另一个可行途径。

3. 水利纠纷中的国家与乡村社会

水资源从根本上来讲就是一种公共资源，由此衍生出来的水利问题，也就是水资源的利用问题，就转化为国家或者在国家准许下的组织提供公共物品的问题。基于这一资源的公共性质，在水资源的利用过程中，不同利益群体之间矛盾冲突的发生是不可避免的，甚至是频繁的。因而学界在这个问题上的关注也显得相对多一些。

邓小南以洪洞诸渠为例，在较为全面地考察了当地对水资源管理运作机制后认为：传统上"'民间'与'官方'二元对举的分析框架，至少不完全适合于讨论传统地方社会"②。邓小南论证道：民间的水利规约基本上都是在"国家""官方"之外土生土长的"民间"自发秩序；民间水利运作方式与官方行为构成了一种互动互补的关系；即使是在民间水利组织体系中，也存在着以渠首等为代表的权力等级体系，有着鲜明的"体制"和"权威"。

田东奎在分析近代水权纠纷解决体制时，认为"制度变迁必须和社会发展所提供的可能性相适应"③，传统基层乡村水利治理为该地区水利系统的发展，不仅提供了可供借鉴的经验，而且为以后水利纠纷的解决，提供了符合该地区实际情况的解决机制。如果不尊重传统机制中的合理方面，一味按照"现代"的要求进行制度创新，那么新的规则体系可能是难以正常运作的。

赵世瑜以山西汾水流域的若干案例为中心，讨论了明清以来发生在该流域的分水之争。通过分析，他认为在前现代中国，国家并没有明确将水资源所有权纳入国家所有制的范围内，国家在管理基层水资源时也是弱化无力的。因而分水之争的出现，与其说是人口、资源矛盾的体现，不如说是由水利的公共物品属性带来的。④

---

① ［英］沈艾娣：《道德、权力与晋水水利系统》，《历史人类学学刊》2003 年第 1 期。
② 邓小南：《追求用水秩序的努力——从前近代洪洞的水资源管理看"民间"与"官方"》，载《暨南史学》第 3 辑，暨南大学出版社 2004 年版，第 75 页。
③ 田东奎：《中国近代水权纠纷解决的启示》，《政法学刊》2006 年第 3 期。
④ 参见赵世瑜《分水之争：公共资源与乡土社会的权力和象征——以明清山西汾水流域的若干案例为中心》，《中国社会科学》2005 年第 2 期。

　　张俊峰在对洪洞和晋水流域的水案考察后认为：水案的爆发固然反映了资源的稀缺问题，却与"官方和乡族社会对水权的管理与统筹分配"有着更直接的关联，"其中蕴涵着复杂的社会因素"，乡土社会围绕着水的问题，调动了"官、绅、民不同阶级、阶层的力量参与其中"。① 水资源利用中的这样一幅图像为我们生动地展示了隐藏在水案背后的社会政治动因。

　　以上的论述分别从与水利相关的规则体系、水资源属性、政治原因等方面阐述了导致水利纠纷的原因。实际上，水利纠纷中的所有原因最终可以被归结到经济动因上。正是传统社会中水资源的所有权特点及其机制，导致了在分水用水上种种制度规则和约束机制的出现。而这些机制能否正常发挥其作用，归根结底还是要看其与当时社会的基本经济制度是否适应。这是我们在观察纷繁复杂的水利现象时尤须注意到的。

　　4. 传统社会中的水权

　　水权是人们使用水资源的基本依据，是人们之间确定权利义务关系的基本依据。关于古代社会水权概念，梁利《论中国古代及近代水权的发展及其作用》② 一文作了较为系统的阐述。她认为：中国古代的水权概念还没有上升到理性而被明确提出的程度，只是在一些具体的规定中有所体现；水权主要表现为水的使用权、水的所有权与土地的所有权联系在一起。只有到了近代，正规的《水利法》颁布实施后，水权才作为明确的概念被提出来。

　　萧正洪以关中地区为例较为全面地概述了中国古代社会的水权问题。萧正洪指出：中国古代的水权主要是指水的使用权。唐代以来的资料显示，关中地区各灌溉渠系中的农民在取得水的使用权时，必须遵行一定的原则。这些原则主要包括有限度的渠岸权利原则、有限度的先占原则和工役补偿原则等。所有的权利享有者必须履行一定的义务。

　　有唐以来至元代以前，水权的管理主要是采用申帖制，明清以来采行的主要是水册制，水册制代替申帖制，"实际上增强了水权管理中法规管理的成分；比起申帖制这种差不多是单纯的行政管理方式来，水册制显然有利于克服偶然的和人为的因素，而更能体现明确的权利关系"③。

---

①　张俊峰：《山西水利与乡村社会分析——以明清以来洪洞水案为例》，见行龙主编《近代山西社会研究：走向田野与社会》，中国社会科学出版社 2002 年版，第 98 页。

②　梁利：《论中国古代及近代水权的发展及其作用》，中国法学网，http：//iolaw.cssn.cn/gdfls/200506/t20050629_4596364.shtml，2020 年 7 月 12 日。

③　萧正洪：《历史时期关中地区农田灌溉中的水权问题》，《中国经济史研究》1999 年第 1 期。

清代以前，水权的买卖与土地的买卖基本是一起的。清代以来，关中地区的地权与灌溉水权呈现分离的趋势。水权的买卖与土地所有权的分离，客观上要求新的管理方式和制度的出台，但当时的管理体制并未能适应这一转变，清代以来的水案增多恐怕与此不无关系。

水权制度在一定意义上可以说是各项水制度中较为基本的制度。没有一个明确有效的水权制度，加之于其上的其他水制度可能都会是无效的。并且水权还是一种在实际的用水过程中运行和起作用的制度，一种具有相当技术性和操作性的制度。水权一头连着用水者，一头连着政府和水利组织，是观察这些用水过程中的不同主体关系的基本视角。因而探讨中国古代的水权制度，不仅对于研究水利社会中的管水用水制度、政府与水利组织及其社会关系具有重要意义，而且对探讨当下我国的公共资源治理机制也应该是颇有助益的。

5. 基层水利管理体系

山陕地区作为中华文明的发源地之一，历史上也是水利灌溉较早发展和较为发达的地区，其围绕水利灌溉形成的基层水利管理体系也是较为完备的。

韩茂莉全面考察了近代以来该地区的基层水利管理体系，认为为了达到维护水权的目的，该地区形成了若干民间组织形式。总起来说，这些组织基本都是以渠长为核心而组织起来。韩茂莉详细考察了渠长的产生、资格、任期等相关问题，较为全面地为我们展示了基层水利管理系统的概貌。通过考察，她发现"以乡绅、大户为主的中上'利户'凭借修渠前期投入大的优势，结成具有渠长人选资格的水权控制圈"[1]，这一特点使乡绅、大户扮演着水管理的主角角色，成为基层水权控制圈的决定性力量，对于推动基层水利组织的持续发展起着不可忽视的作用。

周亚、张俊峰以通利渠为例，详细探讨了该渠水利组织内部的"组织结构、权限、内部关系、选举换届、经费来源"等问题，对清末以来该地区的水利管理和运行的状况进行了复原。通过探讨，该文认为："灌溉系统作为地缘因素突出的水利实体有其自身的独立性和稳定性，但仍与国家和社会等多方力量发生着互动关系。"[2] 传统社会重视人的因素，把

---

① 韩茂莉：《近代山陕地区基层水利管理体系探析》，《中国经济史研究》2006 年第 1 期。

② 周亚、张俊峰：《清末晋南乡村社会的水利管理与运行——以通利渠为例》，《中国农史》2005 年第 3 期。

国势的兴衰寄希望于"好人政府",而较为忽视制度建设的功用。同时,鉴于水对于以农为主的传统社会来讲有至关重要的价值,因而水利管理组织及其管理者基于水利管理产生的权威,也将有利于其在乡村社会其他事务中发挥同等重要的乃至主导性作用。因而该地区可能形成了以水为中心的社会运作模式。

人在其现实性上,是一切社会关系的总和。因而人并不是靠单打独斗、赤手空拳来同自然界互动的,而总是结成一定的社会关系,以一种组织的力量来面对周围的环境和世界。因而面对处于自在状态的自然资源,如何通过合理的方式将人组织起来进而更好地利用之,是所有类型的人类社会都要面对的一个问题。不同的时代,不同的社会,人们的组织方式是不同的,探讨这些不同组织方式的优劣得失,对于人们更好地适应环境和利用资源,无疑是有价值的。并且在某种意义上讲,我们还应该将这种探讨进一步深入下去,去发现这些人们结合方式背后的制度、组织、权力机制,以求对人类社会的不同结构方式有一个更深入的认识和了解。

6. 水利与民俗、祭祀

传统社会的基层水利管理体系以乡村作为基本的表演场所和舞台,因而这一体系也与民俗、祭祀有着密不可分的联系。水利与民俗、祭祀的关系也受到了许多学者的关注。

董晓萍对陕西泾阳一个小镇的民间社火表演进行了展示。作者在田野调查的基础上,采用象征研究的方法,对当地民间社火表演与水资源管理的关系进行了透视。研究注意到,在社火活动期间,"民众会巧妙地利用社火表演,组织公共空间的对话,提醒行政领导部门改善政策,合理分配水资源"[1]。在这里,民俗成为民众利益表达的重要方式。

在另外的研究中,董晓萍通过对极度干旱缺水的四社五村节水水利民俗的考察,发现"水在某种程度上成为一种非物质文化"[2],水成了一种权力、制度、资本、道德标准和斗争武器,围绕着水民间形成了一整套习惯法和规则体系,利用这些带有民间习俗性质的习惯法,农民得以控制、分配和共享有限的水资源,并发展出一套在干旱地区利用水的可持续发展经验。

---

[1]　董晓萍:《陕西泾阳社火与民间水管理关系的调查报告》,《北京师范大学学报》(人文社会科学版) 2001 年第 6 期。

[2]　董晓萍:《节水水利民俗》,《北京师范大学学报》(社会科学版) 2003 年第 5 期。

行龙从考察太原晋祠晋水流域水利开发的历史切入，探讨了晋水流域从国家封赐的唐叔虞、圣母，到地方社会自己创造的水母娘娘、张郎等构成的晋水流域 36 村立体水利祭祀系统。在这些水神崇拜和水利祭祀活动的背后，"蕴涵着不同水利共同体，尤其是不同村庄的现实利益，甚至是不同水利共同体为争夺有限水资源的激烈争夺与冲突"①，这种冲突反映了明清以来该流域生存环境不断紧张和恶化的趋势。更重要的是，我们不能仅仅从表面来理解这些崇拜和祭祀活动，应该深入这些活动的背后，在中国社会总体变迁的历史背景下，才有可能将这些活动背后所蕴含的丰富历史内容揭示出来。也就是说，这些水利纠纷或者争夺，体现的不仅是生态环境的变迁，还是政治社会关系的变迁，是处在非均衡状态下的国家与社会间运作模式的不断调整过程。

另外，段友文考察了山西临汾平水神祠碑刻及其水利习俗，指出了民间习俗和传说在确立民间水利惯例规约上的意义，同时对其民众生活史和精神史的价值作了论说。

人类社会是一个经济关系、政治制度和精神生活的综合体。单纯注意到社会的任何一个方面，并将之提取出来作为决定性的因素来审视社会全貌，总会让人有一种"攻其一点，不及其余"之憾。作为一个总体性存在，人类社会的各个层面之间绝不是孤立的，而是互相关联、互相影响的。在这种意义上对于社会精神的考察，因而也就具有了对社会其他方面考察的意味。因之，上述从社会学、人类学和民俗学的角度，对传统水利社区民俗和祭祀的研究无疑是具有积极的社会构建意义的。

7. 水利资源、人口与环境

人口、资源与环境的协调发展，是近来在人口资源压力增大的情况下颇受关注的一个问题。实际上，明清以来，随着民间生齿日繁，人口的再生产与资源环境之间的调适问题业已成为一个值得关注的问题。

行龙撰文指出：按照马克思的观点，人口的再生产必须与物质资料的再生产协调发展。明清以来，山西地区仍然是一个自给自足的以自然经济为主导的地区，农业仍然是这一地区的主导产业。在日益严重的人口压力下，土地的人均使用率大大降低了。人地矛盾迫使人们不断向大自然攫取更多的资源，因此带来的环境的压力是可想而知的。明清以来水案的频发和水资源的日益匮乏，也正是这一矛盾的直接后果。因而"人口、资源与环境必须协调发展、相互促进，这是历史提供给我们的启示，也是未来

① 行龙：《晋水流域 36 村水利祭祀系统个案研究》，《史林》2005 年第 4 期。

必须重视的问题"①。在人口、资源、环境压力日益增加的当今社会，对于这一主题的历史学研究显然具有镜鉴的意义。

三 "水利社会"下的基层政治与治理

（一）对已有研究的简单总结和反思

通过上文的综述和概括，我们可以看到学界对历史时期特定地域中的水利社会已经做了较为丰富的研究。这些研究涉及了诸多方面：水利管理组织体系，水权，水利纠纷，水利祭祀和民俗，环境资源等。如果梳理这些论题可以发现，已有的研究主要是围绕以下核心概念展开的：资源，权利，制度，权力，文化。② 这些概念实际上构成了已有研究的主要论题范围。但是，不同的研究往往都是从上述论题中的一个具体方面入手进行的，这些不同的论题之间是否存在着内在的关联呢？或者是否可能在一个统一框架下，提供一个对于水利社会的较为全面的阐释呢？应该以怎样的理论框架来将纷繁复杂的水利现象统一起来，对其有一个合乎逻辑的自洽式解释，从而获得一个更加综合性的阐释效果？

基于上述考虑，本书拟选取的典型研究对象是明清时期山陕地区的基层水利治理，通过那些基层水利治理中典型事件，探讨围绕着水资源利用形成的政治社会关系和治理架构，并试图对之在较为综合的意义上给出理解和说明。

各种水利现象尽管让人眼花缭乱，但所有的现象和行为最终都无不是围绕分水和用水而展开。进一步来说，水利治理中的典型问题应该是：水资源分配以什么为依据？由谁怎么来分配？怎样的分配是合理的？又如何来理解这种分水用水的特定政治过程？这种特定的水利政治过程是在怎样的社会背景下发生的？

当然，要对这些问题作出回答，就必须在已有研究的基础上，通过广泛阅读和撷取史料，采取合适的研究方法和研究框架，将上述问题连接为一个整体的框架，提出一个较为合理的解释。

（二）基层水利中的政治

已有的学界对农村政治或社会的探讨，多有通过从基层的视角而进行的研究，甚至基层研究已经成为对农村和城市社会末端分析的一种具有相

---

① 行龙：《明清以来山西水资源匮乏及水案初步研究》，《科学技术与辩证法》2000年第6期。

② 这里没有再列举水利纠纷，因为水利纠纷实质上是在用水过程中围绕水资源的争夺，而通过权力对水权利的确认或者再认定。

当典型性范式。在这里，基层成为一个许多研究者熟稔而不假思索使用的概念。但是，如果检视很多研究就会发现，在这些研究中，基层的概念实际上是模糊不清的：基层在一个具体研究中究竟是指政府的最低层级，抑或是指乡村或城市社区组织本身，还是指基层政治与社会的交集，论者往往言之不详。而这种对概念本身的模糊化使用，带来的是具体研究本身论域和论题上的不清晰。

本书亦将论述的主题定位于基层治理层面，而在这一层面上，本书所述的基层是在以下意义上使用的：

首先，农村水治理中的基层是一个权力空间概念。这一空间既非仅仅由国家正式权力中的政府机构末端所构成，也非仅仅由乡村社会本身单独呈现出来，而是在正式权力与非正式权力交互的基础上，因这种互动而形成正式权力和非正式权力两个不同体系各自发生着的重组、调整和变化。也即是说，在这个空间中，权力事实上起着将整个空间架构起来的整合作用，是理解这一空间结构和空间中不同主体组织形式的关键要素。

其次，也正是在上述意义上，这里所谓的基层实际上是一个动态概念。它不仅意味的是基层政治社会现实和政治社会结构，更意味的是在这个特定空间中所展开进行的政治社会过程，这一过程是通过一系列发生在政治社会结构上的事件所组成的。当然，囿于历史资料的局限，本书恐怕难以将这一对基层治理空间中所发生的政治过程作出全面的研究。但研究所凭借的这一理念还是相对清晰的，并且也在研究过程中，通过对一些典型事件的分析，力图还原在这一特定空间所发生的事件，并通过这种还原实现对基于政治社会事实的过程性解读。

再次，基层治理与政治之间存在着密切关系。本书所探讨的水资源利用天然的即具有公共性的特征，水的使用和分配过程实际上体现的是特定区域社会中的公共资源利用和开发机制。同时，又因为传统社会的特定历史情境对这一公共资源利用的特定限制性。因此，水的治理问题在这里从来就不是一个纯粹社会自身成员之间的竞争、合作或协同的问题，而是关联着公共政治问题。事实上，即使是在社会自身已经高度发达、基层自组织形式已经相当完善的现代社会中，处于政治与社会之间的公共资源利用问题也不是一个纯粹的社会自组织治理问题。公共权力体系总得要以各种各样的方式参与进来，通过其合法性权威对这种治理过程施加一定影响。如果试图把这种来自合法性公共权威的影响完全排除于基层治理过程之外，则往往基于公共资源利用或者其他公共物品提供的行动，常常会因为搭便车行为的盛行，监督惩罚机制的普遍匮乏而变得难以可能。因此，本书所探讨的基于水治理的基层社会一定同时是政治性的，或者说，这里所谓的基层并非仅仅以"水利社会"的形态存在，更是以"水利政治社会"的面目而出现的。

最后，基层水治理的长时段的历史进程，酝酿出了架构在这一进程基础上的观念形态，并通过这种观念形态形成了区域社会中的公共文化空间。这一公共文化空间的存在既以传统社会特有的政治社会化机制为条件，也同时杂糅了来自乡村社会自身通过神灵崇拜、祭祀过程、水利仪式等象征性活动所建构起来的种种文化观念。这一公共文化空间实质上是基层水治理得以有效进行的意识层面的柔性建构，而且它还通过对官方主导意识形态的不断吸纳和变通获得来自正式权力的支持，并在事实上形成了对官方在基层社会中权力行使和运作部分抵制。因此，水治理中基层不仅是权力关系规约下、制度组织体系约制下的空间形式，还是在特定理念、价值、思想支配下的文化空间形式，是特定政治理念在基层这一独特空间中的实践形式。

第三节　研究思路及研究方法

一　研究方法

（一）结构功能分析

在政治学结构功能分析方法中，"结构"和"功能"是两个基本的概念。政治学意义上的结构是指"群体有规则的政治行为方式，或是诸政治角色的某种有规则的组合"。功能则是既定政治结构的作用。由于事物总是不停地发展变化的，因而事物内部的结构和外在的功能也是在不断地发生着变异、转换。所以，运用结构功能分析的方法要有一种历史感：结构既是帕森斯（Talcott Parsons）意义上的行动的框架，又是吉登斯（Anthony Giddens）意义上的结构化，或者二重性结构，即作为结构过程。[①]因而既要在分析结构的基础上理解事物的功能，同时又要看到结构的不断

---

① 作为本书研究方法概述，这里不便于对帕森斯的行动的社会结构和吉登斯的结构二重性进行展开论述，关于两种结构分析的思路和理论框架，可参见［美］塔尔科特·帕森斯《社会行动的结构》，张明德等译，凤凰传媒出版集团 2012 年版，第 18、19 章；［英］安东尼·吉登斯《社会的构成：结构化理论纲要》，李康、李猛译，中国人民大学出版社 2016 年版，第 1、6 章。

更新和功能的转变，做到共时分析与历时分析的有机结合。①

对农村基层水利组织管理体系进行结构性功能分析，乃是基于如下假设：

首先，水利组织管理体系是一个内部相互关联的系统，其内部不同部分和构成要件都履行着"一个不可或缺的功能"，"拥有一项必须完成的使命"，每一部分都是"有机整体的必要组成部分"。② 各个组成部分之间相互协调，共同发挥着完整水资源有效利用的目标。

其次，水利组织管理体系中存在着一种趋向于稳定性的主导趋势，这种趋势通过一定的内在机制而得以延续和维持。当然，这种内在机制是一系列多层面因素的综合，缺少其中的一些因素，这种主导趋势就会趋于崩溃或者瓦解，出现变异，最终为新的主导趋势所取代。

再次，在整个水利组织管理系统的背后，存在着为该水利社会圈内的成员全体共同遵循和认可的目标体系或价值原则。正是这种价值目标体系设定，使人们的行为有了明确的评判标准，制度的制定和执行有了合法性依据，不同利益要求间的矛盾调解有了共同的底线。

最后，所有参与到水资源利用过程中的各方主体，围绕一个典型的共同"社会事件"，在"系统化"的制度权力框架下，基于各自的资源运用目标而展开竞争合作，并且在这一过程中不断生产和再生产出制度规则体系和权力框架。在一个较长的历史时段内，这一结构化过程具有了制度演化意义上的典型分析价值，也即具有模式化的可分析性，符合涂尔干（Émile Durkheim）、诺斯（Douglass C. North）等人在讨论宗教生活形式、自杀问题，以及宪制演进问题上的分析进路。

（二）历史的方法

现实是历史的延续。如果对现实中的种种问题进行求解，在很多时候，如果仅仅就现实谈现实，往往会很难突破问题的症结，切中肯綮。"中国今天的根本问题，不能只靠研究当代的情况来了解，还必须历史地去进行探索。"③ 特别是在我们中国这个具有几千年历史的唯一幸存下来的文明古国，漫长的历史给我们留下的是厚重的文化积淀。处在今天的世

---

① 参见张铭、严强《政治学方法论》，苏州大学出版社 2000 年版，第 194、199 页。

② 参见［英］马林诺夫斯基《大英百科全书》中关于"人类学"条目。转引自［法］迪维尔热《政治社会学——政治学要素》，杨祖公、王大东译，华夏出版社 1987 年版，第 186 页。

③ 冀朝鼎：《中国历史上的基本经济区与水利事业的发展》，朱诗鳌译，中国社会科学出版社 1981 年版，第 2 页。

界，"当我们匆忙地用新观念与新制度来改造现实时"，却总能发现"活着的传统也在顽强地改造着引入的观念与制度"。① 对我们自己的传统、自己的历史应当有一个全面清醒的认识更显得颇为必要。

认识历史的目的是多重的，但其中最重要的目的应是通过对本民族历史与传统的反思，为现实问题的解决提供借鉴、参照。"现实提出问题，为回答问题而研究过去。历史如果完全脱离现实的需要，就会无人过问而自行消亡。"② 历史研究的目的正是在于通过对历史经验教训的回顾和反思，对现实中的矛盾和问题提出符合实际情况和事物发展规律的解决之道。也就是说，历史研究如果不以对现实的观照为目的，仅仅满足于就历史谈历史，钻进故纸堆，那么，这种研究的价值是值得怀疑的。正是从这个意义上，"过去的并不都是历史。历史存在于当代之中"③。

正确运用历史研究的方法，既要坚持正确地理解其目的和意义，又要注意到一些技术性的问题，其中正确运用历史文献材料是至关重要的。"文献典籍不经过科学的处理，利用时就可能发生种种困难而导致谬误；文献中所记载的历史事件或历史现象不经过批判的审查，就不能证明它的实在性。"④

在本书的论述中，笔者就试图以较为翔实准确的资料，对传统水利管理组织体系中的权利义务关系、权力体系的构成和运作机制、价值目标的设定等问题作出一个全景式的描述，并同时注重对存在于这些历史表象背后的政治制度、政治关系和政治价值等问题作较为深入的探究。在这种思考的基础上，进而对传统水利管理组织体系进行总结，以此反观当今我们在农村基层水利和公共事物治理所面临的问题，力求能在结合本国历史和国情的前提下找出一些可供参考的解决思路。

（三）比较分析

比较分析也是社会科学研究中常用的研究方法，而且其分类也是比较复杂的。从比较的时间性来看，有纵向比较和横向比较之分。"静态的横向的比较研究尚不足以揭示社会事实和社会变迁的发生及其连续性。"纵向的历史比较"即是按照时间的先后秩序来考察社会现象的变迁，其特

① 曹锦清：《黄河边的中国——一个学者对乡村社会的观察与思考》，上海文艺出版社2000年版，第698页。
② 李时岳：《近代史新论》，汕头大学出版社1993年版，第361页。
③ 李时岳：《近代史新论》，汕头大学出版社1993年版，第366页。
④ 李时岳：《近代史新论》，汕头大学出版社1993年版，第372页。

点就是动态性与连续性的统一"①。从比较的形式来看,有求同比较和求异比较,"比较方法最简单的逻辑线索就是:于异中求同,于同中求异"②。从比较的类型来看,有对比分析和类比分析。但是不管什么形式的比较,在对被比较的客体进行比较时必须按照既定的标准和尺度,被比较的客体之间也必须具有可比性。

在本书中,一方面,笔者在考察传统社会水利管理组织体系的基础上,对在这种体系中所体现出来的传统政治统治体系、制度、思想理念等作出分析和总结,同时把它们同西方政治传统中的相关概念进行对比。通过对比,"真实地再现处于不同文化背景之中的政治体系的真实色彩"③。进而找出传统中国政治的特点;另一方面,将这一体系中的制度、权力关系特点的不同历史阶段的发展流变做了对比。并在与我国不同地区或者世界其他地区的水治理实践和经验的介绍中,找到一些以水利管理为代表的公共事物治理中的共性的东西,以期对我们的公共事物治理体系建设有所启发。

二 本书的结构与可能的创新和不足

(一) 对本书结构的简单说明

本书将写作的时间定位于明清以来至当代。但由于明清以来传统社会水利组织的"典型性",因而将对这一时段作深入分析。这是一个社会历史转型的时间段。如前文所述,社会的发展是一个有机的过程,我们在考察一个社会或者政治现象的时候,往往可能要放到一个长时段中来考察,因而可能需要比既有的界定要走得更远些。

具体来说,本书的主要写作思路如下:

绪论:主要交代研究的理论背景和基本方法,阐明基层治理研究的基本问题域;分析从"治水社会"到"水利社会"研究视角的转换及理论意义;述论学术界已有的研究文献,并在此基础上概述研究的基本思路。

第一章:在总结国内外已有公共资源治理研究的基础上,探讨公共资源治理的基本结构,从理论层面架构基层水利治理的主要理路。

第二章:从制度要素入手讨论水利治理基本框架的搭建,这一框架主要由作为水利治理规则体系的渠册制度和基层水利自组织中的管理权力体系构成。

---

① 张小劲:《比较政治学的历史演变:学科史的考察》,《燕山大学学报》(哲学社会科学版) 2000 年第 1 期。

② 张凌:《比较研究:一种跨文化的政治学分析方法》,《政治学研究》1997 年第 1 期。

③ 张凌:《比较研究:一种跨文化的政治学分析方法》,《政治学研究》1997 年第 1 期。

第三章：探讨作为权力技术的分水用水的操作性策略。良好的制度设置和权力结构要能够在水资源治理过程中发挥出其实践有效性，还需要将其现实化为一系列可操作性技术手段：水利户籍手段，测量性技术手段，权力策略与技术手段。

第四章：讨论传统国家权力在水利治理中所发挥的作用，以此为基础讨论国家权力为何在基层水治理中以此种面目"在场"，并进一步讨论国家与社会关系的理论建构与实践。

第五章：讨论基层水利治理中的文化要素：价值、意义构建与共享，象征秩序和公平理念，并试图对基层水治理中的这些文化现象中体现出的政治社会问题给出合理说明。

第六章：通过与国内外其他地区基层水治理的比较，探讨基层水利治理的主要经验；总结本研究基本结论，并进行符合当前我国国情的公共资源治理机制和基层治理机制建构的探讨。

在对本书主要内容进行纲要式概述基础上，下面我们拟结合本书的学科视角对研究思路和线索进行综要介绍。

（二）水利治理中传统国家与地方社区的互动

1. 以政治学作为切入学科视角

对于水利社会的研究，角度可以是多种多样的。根据研究内容的不同，可以对其作社会学、人类学、法学、经济学、文化学、历史学等不同角度、不同侧重点的探讨。如前面文献综述中所描述的，这些学科分别都有学者作了较为系统的探讨，形成了一些相对丰富的研究成果。但是从政治学角度对这一问题的探讨，就笔者的狭隘视野所及，在国内尚不多见。

同时，以往的政治史和政治制度史研究，多从居于主导地位的官方正式权力体系入手，注重探讨这一权力体系架构的理念、原则与规范，这种思维进路当然是无可置疑的。但是，值得注意的是，人类政治生活本身就是一种实践性极强的活动。我们固然应该关注权力本身的体系构成，但也应该关注权力发挥作用和影响力的实际效果。而本书的研究则可能为我们展示出在国家与社会交界处，权力是如何运作的，政治统治是如何可能的。而这个层面恰恰是我们理解传统政治关系的关键。

按照一定的价值理念对资源进行权威性分配，并保证分配机制的正常运作是政治学关注的核心话题。但是不同的资源禀赋是有区别的，因而人们会对不同资源采取不同的利用方式，形成不同的人际结合方式，从而构建起不同的制度安排和政治架构。土地和水利是传统农业社会的两大基础性资源。以往对于传统社会条件下资源分配机制的政治学研究多从土地问题入手，探讨农业社会条件下土地的阶级阶层占有关系。从水利角度入手，研究以水资源利用为基础的政治关系和政治架构的论著比较少见。本书从传统社会中水资源的分配机制入手，对围绕水利治理形成的基层微观政治生态的观察，可能将我们的研究视野进一步拓宽。

水本质上是一种全社会共同占有和使用的公共资源。既然作为一种公共资源，客观上就存在着一个如何有序利用的问题。曾经有学者形象地把政治学讨论的问题比作探讨如何把做好的蛋糕进行切割分配的问题。这一比喻式说法所涉及问题的实质性含义是说，政治学所要追问的核心问题与利益的分配是分不开的。也就是说，"政治现象的最深厚的基础即利益问题。政治现象所涉及的一切问题都是与各种主体的利益密切相关的"①。在更高一个层次的意义上，政治学不仅要追问蛋糕如何去切，而且还要问如何切是更合理的、更符合社会所公认的价值标准的。只有做到了相对公平地对蛋糕进行分配，社会才会是有序的。当然，这个主持切割的"操刀者"应该就是代表公共利益和价值判断的公权力。如果我们把蛋糕换作水资源，理论的推导过程是相同的。也即是说，从政治学的角度来探讨水资源问题时，这一过程的"操刀者"应该就是作为公共权威存在的权力持有者。"公共权力主体所掌握的资源是有限的，而双方的期望却具有无限性。"② 因而这里也同样存在着一个如何合理、有序地利用资源的问题。

从上述思路来看，从政治学的角度对水利社区进行探讨应该是可行的，而且通过对材料的大量阅读，笔者发现，在实践中也确实存在着大量能够对支持该思路的水利实践资料，这也就为从学科角度介入这种研究提供了可能性。

2. 对传统社会背景下水利治理的制度与文化反思

基于以上考虑，本书选取了明清时期山陕地区的基层水利治理为分析背景，通过那些基层水利治理中典型事件，探讨围绕着水资源利用形成的政治关系和治理架构，并试图对这种特定的政治关系及其架构给出更具一般性的政治社会学意义上的讨论。如前文所述，这里的难点在于，应该以怎样的理论框架来将纷繁复杂的水利现象统一起来，对其有一个合理的讨论起点，并在此起点基础上将这些关系和结构组织起来，给出一个逻辑自洽的一致性解释？

---

① 李景鹏：《权力政治学》，黑龙江教育出版社 1995 年版，第 13 页。
② 周光辉、张贤明：《三种权力类型及效用的理论分析》，《社会科学战线》1996 年第 3 期。

实际上，各种水利现象尽管看上去复杂多变，但所有的现象和行为最终都无不是围绕分水和用水而展开的。进一步来说，水利治理中的典型问题应该是：水资源分配以什么为依据？这一根据如何确立？其规范性如何保障？如何确保以此为根据的分配是合理的？其中的参与者有哪些人？他们如何互动并维护这些规范？

同时，水作为一种公共资源，必须由建筑于社会之上的公权力来加以合理分配，实现对其有序地利用。但是，任何一个社会中的权力都是在一定的制度和文化背景下运作的，权力对利益关系的调节，必须遵循社会本身业已形成的这个宏观背景因素所认可的原则和规则。那么，在传统中国社会中，人们有没有和如何能够实现水资源的有序利用？如果有，这种有序是如何实现的呢？公权力如何介入其中并如何发挥作用？用水秩序化意味着什么？这套有序机制是在怎样的背景下形成的？这些背景要素如何协调起人们的行动、关系和认同？

首先，在传统基层水利治理过程中，人们实际上是以赋予用水者用水权的形式，来解决水资源分配的依据的。

其次，在传统基层水利治理中，公共权力是水资源分配的主体，而它实际上被划分成了正式权力与非正式权力两个部分。两者各自按照一定的规则，遵守权威发生作用的边界，共同将基层水利秩序维护在一定的范围内。

需要注意的是，在传统水利治理中，公共权力是通过传说、碑刻和祭祀等政治象征和仪式，体现出作为一种"文化权力"式的影响力和控制力的。

再次，理性的政治思考意味着，人的任何政治行为都必须在一定的价值规约下发生，并接受价值的评判。正是在用水"均平"价值目标的规范下，水利治理中的传统公平观和政治正义观得以凸显。

另外，在以权利、权力、公平为框架建构起来的水利治理政治架构中，制度贯穿整个过程。

最后，以灌溉水利为主的干旱区水利治理与那些水利资源相对丰富的区域水利治理存在着差异，也有一些相同之处，对这些不同区域水利治理的比较，能够使我们对历史时期中的政治与社会有一个更为全面的理解。进而我们也需要进一步思考：历史时期中的水利治理，给我们提供了哪些可资吸取的经验和教训，从而裨益于当下的国家和基层治理实践？

本书的基本观点是：公共权力是在特定的价值理念规范下，对资源在相关社会成员中进行分配的，而合理的制度建构则将公共权力的分配行为、作用过程固定化、常态化。制度、权力、文化有机统一于基层水利治理的政治实践。因而只有结合当时特定的权力机制、制度设置和文化条件，传统基层水利治理机制才是可以被理解的。山陕地区的基层农村在长期合作、共同利用水资源的过程中，形成了较为完善以基层非正式权力为核心的自组织体系，以及初步的以水权确定权利义务关系的权利雏形观念。国家权力、基层非正式权力在一定的规则框架内，共同实现对水资源的公平合理地分配利用，形成了一种可以拟合于现代治理理念的制度规则和权力运作体制。这一体制以基层非正式权力为中心，正式权力则扮演了最后的权威和规则提供者和维护者的角色。进而这一体制是靠当时特有的制度和价值体系架设起来的，其形成有着特定的社会背景和文化背景。正是在这一特定政治社会场域中，历史时期中的基层水治理大致能够保持一种良治的样态。当然，这一体系仅仅是在一定程度上符合现代治理理念，现代治理体系需要的一些要素在传统社会条件下还不具备。层出不穷的水案和纠纷当然是人口与环境资源矛盾加剧的体现，也是这种治理体系本身不完备的表征。事实上，这种治理不完备性因传统政治社会自身的内卷特质而长期未能获得实质性的突破。通过上述分析，一方面可以加深我们对传统中国基层社会中正式权力与非正式权力交界处的权力体系和运作机制的认识；另一方面，也可以运用这些认识反观现实，为反思当下的基层治理之道提供经验与教训。

（三）进一步研究的构想

当然，由于笔者学养的不足，加之相关研究材料的匮乏，特别是缺乏在调查实践中获得的第一手的、更准确翔实的资料，因而对传统社会乡村中基本权力结构的分析还挖得不深不透；由于材料上一定程度的阙如带来的另一个问题，就是对乡村基层权力结构的把握还远不够全面。同时，考虑到本书所要解决的主要问题，因而在文章中对乡村基本权力结构的分析着重于水利自组织权力和国家正式权力，而对其他乡村权力或权威关系，例如乡村宗族势力、里甲组织权力等暂时未作考虑。同时，由于对这样一个全面多维度的研究尚缺乏一个宏观的把握和具体方法的有效利用，因而本书的有些讨论可能显得学理意义分析过度，以致有些论述虽有一定证据，但看起来还是不免显得武断，这方面是需要在以后的研究中加强的。

第一章　作为公共资源的水利治理的基本理路

第一节　公共池塘资源使用中的社会合作难题

按照经济学关于人性的基本假设，人都是理性的，每个人都根据自身利益最大化和损失最小化的目标来决定自己的行为方式。公共资源因其产权的特殊性，决定了每个人在使用它时都可以不用或者付出很小的代价而获得较大的收益。基于人的理性思考，现实社会中的每个人必然会努力追求公共资源使用上自身利益的最大化，而忽视自己的行为对公共事物带来的影响。正基于此，亚里士多德（Aristotle）早就观察到这样的现象："凡是属于最多数人的公共事物常常是最少受人照顾的事物，人们关怀着自己的所有，而忽视公共的事物；对于公共的一切，他至多只留心到其中对他个人多少有些相关的事物。"①

而这种情况势必导致对公共资源的过度开发和利用而无人关心。但问题的另一方面在于，人必须结成社会而共同生活在一起，否则不可能顺利完成其自身的生产和再生产过程。公共生活的需要反过来又决定了人们对公共物的需求也是须臾不可离的。因而按照一定的原则，确定每个人对于公共物相对固定的权限，使人们按照被赋予的权限去有序地实现个人利益成为必要，每个人被赋予的这种权限在现代社会称为权利。从根本的意义上来说，"权利是一种手段，社会依此控制和协调人类的相互依赖性，解决人们的利益分配问题"，由种种规则和制度确定的权利"构造了人们的

---

① ［古希腊］亚里士多德：《政治学》，吴寿彭译，商务印书馆1965年版，第48页。

机会边界"。① 唯有在此明确的边界规约下，人们之间的合作才有可能，上述共同生活中的矛盾才得以有效化解。同理，在公共资源利用过程中，关键的问题就是通过确定某种特定权利的方式，划分出参与到这一过程中的人们行为边界，使他们在一定的限度内行为，并且保证这些行为可以被有效预期，从而使个体可以获得必要的资源，人们可以有秩序地运用资源，使公共资源不致被过度使用而枯竭。

相对于人的需求而言，资源总是不足的。作为公共物的公共资源也并不是取之不尽、用之不竭的。因此，公共资源的有效开发和利用需要人们联合起来去有秩序地共同维护和使用。基于权利的约定，并不能自动起作用有效约束所有人最大化资源使用的潜在冲动，资源运用过程中的冲突在所难免。对于在使用过程中不遵守他人对等权利的个体，客观上需要有一种能够对其进行监督和制约的机制，而这种机制又须是代价相对最小化而效率相对最大化的。为了满足这些条件，人们必须组织起来，将自己的一部分任意处置的权利交给具有一定权威的组织，由其来代表全体行使对公共物管理的职能。必须有一个可以相对最有效率的权利、规则的权威性组织，来维护人们的资源权，维持人们在资源运用过程中的合作。

一 公共池塘：作为开放性资源的公共物品

"公共池塘"是埃莉诺·奥斯特罗姆在论述公共事物的治理之道时，提出的一个关于公共资源使用的经典案例，她使用这一案例对公共资源的使用困境作了更进一步的诠释。"公共池塘"是以一种作为"属于所有人的财产"的形式而出现的。正是因为它的这一属性，导致了在"公共池塘"的开发利用中存在着种种窘境。

（一）资源稀缺性与"拥挤效应"

正是基于上面所说的"公共池塘"的公共资源属性，使得在"公共池塘"资源系统中，"拥挤效应"（crowding effects）和"过度使用"问题长期存在。② "拥挤效应"本来是一个生态学概念，指的是由于生物种密

① ［美］A. 爱伦·斯密德：《财产、权利和公共选择——对法和经济学的进一步思考》，黄祖辉译，生活·读书·新知三联书店、上海人民出版社 1999 年版，第 6—7 页。

② "拥挤效应"和"过度使用"是奥斯特罗姆在说明公共池塘资源使用中存在着的人们之间的激烈竞争时所使用的两个术语，关于这两个概念可参见［美］埃莉诺·奥斯特罗姆《公共事物的治理之道：集体行动制度的演进》，余逊达、陈旭东译，上海译文出版社 2012 年版，第 56 页。

度过大而导致的生物种群的个体退化、品种质量下降的现象。① 奥斯特罗姆借用这一概念，一方面说明了相对资源有效承载量而言过多个体的参与资源使用问题；另一方面，"拥挤效应"除带来人口资源的矛盾加剧外，还使得人自身的生存质量乃至发展的可能性大打折扣。在这里，因为公共资源是可以不加限制、不付代价地使用的，在公共资源可以被以较低成本获得和使用的时间和空间条件下，一定会有尽可能多的经济人涌入对公共资源的开发使用中来。并且从动态的意义上来看，这一趋势会因人类社会的发展、技术条件的进步、人口的增多等因素而不断加剧，并最终导致拥挤效应的极端化。拥挤在这里意味的是，与一般意义上的经济物品相比较，公共资源更加显得稀缺和匮乏。也正是这种加倍的匮乏，使得在没有任何外在制度安排的情况下，理论上说公共资源就应当是不存在的。因为公共资源的价值确定的交易成本过高，而外部溢出效应过于明显。因此，如何合理安排"公共池塘"资源，进而对其有效利用，是一个对于人类社会发展而言至关重要的问题。

同时，"公共池塘"资源体系还意味着："任何时候，一个人只要不被排斥在分享有他人努力所带来的利益之外，就没有动力为共同的利益作贡献，而只会选择做一个搭便车者。如果所有的参与人都选择搭便车，就不会产生集体利益。"② 事实上，按照奥尔森的集体行动理论，除非能够使用"公共池塘"资源的群体人数特别少，从而使得对群体中每个人的有效激励机制成为可能；或者在最弱意义上，由于参与人数极少而使得监督成本极低；又或者存在着特殊的约束机制，比如存在一个为全体成员共同信奉的价值体系，从而使得群体成员被迫或者自愿地为集体利益而行动，从而使人们可能会在公共利益问题上达成共识。否则，个体理性选择的结果将使个体之间无法就达成集体最大利益而行动，因为每个个体利益最大化的结果就是宁愿坐享其成，而不愿充当贡献者，而这种情形势必会导致出现俗语所谓的"坐吃山空"的结局。很明显，公共资源使用上的这种搭便车行为更加加剧了作为无主物的公共资源利用上的拥挤效应，这种行为使得本来就显得匮乏不足的公共物，因为人们无法对其进行有效的维护和节约使用而显得更加不足。

（二）高度竞争性所导致的资源"过度使用"

公共资源在产权安排上的不明确性，意味着其在某种意义上是属于特

---

① 参见林成策《从拥挤效应看人口与环境问题》，《中学地理教学参考》2000 年第 9 期。

② ［美］埃莉诺·奥斯特罗姆：《公共事物的治理之道：集体行动制度的演进》，余逊达、陈旭东译，上海译文出版社 2012 年版，第 18 页。

定区域社会中所有人的共有财产。而属于所有人的财产，意味着每个人都对于这一财产有着相同的主张权，没有哪个人比别人更多，同样也没有哪个人比别人更少。因而每个人对别人的收益都没有排斥和拒绝的权利。这样看来，属于所有人的财产从根本上来讲就是不属于任何人的财产。"所有人都可以自由得到的财富将得不到任何人珍惜。如果有人愚笨地想等到合适的时间再来享用这些财富，那么到那时他们便会发现，这些财富已经被人取走了。"①

在这种情势下，每个人对公共财产使用上的激烈竞争将会不可避免地发生乃至激化，在公共资源尚未被其他人使用殆尽时，每个人都想尽可能多地增加自己对这一资源的使用份额，而不会考虑自己的实际需求，一定会表现出对公共资源过度使用的倾向。也就是说，过度使用的存在并不是资源相对于人口的数量来说真的是不够用了，而是描述了这样一种理论上可以合理推知的可能性，即在公共资源的使用权利归属不够明确的情况下，每个人客观上来说都存在着对公共资源使用上的无限扩张的需求，这种无限扩张的需求在对待不属于任何人的所有物时，一定是倾向于无度、无节制地开发利用的。

二　"公地悲剧"与合作必要性

（一）公地悲剧的理论意涵

"公地悲剧"是由加勒特·哈丁（Garrett. Hardin）首先提出来的一个概念，它也是经济学上在阐述个体经济行为的外部性时常用的一个经典案例。这一案例以反向的方式，证明了人们之间合作的困难与必要性。这一案例可以简单表述如下：

假设存在一个村庄和一块产权公有的土地，村庄里的每个农民可以通过在这块草地上养羊来获取收益。在草地的产权为公有的情况下，每个农民基于其收益最大化目标的驱动，将选择最大化自己的放牧数量。如果假定每个农民都选择最大化的放牧数量，最终将会导致草场的过度使用而资源耗尽。结果，每个人基于个体理性的行为带来了个体收益最优，却没有导致社会收益的最大化，相反，却导致了共同生活秩序的破坏和公共草地资源的毁灭性使用。② 在此情形下，最后的结果必然是所有人无地可放

---

① Gordon, H. S., "The Economic Theory of a Common - Property Resource: The Fishery", *Journal of Political Economy*, Vol. 62, No. 2, Apr. 1954, pp. 124 – 142.

② 关于"公地悲剧"的经典经济学表述，可参见湛志伟《"公地悲剧"及其治理的博弈分析》，《经济评论》2004 年第 3 期。

牧，以此为生的人们将不得不面临生存的窘境。

哈丁评论道："这是一个悲剧。每个人都被锁定进一个系统，这个系统迫使他在一个有限的世界中无节制地增加他自己的牲畜。在一个信奉公地自由使用的社会里，每个人都在追求他自己的最佳利益，毁灭成了所有人所趋向的目的地。自由实际上给每个人带来了毁灭。"① 同公共池塘资源在使用上所存在的问题类似，经济学经常将这一悲剧产生的原因归结于产权不清晰。因为产权的不清晰，因而导致了一切人对"公地"资源都有主张和使用的权利，进而导致集体行为的不理性后果。如果进一步考虑，这个假设的悲剧性事件的意义揭示了这样一个道理：在公共资源的利用中，如果事先没有一个安排好的，对于每个资源利用者的使用权限的合理设定，那么，将不可避免地会出现公共资源使用中的无序，进而导致资源的过度使用而致衰竭。也即是说，"公地悲剧"模型的理论意义在于揭示了具有无主物性质的公共资源在被无序使用时，所必然倾向的实际后果。这个悲剧性后果意味着在一个既定社会中理性化地竞争生存资源的人们，最终导致了对于整个群体而言的不理性结局，所有人最后都会面临生存的危机，无法正常生存下去。

同时，如果进一步思考公共资源利用上所存在的这些悖论性现象，也可以引申出这样的结论：在公共物的使用中，其属于所有人的无主物性质似乎是产生出一系列问题的根源。但理论上讲，公共资源因其概念本身的规定而使得这种资源客观上不可能是经济物品性质的，否则它就无法被称为公共物。这一理论上的悖谬意味的是，在公共资源的利用中，问题讨论的重点毋宁转化为这一方向：应如何找到一种合理的制度和机制安排，使得人们能够有序、有效地使用公共资源？也即是说，在这里，公共资源的共有产权并不是最重要的问题，更关键的问题在于我们应如何合理地安排每个人实际上应得的份额，资源可以是共有的，但每个人对于资源的主张权利和应尽的责任虽则不可占有上明确，但使用上则是可以明确的。在这里，权限的设定其实就是要将每个人对于公共资源的权利加以明确，进而使每个人仅仅获得公共资源使用中的固定份额，从而获得整体利用过程的有序性和社会整体收益的最大化。从这个意义上来说，哈丁的"公地悲剧"模型与其说指出了合理安排公地产权的重要性，不如说揭示了合理安排每个人权利的重要性，进而揭示了公共资源物共同运用上的可能性。

---

① Hardin, G., "The Tragedy of the Commons", *Science*, Vol. 162, Dec. 1968, pp. 1243 – 1248.

（二）"囚徒困境"：社会合作失败

1. "囚徒困境"对公共资源利用的理论启示

囚徒困境是公共选择学派的学者在解释个体行动与集体行动的关系时常用的一个经典案例。囚徒困境的产生基于以下理论预设：处在博弈过程中的每个人都知道博弈的规则；在困境中的每个人都能理性地决定自己的行动；他们相互之间的信息是不完全的，没有人能够知晓别人决策的具体内容。在这样的情形下，每个人根据自己的理性作出对自己最有利的选择。但是最后的结果表明：每个人的理性选择加起来并不是集体理性的结果，相反，个人的理性却导致了集体的最不理性结局，看似共赢的决策最终走向了多输，合作不再可能，即走向了集体行动的困境。

首先，囚徒困境的存在意味的是一种悖论，而产生这种悖论的关键原因在于参与到博弈过程中的人同处于一个"局"中。在此意义上，要突破这种困境，一个可以考虑的路径是突破这一"局"面对当事者行为选择的限制。也就是说，如果我们仔细考虑囚徒困境模型的理论推演过程，就会发现博弈过程中的参加者在最大化自身收益的理性选择过程中，其所选择的策略都是在一个整体给定的规则约束下的，即所有的参与者所可能给出的选择是严格受到事先给定的一系列约束条件限制的，而这些约束条件恰是构成整个囚徒困境产生所依赖的"局"的最关键要素。改变这种事先给定的约束条件，就有可能改变参加者可以选择的策略，并进而改变整个"局"中的策略组合，最后的博弈结果也就必然随之发生变化。

其次，囚徒困境的存在实际上并没有否认人们之间客观上存在的合作的需求。固然如上面所述，在给定的可以选择的策略中，参与者最终选择了自身利益最大化，罔顾对他人造成的后果的结局。但是，如果我们在初始给定的约束规则上稍作改变，比如将这种一次性博弈改变为要反复进行的多次博弈过程，则每个人在作出最大化自身利益的选择时就不能不有所考虑，并进而会在策略选择中适当考虑他人的利益。

实际上，即使是在严格囚徒困境的前提约束条件下，处于现实社会中的真实个人作出决策的结果，也并不见得必然导致集体不理性的后果。从较为严苛的理论意义上来讲，个中最重要的原因即在于人的复杂性。现代经济学的研究表明，实际上在长期的社会演进过程中，文化的不断熏陶、竞争合作的反复进行使得作为演化结果的人性是复杂的，其中当然会有追求个性自利的层面，但也有相当程度的利他层面。只要有可能，处于博弈过程中的个人，还是倾向于在作出利己的选择过程中适当考虑他人的利益的。例如，阿克塞尔罗德的研究表明："合作可以在一个无条件背叛的世界里产生。……以相互回报合作为宗旨的小群体之间，一旦有交往的可能，合作便会出现。"① 这种个人在现实社会中选择的其他可能性提醒我们，在探究现实社会生活中人们的行为方式时，需要适当考虑该社会所有的价值、理念因素对人们行为选择的影响。

最后，在公共资源使用过程中，一方面，公共资源本身的特定实际上构成了这个"局"中的一系列严格约束。正如哈丁的"公地悲剧"所揭示的，这些约束的存在，理论上使得人们在公共资源利用的局中难以达成集体理性的结果。另一方面，公共资源的性质意涵着这样一点：公共资源的存在本身实际上意味着人们必须在竞争中进行合作。因为同经济性物品不同，公共物不可有效分割式占有，人们必须在合作中共同使用。当然，也可以说，公共物的合理使用才是更加符合人的本性的，更加能标志那些真正属人的性质的。在此意义上说，如何在公共资源的先在硬约束条件下，寻求到那些足以改变或者改善人们在使用公共资源时的约束规则，并将这些人为化的约束加诸那些先在的硬约束之上，从而有效破"局"，改变人们在公共资源使用上的集体非理性结局，达成一种人们合作共用共治的格局，无疑是人们在公共资源利用过程中的关键问题，也是"囚徒困境"和"公地悲剧"讨论带给我们的重要启示。

2. 公共资源利用中的集体理性如何可能

按照奥尔森的看法，集体理性的实现需要两个条件：一是组成集体的人数足够少，从而使集体内彼此监督和信息成本能够足够低。"实际上，除非一个集团中人数很少，或者除非存在强制或其他某些特殊手段以使个人按照他们的共同利益行事，有理性的、寻求自我利益的个人不会采取行动以实现他们共同的或集团的利益。"② 二是要有促使个体为集体利益采取行动的激励机制，并能克服个人"搭便车"行为和"理性无知"（ignorance of the reason）。

实际上，如果我们将奥尔森所给出的集体理性实现的两个条件加诸公共资源问题上来就能够看出，在公共资源利用上要避免集体不理性后果的出现，客观上需要从以下方面进行突破。

首先，公共资源利用的制度设计要能够实现对每一个人行为的有效监

① ［美］罗伯特·阿克塞尔罗德：《合作的进化》，吴坚忠译，上海世纪出版集团 2007 年版，第 14 页。关于阿克塞尔罗德通过计算机模拟人类合作演化过程的详细论述，可参考该书第 2—3 章。

② ［美］曼瑟尔·奥尔森：《集体行动的逻辑》，陈郁等译，生活·读书·新知三联书店 1995 年版，第 2 页。

督，使得每一个人在利用公共资源时能够做到既充分有效，又不会存在因超出个人所需而存在大量浪费。在实际利用过程中，因为人们在公共资源利用格局中的地位是有所差别的，总有人会因为种种有利条件而在这一过程中处于优势地位，比别人更容易以更低代价获得更多的公共资源。因而对每个人在公共资源使用上的有效监督，就更应该在先在的约束规则设计上更加重视这些处于更加有利地位的使用者。理论上来说，如果能够有效约束人群中那些处于强势地位的个体的行为倾向，那么整体的理性结果应该就是可预期的。

其次，要使每个人都有足够的动力为公共资源的合理利用负责，就必须确立起足够清晰的每个个体行为的权责边界，并且这种权责边界的确立应该是事先给定的约束规则体系的一个重要的组成部分。清晰权责边界的确立不仅能够有效规避其他个体的"搭便车"行为，而且能够使每个人对自己在公共资源使用格局中的地位有清晰的认知，进而增强人们行为的可预期性和确定性，避免因"理性无知"所带来的盲目行动倾向，从而实现合理利用公共资源的目的。

最后，在一个较为稳定的围绕公共资源利用所形成的规模群体中，要使那些先在确定的约束规则体系保持相当的稳定性，从而形成既定规则前提下的人们之间的有效重复博弈格局，并进一步强化人们在公共资源利用上进行合作的稳定性。也就是说，在这些群体中，需要有一些由习惯而惯例，由惯例而习惯法性质的确定性规则体系，并且这些规则体系的稳定性由具有相当权威的特定公共性组织来加以不断维持和巩固。最好的情形是，在长期的历史实践中，逐渐将这些规则固化为该地区人们的共识，成为每个人所自觉遵守的信念。这也就是所谓的让法律成为一种信仰的意义所在。

第二节　基于水资源利用的基层水利治理

一　水利的公共资源性质

（一）农业社会与水利

在本书的绪论部分，已经就农业社会与水利的关系做了一些阐述和说明。应该说，在以农立国的社会形态中，水资源大概是该国除了土地资源之外最为重要的资源，这是由农业作为一种最贴近自然生产状态的特性所决定的。也正因如此，在农业社会中，对于水资源的需求是呈现一种极强的刚性需求特征的。这种刚性需求特征意味着，在该社会中生活的人们在面临基本生存竞争时，对水资源的需求成为关系其生死存亡的不可或缺的关键性资源。因而在面对水资源的分配问题时，客观上要求社会必须提供一整套合理的制度机制来应对这种需求。否则，该社会便可能难以正常存续和发展。

同时，在长期的基于水资源利用所形成的人们之间的互动过程中，水资源作为公共资源的特征，以及基于这些特性所建构起来的约束规则体系，人们之间的组织关系，必然会强烈地影响该社会中人们之间的相互作用和发生关系的形式，影响人们认知和看待周围世界的眼光和基本观念。在此意义上，在农业社会的水资源利用过程中，实际上会形成某种意义上的人水之间的相互塑造关系，这种相互塑造关系势必会影响该社会的整体格局。人们之间为共同利用水资源形成的相互约定和规则体系，就是架构在这样一个整体格局之上。因而魏特夫的看法在此意义上还是有见地的。而如何在细致考察农业社会中水资源治理的基础上将这些人水互动过程中所形成的规则体系、组织方式、观念体系进行一个较为清晰的清理，并进而思考在此过程中人们在公共事物治理过程中的逻辑与事实过程，则是本书在下面章节所要依次展开讨论的。

（二）农村水利作为公共资源

一般意义上所讲的公共物品是与私人物品相区别而言的，主要是指那些既不具有消费上的对抗性，同时也不具有使用上的排他性的事物。公共物品的典型经济学特征是：在许多人共同从公共物品的消费中获益的时候，公共物品并不因人数的增多而导致其成本或效果发生变化。

在现实生活中，依据公共物品性质的不同，可以将其划分为不同的种类。一般来说，根据公共物品的消费上的对抗性和使用上的排他性程度，可以将其划分为以下两个大类：第一种类型的公共物品基本不具有消费上的排他性和对抗性，也就是说，社会成员对其消费人数的增多并不影响其使用上的效益，也即具有消费上的"非零和性"，这是一种典型的严格意义上的公共物品；另一类公共物品则随着消费人数的增多，消费人在享受到的权利上有所减少，即所谓具有消费上的"零和性"。与上述严格意义的纯公共物品相比，这类公共物品可以称为"准公共物品"。具体来说，准公共物品又可以分为以下两类：一类是具有"正的外部性"的私人物品，要使这类物品的供给是有效率的，就要适当地对其进行补贴，补贴可以采取收税或者收费的方式；另一类是"拥挤的公共物品"，这类准公共物品要么具有强的非竞争性和弱的非排他性，要么非竞争性和非排他性都不充分。① 对这类公共品的有效供给就要依赖于对其进行收费或者其他的排他性措施。

依据对公共物品的含义及其分类的分析，农村水利实质上属于准公共物品的范畴。农村水利的准公共物品性质，可以从以下几个方面来进一步说明。

首先，在人们利用水资源的过程中，实际上也存在着如何采取集体行动的问题。用水过程中的各环节，例如水利工程的建设、维护，水资源在众多用水者之间的合理分配等，无一不需要采取集体合作的形式。从奥尔森集体理性设计的两个条件来看，显然，第一个条件是一种理想意义上的假定，在水利治理的现实中很难找到这样足够小的团体。或者即使能够找到，也会因为其不具有普遍意义而无法进一步推广。

事实上，奥尔森给出的这一条件的关键之处在于，要能够使集团内成员间互相监督和信息相对透明。事实上，"在很少有人认为违背诺言是不合适的、拒绝承担自己的义务、规避责任或采取其他机会主义行为的环境中，每一个占用者必须有这样的预期，即只要有机会，所有其他占用者都会以机会主义方式行事。在这种环境中，建立长期、稳定的承诺是困难的"②。其第二个条件要求有必要的激励机制，并能克服单个人在公共问题上的行为缺陷。按照学界相关学者的研究，一方面，由于水利"是准公共物品"，因而它具有其系统性和特殊性。"农田水利的系统性表明，农田水利难以做到有效排他；农田水利的特殊性表明，农田水利受自然因素影响极大，无法通过市场来有效供给（或市场供给导致低效益）。"③ 因而除了给共同体成员划分出明确的权利范围界限，显然，一个居于共同体各成员之上、具有共同体所承认的公共权威是必不可少的。而这个公共权威应该是以组织的形式存在的：在基层，其表现为水利自组织体系；在上层，其表现为拥有更高权威的国家机构。通过自上而下的层级组织的权威体系，将水资源合理地分配给共同体成员，并且站在社会之上仲裁水资源利用过程中的矛盾与纠纷，维护其对水资源合乎规则地利

① 对于公共物品类型的进一步讨论，可参见赵鼎新《集体行动、搭便车理论与形式社会学方法》，《社会学研究》2006 年第 1 期。对准公共物品的讨论，可参见周自强《准公共物品的政府供给与市场供给比较分析》，《河南金融管理干部学院学报》2005 年第 6 期。

② [美] 埃莉诺·奥斯特罗姆：《公共事物的治理之道：集体行动制度的演进》，余逊达、陈旭东译，上海译文出版社 2012 年版，第 61 页。

③ 罗兴佐：《农田水利制度安排的几个前提》，《农村工作通讯》2011 年第 3 期。

用的秩序。

其次，乡村水利设施及其所提供的产品和服务（水的使用），在大多数情况下都是限于一定范围之内的。这个范围要么是几个村、一个村乃至一个村组，要么是沿水渠或者河流形成的自然流域，在这个范围之内，水作为公有物是由"圈子"内的人们共享的，超出这个范围之外的其他人是难以分润的。从这个意义上说，农村水利作为公共物品具有一定程度的排他性。因此，乡村水利公共资源的利用是发生在特定地域的区域性公共事业，这一特定地域所具有的空间特性排除了因种种限制而无法有效进入这些空间，并获得这些区域性公共事业所带来的利益的群体。

因而围绕乡村水利利用，事实上形成了一个在特定区域空间关系基础上建立起来的、可以有效识别"圈子内外"情形的熟人社会——基于特定公共资源利用关系建立起来的水利社区。在可以较为有效排他的圈子内部，基于共同体关系建立起来的稳定的熟人关系网络，彼此间的信息获取成本可以被有效降低到可以被参与者各方合理接受的程度；水利社区中各方之间的信息是相对透明的，各方之间的有效监督机制的建立也是可能的。因而虽然围绕水利公共资源利用形成的乡村水利社区的规模，并未小到可以达到奥尔森纯粹理论设定条件下"足够小的人群"的程度，却可以通过其特定的空间特性满足了可以发生集体行动的条件。因此，围绕水利公共资源利用的集体行动在实践上是可能的。

因此，学界有主张认为，围绕同一水源而形成的共同用水关系，实际上使人们结成了一个"水利共同体"。在这个共同体内部，人们之间基于公共资源的使用而形成大体上同质的相互关系（当然，在利益诉求和阶层分属上是异质的，下文予以说明）。并且这种同质关系对共同体内部的所有参与者基本上可以看作透明的，或者说信息完全的。

当然，这并不是说人们在共同基础上能够建立起来的信息对等，就意味着彼此之间没有利益争夺和博弈关系，围绕公共资源利用，事实上仍然存在人们之间在资源使用上的竞争性关系。特别是对于处在半干旱或者干旱地区的水利共同体而言，公共水资源总是显得稀缺的。即使是在水公共资源相对富余的区域社会中，这种竞争性关系也仍然存在。钱杭对湘湖地区的"库域社会"的研究表明："即便身处同一水利集团，遵循同一规则约定，总体上同属'得利'阶层的集团成员之间，也会形成不同的利益和利害关系。……'均包'了'湖米'的人们，一定会在自己利益受损或仅仅是未能充分满足的情况下，就得出利益受损之根源概在于'公共利益'的结论，在实践中向它发起挑战，至少会不断提出'公共利益'

向有利于己方倾斜的要求。"① 因此，单纯依赖同质性的水利共同体的内部自我约束，对于实现人们有序地利用水资源还是不够的，还需异质性的外在力量的存在，这些外在力量可能是多种形式的，但最重要的形式是权威性资源。

而在山陕地区的水资源利用实践中，因水争讼，或者凭借自己手中的水资源支配权力而自肥者比比皆是、不胜枚举。

> 道光二十五年三月二十一日决水挑河。二十三日王郭村渠长刘煜因晋祠总河渠长杜杰卖其二堰水于索村，得钱肥己。协同伊叔刘邦彦率领锹夫数百名，各带兵器，中有火枪数十杆。张村渠甲人等在后跟随者亦众。至晋祠南门外白衣庵大骂杜杰，专事行凶，声势汹汹，十分可畏。镇人魏景德挺身而出，理劝拦解。刘煜手持钩镰，创伤景德头顶腰手，当即倒地。杜杰闻知，纠众堵煜。煜因景德伤重，逃匿中堡恒和粮店。杰寻获，命水甲殴打，煜被伤亦重。到县堂讯将殴煜之水甲四名，各笞五十释放。杰与煜俱监禁，久乃开释。②

在这个事例中，晋祠总河的渠长因公肥私，导致支渠的渠长不满，纠集众人上门讨要说法，中间发生械斗冲突，相互各有损伤，最终官方权力介入平息。可以看出，即使在水利共同体内部，人们相互之间存在着激烈的利益争夺和竞争。即使是乡村水利自组织中的掌握权力者，也总想借助手中的权力之便而为自己争得更多的利益。在此情形下，必须由水利共同体之外的权力介入，才能止息纷争，重新确立水利共同体内部的用水秩序。

再次，进一步讲，即使是在能够分得水资源使用权的"圈子"之内，人们也必须以履行一定义务的方式来获得水的使用权，这些义务通常有参加修理水渠及其他水利设施，缴纳一定的水费等。通过这种对等性的义务，一方面使用水户（下文中所说"利户"或"利夫"，参见本书第三章第一节）的权责对等，为用水权的获得提供基本依据；另一方面，也可以有效排除搭便车者，将那些不尽责之人排除在外。从而对于每一个用水个体来说，其获得的用水权是排他的。民初《洪洞县水利志补》中，陈

---

① 钱杭：《共同体理论视野下的湘湖水利集团——兼论"库域型"水利社会》，《中国社会科学》2008 年第 2 期。

② 《断令南河二堰水分程永行旧规碑记》，载（清）刘大鹏《晋祠志》，《河例七》，慕湘、吕文幸点校，山西人民出版社 1986 年版（本书中以下简称《晋祠志》），第 924 页。

赓虞在谈到山西地区的乡村水利利用时说:

> 其依山据河,稍稍能引水灌田者,或以上下游之区分,先后期之第次,动辄相率斗于野,鸣于官,以决一日之胜负。而此疆彼界,划地相持者,犹不与焉。乌乎,是岂吾民好斗健讼哉? 抑亦以农为本,以食为天,争其所不得,争者,固有在也。①

在用水问题上,之所以存在着"争","固有在也",这个"在"其实就是水利本身存在的排他性权利,争也正是争的这种权利。有时候,甚至为了这种排他性权利,人们大打出手,"争"至官府衙门,其目的也不过是维护自己分内的公共物品使用权。也就是说,因为在特定时空条件下,水资源的总量相对于使用者的需求来说是有限的,具备经济物品意义上的稀缺性特征——相对于水资源的实际需求而言,特定时空条件下的水资源总是不敷使用的。因而在水资源的使用过程中,不可避免地存在着不同资源获取者之间的竞争。同时,这种竞争性更因山陕地区的半干旱性自然地理区位特征,而获得了经常性或常态化特征。在传统农业自然经济情形下,在共同集中需要用水的情况下,这种水资源利用竞争发展成为水利纠纷或者争斗也就不足为怪了。也正是这种潜在竞争的常态化存在,使得建立起水资源利用中的合理有效排他机制成为必需。也正是这种排他机制的建立表明,这种公共资源并非纯粹性的。

最后,乡村水利设施具有明显的"外部经济效应"。如果没有具体的排他性措施,乡村水利就会表现出这种"外部经济效应"。比如,灌溉水在输送过程中总会存在一定的损失,这些损失就会给沿途其他用水户以"搭便车"的机会。"搭便车"行为的存在加之农田的地理分散性,"造成了'同本不同利',投入相同的成本与所得产品数量之间的比例不一致性"。② 而利益的损失恰恰是由其外部性带来的。

当然,不同于因信息获取或者利用上的不对称性,或者在资源利用过程中各参与主体的权利不对等所导致的外部效应,在水利社区中的以家庭为单位的水资源利用过程所产生的外部性,更具有因水资源所天然具有的自然资源禀赋特性所影响的特征。因此,如果试图将这种特定情形所影响

---

① 《志补》陈赓虞序,第2页。

② 张果、吴耀友、段俊:《走出"公地悲剧"——"农村水利供给内部市场化"制度模式的选择》,《农村经济》2006年第8期。

产生的外部经济效应合理内部化，以使由外部效应所带来的效率损失降低到可接受的限度，就必须有相应的组织制度安排，而这种组织制度安排的合理程度，应视乡村水利的性质而定。

如上文所述，乡村水利是发生在特定地域空间范围内的，在资源利用上又具有相当程度竞争性的公共资源利用过程，这一特点意味着乡村水利并非一种纯公共物品，而是受到诸多条件限制的准公共物品，是一种地方性公共事业。稻田清一的研究表明，在 19 世纪后半叶的江南，一种既非传统善举也非官方补助的"公益事业"在特定地域中的特定领域中凸显出来。这种地方公共事业，是以同当地市镇（厂）紧密结合的董事（镇董）为中心人物，通过民间力量实施，同这一特定地域中的居民有着密切关系的共同性、公益性活动。并且这种地方公共事业，尤以救济和水利为典型。① 也就是说，在处于大致相同时期的近古时代，处于不同区域的不同社会领域内，旨在有效应对地方性公共事业的组织制度安排普遍存在，并且这些组织制度安排也伴随其地方性特点而表现出不同于传统善举或者官办的特征。

二　水资源利用的基本环节

上文我们还是在一个较为宽泛的意义上，来谈论水资源作为一种公共资源的利用问题的。实际上，如果我们把这一问题做一较为细致的分解就会发现，实际上水资源利用问题应该是可以被析分为一系列具体细节的，至少在水资源的利用过程中，基于水资源的获得和供给就是其利用过程中的两个必不可少的层面，而这两者之间所涉及的问题是存在差别的。

（一）水资源的提取

水资源的提取实际上体现的是其获得层面的问题，这一层面所关心的更多的是水从何来的问题。如果在特定农业社会区域中水资源的来源成为一个大问题，则该社会的存续也就相应地成了问题。

表面上看，水资源的来源问题是一个完全自然性的问题，但实际上却不完全是这样。事实上，当一个社会中的绝大多数成员都与某一特定的自

① 对于日本学者对传统乡村水利性质的讨论，可参见［日］稻田清一《清代江南的救荒与市镇》，《甲南大学纪要》文学编（第八十六号）；《关于清末江南的镇董》，载［日］森正夫编《长江三角洲市镇研究》，名古屋大学出版会 1991 年版；《清末江南的"地方公共事业"与镇董》，载《甲南大学纪要》文学编（第一〇九号）。本书所运用的相关讨论，转引自［日］森田明《清代水利与区域社会》，山东画报出版社 2008 年版，第 28 页。

然现象发生紧密的联系，并不断试图影响该自然现象时，这种自然现象的存在就绝不再仅仅是一种自在的形态，而成为一种人化的存在形式，即所谓人化自然。具体到这里所谈的农业社会中的水资源，因其在农业社会中的极其重要的存在地位，而与人们之间发生着广泛而深入的联系，所以在这种自然资源的获得意义上的提取问题，也就必然成为人与人之间的关系问题。

当然，对水资源获得层面的人化过程可以是多维的。在最低层面意义上，该社会中的人们因水资源对他们的极端重要性，而势必会培植起一种对水的天然亲近之感，这种亲近之感的进一步深化和发展便会成为对其的一种社会组织化的敬畏和崇拜，并进而在此基础上产生出相应的神话、传说、神灵崇拜等类宗教化的组织、仪式形式。同时，由于人们对水资源的这种依赖，社会也会发展一系列相应的物质设施来实现对水源地的自觉保护，并通过一系列的规则体系、组织方式（包括宗教的组织方式）来尽力保有水资源的存量，从而实现自然与社会、与人之间的良性和谐互动和可持续发展关系。

在本书所讨论的山陕地区的水资源利用中，我们能清晰地看到人们在水资源获取上所持的上述态度。例如，在张学会所编写的《河东水利石刻》[1] 和各地存留的水利碑刻中，收集了人们通过种种神话或者依托神圣性先祖所写的对水的颂文，可谓俯拾即是。在《不灌而治——山西四社五村水利文献与民俗》中，也收集了大量处于严重缺水区的四社五村如何收集保存用水的大量图片和资料。试举一例如下：

> 县治东南三十里许，有山名洪山，下有泉，俗谓之源。……水自南而北流，流东、中、西三河分，介人取以溉田……山故有源神庙。故事：每岁三月上巳，有司率土人，诣庙修浮沉，盖东作溉田时也。余自丁亥秋莅兹邑，越明年戊子春三月，邑人白余，余窃惟山川丘陵，能出云为风雨者，皆曰神。古者诸侯方祀祭山川，《祭法》："能御大灾则祀。"若兹源泉，既以其水溉焉卤矣，又时以其气蒸为云雨，即岁大旱犹不至乏绝，夫非所谓神而能御大灾者耶？若是者，祭之则不为非。[2]

---

[1]　张学会主编：《河东水利石刻》，山西人民出版社 2004 年版。为简便起见，下文中所引本书均简称《河东水利石刻》并只注页码，特此说明。

[2]　明万历十九年《新建源神庙记》，《辑录》，第 173 页。

这通碑是介休源神庙前所立，碑文由明万历间介休县令王一魁重建源神庙时所撰。按照民间的惯例，每年开春三月初三播种前，人们必须先到这里祭祀源神，然后才能开渠放水。碑文中王一魁在仔细考察了洪山源泉的自然状况和当地人的习俗后认为，源泉因能够灌溉肥力不高的盐碱田地，抵御旱灾，供养人口，因而当然可以被认为是神，并下令重修了源神庙。可以看出，这里的水源和人的关系并非单纯的自然关系，而是"天生烝民"，养之育之的神。之所以以源为神，是为了证明，民祭祀水神，祈求水神赐予水源灌溉田亩，滋养生灵，是每个生活在这里的人们应享之权。这种应享之权具有了神圣的内涵，因而是天然正当的。

当然，这种神圣的权利也许并不能做西方意义的天赋权利之理解，但至少意味着，人同源泉之间并非单纯的自然关系。因而笔者并不太同意钱杭先生的下述观点："围绕自然环境而形成的人类社会，对于这个范围内的人类来说，'自然环境'不是劳动的产物，而是与他们在当地的世代生存史相连的前提，他们的所有活动都在此'自然'平台上平等地展开，所有人对该平台都不存在经济学或法学意义上的权利关系……"① 或许至少在普遍存在着水神祭祀的山陕区域水利社会中，人同水的关系并不能仅仅用一种人与自然的关系所涵盖。

（二）水资源的供给

水资源利用中所面临的第二个层面的问题，是水资源通过怎样的方式供给那些需要的人，也就是一个水资源的分配问题。可以设想，在自然资源足够使用的情形中，资源的分配应该不会成为社会必须面对的问题。但是，基于水资源的公共资源性质，而产生出来的任何情况下都会存在着的资源匮乏的情形，却使得人们在分配水资源时不得不考虑采取怎样的方式的问题。

在此意义上，水资源的利用实质上就是水资源的分配问题，即在一个社会中如何通过一系列为所有人所同意和认同的规则体系，由一个权威性的公共性机构将人们所必需的基本资源，在整个社会范围内作出符合人们价值观念所能认可的合理分配的过程。而这势必会具有罗尔斯（John Bordley Rawls）所谓的社会的"基本善"或"首要善"分配的意义，从而与该社会中的政治问题联系起来。

作为一种对分配正义的探讨，罗尔斯最终将其论题限定到了政治领

---

① 钱杭：《共同体理论视野下的湘湖水利集团——兼论"库域型"水利社会》，《中国社会科学》2008 年第 2 期。

域，因为这里的分配对象作为首要的善，关系到的是论题中的所有人，关系到的是对所有人具有首要意义的需求满足。因此，这种正义是一种政治正义，是一种作为权利的正义。罗尔斯说："一种有效的政治正义观念就包括被公共地视作是公民需求并因此而被视为有利于所有人的东西的一种政治性理解。……首要善的观念谈的正是这种实践性的政治问题。……第一，公民们都认肯相同的、将他们自己看作是自由平等个人的政治观念；第二，他们（可允许的）善观念——无论这些善观念的内容及其与之相关联的宗教学说和哲学学说有多么不同——都要求他们发展相同的基本权利、自由和机会，以及相同的适应一切目的的手段，诸如收入与财富，还有所有这些都能得到相同的社会自尊基础的支持。"① 固然，罗尔斯的讨论针对的是当代西方社会中的正义，似乎并不适用于我们的论题。但是，就任何一个社会而言，那些关乎这个社会中的人们基本需要的资源分配，在根本上不单纯是一个经济问题，而是一个公共性问题、政治社会问题。因而就水资源供给中的分配正义而言，作为涉及那些关乎所有人的基本权利和机会的问题，也应该被视作一个"实践性的政治问题"。在此意义上，水资源的供给问题首先是一个政治问题，是一个特定区域社会中涉及全体的整体性问题，是一个水利政治问题。

（三）水资源的社会属性及其分配

英国社会学家吉登斯认为，社会系统的基础由配置性资源和权威性资源组成。所谓配置性资源，包括环境的物质特征（原材料、物质能源、物质再生产的手段）、生产工具、技术、产品等。② 一般来说，社会资源的分配都是要通过一定的公共权威来进行分配的。相对于社会的需求来说，社会的资源总是短缺的。当把有限的资源分配到人们无限的需求中去，首先要解决的就是分配的相对有序和公平问题。一个社会对资源的分配，脱离了社会本身能够承受的限度，差距过于悬殊，那么这个社会的正常发展是难以保证的。同时，资源分配的有序就要求社会有一套权威分配机制，这套机制首先要求有一个权威组织体系，在权威组织体系之下有一套符合社会公平价值要求的规则框架，由权威体系按照既定的规则框架实现资源的相对有序性分配。"特定的社会组织和个人通过占有和分配各种短缺的政治、经济、文化、社会的资源、利益和机会，造成一种依赖的社

---

① ［美］约翰·罗尔斯：《政治自由主义》，万俊人译，译林出版社2000年版，第190、191—192页。

② 参见［英］安东尼·吉登斯《社会的构成》，李康、李猛译，生活·读书·新知三联书店1998年版，第378—380页。

会环境，迫使社会成员不得不以服从作为代价换取短缺的资源、机会和利益，进而达到约束人们社会行为，实现整合目的的社会过程。"① 而这也正是人们必须结合在一起，共同利用资源的客观原因之一。同时，这种资源利用共同体的形式也赋予了资源拥有者和管理者一定的权威。

水资源实际上是一个社会重要的配置性资源。特别是对于以土地和生物为加工对象的农业产业来讲，水在很多时候更是具有决定性意义的资源。在水资源相对缺乏的地区，水的重要性就显得更为突出，以致为了争取到足够的水资源，人们可能会连性命也置之不顾，因为在这里水本身就意味着生命。

但是，水资源因其本身具有的准公共物品属性，因而也同样存在着一个"不管个人是否为之付出成本，集团中的每一个成员都能共同均等地分享它"② 的问题。在山陕地区众多的水案和用水纠纷中，很多矛盾和纠纷的根源就源自流域内的个别用水者妄图不劳而获、搭集体免费便车的行为。因而如何协调人们在用水秩序上的种种矛盾，使水资源的开发与利用能够有序化、理性化，摆脱时人所谓"千百成群，相率互斗"的无序状态，是关系到水资源能否有效和持续利用的核心问题。

解决这一问题的关键寓于水利的准公共物品属性之中，其中首要的问题就是公共水资源的占用问题。正如奥斯特罗姆所指出的：当"太多的人被允许占用资源，占用者被允许的提取量超过了经济上最优的资源单位提取量，或占用者过度投资于占用设备"时，就会出现租金散失的情形，进而导致社会收益的降低。同时，由于占用者认为不合理的占用造成"权利和义务的分配不公平、不经济、不确定或不适当地强制实施时"，就会产生占用者对投入提供的负向意愿，进而使得合作进行的集体行动不再可能和水利设施与资源的全面退化。③ 因此，如何合理地确定每一个参与者个体在使用水资源时的合理权利义务关系，是解决水资源使用过程中诸多矛盾的首要问题。而这正是"水权"得以产生的逻辑和现实契机。在此意义上，围绕水资源社会性分配所产生的水权利问题，是在此环节上政治与社会之间的交界点所在。作为中介性要素，权利一头是政治性的，一头是社会性的。

---

① 李汉林：《中国城市社区的整合机制与单位现象》，《管理世界》1994 年第 2 期。

② ［美］曼瑟尔·奥尔森：《集体行动的逻辑》，陈郁等译，生活·读书·新知三联书店 1995 年版，第 19 页。

③ ［美］埃莉诺·奥斯特罗姆：《公共事物的治理之道：集体行动制度的演进》，余逊达、陈旭东译，上海译文出版社 2012 年版，第 77—78 页。

（四）水资源利用的制度化难题

具体到乡村社会来说，其在水资源的获得和分配上面临的问题固然是多方面的，但总结来看应该主要包含以下几个方面。

首先，地方性水利制度生产与供给的特殊性。从水资源的获得和分配来看，不论哪个方面客观上都需要社会为资源的获取、维护、分配、使用提供一系列较为详细的制度规则供给。但是，由于水资源本身的公共物特性，决定了这些规则实际上是很难由社会通过自发地交往或者交易过程实现有效供给的，即使是存在某些个别情形下的部分制度供给方式，这些供给通常也会相比社会的总体需要来说显得不足。也即是说，在水利制度的生产和供给上，同样存在类似于"公地悲剧"式的问题，因为制度本身就是一种公共事物。要生产出一种公共物品来应对人们在另一些公共物的利用中所面临的困境，比之应对另一些经济物品的困境的难度要来得更大、更艰难。

同时，由于水资源的区域性公共物品属性，决定了那些与这一公共资源发生联系的人往往是在一个整体社会中的特定地区中的，如果要从全局的层面整体性、规模化供给制度规则设计，表面上看是节省成本的，但实际上往往会因为水资源的区域公共性而变得基本不可能。也即是说，关于水资源的制度规则供给往往会涉及大量所谓"地方性知识"①，只能是区域性、地方性的。也正因如此，其制度的生产与供给相比一般意义的公共品而言，显得更加困难。

其次，有效监督与惩罚的困难。一个好的制度规则体系的有效实施客观上来说必须有相应的一套权威组织与之相配合。在基层水治理中，如果基于这种理由而实际产生了一系列组织形式，并在这种组织中广泛建立起来了层级化的权力形式，一个接踵而来的问题是如何有效地对这

---

① "地方性知识"是吉尔兹（也译格尔兹）在其阐释人类学中提出的概念。以对法律的理解为例，吉尔兹认为，法律过程中的审判或者立案的工作，不只是通过一种规范与事实的一般理论来支撑的，而"是在描述事件的一种特定过程和描述生活的总体观念的时候两方面的可信性相互支持。如当地人所想象的如果/那么这样的生活结构和当地人所理解的由于/因而这样的经验过程是任何希望力行之有效的法律体系都必须力求联系起来的，这样才会使它们看起来不过是同一事物的深层现象与表层现象"。也就是说，对一个特定地域中存在着的法律而言，对其真正深入的理解或者阐释，是以本地性的符号和话语体系介入的理解，而不应该是以一种一般的法律与事实关系的简单代入。这样一种同情之理解的态度，有助于我们对所研究的对象通过更加细致深入的"深描"而获得更好的阐释。参见［美］克利福德·吉尔兹《地方性知识：阐释人类学论文集》，王海龙、张家瑄译，中央编译出版社2000年版，第231页。

个权力组织进行监管的问题。当然，在这个问题上，一个可行的思路是通过基层政府所代表的正式权力体系进行监管，但是这在实际上是很难行得通的。诚如上面所说，在区域性的公共资源利用过程中，因为往往会涉及大量所谓"地方性知识"，因而客观上会使得这些掌握着大量特殊知识和技能的基层水治理组织的有权力者，能够通过种种方式以信息遮蔽与不对称等手段有效规避来自正式权力的监管，并且他们也确实有这样做的内在动机。

同时，传统帝国时代，建立在官僚科层基础上正式权力系统因其可用人力、物质条件和技术手段的匮乏，实际上也缺乏对基层水治理组织的监管动力。因此，这种自上而下的监督与惩罚只能是辅助性、非常态的，更加日常化的监管应该是在基层社会本身中进行。但这里的问题在于，社会本身又如何能通过有效的机制来防止基层水治理组织中公权力的滥用呢？应该建立起一些怎样的机制和技术手段来相对低成本、高效率实现这一监管上的困难呢？

最后，水资源利用中的分立知识获取与可信承诺问题。这个问题与上面的问题紧密相连而又更广泛：除了在处理基层水利组织公权力的关系问题上，实际上在整个水利社会内部也存在广泛的分立性的"地方性知识"和人们之间的互信问题。因为水利社会说到底是人们基于水资源的合理化、秩序化利用而建立起来的合作性组织，如何保证在这个组织中人们之间的信息有效沟通、行为的相互协作、人与人之间的彼此信任，也同样是该组织自身所必须面对和解决的基本问题。但是，如果在如此广泛的维度上解决这一问题也采用一些制度化或者技术化的手段，理论上虽然可行，但往往在实践上很难有效实施。其中一个很重要的原因在于，在此层面上的沟通互信往往是更经常也更随意、更不确定的。如果想通过较为规范的形式来解决这种经常性的互动合作中所面临的问题，可想而知，往往会因为成本的过于高昂而令人望而却步。因此，如何在基层水利组织内部实现有效的、经常性的自我管理，进而形成人们之间的顺畅合作，就必须找到一些能够在较大范围内有效发挥作用，而又成本较为低廉的非制度性替代方案。

三　基层水利治理的两种思路及其问题

对于公共事物如何治理的问题，历来有两种思路。一种思路即由政府介入其中，提供社会所需要的公共事物并维护其使用秩序；另一思路则认为，私人部门也可以作为公共事物供给的主体。由市场来决定公共事物供给的数量、方式，并且监督人们对公共事物的使用，要比单纯由政府来提供更有效率。

奥斯特罗姆考察了这两种传统思路以后指出：那些认为应该由政府来提供公共物品的看法，并没有指出政府应该以何种形式进行组织以增进其工作的效率；也没有指出政府将如何获得社会对公共事物需求的各方面的信息；以及如何增进政府的工作效率，对其进行有效的监督，避免政府寻租和腐败行为。而那些主张市场论者也没有准确地回答权利应该被明确地界定；明确对于商品的公共性的大小应有什么样的标准；以及如何将没有使用权的人排除在公共物品的使用范围之外；权利间的冲突应该如何被缓和等诸如此类的问题。① 因而单纯的政府或者市场都是不能解决问题的。两者都存在着其自身无法克服的许多弊端，因此，上述思路在面临公共事物治理的时候，客观上存在着出现政府失灵或市场失灵的可能。下面我们从基层水治理的具体案例来看这两种应对方案及其存在的问题。

（一）利维坦与政府失灵：权力介入方案及其不足

近代史是一部革命史，然而更是一部中国社会由传统走向现代的历史。在这种历史嬗变过程中，社会、政治、经济结构发生着前所未有的变化。伴随着现代国家的形成，国家逐步深入了乡村社会内部，在许多方面代替了原有的乡村社会权力结构，并将其改造为现代国家权力体制的末梢；国家与社会的关系发生着前所未有的变化，国家在一定程度上成为无所不能的"利维坦"，社会的空间被大大压缩了；新的经济形式的发生和发展似乎预示着与既往的完全割断。社会进化论的观点将原有的社会政治结构几乎一扫而空。因而近代的历史演进和变迁为我们观察作为农村公共事物的水利发展和演变，提供了一个良好的视角。

伴随着中国社会走向现代的过程，官方正式权力在农村中的力量显著增强。它逐渐以取代乡村社会中旧有的非正式权力结构，或将其收归到正式权力控制范围之中的形式，将农村社会的权力架构形式作出了不同既往的安排。这一点在基层水利治理中也明显地表现出来。

陕西泾惠渠于 1932 年在泾阳设立泾惠渠管理局，在三原、高陵、社树设分所，于张家山下设谷口管闸事务所，在渠上设立报讯站。并规定各斗水老、斗夫等统归管理局指挥，初步建立起了现代水利管理体系。② 地

---

① 参见 ［美］埃莉诺·奥斯特罗姆《公共事物的治理之道：集体行动制度的演进》，余逊达、陈旭东译，上海译文出版社 2012 年版，第 42—43 页。

② 参见《泾惠渠管理章程拟议》（1932 年）第一章，总则，转引自李仪祉《李仪祉水利论著选集》，水利电力出版社 1988 年版，第 318 页。

方水利管理机构也在政府中普遍设立起来，如云阳县水利局就设有局长、会计、书记、文牍若干员；夫役、护渠军若干名。[①] 但是，这些正式权力机构的设立，其成效是否就如其设立之初所设想的那样呢？

从历史事实来看，这些机构的设置大多流于形式，或者干脆成为与民争利的机关。农民原有的用水权利不仅没有增加，很多时候反而是被剥夺了，用水秩序也呈现较为混乱的局面。政府的水利管理机关"不仅没有提高水权管理的效率，反而成为腐败的根源"[②]。如三原县龙洞泾原清浊两河水利管理局，归并三原县建设局而成为水利股，"当归并交代之际，局长杨余三竟将夹河川道私渠罚项一千三四百元任意挪用，浮支滥费。经此次交代，要造四柱清册，除任意浮支，捏报账目，尚不足一千三四百元之数。开支不能捏报者，仍有余项二百七十余元，全被局长杨余三鲸吞，以度伊家性命"[③]。绥西河套各渠"其窳败令人痛心"。水利几乎已成水害。临河县城每年在春季河开时，都会遭受水患。究其原因则在于"由于渠道之废弛，官方虽在绥西有水利管理局之设，几成变相征收机关"。原来由渠绅王同春督办时，秩序井然，现由"官方督办，每况愈下，不禁令人有今昔之感"。[④]

近代以来，随着国家上层统治力量在乡村中的扩张，乡村中原有的保护型经纪逐渐被挤压出去，以土豪劣绅为主的掠夺型经纪被充实进乡村基层权力机关。基层社会中的乡绅出现痞化和武化的倾向。为了现实的经济利益，他们往往置原有的道德约束于不顾，将个人利益横加于其他乡民之上，使国家和乡村利益蒙受损失，严重依赖于正式权力道德化形式的传统性规范体系解体了。

在山西龙祠水利灌溉中，地主徐长令霸占了横渠河，明目张胆地向农民讨要国家正式税种中所没有的河底租，暗地里却偷偷放水。麦苗田地旱象严重，迫于无奈，农民集体守水。在争斗过程中，处于下游的关憨娃被地主杀死，其父去临汾县里告状，在衙门哭诉道："河道原本我们开，每年修理他不出力。白白浇地他还不愿，吃河租逼祭礼无法无天！"但最后知县还是徇情错判。其父又上告至民政厅，结果是用水制度依然如旧，人

---

① 参见周亚《环境影响下传统水利的结构和趋势研究》，硕士学位论文，陕西师范大学，2006 年，第 18 页。

② 田东奎：《中国近代水权纠纷解决的启示》，《政法学刊》2006 年第 3 期。

③ 刘屏山：《清峪河流毛坊渠及各私渠记》，见《杂录》，第 127 页。

④ 中国科学院经济研究所：《中国近代农业史资料》第 3 辑，生活·读书·新知三联书店1957 年版，第 128 页。

命案也维持原判。① 以致时人刘屏山在《清峪河各渠记事簿自序》这样评述当时的水利管理："用强权以压迫民众，用刑强硬手段以征收，直不讲公理，全不行人道，敲民众之骨，吸民众之髓，而刮地皮之风，于焉大张矣。何云民生，何有于民权？而政治之专横，直不啻专专专已也！"②

魏丕信（Pierre-Etienne Will）通过对帝国晚期湖北垸田的研究也表明，传统国家中政府是无法直接管理垸田的，当民间的垸田所有权变化，人口增减时，政府是无法在一个较长的时期中持续保持与民间的信息对称的。此时，政府更多的是在民间维持一个"仲裁"的功能。魏丕信论述："从长远来看，国家不能管理地区内水利的、生态的与社会的诸多问题。相反，由于人口增长（从一开始就受政府开辟新土地、重新分配遗弃的财产等政策的激励）和超出官府控制的私垸一再恢复，这些问题变得更加严重。从那时起，官府的作用就是运用权术，在对立势力和不同要求之间维持一宗最低限度的平衡和安全，平息平原上水利利益冲突的不同地区间的斗争，抑制在需要更多的公共支援和安全保障更昂贵的重要时期形成的滥筑私堤和漏税现象的继续发展。国家和水利间的这种关系类型——可称之为'国家的仲裁功能'。"③ 这种看似无可奈何式的间接介入方式，既有传统国家政府能力不足的缘由，更是主动选择规避政府直接进行管理弊端的结果。

实际上，在水利治理中，如果政府直接介入，以国家的力量垄断水资源的话，就很容易产生所谓"政府失灵"的问题。政府失灵是公共部门在提供公共物品时趋向于浪费、滥用资源，或者因贪污腐化而出现效率降低、成本过高等现象。政府其实不是一个抽象的社会存在，它也是由一个具体的经济理性的个人所组成的，符合经济学上的"理性人假设"，政府作为整体来说也具有不同于其他群体和个人的独特利益需求。从其自然本性来说，它也力图追求自身组织目标或自身利益的最大化，而不是社会福利和公共利益的最大化，这种现象称为政府行为的内在性。正因为政府行为的内在性，加之制度规则体系本身的不完善，政府在决策上往往就会滥用其职权，或者将一些特殊利益出售给各种具有特殊关系和利益的集团，甚至于借为大众谋福利之名变相举债，实行赤字财政，人为制造通货膨

---

① 郝平、张俊峰：《龙祠水利与地方社会变迁》，《华南研究数据中心通讯》2006 年 4 月 15 日第 43 期。

② 刘屏山：《清峪河各渠记事簿》，见《杂录》，第 49 页。

③ ［法］魏丕信：《水利基础设施管理中的国家干预：以中华帝国晚期的湖北省为例》，载陈锋主编《明清以来长江流域社会发展史论》，武汉大学出版社 2006 年版，第 628 页。

胀，变相征税，从而为自身谋福利，而对公共利益则表现出漠视或者侵蚀。公众对公共事物的需求不断发生变化，由于政府信息来源的有限性、反馈速度的缓慢和缺乏灵活性，也容易使政府对公共事物生产和维护陷入危机与困境。所有这一切都使得在公共事物治理上单纯依靠政府的做法显得力不从心而站不住脚，因为政府"失灵"了。

（二）市场化手段的成败得失

1. 负外部性引致的供给不足

解决公共物品治理问题的另一个思路来自公共物品的市场化。这种观点认为，通过将公共物品交于私人管理和经营，能够使公共物品供给的效率大大增加，在一定程度上克服了政府作为公共物品管理主体所带来的对社会需求反应迟缓、政府人员的败德行为等问题。

但是市场化的思路忽略了市场本身存在的失灵问题。一方面，公共物品供求上的信息不对称和不完全，以及市场本身不可能是完全竞争的市场，都限制了公共物品市场供给的有效性；另一方面，公共物品因其公共属性，它是一定范围内的人群所必需的，具有非竞争性和非排他性或者排他较为困难的物品。很多情况下，公共物品使用所带来的外部效应，更是使公共物品的排他在技术上变得极为困难。而这种外部效应实际上带来了在公共物品本身的供给需求关系上类似于经济品的负外部性的问题。在经济物品的供需出现负外部性的情形中，单靠市场自身是难以解决资源的有效供给的。同样的道理，如果公共物品的攻击也存在着较强的负外部性的话，其供给也会出现类似于在经济物品攻击中所面临的一系列问题。也即是说，在这里，相对于政府失灵的情形而言，同样也会存在市场失灵的情况。而一旦出现市场失灵，则公共物品的供给量通常情况下会是不足的，难以完全满足人们对该物品的基本需求。

退一步说，即使是在一定程度上做到了公共物品技术上的有效排他，但往往有些公共物品具有关系国计民生的重要性，如果这些公共物品被资本所垄断，由此所引发的社会不公平问题也是值得思考的。特别是在制度规则不健全的情况下，公共物品的民营化更是面临着诸多问题，其中最大的一个问题就是来自政府的干涉。政府的介入就会助长官商勾结和政府腐败行为，成为新的政治社会问题。

2. 难以彻底内化的资源价值

由于水资源的公共物品属性，使得那些包含在水资源内部的价值难以完全被市场真正表征出来。也就是说，因为水的公共物品属性而造成的潜在的消费上的难以完全排他性，使得这种资源在通过市场手段供给时所产生的收益往往难以真正内化为供给者的所得。当然在出现了困难时，理论上可以通过在特定区域社会中对水资源采取垄断性供给的方式解决。但是，一旦要通过垄断性供给的方式来内化水资源的收益，则同时会带来因基本生存资源的绝对控制而诱发的一系列经济和社会问题，这些问题的存在也势必会不断降低市场化垄断供给水资源的效率。

近代山陕地区水利管理中的商业化倾向也验证了水利市场化经营的是非得失。中华民国建立之初，随着新的商品经济观念的发展，人们也开始了水利商品化的探索。在晋北地区，一些商人和官绅开始投资到水利经营事业中来，他们采取集资入股的形式成立了一系列的水利股份公司。如光绪三十三年（1907）成立的朔县六合公水利股份有限公司；清末宣统二年（1910）至民国二年（1913）成立的山阴县富山水利公司、朔县广裕水利公司、应县广济水利公司、定襄县广济水利公司等；民国十三年（1924）至十六年（1927）成立的朔县玉成、玉兴和代县仁敏水利公司。[1]

这些水利公司的成立无疑大大加快了晋北地区水利建设的进程。但是也应该看到，由于水市场具有自然垄断的性质，一个地区成立一家水利公司，就基本上排除了在这个地区再成立其他水利公司的可能，否则便会因造成巨大的资源浪费而形成水资源利用的不经济行为。同时，从经济学角度上讲，由于水商品的消费和使用缺乏弹性，寻找替代性商品的可能性几乎不存在。正是因为水资源利用中的这些特点，使得很多水利股份公司成立之后得以垄断该地区的水生产和销售，形成了唯我独有、舍我其谁的水供应局面。水市场的这种情况加上政府监管的缺乏使得水资源供求双方的地位明显倾斜：供应一方在游戏中明显居于优势地位，掌握和制定规则，把持水权，自定水费。如在绥远，"集宁豪绅于万钟、巩宽等，经理集丰民生水利社，垄断霸王河水，毁丰镇三区水地1000余顷"。泾惠渠附近也常有富农霸占水利的事情发生。[2] 1921年以后，山西军阀阎锡山等官僚阶层见水利公司有利可图，便以"六政三事""振兴山西实业"和"扶助兴办水利事业"为幌子巨资入股。当时规定每股价格是三千大洋，阎锡山一方就投入八股，总计大洋二万四千元，从此夺取了经营大权，将几个主要的水利公司蚕食鲸吞。[3]

可以看出，在制度和规则不健全的情形下，政府与市场、市场与消费

---

① 参见张宇辉《近代山西雁北水利股份公司述要》，《海河水利》2001年第6期。

② 陈翰胜、薛暮桥、冯和法：《解放前的中国农村》第2辑，中国展望出版社1985年版，第529页。

③ 参见高建民《近代晋北水利企业探析》，《山西水利》2005年第6期。

者之间的权利义务都是无法正确理顺的。政府可以凭其手中的强制力获得市场进入权，市场可以凭其供应物品的天然垄断性而剥夺消费者。事实上，即使是在完全意义上的现代民主国家，政府、市场、社会关系的理顺也是一个非常困难的问题。靠单纯的政府或者单纯的市场力量去解决公共物品的管理供应问题都是存在着种种难以逾越的困境的。因此，"对自我管理能力和条件的分析，表明公共资源管理可以作为介于国家控制和私有化之间的第三种选择"①。

_____

① ［泰］布伦斯、［美］梅辛蒂克：《水权协商》，田克军等译，中国水利水电出版社 2004 年版，第 10 页。

第二章 制度与权力：基层水利治理的组织规范

第一节 水利治理规则体系

"任何资源的财产权都远不只是写在纸上的权利，它们实际上反映的是人与人之间在使用自然资源方面所形成的相互关系。"① 人总是以组织的方式去应对外在的世界，并在这种组织中建立彼此之间的关联和关系方式。而处于这些关系不同层次和不同地位的人，又总是通过一定的权力与制度确立彼此间关联的方式或者形式，这些人与人之间的关系错综交叠在一起构成了人类社会。从这个意义上说，存在着人的地方，便存在着按照一定的关系方式建立起来的权力和组织，这些权力和组织稳定地发挥作用的过程即是一个制度化的过程，这一过程所遵循的运行规则即制度。

一 农民的生存理性及其理论分析意义

在长期的分水用水实践中，山陕地区的水利社会中几乎都建立起了一整套用来调节人们用水权利的规则体系，这些规则体系常常以水册、渠册、河册或者水利碑刻的形式出现。并且经过长期的继承、发展和不断完善，这些规则体系有些达到了相当完善的程度。如果可以将一个制度规则体系看作人们行为和关系规范化、理性化的结果的话，那么，我们就应当首先来考虑，在传统乡村基层水利社区中出现的这些水利治理规则体系，在何种意义上是人们分水用水行为及其关系理性化的结果。或者说，我们应该首先明确，建立在小农经济基础上的理性是一种应当如何来理解的理

---

① ［泰］布伦斯、［美］梅辛蒂克：《水权协商》，田克军等译，中国水利水电出版社2004年版，第5页。

性。在此基础上，我们才能更清晰地理解以渠册为基础的乡村水利治理的规则体系。

（一）关于理性小农的争论

自从舒尔茨提出"理性农民假设"以来，关于小农经济究竟是一种理性经济还是道义经济的争论就不绝如缕。

以舒尔茨（Thodore W. Schults）、波普金（S. Popkin）、塔克斯（S. Tax）等为代表的持小农理性说者认为：同社会中的其他生产者一样，农民即使是在落后的生产技术条件下，也会最大限度地利用各种生产机会和资源，进而进行理性的算计，使自己获得最大的收益。可以说，小农并不落后，而是很会盘算的"生意人"。在不同的偏好中追求价值最大化和风险最小化，是小农在进行生产时所优先考虑的。舒尔茨认为："全世界的农民都在与成本、利润和风险打交道，他们都是时刻计算个人收益的经济人。在自己那个小小的个人分配的领域里，这些农民都是企业家。"①塔克斯也指出，虽然与大企业资本相比，农民的资本投入可能显得极少，但是农民对价格的反应并不比资本家来得差，农民也表现出了典型"经济人"的逻辑性和算计性。②

而以恰亚诺夫（AV Chayanov）、斯科特（James Scott）、卡尔·博兰尼（Karl Polanyi）等为代表的持小农"社会人"观点的学者，则对"小农理性说"持怀疑态度。他们倾向于认为：要全面认识小农的行为，就要将其放在更为广阔而具体的社会背景中考察。在一些具体的社会制度、结构下，小农的行为可能就是非理性的，他们追求更多的不是个人的利益，而是整个家庭和维持其正常劳动生产的基本生活需要。在这种情况下，小农决策更多地带有其"社会人"考虑的色彩，而少具"理性人"特性。因而，用现代经济学的理性人假设去分析传统意义的小农的行为，在理论上是非适用的。③该派的另一个代表人斯科特在考察了东南亚的小农经济后，认为从根本上来说，小农经济是一种处于"水深齐颈"状态下的"道义经济"。斯科特指出："越是接近生存边缘线——只要处于生

---

① ［美］西奥多·舒尔茨：《论人力资本投资》，吴珠华等译，北京经济学院出版社1990年版，第45页。

② 塔克斯将其称为"便士资本主义"（penny capitalism），以区别于现代化大生产的工商资本主义。参见 Soul Tax, *Penny Capitalism: A Guatemalan Indian Economy*, New York: Octagoa Books, 1953。

③ 参见 ［俄］恰亚诺夫《农民的经济组织》，萧正洪译，中央编译出版社1996年版，第8—9页。

存线之上——的家庭，对风险的耐受性越小，'安全第一'准则的合理性和约束力就越大。"① 在这种状态下，"生存伦理"是对小农的选择起着决定性作用的基本根据。农民决策的最重要依据与其说是产出最大化，毋宁说是风险最小化。农民经济是一种"保本"经济，是一种无法扩大化生产的生存型经济。

实际上，处在现实生活状态中的每一个个体，在进行其行为选择时所考虑的因素都是多维的。在复杂的社会政治、经济条件下，每个人都会表现出偏好的多样性和选择的多面向特征。可以说，没有哪一个人在进行其行为选择的时候，是在一种纯粹的意义上考虑自己的行为及其相应的后果。一方面，"农民确实是理性的小农，他们完全知道自己的利益所在，会尽一切可能努力为自己争取最大利益"②。《管子》中说："谷贾十倍，农夫夜寝蚤起，不待见使；五谷十倍……农夫夜寝蚤起，力作而无止。"③ 面对现实的经济利益，小农是有其利益最大的理性追求动力的。另一方面，小农的行为还会"受伦理、文化等非正式制度的制约，强有力的道德观念约束可能使个人放弃看起来收益非常大的行为"④。农民个人的选择不得不考虑来自社会的、文化的、道德的诸方面因素的制约，从而使其行为看起来好像是非理性的，进而呈现一种社会性和生存理性色彩。

从最根本上讲，"生存伦理"本身就是"生存理性"的一个面向，两者在行为选择目标指向上是一致的。"生存伦理"更多地像是一种在生产水平低下的前提下，对个人收益最大化命题反复权衡后的最佳选择。在一个较长时期内稳定地生活在一起的族群中，基于长期预期和重复博弈的生存考量，每个人在作出行为选择时，表现出一定的社会性正是基于生存理性的最佳选择。更不用说，这种选择倾向还会因农业作为自然经济形式的脆弱性而被进一步强化了。以此看来，"农民的行为选择究竟是理性的还是道德的恐怕并不是一个真问题"⑤。小农既是追求获得利润的生产者，又是自身基本生计的维护者，还是社会（特别是传统社会）的构成者。其本身角色的多面向就决定了其行为上的复杂性，从其行为的不同侧面自

---

① ［美］詹姆斯·C. 斯科特：《农民的道义经济学：东南亚的反叛与生存》，程立显、刘建等译，译林出版社 2001 年版，第 27 页。

② 史建云：《对施坚雅市场理论的若干思考》，《近代史研究》2004 年第 4 期。

③ 《管子校注·山至数》，黎翔凤撰，梁运华整理，中华书局 2004 年版，第 1322 页。

④ 韩喜平：《关于中国农民经济理性的纷争》，《吉林大学社会科学学报》2001 年第 3 期。

⑤ 郭于华：《"道义经济"还是"理性小农"——重读农民学经典论题》，《读书》2002 年第 5 期。

然会看到其经济形式的不同面向。

（二）经验累积基础上的生存理性

农民经济实际上既非斯科特意义上的道义经济，亦非舒尔茨意义上的带有现代理性化特征的理性经济，而是一种基于生存理性基础而又带有相当道义特征的经济形式。更确切地说，特别是在本书所关注的传统中国农村社会中，农民的经济与社会生活体现出了这种强烈的基于生存理性的生活样态。生存理性对农民生活的影响是多方面的。

首先，正因为农民的生活是基于生存理性的，从而其行为选择往往并无多大的余地，表现出较强的底线性行为选择特性。正如托尼所描述的那样："有些地区农村人口的境况，就像一个人长久地站在齐脖深的河水中，只要涌来一阵细浪，就会陷入灭顶之灾。"① 因此，在基本的生存资源遭受威胁时，他们会出现为生存资源而不惜身家性命以命相搏的情形。并且这种生存理性竞争往往又会以小圈子、小团体的形式而出现，表现出较强的群体选择或群体行动特征。在基层水治理中，往往在同一个水利社会区域中会存在若干相互竞争的用水小群体，这些小群体彼此之间既有一定内聚性，又存在着用水竞争。一旦出现因用水而引发的矛盾和不满，彼此之间的用水竞争常常以规模性的群体械斗的形式出现。在山陕地区的基层水利社区中，这类事件可谓史不绝书，所在皆是。

《洪洞县水利志补》韩垌序中描述人们因争水发生的争斗时说：

> 一有不均，或背其相沿之惯例以为利者，则千百成群，相率互斗，罗刀矛，执器械，俨然如临大敌，必死伤相当而后已。平生同里闬，通婚（媾）（原文印刷漏字，笔者据文意补），杯洒（疑为酒，原文如此）言欢，谊逾同气者，至此眨眼若不相识。有怯懦者，则相与非笑之斥辱之，至不得齿于人。②

按照通常的讲法，传统中国社会是一个礼俗性社会，乡村社会是这种礼俗性社会的基础构架。在乡村社会中，人"是在熟人里长大的"，"他们生活上互相合作的人都是天天见面的"，是一种"面对面的社群"。因而这是一个"熟人社会"。人们之间"是靠亲密和长期的共同生活来配合各个人的相互行为，社会的联系是长成的，是熟习的，……只有生于斯、

---

① ［英］理查德·R. 托尼：《中国的土地和劳动力》，安佳译，商务印书馆 2014 年版，第 77 页。
② 《志补》，韩垌序，第 4 页。

死于斯的人群里才能培养出这种亲密的群体"。① 在这样一个群体中，人与人之间的关系能达到"眨眼若不相识"的地步，看起来是令人惊奇的。其实，这不过是更充分地说明了人们在面对基于"生存理性"考量的"生活伦理"选择时，对关切自身生存的水资源表现出了异乎寻常的重视。在这里，"生存理性"的考虑代替了"生活伦理"的说教，成为影响人们行为的首要因素。

其次，生存理性决定了农民的短期行为，并由此导致农民的实用主义态度。当然，在面临生存需求满足和实用性满足的冲突的时候，这种实用主义乃至有时是机会主义的态度，通常是首先以满足生存需求为目标。按照斯科特的讲法，即所谓"安全第一"的生存原则:"为了生存的常规活动产生令人满意的结果。……大量的农民革新行为都具有这种孤注一掷的特征。"② 因此，当农民在公共资源利用过程中出现种种矛盾和困境的时候，即使其以短期的利益追求为目标，也不得不基于生存理性的需要，不得不选择以群体的方式、组织化的方式，通过具有相当程度理性化的规则机制实现有效公共选择，而这恰恰是在乡村社会中也能自发形成具备相当理性化程度的水治理规则体系和水利自组织的深层根源。"安全第一的概念有助于把那些可能显得不正常的实际偏好联结成一个整体性结构。"③ 因为在这种情况下，所有人所面对的是生存的需要逼迫，要么所有人都无水可用，要么组织起来共同用水。因此，这些在没有任何现代资源可以汲取利用的传统社会中，农民也能够在没有官方正式组织的情况下，依靠社会自身的力量，实现水利的相当有效的治理。

再次，农民的这种生存理性具有强烈的经验性特征，但这种经验性的生存理性不同于现代社会意义上的实践理性，其并没有很强的形式性知识建构，而是一种在"干中学"来的理性化方式。因而建构在这种特质基础上的适合农民社会的规则体系也往往会因此而具有强的行动性、情境性、本地性和传承性，基于这种生存理性所建立起来的相应规则体系，也就具有了相当程度的习惯法意义，即所谓"因俗立教，随地制宜，去其太甚，防于未然，则皆官斯土者所有事也。苟非情形利弊，熟悉于心胸，

① 费孝通:《乡土中国　生育制度》，北京大学出版社1998年版，第14、44页。
② [美] 詹姆斯·C. 斯科特:《农民的道义经济学:东南亚的反叛与生存》，程立显、刘建等译，译林出版社2001年版，第32页。
③ [美] 沃尔顿:《生存的经济含义》，《马来西亚经济评论》1963年第8卷第2期。

焉能整饬兴除，有裨于士庶?"① 特别值得指出的是，这种基于强烈生存体验或生存经验的习惯法体系，其基于生存理性的建构，使得这种规范体系往往倾向于通过生存伦理建构来弥补其不足之处，其形式化认知过程变得异常艰难。单纯依赖这一规范体系的自我展开和发展过程，很难实现向一种现代意义上的法治体系转变。我们对传统社会中农村基层水治理中渠册渠规体系的理解，必须从农民生存理性的意义上来展开。

最后，也正是因为农民社会的这种强烈的具有传承性特征的生存理性，使得中国农业社会变迁或演进过程中呈现很强的路径依赖特征。也即是说，在没有遇到较大的外部挑战或危机的情况下，这种社会的变迁速度通常是极其缓慢的，只会存在较低层次的生产方式的自我复制和量的意义的扩张，而不会产生出实质性经济社会变迁动力，即不存在所谓经济社会发展的"斯密型动力"，而只会存在一种"过密化增长"的倾向。

因而长期来看，这种社会形态的人口与资源之间的矛盾随着时间的推移往往会趋向于不断紧张，水利纠纷必然趋于频发：在相对固化并有效的组织规则体系中，农民之间因公共资源利用而引发的竞争和矛盾，在一个较长时期中通常会有不断加剧的趋势。因此，杜赞奇（Prasenjit Duara）认为："大多数社会组织在其实践中都包含着合作和竞争的因素。这些实践恰恰反映出参加者们的双重动机，他们以合作和竞争来应付变化不定的周围世界。我们并无充分的根据来断定以自耕农为主的社区比更为分化的社区缺乏竞争性……"②

二 渠册：民间习惯法意义上的文本

（一）作为非正式规则的渠册制度

1. 渠册制度的形成、维护

渠册，在有些渠又称渠例、水册。③ 一般来说，渠册记录的是该渠历史沿革、渠规条例、祭祀修庙、兴夫数量及水权分配等。如清泉渠渠册

---

① （清）陈宏谋：《咨询民情土俗谕》，载《清经世文编》卷二十，转引自梁治平《清代习惯法》，广西师范大学出版社 2015 年版，第 133 页。

② ［美］杜赞奇：《文化、权力与国家——1900—1942 年的华北农村》，王福明译，江苏人民出版社 1996 年版，第 152 页。

③ 在山陕地区的乡村水利实践中，所形成和使用的调节人们分水用水权利的正式文本有多样化的称呼，如上文所述的水册、渠册、河册等，在支渠或者较小的渠道那里，还有夫簿等称呼，在本书中，为了名称相对一致和论述的方便，统一采用了渠册的叫法，特此说明。

说:"其开浚之法,报祀之典,起夫之数,轮水之规,俱载册后。"① 有些
渠的渠册还将本渠历史上的重大事件记录进去,如比较大的讼案,本渠特
殊人物的贡献等。可见,正因为渠册对于一渠内的"举保之法,用水之
程,以及工作赏罚各端,无不备载"②,所以它实际上是乡村水利治理中
一种基本依据和规则体系。一条渠内如果没有了渠册,就好比社会没有了
法律,正常的用水秩序必会被打乱,人们必会无所适从。

清涧渠在新定渠册的案述中就曾回顾本渠历史说:

> 清涧渠开自金天会二年。彼时渠长法宣本立有渠册一册。累传至
> 前明中叶,纸敝墨渝,字多漫漶难识。至嘉靖十年闰六月初四日夜,
> 淫雨大作,山水涨泛,涧岸房屋被摧毁,原立渠册没于水。渠道壅
> 塞,无凭开掘。……乾隆五十年间,因失册勾讼……自失册至今,六
> 十余年,古规无凭稽考,居上游者任意使水,以致有是年五月之讼。
> 幸际邑侯贯甫陈老父母,详察结讼之由,知条规不立,霸截滋生,不
> 为严断章程,而后日之讼必将蔓延无已。乃集两造断定分节,按日使
> 水之规。③

从上面的引述可以看出,渠册作为一种民间规约,起着"处理各类
相互关系(例如人与神之间、官与民之间、民与民之间……)"④ 的重要
作用。通过渠册的规范作用,使得渠务的日常管理有了一个基本依据,成
为渠道正常运作的基本条件。在调节用水关系上,使在渠上游者不敢罔顾
下游需要"任意使水",在下游者得以维护其用水利益,从而避免"蔓讼
无已"局面的发生。因而,"同渠之人,无不奉为金科玉律焉"。⑤ 因此,
渠册作为调节民众用水过程中所发生一系列关系的基本依据,其实质是要
通过一种规范化的形式实现对民众行为确定性和对环境确定性的规约,是
人们在用水过程中所发生的人们之间关系理性化的基本形式。在此意义
上,渠册也就成为民间调整用水关系的具有规范性意义的习惯法文本。

一渠之渠册不仅是民间共同议定而确立起来的,渠册在制定完成后通

---

① 《清泉渠水册序》,见《志补》,第 111 页。
② 《志补》凡例,第 9 页。
③ 《清涧渠案述》,见《志补》,第 147 页。
④ 李孝聪、邓小南、筱君:《洪洞介休水利碑刻辑录导言》,见《辑录》,第 30 页。
⑤ 《志补》凡例,第 9 页。

常都要"先呈知县衙门，通过知县验册，并由县衙钤印后，才可正式执行"，① 虽然有时候官府囿于各地的实际情况不便深入查勘，只做一些"照准"式的程序性工作，但是，经过官府确认之后，渠册本身的权威性就增强了。也即是说，渠册权威性的来源是两重的，其权威性已经不只来自乡间非正式权力，而且有了国家权力作为后盾。并且官府在判案时也须将渠册作为一个审判时的重要依据，因为渠册的合法性渊源是多方面的，其中也有官方权威的认同。在这个意义上，渠册"实际上是受到官方保护的民间规约（或曰'民间法'），是连接当地'民'与'官'的一条有效纽带"。②

"一旦某种规范为大多数人所接受而成为社会常规，人们便会对之产生一种'应然感'，并在日常生活中进一步维护或者再生产这些常规。"③乡村水利中的习惯法其实也是这样产生的，最初它可能表现为人们依据传统和习惯，自然形成的人们之间调节相互间权利、义务和利益分配关系的一套"自然知识"。但是，当人们发现用这些"知识"来解决面对的资源使用中的种种问题的方便性的时候，作为地方性规范的习惯法产生了。④特别是随着官方力量的加入和对其权威与效力的确认，这种规范的"法"的意义就更显强烈了。山陕地区水利社区中的习惯法实际是在传统乡村较为稳定的人际关系网络内，每个人基于对他人行为较为稳定的预期的前提下，自发演生的一种具有强惯例性特征的初阶性规范。它的出现并非出于某个人或某个团体的理性设计，而是社会自然历史过程的产物。人们在长期的共同用水实践中认识到：如果他们不按照这一规则行为，就会"导致共用资源的退化和衰竭"，"人们就不得不从该地区迁走，寻找新的可资利用的资源，否则，他们的集体生存将受到威胁"。⑤

事实上，即便是我们现有的制度，也不都是从无到有创造出来的。有效的、具有生命力的制度设计，一定体现着某种一般性的历史。正如希尔斯（Edward Shils）所指出的："大多数现存的和由过去既定的规则都不是任意积累成的。它并不是长长的一串任意的或偶然的选择行动的产物。"⑥

----

① 郑东风主编：《洪洞县水利志》，山西人民出版社1993年版，第159页。
② 李孝聪、邓小南、筱君：《洪洞介休水利碑刻辑录导言》，见《辑录》，第30页。
③ 王莉君：《权力与权利的思辨》，中国法制出版社2005年版，第58页。
④ 关于民间习惯法形成的论述，可参见梁治平《论清代的习惯与习惯法》，载杨念群主编《空间·记忆·社会转型——"新社会史"研究论文精选集》，上海人民出版社2001年版，第437页。但梁治平认为习惯法并不形诸文字，笔者并不认同。
⑤ ［日］青木昌彦：《比较制度分析》，周黎安译，上海远东出版社2001年版，第41页。
⑥ ［美］E. 希尔斯：《论传统》，傅铿、吕乐译，上海人民出版社1991年版，第274页。

因而渠册作为习惯法，实际上是在长期的分水用水实践中，身处水利社会中的人们所形成的长期的、稳定的关系模式，并将这种关系模式固化下来的结果。并且既然称之为法，它便具有了稳定的制定、修改程序，具有了稳定的发生作用和功能的可能性，这恰恰是人们之间关系达到一定程度的理性化的结果。

但是，也应该注意到，这种以习惯法形式表现出来的民间法形式，始终未能实现向理性化的正式制度的转变，未能跨越从作为一种惯例的规范向作为法的规范的转变，未能跨越作为一种非正式制度形态向正式制度的"卡夫丁峡谷"。其中的原因耐人寻味，但至少就我们前述的论证来看，这种基于生存理性及其衍生而来的生存伦理结构，应当对这一转变中的梗阻现象有一定的解释力。在生存压力的支配下，制度规范性的增强，制度刚性的强化，都可能会对这种脆弱的生存伦理格局造成不可预测的后果。而这种后果并没有多少可以借由缓冲的机制使之平衡，这种转变的艰难也就在情理之中了。

2. 渠册的基本功能

其一，权利的规范化。

渠册事实上以民间法的地位确立了各用水主体——不论是用水村落还是用水户的用水权利，这些用水权利被条分缕析地清楚界定，成为用水的基本章程。《晋祠志》引《晋祠总河河册》详述晋祠总河下各村用水水程：

> 南河自郭家磨后分为上下二渠，十三日一轮，周而复始。自惊蛰日起上渠分水四程，索村使水两程，枣园头村使水两程。下渠分水九程，王郭村使水五程半，张村使水三程半。下渠水从总河渠长所管之地界经过，因此先灌。是以有例无程，既不出夫，亦不纳粮。同引河水灌田，靛地时时用水，稻田长流细水，惟白地用水开一口，以闭众口。自奉圣寺前口南至邀河子，皆晋祠镇所管之田，总河地挨南则入王郭村界矣，再南则为张村。每年挑河在官公桥用木板闸首堰，不动斗口，南掩二堰挑浚，七日放水。七日之中尽则决水挑河，晡时放二堰水以灌稻田，名曰游程。[1]

---

[1] 《南河总河灌田河口》，《晋祠志·河例三》，第841页。

再如，刘丝如在《刘氏家藏高门通渠水册序》中说：

> 其家本来祖辈藏有所在渠的渠册，但不意于乾隆年间被无赖刘太忠夺去，并强占其家水程二十余年。殆后于嘉庆十七年，先君治家既久，绸缪翻阅，幸而得祖上所遗字迹，历历稽考，执有证明，随央渠长及乡党、户族、亲房人等，与刘太忠之子刘升理论多次，将水寻回。滋灌田亩，至今数十年不爽。①

可见，渠册和水权的关系以一种更明确的方式表现了出来，渠册在乡村水利中就直接代表着水权，失去了渠册就等于失去了水权，渠册所载明的水权就是用水者能否参与用水，用水多少的最直接法律依据。

晋祠总河河册详尽规定了南河用水的诸多事项：轮灌时间限制，各村用水程期，引水先后次序，出夫纳粮义务分配，不同类型土地用水方式，开河灌田时间地点等，可谓事无巨细。在如此详细的分水用水规定下，各村的用水权利得到了明确限定，能够有效杜绝因用水时间、次序等模糊不清所带来的用水权利模糊，从而引发争执或侵犯他人正当用水权利的可能，对参与用水的各方行为都有着很强的规约，保证了用水的秩序化。并且渠册的规范性还受到官方正式权力的肯认和保障，在出现用水纠纷时也成为官方判断用水权利的重要依据，从而具有相当的权威性，为用水各方所共认和遵循。

因此，渠册一方面具有用水分配的民间规约意义；另一方面，由于官方的介入而使其法律效力增强，因而具有了民间法的性质。这就使村民的用水权在一定程度上能够以较为规范化的形式固定下来，并为官民所共同承认。渠册成为用水的水权保障和保证渠长行使职权管水用水的基本依据。在利户的权利受到侵害的时候，维护他们的用水权就有了法律意义的依据。"水册（即渠册，见前注）详细规定了用户的权利，一旦发生纠纷，通过核对水册相关记载，即可迅速判断是非曲直，降低解决纠纷的成本。"② 从这个意义上来说，水利民间习惯法可以成为现代水权制度的法律渊源之一。

---

① 《杂录》，第 13 页。
② 田东奎：《中国近代水权纠纷解决机制研究》，博士学位论文，中国政法大学，2006 年，第 111 页。

其二,资源合理优化配置。

从上文所举案例来看,渠册一般都根据用水利户的实有地亩,较为详细地规定了利户用水的具体数量、时限。做如此详细之规定是因为,不论用水的土地多少,用水时限或者次序等要素,本身就是用水权的基本构成:土地是用水权的基本依据,用水时限直接决定着利户可资利用的水资源的实际数量,用水次序表明用水的优先程度。这些用水权利的程序性、限制性规定,实实在在地对参与用水者获取和支配资源的能力带来直接的影响。例如用水次序在风调雨顺的平常年份,可能对用水者的影响不太明显,但在干旱饥荒年间,会非常直接地影响用水者能够实际获得的水资源数量或者质量。同样,在庄稼急需用水的时节,用水次序的先后也对作物的生长产生影响,直接影响用水者能够收获的粮食数量。因此,不同的用水权利规定,实际上是在考虑到诸多可能性后,对水的使用所作出的公共资源配置方案,并意图通过这种资源的配置使用水秩序化,在经由各方利益博弈的基础上,最大限度发挥水资源的利用效用的协调方案。

例如,在有些渠系中,还根据各利户地亩距离水渠的远近、地势的高低,根据本渠水量的大小,分别情势,更进一步对用户的实际用水量作出较为明确和符合实际情况的规定。通过这些规定,不仅能够将有限的水资源配置到最需要的地方去,清晰了各方的权限归属,而且较为有效地避免了资源的浪费,从而做到了资源较为有效地利用。

如《南霍渠册》中规定:"冯堡村一十二夫,使水六日。周村兴一十夫,使水五日。封村兴一十夫,使水五日。封村北兴二夫,使水一日……"[1] 结合相关资料,表2-1较为直观清晰地展现了洪洞县各渠的分水使水状况。可以看出,这些规定非常详尽和具体,对水源来源、用水主题、土地数量、用水数量、兴夫多少都做了详细的统计,从而将用水户的实际用水权限以一种普遍规范的形式在一个较长时段中稳定了下来。渠册本身甚至就是水权的代名词。也即是说,权利从来都是在特定规则体系下产生的,规则本身即是权利,而权利即是支配水资源的实际能力。表2-1中所反映出来的其他信息,我们拟在下文中进一步解读。

---

[1] 《南霍渠册》,见《志补》,第71页。

表 2-1　　　　　　　　　　洪洞县水渠一览（部分）①

名称	通利渠	南霍渠	润源渠
别名	阎张渠	三分渠	八村渠
水源	河水	泉水	河水
开渠时间	金兴定二年	唐贞观间	宋天圣四年修浚
渠水来源	自赵城石止村河滩，上至汾西师家庄河滩，沿河取水	广胜寺海波池	由岳阳山内，流入洞河
经过村落	临洪赵三县村庄，计分上三、上五、中五、下五，共18村	赵四、洪九，计13村	苏堡、蜀村、故县等9村
灌地数量	36083亩	7163亩	11040亩
兴夫数目	上三，172；上五，167；中五，1078；下五，185，共806	140夫3分8厘，又磨，40夫	360夫
水程期限	自下而上，挨次浇灌	二月二日起，十月一日止，每三十五日八个时辰浇一周，自下而上轮流浇灌	自下而上挨次浇灌，十九日一周
渠册夫簿	渠册一，夫簿各村一本	渠册一，夫簿各村一本	渠册一，夫簿九本
修册时间	光绪三十年重修	雍正三年修册	康熙三十九年重修
沿革	该渠志载系阎张初开，故原名阎张。后因与马牧村之广丰渠、辛村之受阳渠、北段村之善利渠合而为一，始更名通利渠，共灌地二万六千余亩，迄今无甚变更	该渠自宋庆历间，与赵城北霍渠三七分水，浇地七千一百余亩，洪境得四千二百余亩	该渠灌九村地亩，利最普遍，渠亦最古。明季冲毁，韩忠定公重修。康熙初年及三十九年两次修浚。苏堡村自元时兴众议渠脱离，今止八村

---

① 据孙奂仑《志补》第12—13页。按该表系孙氏依据洪洞各渠渠册资料分列，对从整体了解洪洞各渠状况具相当参考价值；表中洪系洪洞县，赵系赵城县，临系临汾县；磨系指水磨；通利渠兴夫数原文有误，查后文通利渠册亦无准确数目。

其三,提供动力激励与行为预期。

在人际关系相对稳定的传统乡村社会,人们之间相互认识而且相互熟悉,人际交往遵循着"熟人社会"的逻辑。在一个所谓"抬头不见低头见"的社会中,人与人之间甚至熟悉到叫门都不用报上自己大名的程度。在这样的社会环境中,人们之间在共同利用水资源的时候,却还要遵循着既定的规范文本,这看起来像是一个悖论。

其实,正如上文所述,在共同利用公有资源的时候,并不是每个人在何种情况下都能以熟人社会的逻辑来处理人们之间的利益得失关系。在这里,利益的实际考虑先于伦理的自我约束。生存理性的理性考虑优先于生存伦理的社会建构。这样,一个既定的规则体系成为必需。当人与人之间的利益关系通过渠册规范化之后,每个人的行为也会趋向于理性化:在尊重别人用水利益的前提下,也会形成别人对自己用水权益的理性预期。在自身利益最大化的思量过程中,也努力参与维护渠道正常运行和使用的活动。

例如,润源渠渠册的跋中说:康熙中叶,润源渠因年久失修致"淤漫壅塞几成废",因而九村联合进行了一次较大规模的疏浚。工程告竣之后,首先按照原有的渠册所订立的"古规",将"豪强之侵占渠地、树木谬缠渠道、夹口之阻滞渠水"一并治理,并且重新修订了渠册。而在未重订渠册之前,"渠强浚开,册未造更,其间有有地无名者,有有名无地者,以致祭典失误,夫役抗违,而渠规多紊乱矣"。①

可以看出,当一渠的渠册失去效用或者因年久失修而无法实际规范人们的行为时,人们就会纷纷通过各种方式损害公众利益而肥私利,并且对于自己所承担的渠道维护义务漠不关心,熟人社会的伦理约束在这里并不能很好地发挥作用,人们对关系到他们直接利益的水资源败坏无用采取了漠视的态度。因而渠册恰是基层水利组织中用以应对不确定性、防止成员短期行为的理性化规则体系。显然,在这里,渠册对人的行为起着正向激励和提供人们对别人行为准确预期的作用。

其四,进行有效社会整合。

从渠册所涉及的实际灌溉区域而言,可以看出大多数水渠因其实际都会流经不同村落,甚至有时这些村落分属不同县区。如表2-1所示,通利渠就流经了三县十八村,南霍渠灌溉两县十三村土地,润源渠沿岸分布了九村。因此,同一条水渠实际承载了将沿渠分布的不同村落统合在一起

---

① 《节抄润源渠渠册·跋》,参见《志补》第79—80页。

的功能，这些村落因为共同的使水关系而事实上结成了共同体关系，或者一个水利圈。

施坚雅通过区域市场圈的研究表明："中国的市场体系不仅具有重要的经济范围，而且有重要的社会范围。特别是基层市场体系，它的社会范围对于研究农民阶层和农民与其他阶层间的关系都值得给予较大关注。"因此，施氏得出结论认为："如果可以说农民是生活在一个自给自足的社会中，那么这个社会不是村庄而是基层市场社区。"① 姑且不论施坚雅的结论是否因过于武断而与事实不符，但有一点是明确的，即传统农民的生活状态是因种种的生产关系、交换关系、婚姻关系等被分割为一个个圈子，并且通过这些不同的圈子而结成共同体。每一个生活在具体社会历史进程中的农民，都是通过这些共同体而被整合进了整体的村庄社会秩序的。而作为通渠认可并遵守的民间法意义的渠册，在此意义上成为将特定水利共同体的圈内人和圈外人区分开来的重要文本依据，并且在横向意义上将某些跨域行政划分的区域通过另一种稳定的方式连接起来，从而完善了社会的连接机制。

渠册作为村落习惯法，既是一个较为完整的规定人们之间权利义务的规则体系，这些完整明晰的权利为分属同村落或不同村落的用水者的行为规范化，为他们相互之间的交往提供了稳定的行为模式预期，因而也是一个将村落成员规范在一定框架内的村落社会结构设计。渠册制度"从价值取向上看是注重秩序，偏重于对社区既存结构、控制模式的维持"。② 它通过一定的制度设计，将村落社会成员按照其占有财产（主要是土地）的多少，规定了每个人应尽的义务，并且使这一规定看起来是相对公平的。同样，依据财产、资历和知识将人们赋予不同的角色：管理者或被管理者，并使管理者与被管理者在国家正式制度的监督和控制下协同合作，在共同维护着村落正常的用水秩序的前提下，保持着村落秩序、村间秩序的相对稳定。因为在以农业为主的半干旱地区，水秩序的稳定本身就是社会秩序化的前提和必要条件。

进而言之，通过表 2－1，我们也能看到，大多水渠的修建和发展都经历了一个较长的历史时段，因此，水渠及其记载这些水渠历史的渠册，实际上也承担了为依附于该渠灌溉生产的村落积累和提供共同记忆的功

---

① ［美］施坚雅：《中国农村的市场和社会结构》，史建云、徐秀丽译，中国社会科学出版社 1998 年版，第 40 页。

② 高其才：《中国习惯法论》，湖南出版社 1995 年版，第 83 页。

能。这些共同的记忆，不仅为地域共同体提供了进行有效社会整合的重要资源，并且成为共同体文化和价值传承的重要载体。

其五，提供文化传承的载体。

在上述意义上，渠册"也是连接现实世界与精神世界的纽带"①。渠册一般都记录着本渠的沿革历史，特别是对本渠有过特殊贡献的英雄人物的事迹更是多有渲染，比如，本书下文中将提到一些为阄渠争取水权的英雄人物的故事。这些故事通过渠册的传承，继而变成了一种集体记忆，并通过这种集体记忆的不断累积和反复强化，进而形成一种对规则本身的强烈信念甚至神圣性，在一定程度上成为一村或一渠民众的共同精神偶像和价值标准，也成为渠册权威性的基本渊源和区域社会中民众认同的基本建构。此外，渠册中关于本渠神灵的记录，也成为人们对现实合理、公平的用水秩序的价值寄托和期冀。"这种秩序本身，尽管是现实生活中不断调整的结果，却在人们心目中上升为权威的化身，荷载着传统赋予的神圣。"②

渠册本身也通过官方意识的介入，而负载着正统文化在民间传承的重任。如园渠渠册中说：

> 洪范五行，天一生水，水曰润下，利不在于一时，功必垂诸久远。其用大矣！……孟子曰："人有不为也，而后可以有为。其斯之谓与？"……此先民之尽人力以备天道，虽有君臣士民之分，而其成功获利之道，其奚异哉？颜渊曰："舜，何人也？予，何人也？有为者亦若是。"……殊不知神禹畎浍，行所无事，而功施无穷。周沟涂经制甚善，而法传后世。此圣人之心，不求近功，不窥小利。潦焉蓄，叹焉泄。备天道者周，尽人力者至。俾万世持守而不渝，良有以也。③

检视众多渠册可以发现，多数渠册的序言中都像上面这段引文所表现的这样进行一番铺叙。这些铺叙或许并非无关紧要，因为在这里，渠册的订立者往往要对人与水、人与人、人与神的关系，乃至国家的治理之道展

① 邓小南：《追求用水秩序的努力——从前近代洪洞的水资源管理看"民间"与"官方"》，载《暨南史学》第 3 辑，暨南大学出版社 2004 年版，第 75 页。
② 邓小南：《追求用水秩序的努力——从前近代洪洞的水资源管理看"民间"与"官方"》，载《暨南史学》第 3 辑，暨南大学出版社 2004 年版，第 75 页。
③ 《节抄园渠渠例》，《录载园渠碑记》，见《志补》，第 157—159 页。

开一番回顾或者评判。这些回顾或者评判实际上发挥着确立、肯认或者重申某些自然观念、治理理念的作用，并且将这些理念通过渠册实实在在地贯注到了人们的生产和生活过程中。因此可以说，水利本身不仅仅是一种工程技术，也不仅仅是一门管理学问，在一定意义上来讲，它还是文化的传承，承载水利利用重要职能的渠册也成为这种传承的载体。为人们所认可和遵循的价值与理念通过水利社会中的绅士们，用赋比的形式，以微言大义的手法在水利管理中深刻地打下自己的印记，并代代相传。从这个角度来说，渠册可能成为我们透视传统社会思想、价值、理念的一个窗口。

（二）"祖宗成法不可违"：固化在石头里的水利碑刻

如果说在民间广为流传的写在纸本之上或者靠口头传播的渠册，是作为一种口耳相传意义上的传统和惯例而存在着的话，那么山陕地区鳞次栉比的水利碑刻，则应是一种固化了的社会价值判断标准和水利社会中的正式规则体系，是另外一种意义上的水利渠册。

古无现代的记录方式，纸质的记载年久虫生又易腐朽。因而将一些人与事件刻入石头，其直接目的是使其不朽。在琳琅满目的"石头记"中，很多碑刻就曾于碑末提及诸如"以垂永久""永诫世人""永为遵守""以志不朽"这类言辞，其目的显然是希望能够通过碑刻的形式，使既有的规则和人物事迹成为永恒，永远流传下去。因而碑刻成了另一种形式的惯例和习惯法渊源。

明《介休县志》载有村民建水母庙碑说：

> 余村自昔建有水母庙……维庙宇日就倾颓，众惧无以妥神之灵也，相约横修，解囊不吝。众志维勤，凡费白金百两，工不匝月，焕然增美于前。于是父老毕集，既焚香奠神，莫臣乃遍告之曰："兹水赖神之灵，吾三堡三分其利，三日周而复始，次第输流，向无争夺。诚恐日久弊生，致水泽有不均之患，非但人起讼端，而神其馨此黍稷乎？"金曰："愿子孙世世守此旧规，若有违者，唯神殛之！"因记斯庙之修，而并勒诸石，以垂于后。①

在这里，碑刻上的内容显然明确的就是人们之间的权利义务关系，并且这种对权利义务关系的确定通过一种"集体同意"的方式表决后而记录下来，并借助神意的力量赋予其强制性，从而在水利社会内部起

---

① 刘莀臣：《新城南上堡水神庙记》，见《辑录》，第159页。

到了一种构建起集体认同和保存固化集体记忆的作用。因而它对该地以后的水利关系调节必将发挥重要作用，成为该地水利利用中的习惯法的一部分。

惯例是"在一定范围内的人当中被作为'适用'而赞同的，并且通过对它的偏离进行指责而得到保证的'习俗'"，惯例与现有的法律规则体系的不同则在于它"没有专门为了强制而设立的人的班子"。① 惯例是习惯法的重要渊源之一。"不管是习惯还是习惯法起初都是由零散的、个别的、区域性的惯例发展起来的，其中有一部分惯例经过演变，由于其调整领域的道德色彩，因而发展成了普通的习惯。而另一种习惯由于其调整领域的重要性逐渐演变成一种有法律性质的习惯法。"② 实际上，在水利社区的现实生活中，很多惯例由于其应用的普遍性，已经明显具有习惯法的性质。越是时间久远的规则，其权威性就越高。因此，古时留下来的碑刻在很多讼案判断的过程中，就充当着最终判案所依据的根据的角色。在按照现有的规则体系无法解决问题的时候，人们通常所采取的方式就是查稽碑刻，看看以前是如何规定的。有时，甚至为了找到古时碑刻而掘地三尺。从效力上看，通常碑刻上记载的规约效力要高于纸质的记录；纸质的记录在效力上要高于无记录下各方默认的规则或者口头约定；时间上越久远的碑刻，其效力位阶就越高。作为一种民间习惯法，其时间的久远性往往成为其规范性约束力的最终理由。

1. 碑刻作为习惯法的规范价值

林林总总的水利碑刻可谓种类繁多。如果按照碑刻的内容来分，大体上有记录型、断案型、颂德型、祭祀型几类。记录型的碑刻主要记录本渠的沿革、历史、掌故等一些与本渠有关的事件，这类碑刻数量不是太多；断案型的碑刻主要记载本渠历史上发生的重大讼案，以及案件的审结状况，这类碑刻数量较大；颂德型的碑刻主要记录本渠历史上的重要人物，尤其是渠长等管理人员的突出业绩，借以鼓励后者，这类碑刻数量也较多；祭祀型的碑刻主要记录与本渠有关的祠宇的修葺、祭祀等情况，其中不乏对主持修祠者的溢美颂德之词。各个类别之间的区分并不是十分严格的，有些碑刻可能是几个类型的内容交叉并有的。总体来看，碑刻基本上还是以其鲜明的规范性昭示着后人。不管哪种形式的碑刻，其内容总是倾

---

① ［德］马克斯·韦伯：《经济与社会》上卷，林荣远译，商务印书馆1997年版，第64页。

② 李怀：《非正式制度与乡村制度变迁研究》，硕士学位论文，西北师范大学，2003年，第28页。

向于告诉后来的人们怎样做才是对的、值得赞扬的，怎样做又是不对的、会受到惩罚的；在用水过程中要遵循怎样的程序，受到怎样的约束，等等。

观察水利碑刻的发展历程，不难看出，传统社会水利管理方面的诸多类似于法律性质的规范，或者官方作为断案依据而遵行的法律，可谓其来有自。其形成过程可以说完全证明了恩格斯的论断："在社会发展的某个很早的阶段，产生了这样一种需要：把每天重复着的产品生产、分配和交换用一个共同规则约束起来，借以使个人服从生产和交换的共同条件。这个规则首先表现为习惯，不久便成了法律。"① 社会发展其实就是在这样一种不断的积累过程中，反复校验以往经验，不断根据时代条件把经验与现实社会进行反复调适的过程，并且通过这种调适而使得人类自己的行为更加规范化、理性化。在人们用水实践中积累起来的经验、习惯、规则，以惯例与习惯法的形式成为后来较为成熟的规则体系的重要渊源和直接依据，而碑刻则成为这一过程的主要载体之一。

2. 官方介入与权威体认

水利碑刻不仅是乡村水利治理的基本依据之一，而且也是官方介入农村水利社区，对乡村水利进行管理的重要途径。"与水册纯粹的民间自治性质相比，碑刻在强调民间自治的同时，允许官方力量的介入。"② 邓小南也认为："碑刻与官方对于水利事务管理的关系更为密切，立碑事往往有官方直接参与。立碑者的权威与碑刻内容的权威凝聚一体，在百姓心目中分量颇重。"③ 碑刻往往有正式权力直接或者间接的介入，官方或者是通过裁定，或者是通过确认，或者通过使时间久远的模糊规定清晰化等形式，将官方权威性注入民间法中，并且这种法的效力经常可以跨越时代或者朝代断限，表现出正式规则体系中的法、律、令等不同的超常稳定性特征。即使有官方介入，通常也会对碑刻上记载的"旧例"予以认可和重申，而不会轻易作出改变。

在水利碑刻中，官方的管理作用主要体现以下几个方面：

首先，通过水利碑刻宣示政令。官方对于不同渠、不同村之间水权分配的比例，用水次序，用水义务等多有规定。这些规定成为地方水利治理

---

① 《马克思恩格斯选集》第四卷，人民出版社 2012 年版，第 260 页。

② 田东奎：《水利碑刻与中国近代水权纠纷解决》，《宝鸡文理学院学报》（社会科学版）2006 年第 3 期。

③ 邓小南：《追求用水秩序的努力——从前近代洪洞的水资源管理看"民间"与"官方"》，载《暨南史学》第 3 辑，暨南大学出版社 2004 年版，第 75 页。

的权威性依据。而且由于水利碑刻与各渠渠册的相对秘密性,具有公开性和透明性的特点,更能使乡村民众知悉碑刻内容。因而官方得以通过碑刻的形式发布政令,在水利管理的实际中发挥重要的约束作用。如明王一魁就曾在重新整理厘定全县各村有水、无水地亩后,对全县的水粮缴纳工作进行了全面清理,规定了水粮缴纳的详细细则,其中明言:“不论水契有无,而惟视其地粮多寡,均定水程,照限轮浇。”① 嗣后,刻《介休水利条规碑》,将具体改革条款、内容悉纳于碑,以政府法令的形式明确下来。

其次,通过水利碑刻的形式宣示官方在水利管理上的最高权威,惩治破坏水利秩序的人员,并警示后来者,使其不敢再犯。如连子渠与沃阳渠俱从莲子泉引泉水灌溉田亩。顺治年间,却有沃阳渠刁民左承诏等,不遵旧例,逞恶侵凌连子渠取水权,竟将连子渠源头的引水处予以堵塞,以致泉水全部流入沃阳渠而连子渠渠水断流。并且沃阳渠还仗着人多势众,大动干戈,“动以刀箭伤人”。在这种情况下,连子渠渠众忍无可忍,在该渠生员程四哲、渠长郑国命等带领下,将沃阳渠侵夺一案告到县衙。县令在实地查勘考察后断令沃阳渠“将原塞之渠速为疏通”,并立碑为据,言明如“再为争执”,必“立惩不贷”。②

最后,通过水利碑刻的形式宣扬官方主导的价值理念。通过前文的论述可以看出,在水利治理中,民间有着一套自己的治理机制和规范。而且在很多水利个案中也可以看到,实际民间在对水利事件的评判上,往往还有着一套自己的价值标准,而有些事实上是官方不愿意看到的。每一个政府都希望将自己的意识形态有效地灌输于民间,这不仅关系着政府在民间的声望,而且还关系着民间对政府统治的合法认同和政府的存在基础。在水利社会中,如果要达到这一目的,恐怕没有比水利碑刻更好的途径了。因为水利碑刻是对政府认可价值的公开宣扬,可以做到“俾众周知”。而且由于碑刻本身存在着的“不朽”性,使得政府的导向作用得以垂立永久、昭彰后世,实际上这也正是政府将碑刻看作其管理水利职能重要方面之一的原因。

3. 固化的传统:“祖宗成法不可违”

社会学家在对特定社会中的价值体系进行研究时,提出了所谓“大

---

① 《辑录》,第163页。
② 《连子渠碑记》,见《志补》,第167页。

传统"与"小传统"之辩，① 两者之间存在着一定的互构关系。就"大传统"而言，中国社会历来是非常重视传统的。作为统治思想的儒家思想在描述其理想社会的时候，常追述至"三代之治"。在儒家知识分子那里，尧、舜、禹及汤、文、武之政乃是一种至善至美的善政，是值得追求和模仿的典范。当然，儒家并不就是要将社会拉回到尧、舜、禹时代。而是通过对上古之政的一种理想描述，并将其作为评价当代政治的一个标准，从而对"什么是好的政治"这一问题作出了一种中国式的回应，而且在某种意义上来说，儒家的这种回应是上述思维方式的。"自古以来我们民族的思维方式基本上不是在世俗之外寻找理想和价值的寄托，而是在现实之中努力实现理想和价值。"② 因而儒家的这一理想设定是易于为人们理解和把握的一种回应，是符合中国"国情"的。但是，这却带来了另一个问题：长时期的这一思维方式的熏陶，也在一定程度上模铸了传统中国社会的思维方式，即在寻求什么是善的、好的生活方式、社会秩序的时候倾向于采取"向后看"的方式。要解决当下的问题，就要看看以前的人在解决这一问题时是如何做的。如果以前的人没有这么做，那么最好

---

① "大传统"与"小传统"的提法是美国人类学家罗伯特·芮德菲尔德（Robert Redfield）在对墨西哥乡村地区进行研究时首先提出并进行研究的。在芮德菲尔德于 1956 年出版的《农民社会与文化》一书中，他使用了这一对概念对复杂社会中的不同层次的文化作出区分和说明："在某一种文明里面，总会存在着两个传统；其一是一个由为数很少的一些善于思考的人们创造出的一种大传统，其二是一个由为数很大的，但基本上是不会思考的人们创造出的一种小传统。大传统是在学堂或者庙堂之内培育出来的，而小传统则是自发地萌发出来的，然后它就在它诞生的那些乡村社区的无知的群众的生活里摸爬滚打挣扎着持续下去。哲学家、神学家、文人所开拓出的那种传统乃有心人处心积虑加以培养出来而且必欲使之传之后代。"结合学界的相关论述，所谓"大传统"主要是指为上层统治者所认可的，经过思想家加工定型的，作为社会主导价值的思想观念体系；相对应的，"小传统"则是不定型的，在民间流行着的社会潜意识、风俗习惯和民间信仰价值体系。之所以说"大传统"大，并不是说它就是整个社会的唯一主导价值，民间传统没有任何存在的余地，而是说这种价值体系为国家所认可并努力推行，并力图使之成为社会的主导价值；说"小传统"小，也并不是说它只能屈从于社会主流价值，而没有自己的道德判断标准。实际上，在基层社会中民间价值体系自有一套其生存和显示自己作用的实践逻辑。很多时候，这种逻辑虽不为"大传统"所认可，却顽强地存在。总体来说，社会主流价值与民间价值是相互影响、相互作用的。"大传统"从较高的社会理想与价值层面为"小传统"的发展演变提供学理和思想营养；"小传统"则是"大传统"赖以生存和发挥作用的社会土壤。相关研究可参见［美］罗伯特·芮德菲尔德《农民社会与文化》，王莹译，中国社会科学出版社 2013 年版，第 95 页；郑萍《村落视野中的大传统与小传统》，《读书》2005 年第 7 期；赵红梅《简论中国价值观念的"大传统"》，《湖北大学学报》（哲学社会科学版）2002 年第 1 期。

② 刘泽华：《开展思想与社会互动和整体研究》，《历史教学》2001 第 8 期。

还是不要这么做，即所谓"祖宗成法不可违"。"大传统"与"小传统"是互相关联的，这一思维方式不可能不通过种种途径渗透到乡村社会的水利治理中来。

其实水利碑刻除了上面所谈的功能，还有一个非常重要的功能就是对传统的重申和强化。传统在这里借助一种"不可磨灭"的附着物而顽强地延伸着自己，而碑刻也不断以新的方式重申传统。通过这种方式，传统得以保留下来并持续地发挥着作用。

在洪洞、介休两地的水利石刻中，金天眷二年（1139）《都总管镇国定两县水碑》是时间上较早的。该碑刻记录了金代赵城、洪洞二县民众用水纷争、官府历次处置之事。在处理水案时，就遇到了需要校验以往碑刻中相关规定的问题。碑中说："其户籍水数若干，具在碑石，永为来验，迨今积有年矣，不闻词讼。"① 也就是说，因以往的规定"永为来验"之故，所以在本案断案时仍应采用以往既有规定。这里所提到的碑石即北宋庆历六年（1046）所立霍泉渠分水碑，该碑在处理庆历五年霍泉渠水利纠纷时确定了"三七分水"的原则。这一原则在金代的断案中仍被作为依据保留了下来。至明隆庆二年（1568），洪、赵再次因为用水发生纠纷，官府在断决时采用的原则仍是坚持"历唐、宋成规，不紊古碑""旧规一定，决无再争"，在案件审结后又"委廉官立碑"，即察院定北霍渠水利碑，并在碑石中将本案之"始末情词，刻石为碑，立于本庙居中，永为遵守"。②

不仅官府在断案时严格遵守古规，民间在更定渠册、调解纠纷时也都以古规为蓝本，对于古规从不轻易改弦更张。

> 以上条例，前无所考。自宋、元、明至清。历经五百余年。重录四次，不敢增减一字。……今后敢有私改渠条，并不遵守者，到官以律治罪。③

> 今有渠长郭可兴者，……约合一渠渠头共议重修，以襄其事。于是齐集具禀县主，蒙批，照旧规重修。今重修渠册一本，照旧册誊录，不敢遗忘，使一字微有差讹。不过令旧者新焉，晦者明焉，遗者序焉。庶几载之册者，一如其初规例，一一秩然，可睹永垂不朽。④

---

① 《辑录》，第4—5页。
② 《察院定北霍渠水利碑记》，见《辑录》，第41页。
③ 《重建润源等渠碑记·跋》，见《志补》，第79页。
④ 《广利渠渠册序》，见《志补》，第131—132页。

更定渠册要严格地遵照原先遗留下来的古规，而且为了慎重起见，很多渠还将渠册的相关内容刻入碑石，以使其能够垂留得更为久远，使后人在制定新的渠规时有据可依。即使是没有刻为碑石，也要禀明官府，以国家权威力量作为监督，完成渠册的修订。在重修渠册的过程中，所坚持的最重要的一条原则就是"一如其初规例""不敢增减一字"。对此，《晋祠志》解释说：

> 凡事之行诸久远，而不可易者，必准乎情之至顺，酌乎理之至当，因乎势之一中。后人之欲变前人之法，以便于一己而终不能变者，私不敢公故也。①

古之旧规是"准乎情之至顺，酌乎理之至当，因乎势之一中"的，是完美无缺的，后人欲更其旧制，往往是出于不纯的目的，出于一己之私利，因私废公，而这样做的目的终究是不能达到的，盖因"私不敢公故也"。在此意义上，水利碑刻就为水利社会中的人们提供了一个相对稳定的规则体系。正是这一规则体系的稳定性，使得参与到水利过程中来的各方行为，在一个较长时间内都是高度稳定和可预期的，从而有效避免了水公共资源使用中的某些困境。

除了在渠规订立上遵循古规，在实际用水过程中，浇水的先后次序、用水权的多少也是严格按照古册或碑刻既有之规定：

> 本渠新入末夫地亩，地虽在上，理以后浇。必待古册地亩浇完，方许浇灌。如古册地亩浇灌未完，末夫地户，或乘兴工强截浇灌者，每亩罚白米五斗，一半纳官，一半散众。②

新入渠的土地，因为其用水权在古规中没有规定。因而即使取得了合法用水权，也必须"待古册地亩浇完，方许浇灌"。否则就会被视为违犯渠规而受到严厉的惩罚。前法的效力优于后法，新增规则的位阶低于旧有规则，其基本假定是，古旧的传统所确定的人们之间的关系状态被作为理想状态调节着现实生活中人们之间的关系，祖宗成法因其所荷载的神圣而

---

① 《断令南河二堰水分程永行旧规碑记》，见《晋祠志·河例七》，第924页。
② 《节抄沃阳渠册·沃阳渠定例》，见《志补》，第186页。

不仅不可废，而且不可违。

第二节　基层水利自组织中的管理权力

权力一词的内涵是极为丰富的。按照马克斯·韦伯（Max Weber）的界定，权力（Macht）是指"在一种社会关系中，一个行为者即使遇到反抗也能实现自己意志的可能性，而不管这种可能性建立在何种基础之上"①。在现实生活中，权力表现为一种影响力或者控制力。权力概念的外延是丰富的，既包括有组织的系统的国家正式权力，也包括在国家权力授权或支配下的其他非正式权力，当然还包括其他权力影响力。本书主要是在前两种意义上来使用权力一词的。这两者的共同之处就在于其形式和运作都离不开国家正式组织及其制度结构的支持，这种意义上的非正式权力更多地呈现一种半官方性质。

传统中国乡村社会的控制结构"实际上存在两种形式，一种是官方的行政控制系统；另一种是非官方的控制系统"②。相应地，乡村基层的权力结构由两部分构成：一部分是国家权力，另一部分是以村庄③权威为代表的乡村非正式权力。村庄权力是村庄中占据优势资源的人，在村庄日常事务的治理过程中对他人具有影响或支配能力。村庄中各权力主体之间，依据各自所掌握的权威资源，互相协作，形成相对稳定的权力互动关系，构成村庄权力结构。传统村庄权力结构本身既是村庄中各种权力相互关系的反映，也显示出了村庄制度设计的独特之处。

在山陕地区的基层乡村水利治理中，受传统村庄权力结构体系的影响，也形成了以渠长为核心的基层非正式权力组织结构。村庄的非正式权力机构以一套自发衍生出来的制度作为保障，这套制度以水利渠册和碑刻为主要表现形式。非正式权力机构和其所依托的水利制度共同构成了村庄非正式权力结构体系，它同时作为一种制度设计的结果参与到国家正式权力结构中，与正式权力体系共同维系着乡村水利治理格局。

---

① ［德］马克斯·韦伯：《经济与社会》上卷，林荣远译，商务印书馆1997年版，第81页。

② 许纪霖、陈达凯：《中国现代化史》第一卷，生活·读书·新知三联书店1995年版，第78页。

③ 乡村和村庄的概念，一般不加区别使用。在本书中，倾向于以乡村作为一个治理层级使用，将村庄作为在此层级治理展开的权力关系和组织结构使用。

　　传统村庄形成这种权力结构不是偶然的，它既是国家权力结构整体设计的结果，又受传统政治思想对现实政治制度和政治结构设计的影响，是各种因素综合作用的结果。

一　以渠长为中心的基层水利自组织①

（一）渠长的基本权力及其特点

1. 渠长组织体系的基本构成

　　在山陕地区基层水利管理体系中，虽然各渠有大小之分、官渠与民渠之别，但是渠长②始终是这一体系的核心。在渠务的日常管理中，各渠因管理之便，盖"胥设掌例、渠司、渠长、沟头、巡水、公直有差"③。如山西境内规模较大的通利渠，因其流经数县（洪洞、赵城、临汾），所以其管理层级也较为复杂，因而具有相当的代表性和典型性。在该渠的管理中，督渠长一职始终是管理权力的核心。据光绪《通利渠渠册》载："三县额设督渠长一人，总理合渠启闭陡口大小一切事件。由渠源以至渠尾，统归督渠长管理，兼管催中五村各项摊派。"④ 为辅助督渠长之日常管理，于督渠长下设副渠长以协助督渠长。督渠长及副渠长之下，又于三县分设接水渠长、治水渠长、兴工渠长各一名，分管各县所在渠段的具体事宜。以下则在各引水口设置沟首、甲首、巡水等若干直接执行性机构，负责水口起闭、巡回检查监督等日常工作。这样，以督渠长为中心，一套较为完备的层级式水利管理体系建立起来。其中，督渠长对整条渠道负责，有权

---

① 　本书主要是在这样的意义上使用"自组织"这一概念的：自组织是人们根据生活和利益的需要按照一定的协商机制而自愿结合起来，共同参与到一定的组织中，并通过组织开展活动的过程。自组织的核心问题还是要解决人们之间的利益划分问题，其具体表现在自愿结成组织的动力，结成组织的相关机制，参与组织的各项活动等。自组织的最重要特点在于其自发性、自由性和自愿性。所谓自组织主要是与政府组织相对称的。关于自组织的相关论述，可参见刘伟《农民自组织程度低的成因分析》，《宁波党校学报》2004 年第 5 期；张龙平《农民自组织：社会参与的有效选择》，《理论与改革》1998 年第 2 期。

② 　根据方志的记载，山陕地区境内各渠行政主管者的名称各不相同，有的称渠长，有的称沟首，还有的称掌例等，不一而足，但各渠主管者在制度结构上的地位基本类似，为行文方便，文中统一称为渠长。

③ 　（清）《山西通志》（卷三十），《水利二》，转引自邓小南《追求用水秩序的努力——从前近代洪洞的水资源管理看"民间"与"官方"》，载《暨南史学》第 3 辑，暨南大学出版社 2004 年版，第 75 页。

④ 　（清）光绪三十四年《增修通利渠渠册》。转引自韩茂莉《近代山陕地区基层水利管理体系探析》，《中国经济史研究》2006 年第 1 期。本书其他所引该文献内容均自此转引，不再一一注明。

管理并决定渠道内一切大小事宜。其下各层分别署理分内之事，并逐级对上负责，形成了该渠一整套较为完整的管理体系（参见图2-1）。通利渠是山陕地区规模较大的一条灌溉水渠，因而其内部组织体系相对完备。该地区广泛存在的其他诸多灌溉水渠在管理结构上虽可能不及通利渠复杂，但大体结构是基本相似的。①

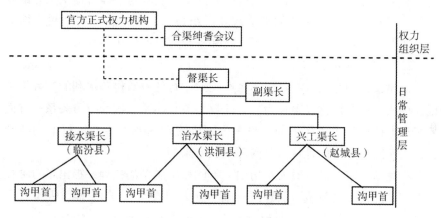

图2-1　通利渠水利管理体系结构②

以渠长为中心的基层水利管理体系，是各渠渠册中的中心内容之一。之所以如此，是因为作为民间法意义上的渠册所规范的分水用水关系，要想在实际的水利过程中变成"行动着"的有现实约束力的制度，就必须通过一个被赋予了相当权威性的组织去执行和维护。否则，渠册及其所确立的规范体系就仍然是无力的。因此，通观山陕地区的渠册、水册，几乎都在其基本内容中对该渠的组织管理体系做了较为详细的规定，形成了以渠长为中心的基层水利治理组织体系。

以渠长为中心的组织体系在乡村水利治理中的角色是多重的，其不仅仅是基层水利管理的组织主体，事实上还充当着官方正式权力与民间各用

---

① 虽然各地在水利组织机构设置上的名称可能有差别，但基本机构是大体类似的，例如，在传统社会末期华北平原的乡村水利组织结构中，有惠民闸"设老人一名，人夫十三名，总渠设总甲一名，副渠设小甲之名，名蠲徭役，责令看守巡视，仍专委官一人总理其事"的记载，可以看出，因其规模，惠民闸的组织体系可能要比通利渠简单，但结构是类似的。参见（清）光绪《永年县志·水利》卷六。

② 本图示依据韩茂莉《近代山陕地区基层水利管理体系探析》（《中国经济史研究》，2006年第1期）；周亚、张俊峰《清末晋南乡村社会的水利管理与运行——以通利渠为例》（《中国农史》2005年第3期）改绘。

水利户中介人的作用。一方面，他们充当着一方地区利益的维护人的角色，在同官方的交往中努力维护本渠、本段的利益；另一方面，他们还获得授权于官方，在官方意志与本渠利益的调和中努力维持平衡，保证正常的用水秩序，因而"自然成为官、民渠任何一种灌渠类型中不可或缺的角色"①。有学者通过对华北平原乡村水利研究结论也表明："中国灌溉水利本质上是与地方社会整合。县级，充其量府级政府，即可提供很好的政治服务。"② 以渠长为中心的基层水利组织体系，正是在这两个权力体系交界处发挥着将这两个权力体系连接和整合起来的作用。

2. 渠长权力的特点

以渠长为中心的水利管理体系在实践中行使着对村落水利的实际管理权，构成了一个同样以渠长为核心的权力关系体系。这种权力关系一方面是在官方授权下建立起来的，另一方面则表现为其产生和运行上的特殊性，它实际上更多的是从村落内部生长起来的。

马克斯·韦伯通过对人类历史上不同权威类型的梳理，提出了三种权威类型，即传统型权威、法理型权威和魅力型权威。③ 相应地，人类社会中也存在三种类型的支配形式：第一，法理型支配（统治）（legale herrschaft）："确信法令、规章必须合于法律，以及行使支配者在这些法律规定之下有发号施令之权利"；第二，传统型支配（统治）（traditionale herrschaft）："确信渊源悠久的传统之神圣性及根据传统行使支配者的正当性"；第三，克里斯玛型支配（统治）（charismatiche herrschaft）："对个人及它所启示或制定的道德规范或社会秩序之超凡、英雄气概或非凡特质的献身和效忠。"④

参照韦伯的划分，渠长的权力更多是一种通过传统习惯确定下来，并为村庄所认可的传统型支配权力。但是，这种支配却是通过一定形式由村庄选举程序所赋予的，因而其效力与合法性又不是传统型权威所能企及的，它是以道德正当与权力程序正当共同保证其权力行使的合法性的。当然，这种选举权力与现代意义上的法理型支配是不同的，两者有质的区

---

① 韩茂莉：《近代山陕地区基层水利管理体系探析》，《中国经济史研究》2006 年第 1 期。
② 王建革：《传统社会末期华北的生态与社会》，生活·读书·新知三联书店 2009 年版，第 29 页。
③ 马克斯·韦伯对权威类型的讨论，参见［德］马克斯·韦伯《学术与政治》，冯克利译，生活·读书·新知三联书店 1998 年版，第 56—57 页。
④ ［德］马克斯·韦伯：《儒教与道教》导论，王容芬译，商务印书馆 1997 年版，第 35—38 页。

别。实际上，如下文所述，在很多情况下，渠长的支配权力又同时颇受其自身的人格魅力因素影响，而使其具有克里斯玛权威的特质。因而传统乡村水利治理体系中的渠长权力的性质是多元的，很难用某一种类型的权力来对它作出截然的定性。

按照一般的看法，在中国漫长的传统农业社会中，国家的权力机构都止于县级，即所谓"皇权止于县政"或者"皇权不下县"。皇权，在这里主要代指的是国家正式的、有正式组织机构和合法暴力后盾的官方权力。在这个权力体系之下，存在着一个正式权力无法完全控制的广大乡村。在正式权力与社会的交界处，皇权实际上是较为微弱的，即俗语所谓"山高皇帝远"。在此政治社会空间中事实上形成了权力的稀薄地带或者相对真空，客观上需要一种权力组织体系来予以填充。在这个意义上，渠长权力体系乃是在水利管理方面上对官方权力的补充。但也应该看到，这种权力一旦形成，它势必存在着相对于正式权力的相对独立性。因而从一定意义上来讲，它成为一种"特殊的非正式社会治理"[①] 形式，成为民间在水利管理上"与国家法之国家权力抗衡的力量"[②]。它支配着对村庄生存和发展具有重要意义的水资源的具体利用方式和过程，在与其他群体和组织的互动中，相对自发地形成和延续着村庄基本资源的配置原则和方向。从这个角度来看，渠长权力又具有体制性权力宏观规范下的村庄内生性权力特征。[③]

渠长权力的合法性来源既不仅是来自官方的授权，也不仅是来自个人的财富和学识，从根本上讲，这种权力"必须有能力促使一个地方性的利益共同体形成——它内部的各方利益必须被相关化，即分散的利益被政治地或经济地组织化为一体。必须有一系列规则保持共同体的内聚，避免它的分散"，因为"只有在这种时候，地方权威才可以在强制之外获得社会服从的力量"。[④] 可以说，渠长权力是村庄社会有效整合，形成合作的重要机制构成，是村庄共同体构建的重要一环，其基本机制是渠长一职作为地方各方利益关系格局相对均衡的一个产物，其权力因而也是各方利益博弈与均衡的一个基本条件和结果。

---

① 叶文辉：《农村公共产品供给制度变迁的分析》，《中国经济史研究》2005 年第 3 期。

② 吕廷君：《论民间法的社会权力基础》，《求是学刊》2005 年第 5 期。

③ 关于体制性权力与内生性权力，可参见樊平《村落公共权力：农村经济和社会协调发展的关键》，载韩明谟、刘应杰、张其仔主编《社会学家的视野：中国社会与现代化》，中国社会出版社 1998 年版，第 241 页。

④ 张静：《基层政权：乡村制度诸问题》，浙江人民出版社 2000 年版，第 24—25 页。

3. 渠长的权责与激励

渠长作为渠务日常管理的总管理者和组织者，其权力是多方面的。各渠对渠长权力的规定大同小异，此处以通利渠为例说明。

通利渠规定阖渠之督渠长负责"总理合渠启闭陡口大小一切事件，由渠源以至渠尾统归督水渠长管理，兼督促中五村各项摊款"①。作为权力核心的渠长负责该渠的全面工作，对于涉及该渠方方面面的事务都有着不可推卸的责任。在本渠内或者本渠与他渠因用水发生讼案时，渠长要出面予以调解，必要的时候还可以作为阖渠的"法人代表"代理诉讼、出庭作证。遇有紧急工程需要资金时，渠长应"先行暂垫，不得悭吝退缩"。此外，渠长要全面负责监督和管理阖渠其他管理人员的工作，对于不服从管理的人员，可以"禀案革退另换"；对于以权谋私、贪营舞弊的人员，渠长发现应立即"送官究治"。② 渠长还掌管本渠的财政权力，支配日常经费，并且主持和组织本渠的祭祀活动。渠长还掌握着象征本渠权力的渠册和水牌，并有相当程度的解释权，依据渠册调解争端、分配水权。

渠长广泛的权力也为其利用这些权力为自己谋利提供了机会。为从制度上规避这种可能性，在给予渠长权力的同时，还要对其有必要的报酬以对其形成选择性激励，从而使其行为选择和预期长期化。只有这样，才能使其"行动的贴现率比较低，基本的村庄合作""较容易达成"。③ 因此，各渠一般都规定了对渠长工作的相应报酬。这些报酬的形式是多样的，既可以是直接的金钱物质性补贴，也可以通过优免赋役的形式，还可以是给予若干特权的方式。如《通利渠渠册》规定："由合渠优免值年有渠长之村分夫十二名，每夫作钱四千五百文，就近尽数交给渠长，作为津贴渠长并雇觅巡水夫之抵款。"④《普润渠渠例》规定："既为渠长管理渠事，优免夫一名。甲头巡水，俱照渠长一样优免。"⑤《陈珍渠渠册》规定："每年掌例（即渠长）各优免一夫。"⑥《洞渠渠册》规定："本渠渠长赏水地

---

① 本段引文除注明外均出自光绪三十四年《增修通利渠册》。
② 参见周亚、张俊峰《清末晋南乡村社会的水利管理与运行——以通利渠为例》，《中国农史》2005 年第 3 期。
③ 贺雪峰：《熟人社会的行动逻辑》，《华中师范大学学报》（人文社会科学版）2004 年第 1 期。
④ 《志补》，第 48 页。
⑤ 《志补》，第 251 页。
⑥ 《志补》，第 155 页。

各二十亩，免其本年夫役，永为定规。"① 陕西泾阳县冶峪河灌区《刘氏家藏高门通渠水册》规定："每月初一日子时起水，从下面浇灌而至于上，二十九日亥时禁止，若遇大月三十日之水，通渠渠长分用以作工食香钱。"② 上面所罗列的这些对渠长予以激励的措施可谓形式多样，但几乎都与水资源使用相关，只不过有些措施如赏水或者水地是直接相关的，有些措施如免夫役等是间接相关的。这样做的好处不难理解，即通过与水资源相关的激励措施，可以使激励内部化，在不带来额外成本的情况下，较为充分地发挥了激励的正向效应。总之，不管哪种方式，通过不同程度的对渠长物质上的直接给予和其他优免方式，不仅使渠长得到了其工作的"报酬"，也增强了其管理的积极性，在一定程度上起到了对其进行正向激励和预防其滥用权力的作用。

"农村社会是一个道德社区，可能的条件下，人们愿意为未来投资，而不是急急忙忙地赚取现时的好处。同时，因为预期长远，村民为未来的合作就指望长期收回投资，而违规行为则会长期受到指责而付出巨大的代价"。③ 因此，村庄的行为有其自身的逻辑，很多时候，人们的行为看似是无利可图的，实际上这种行为却包含着一种对别人肯定的预期。而这种别人肯定的预期对于个人在一个较长时期都比较稳定存在的村庄中生存和发展是至关重要的，实际上有着其理性考虑在里面。

北霍渠渠长卫景文就曾因管水有方、勤于水务而受到赞扬，阖渠乡民为之立碑颂德，碑曰：

> 闻之尼父之言曰：公论悬于人心，美誉本乎善行，不必其位足以极人达，权足以压朝班。即一邑一乡之中，亦足以验其德之温润焉。……乙卯岁，阖县公举卫翁，讳景文，继宇其别号也，素行无玷，堪任治水。不意身任其事，旱魃为祸，雨旸失时望水之农不啻如油之贵。□以人所最（不）堪者，而公独任之。昼则巡塞洩漏，夜则稽查陡口，餐风宿水，□勤万状。准流者无先后言，无争竞语，孰非公之才之感人深哉？兹值告竣，咸戴德不忘，属生为文。性倔强不好揄扬，据口文行事以志之，敢曰溢美云乎哉！④

① 《志补》，第237页。
② 《杂录》，第13页。
③ 贺雪峰：《熟人社会的行动逻辑》，《华中师范大学学报》（人文社会科学版）2004年第1期。
④ 《赠北霍渠（掌）例卫翁治水告竣序》，见《辑录》，第73页。

康熙年间信义渠渠长李谷械因治水有功而被众人拥戴，并为之立碑曰：

> 信义渠长李翁字文泮讳谷械者……矢公矢慎，拮据勤劳，革去积弊，裁汰滥典，不纵口腹，不爱资材，祀神尽诚，待人以恭……治水尽瘁，灌溉周遍，田野资水泽而畅茂，青畴沐水波而歌功，可谓济时之艰难，人之所难者矣！①

实际上，在山陕地区留下来的水利碑刻中，为某位渠长颂德的碑文不在少数。此处仅举出此两例，意在说明渠长在对其行为进行选择的时候，其考虑应该是多方面的。除了物质上的考虑，精神的鼓励和道德意义上的考虑也起着至关重要的作用。因而与之相适应的对渠长的激励机制也呈现多维复杂的倾向。

（二）沟首及渠甲

如果说渠长是在整体上对涉及整渠的渠务进行宏观管理的话，那么各渠的沟甲首和巡水等其他渠甲则是直接与用水利户打交道的一线工作人员，他们从事的多是具体的工作，具体来说，沟首及渠甲的工作主要包括以下几个方面：

首先，沟首负责本渠的浇灌、盗水等事项。各村沟首要勤于渠务，每次浇灌田地时，及时启闭斗口，保证每户正常用水权益。同时要爱护水源，及时关闭斗口，使水不致因溢漫而造成浪费。

其次，沟首要及时巡视渠道，发现险情及时报告。对危害渠堤的行为予以及时制止。此外，沟首还要在渠道兴工时，负责拘集人众，安排应用器具，监督兴工地户之工作，确保工程质量。

再次，各渠如有需要兴工维修渠道、祭祀或修葺庙宇而摊款时，沟甲首要向各利户及时帖传通知，开具逐项花费清单"俾众周知"，并向各利户均摊花费。

最后，各渠之巡水要及时巡查管内渠道，及时发现各种盗水侵渔行为，并上报以予以及时制止。对于各渠之险要地段，要着意留心巡查，发现问题，及时报告。

总之，沟甲首是各渠中最基层的管理人员，他们直接受各渠渠长的约

---

① 《水掌例李谷械功德碑》，见《辑录》，第81页。

束与督促，负责该渠兴工、摊款、浇灌等各项具体事项；督巡水虽不在管理机构之列，但受正渠长之雇用而负责巡查全渠的用水情况，及时补漏纠偏。关于沟首和渠甲，因其是渠长的执行机构，在此就不再赘述了。

二　乡村水利自组织对渠长权力的平衡机制

（一）渠长的选举

山陕地区境内众多灌溉渠系中，因实际情况的不同，渠长的产生在各渠也有所差异。有些渠系采取"签选""选举"等方式；有些渠系因其特定的历史原因，渠长长期由某一家族或姓氏长期充任。但总体来看，大多渠系基本上都采用了选举的方式，特别是一些规模较大的渠系，其在选举产生渠长上还规定了一套较为严格完备的选举程序，从渠长的选任、激励直至监督诸环节对渠长一职做了较为系统全面的规定。通过这些规定，初步形成了一套较为完善的制度架构，并体现出制度供给和制度设计的自然长成色彩，为我们追溯和检视政治与社会关系发展的自然历史过程提供了一个典型案例。

同时，山陕地区多数渠系采取了一年一更换渠长的方式。渠长的轮流充膺，一方面能够有效地防止因某人或者某一家族，因长期充任渠长所可能带来的其本身的贪污腐化而成为"河蠹"的可能；从另一方面来看，一家或者一姓长期把持渠政，不仅可能会因渠长本身的腐化危及广大中下层用水利户的利益，也会使诸多大户和地方精英无法参与到水利管理中来，进而打破村庄原有的权力均衡格局。"民间基层水利系统能够长期稳定存在，其中一个重要原因是水利系统中存在由大户共同维护的利益圈。"[1] 因而由单个利益群体长期把握水政从长期来看，必会导致乡村水政格局的不稳。

如晋水管理中就虑及于此，在其河例中指出：

> 然充应渠长者为良善，不愆不忘，率由旧章，自无河案之可虑；渠甲若狡猾，或恃强凌弱，或卖水渔利，或违旧章以争水，或肆贪心以启讼弊端，种种不一而足，洵有匪夷所思之弊。贤有司虑及于斯，饬令各河渠甲一岁一更，不得历久充当；且令各村士庶会同公举，则田多而善良者充应。既选得人，遂具该渠甲之名报县存案，以凭

---

① 韩茂莉：《近代山陕地区基层水利管理体系探析》，《中国经济史研究》2006 年第 1 期。

稽查。①

实际上，通过渠长轮换的制度，使权益在乡村各主要群体间形成一种相对均衡和相互监督，使得不论哪个姓、哪个利益群体都无法通过长期把持水政来将个别利益置于群体利益之上，从而形成了在一定意义上的水政共治局面。各群体的利益就在这种局面中相互妥协、博弈，进而形成相对稳定的用水秩序和相对公平的分水格局。

当然，因为村庄水利组织的强烈的地缘性特征，所以渠长的选任，实际上很难完全避免由某些较大的家族或者村庄大姓中产生的情形。在此种情形下，在一些水利组织中，往往采用了将渠长和其下属的其他组织机构分离选任的方式，如渠长由大姓或者家族中选出，则渠长的下属组织成员采取了多样化的选举方式，从而在一定程度上避免了渠长的权力过于集中到一姓或家族手中，这也可以被视为水利组织内部的一种权力平衡机制。

在传统社会晚期的华北平原地区案例中，有下述的记载：

> 河正、河副多数由小甲互选，与镰户无关。任期在一年内可以连任，但是由特定的数村轮流担任，或者从特定的村庄被选中。另外，从这个村子里拥有最大镰数的姓氏中选出。关于小甲，世袭（东汪长，济民长，龙兴长，广润长的例子）多。……每年从数村选出。……另外，小甲也从拥有该村最大镰数的姓氏中选择等，各村中都有特定的人选。而且很多村子里的小甲都选择了河正和河副。②

从华北平原的案例可以看出，相当于渠长的河正及其副职并不是由民众直接选举产生的，而是采取了由其下属组织小甲间接选举的方式。而小甲的选任又采取了多种方式，从而使得小甲的来源变得复杂化了。在此基础上由其来选出河正，在一定程度上就能够使不同家族或者姓氏之间的力量达成一种大致的平衡，防止权力过分地集中，从而保障用水秩序的正常。

（二）渠长的任期
首先，山陕地区各渠不仅对渠长的任职资格作了详细的规定，而且对

---

① 《晋祠志·河例二》，第814页。
② 《中国农村惯行调查》（第6卷），岩波书店1981年版，第97—98、104、268页以下的河册（水账）。

渠长的任期也作出了一定的限制。当然,这不排除个别渠系因为特定的历史原因,比如某家族对该渠的特殊贡献而导致的某一家族长期担任该渠渠长的情形。但总体来看,大多数渠系都还是将渠长定期轮换制作为本渠的基本规则而在渠册或渠例中规定下来。

例如,以引洪灌溉为主的涧渠规定:"本渠渠长二人、沟头三人、巡水三人。一年一更。"① 普润渠也在渠册中明文规定:"每年各村公举有德行乡民一人,充为渠长。"② 晋水水利渠系之河例规定:"各河渠甲一岁一更,不得历久充当。"其中,晋水总渠渠长应由"中、南、北三堡轮流充应,周而复始,不得连应"。③

通过这些关于渠长任期,包括任期时间和重复任职的这些限制性规定,实现了渠长一职的合理轮换和轮流充应,对于保证地方精英权力平衡,防止一家一姓长期权力独大的局面是有益的。

其次,渠长任期的规定,意味着渠长所掌握的权力是流动性的,这种流动性本身即是对其权力任意行使的一种限制。考虑到其权力行使的时间限制,渠长在任期间的诸多行为就受到其他潜在竞争者的限制,而不致恣意行使这些权利。

再次,渠长的任期制规定也在一定意义上与社会流动结合起来,客观上体现和促进了社会流动,有利于促进区域社会纵向意义上的社会整合。

最后,渠长任期限制短则一年,长则十年(如通利渠),长短各渠规定并不完全一致,但从多数渠册来说,短任期占据了多数。其原因可能是大多数水渠规模并不大,涉及的区域和村落范围较小,即使是任期较短,渠长更替频繁,其更换的制度成本通常也不是太大;而在规模较大的渠道,由于涉及的村落较多,水流区域较大,因此,如果渠长的任期过短,更换频率过大,则制度成本会高得多,因而这样的渠道渠长任期往往较长。

(三) 渠长的任用条件

各渠在选举渠长时,一般都首先对渠长的人品及家境的相关情况作出规定。如《通利渠渠册·选举》中规定:"选举渠长务择文字算法粗能通晓,尤须家道殷实、人品端正、干练耐劳、素孚乡望者,方准合渠举充。不须一村擅自作主,致有滥保之弊。"④ 该规定不仅对渠长的人品和家道

---

① 《涧渠渠册》,《志补》,第237页。
② 《普润渠渠册序》,《志补》,第250页。
③ 《晋祠志·河例三》,第826页。
④ 《志补》,第46页。本段引用都出于此处,不再一一注明。

情况作了规定，要求候选渠长的资格须"家道殷实、人品端正"，而且对文化素质也作了要求，要求渠长候选人应能"文字算法粗能通晓"，只有在具备担任渠长一职综合性素质的基础上，方能具有渠长选任的资格。并且该渠渠册中还特别说明，即规定在渠长选任时不许"一村擅自作主"，从而避免了产生一村独大、长期凌驾于阖渠诸村之上的局面。

又如，《晋祠志·河例》中对晋水流域的渠长简选作出如下规定："各村士庶会同公举，择田多而善良者充应。"晋水各河之总渠长的选任应于"岁以惊蛰前，值年乡约会同阖镇绅耆秉公议举，择田多公正之农。至身无寸垄者，非但不得充应渠长，即水甲亦不准冒充"。① 此外，渠长的选任除应具备人品、家境等条件外，还需经过阖渠"绅耆"的评议，渠长一职实际上也是各地方精英势力间均衡的结果。

再如乾隆五年《清水渠渠册》第十一条规定："每年公举正直老成之人，充膺渠长、沟头，先行报官查验充膺，不得私自报刁健多事之徒，以滋弊端，违者重究。"② 各渠一般都是在官方许可或授权情形下进行渠长选任的，没有官方对渠长一职的认可，其权威性是大打折扣的，甚至选举结果也是无效的。不仅如此，官方还派代表实地参加很多渠系的渠长选举。官方参与一方面监督以保证现场选举的公正性，另一方面对渠长选举的结果要进行详细的备案管理，以体现官方授权的权威性。也就是说，为了保证渠长选举的公正性，渠长权力的产生实际上经过至少三层乡村社会中的权威秩序的嵌套，从而在程序意义上做到了渠长权力产生的相对公正。

渠长及其领导下的渠道日常管理组织是渠务管理的常设机构，直接负责渠道的日常运营、管理和维护。因而对渠长候选人的文化素质、经济水平和道德修养等方面的这些规定，对于提高地方渠务管理水平和质量，保证渠道的正常运行，无疑是具有重要意义的。官方的参与和权威授予，从另一个侧面使得这一组织获得了更高层次权力的认可和支持，权威性和资源动员能力进一步加强。同时，也更凸显出其作为官民中介的特殊地位和角色，使其成为沟通官民、传达政令、表达民意的一条合法有效的渠道。

在渠长选任的操作程序要件上，各渠一般于渠册规定的固定时间，按照规定程序进行渠长换届或重选。如通利渠"例系九月初一日签换"，在选举的具体操作上：

---

① 《晋祠志·河例三》，第 826 页。
② 《志补》，第 118 页。

合渠上中下三节凡有渠长之村……绅等拟仿上三村成法，于应充渠长之村预择公正勤谨、堪胜渠长之任者各若干家，著册定案，作为预备渠长，另单呈核，以便置签候掣。每年即在此若干家内掣签。恐人事变迁，富贵无常，合渠绅民每届十年会议一次，其有中落之家以及事故变迁，公议具呈免充；并各该村有新兴之家，公议更举续增。且续增免充，必合渠绅民认可，方得增减，如有不合宜之处，从长再议。①

在这里，一个由地方精英阶层组成的"阖渠绅耆会议"起着重要的作用，由它决定着渠长的选任以及签换过程。在某种意义上来说，"阖渠绅耆会议"实际上扮演了渠道管理体系中权力机构的功能（参见图2-1）。以渠长为代表的渠道日常管理机构要向其负责，由其来监督工作。当然，官方正式权力机构也是渠道日常管理机构的监督者，甚至在必要的时候，官方可以直接介入渠道的日常管理中来，其权威并不受民间渠系权力系统的限制。但是，与作为在地的绅耆会议相比较，官方的监督会因时空限制、监督力量不足等因素而不会是常态化的。也就使得这种监督往往只能是事后的、关于重大事件的、作为最后监督手段的。相形之下，绅耆会议的监督应该恰能弥补官方监督的这些不足，使对渠长权力体系的监督不仅更常态化，而且更加细微充分。毕竟作为一种在地化的监督方式，监督者也是利益相关方，相比于官方基于行政职责的监督，其监督的潜在激励更加充分。

上文的论述已经说明了在山陕地区各灌渠管理体系中，渠长地位之重要性。从这个前提出发，关于渠长选任的种种规定就不难理解了。实际上，渠长一职不是乡村管理组织中的一个无足轻重的职位。恰恰相反，在山陕地区特定的地理环境和传统农业社会条件下，"灌渠所经地区水利组织的力量往往在乡村占有重要一席"②，渠长一职在乡村中是举足轻重的，很多时候它是乡村社会地方精英乃至官方所关注的焦点。渠长出于大户，有一定家资，并且有一定的文化素养和道德水准，不仅保证了渠长能够有较多时间与精力从事渠道管理的日常事务，并且使渠长与地方精英趋于融合。有理由推断，"水利组织不仅仅停留在水资源分配的层面上"，进而

---

① 郑东风主编：《洪洞县水利志》，山西人民出版社 1993 年版，第 329 页。
② 韩茂莉：《近代山陕地区基层水利管理体系探析》，《中国经济史研究》2006 年第 1 期。

乡村水利管理体系在一定程度上"获得与基层政权等同的威信"①，为维护村庄利益、渠道利益起着不可忽视的作用。

（四）对渠长的监督及绅耆会议

上文已经提及，渠长与绅耆会议之间存在一定的授权监督关系，这种关系是渠长权力监督体系的重要组成部分，值得进行进一步的讨论。

一般来说，"精英"与"大众"是对称的，两者在经济地位、权力和文化上各属不同的群体。精英阶层一般受过良好教育，经济上处于支配或者优势地位，拥有一定的特权；而大众则往往目不识丁，处于依附地位，在文化上也往往深受精英阶层影响。②精英与大众的对举，反映了处于社会中的人群之间存在着分层差别，因这种差别而形成不同的人群和阶层的现实。

在传统中国乡村社会中，其实也存在着精英与大众的阶层分化。乡村社会中精英阶层具有不同于社会其他精英阶层的特点，因而学界有很多人用地方精英一词来概括它。如李猛认为："地方精英是在地方舞台上（指县级以下）施加支配的任何个人和家族……"地方精英既包括地方士绅，还包括地方长老以及各种地方职能性精英（如商人、军事精英乃至土匪首领）。③李培林认为，地方精英的主要活动场域是"地方舞台"，其首要特征便是对地方社会发挥着实际的支配作用。④孙立平指出地方精英作为社会精英的独特类型，身在国家机构之外，却实际上行使着对地方社会的实际的管理（统治）职能。⑤

综上，地方精英是地方社会中凭借自身的某些优势而具有相当影响力和支配力的阶层，同时又是国家（特别是传统国家）与乡村社会联系的一条重要纽带。国家对乡村的管理和统治，大多数情况下都要借助地方精英的力量才能够顺利实现。地方精英不仅在地方舞台上，实际上在国家政治生活中，都扮演着不容忽视的角色。杨懋春的研究表明："村庄中有许多人尽管不担任公职，但是从某种意义上说，他们在公共事务和社区生活中的影响可能比官方领导大得多，虽然不太公开。他们实际上是受人尊敬

---

① 韩茂莉：《近代山陕地区基层水利管理体系探析》，《中国经济史研究》2006 年第 1 期。

② 参见王笛《大众文化研究与近代中国社会——对近年美国有关研究的述评》，《历史研究》1999 年第 5 期。

③ 参见李猛《从士绅到地方精英》，《中国书评》1995 年总第 5 期。

④ 李培林等：《20 世纪的中国学术与社会·社会学卷》，山东人民出版社 2001 年版，第 88 页。

⑤ 参见孙立平 1993 年 12 月在香港召开的"华人社会之社会阶层研究讨论会"的参考论文《改革前后中国国家、民间统治精英及民众间互动关系的演变》，香港，1993 年 12 月。

的非官方领导。"① 地方精英可能不一定直接参与到地方政治过程中，但是，他们对基层政府和村庄政治却是具有相当程度的实质性影响力的。

在中国传统社会中，地方精英与士绅②有着很大的重合性。传统中国社会中，将人群划分为四个基本阶层：士农工商。其中，士阶层是受过正式教育的知识分子阶层，农民居于第二层，工商为末，这与传统社会"重农抑商"的基本国策不无关系。在乡村中，绅士基本上属于士的阶层。按照张仲礼的研究，乡村社会的绅士阶层可以分为上下两层，除了上层的标准绅士，还有其家族势单力薄、本人贫寒式微的绅士。"下层绅士不能直接取得官职，与此相比，上层绅士与仕宦紧密相连。上层绅士由那些学历较深者以及有官职者组成。"③ 不管上层还是下层绅士，都必须是科举及第的，而绅士的这一特点又给予其"进县和省衙门去见官的特权"，这就赋予了他们"作为官府与平民中间人的地位和权利"。"士绅作为老百姓与政府之间的媒介，是构成地方政府必不可少的一部分。它成为政府与一般平民之间的一种缓冲。"因而，"在农民的社区里，士绅是地方的精英，地方习俗的维护者。他们是国家文化传递的媒介"。④张仲礼也认为，绅士作为乡村中一个居于领袖地位和享有各种特权的社会集团，也承担着一定的社会责任。他们大多视自己家乡的福利增进和利益保护为己任。在政府官员面前，地方绅士代表着本地方的利益。⑤

士绅与地主阶层又是基本重合的，因为"在以农业为基础人口众多的社会中，占有土地是士人读书的主要经济依靠，所以地主—士绅家庭就很常见"。实际上"有功名的人和地主两者已重合到相当大的程度"⑥。正

---

① [美] 杨懋春：《一个中国村庄——山东台头》，张雄等译，江苏人民出版社 2001 年版，第 176 页。

② 士绅和绅士两个概念存在着如下区别：第一，士绅侧重指一个社会阶层，绅士侧重指一种社会身份；第二，士绅作为社会阶层的统称，偏于宏观构成，绅士代指这一社会阶层的具体构成，偏于特定社会群体；第三，士绅宜作社会结构分析，绅士宜作功能分析。在本书所引用文献中，张仲礼的研究称其为绅士，侧重该社会阶层的社会功能和作用分析，费正清、周荣德等研究中所称士绅，侧重整体社会结构中不同社会阶层关系分析。本书结合上述区分使用两个概念。

③ [美] 张仲礼：《中国绅士：关于其在十九世纪中国社会中作用的研究》，李荣昌译，上海社会科学院出版社 1991 年版，第 18 页。

④ 周荣德：《中国社会的阶层与流动——一个社区中士绅身份的研究》，学林出版社 2000 年版，第 5、9 页。

⑤ [美] 张仲礼：《中国绅士：关于其在十九世纪中国社会中作用的研究》，李荣昌译，上海社会科学院出版社 1991 年版，第 54 页。

⑥ [美] 费正清、赖肖尔：《中国：传统与变革》，陈仲丹等译，江苏人民出版社 1992 年版，第 195 页。

是由于士绅的这些特点，决定了它在地方政治舞台上必然扮演着极为重要的角色，成为乡村社会地方精英的基本组成部分。在乡村水利管理组织中，士绅也必然起着不可忽视的作用。

在许多渠系中，渠长行使权力都是要受到多方面因素影响的。其中，来自地方精英，特别是士绅阶层的影响，是渠长在行使管理权力的时候必须予以参照的。不如此，其权力的行使可能就无法达到其本来的目的甚至无效，有时可能连渠长本人的职位也会遭到"弹劾"。以通利渠的管理为例：通利渠的管理机构实际上由两部分构成，即权力机构和日常管理机构。权力机构即"阖渠绅耆会议"（参见图 2-1），由通利渠绵延的三县十八村的较有名望的绅耆（注：绅耆即乡绅耆老，实际即各村之地方精英）组成，各村绅耆分任该机构委员，共同组成绅耆会议作为全渠的权力机构。但阖渠绅耆会议并不是一个常设机构，它采取的是有事召集、无事则散的组织方式。这一方面体现了其在解决问题上的灵活性和机动性，即是解决问题型的组织；另一方面，它也是适应传统乡村社会管理的有效组织方式，因为传统乡村是不可能拿出巨大的财力来养活过多组织机构的。即使由渠长体系和下属的沟甲首等组成的日常管理机构，也基本是兼业而非专业性的。

阖渠绅耆会议作为通利渠的权力机构，行使着对渠内重大事务的最终决定权和对渠长的监督管理权。首先，阖渠绅耆会议对渠内违规的行为可以进行科罚。凡属违犯渠规，但情节轻微而无须报官兴讼的各种违犯渠规行为，它都可以根据其违规情节的轻重而分别予以处罚。处罚的方式主要有罚做苦工、罚作钱物等方式。其次，禀官的权力。对于违规程度较为严重的，阖渠绅耆会议可以将违规者送官究治。特别是对于渠长以及沟首等管理者执法犯法的，即使情节轻微也予禀官。对于那些怙恶不悛，"恃强霸浇及率众拆毁陡门者"，"在官人等以及承种官地之佃户"，"依仗官势藉端抗违刁难"者，更应禀官并要求"从重惩治"。[①] 从这些引述可以清晰地看到，绅耆会议在官方与民间的特殊地位，与前述对士绅阶层在传统国家权力体系中的定位是吻合的。再次，对渠长津贴、罚没财物、阖渠公共款项及各项经费等予以统一管理。特别是对于渠长津贴的管理更显严格。最后，举充渠长的权力。阖渠绅耆会议对于何人能充任渠长作出最后决议，如果渠长不合格，阖渠会议可以予以驳回责令重新保举或予以贬

---

① （清）光绪三十四年《重修通利渠册》。转引自周亚、张俊峰《清末晋南乡村社会的水利管理与运行——以通利渠为例》，《中国农史》2005 年第 3 期。

斥。对渠务财政和渠长津贴、任免的权力表明，阖渠绅耆会议于渠长之间已经有了权力分化的雏形，即一种程度的议决权与执行权之间的分化。在那些渠务复杂、渠长任期较长的渠道中，初步的权力分化的出现，是有助于权力的公正行使和保障渠务正常的。

可见，以渠长为中心的日常管理机构，是在阖渠绅耆会议的严格管理和监督下工作的，其权力并不是随意和无限的。阖渠会议对渠长的监督和牵制对渠长正当行使权力，防范其以权侵吞中小用水户的权益起着重要的作用。

三　渠长士绅化趋势及水利自组织的性质

（一）渠长士绅化的趋势

在山陕地区各渠的渠长选任中，渠册规定了渠长选任的相关条件，明确了渠长人选的人品、家境、文化程度等相关要求。表面看来"并未特别渲染需拥有土地等经济条件，而只言须通文墨，并通晓算法者"，似乎这些要求是乡村中许多人特别是中下阶层都能具备的，但实际上，由于中下阶层在经济、政治和文化地位和社会活动能力上的相对劣势，他们很难参与到水利管理中来。"在事实上，系由以乡绅阶层为中心之地主、富农在支配水利的事实无法加以否定。"①

张仲礼通过宁夏地区水利兴修的考察，也发现在宁夏地区出现的一定数量的渠长与乡绅的重合现象。张仲礼指出，实际上在整个 19 世纪，"几乎没有提到这些工作应归功于官员。年度维修仍在进行，并由绅士主管。关于各灌渠，绅士们的年度会议均有详细记述。他们在会议上就有关各项事务作出安排，并制定与会绅士分别专职处理这类事务"②。杨国安通过对明清两湖地区的乡村水利的研究也表明："就士绅与水利而言……他们凭着其政治身份和经济力量所构成的声望，充当乡村利益的代表，或捐资，或倡议，或主持兴修一些水利工程，并出面协调相关的矛盾和冲突。"③

《洪洞县水利志补》在记述众议渠水政时也谈道：

---

① ［日］森田明：《清代华北的水利组织与其特性——就山西省通利渠而言》，见其所著《清代水利社会史研究》，国书刊行会 1990 年版，第 349、362 页。

② ［美］张仲礼：《中国绅士：关于其在十九世纪中国社会中作用的研究》，李荣昌译，上海社会科学院出版社 1991 年版，第 63 页。

③ 杨国安：《明清两湖地区基层组织与乡村社会研究》，武汉大学出版社 2004 年版，第 297—300 页。

（众议渠）在苏堡镇……镇中刘氏功名鼎盛，富厚冠一邑。今虽稍见衰落，然其族裔之以官以商，繁衍于他省者，尚不乏人。……而吾乡南泜刘老先生，向司水政总理河道，乃小试其道于一乡，慨然捐资因旧制而扩充之，使渠道深以平焉，宽以广焉，则灌溉甚易，人有荷锄而雨之歌。功足与史册相辉映矣。①

又如清康熙年间润源渠疏浚重建，工程嗣后刻碑记之：

岁己卯，九村乡亲举余欲大疏浚。余自愧才短不能胜任，固辞再三。众乡亲上之邑候李夫子，蒙谕总理渠事。余不敢辞，遂同渠司公直沟头，择吉起工。②

从上文所述渠长的职责来看，士绅们所从事的这些活动正是渠长的职责所在。乡村中的士绅阶层与权力机构具有高度的重合性，不是个案，而是一个普遍现象。在乡村水利治理的实践中，水的使用权及其分配"一直控制在乡村绅士手中"③，普通民众实际上是很难参与其中的。即使偶有一二人参与到水利管理中，但囿于体制所限，也不可能有什么作为，只是履行一定程序职能的事务性权责罢了。

如果我们拉长观察的视野，从山陕地区的水利治理的长期历史入手，可以发现，时间越是趋近于近代，士绅在水利治理中的地位越显重要，士绅阶层对水利治理的参与也就越多。其中一个重要标志就是在遗存下来的记述水利兴修、水案调解和判决等的众多水利碑刻和渠册中，至明清以来，乡村士绅在碑刻及渠册中出现的频率越来越高。

如润民渠条规在追述本渠历史时将为修渠作出贡献的绅士一一开列，记入渠册：

本渠开自唐朝，历代屡有重修。……乾隆二十三年重修，则有敕赠儒林郎布政司经历乔万春、晋赠奉政大夫太学生乔亿杰、李又泌、张存义、生员焦克振、义民柴复光、胡光耀等……今同治元年受劳之

---

① 《众议渠渠册旧序》，见《志补》，第135、136页。
② 《重建润源等渠碑记·跋》，见《志补》，第80页。
③ 张俊峰：《水权与地方社会：以明清以来山西省文水县甘泉渠水岸为例》，《山西大学学报》（哲学社会科学版）2001年第6期。

姓氏，若监生乔树勋、议叙八品乔华封、己未恩科举人乔康侯、增生陈彭龄、高平县教谕乔风仪、主事陈延龄、九品胡九锡、奎文阁、典籍梁述典、吏员杨大洪、九品胡凌云等，皆公而忘私，不避风雨，不辞劳瘁，以勷盛事者也。①

不管是敕赠经历、太学生，还是教谕、生员等，这些头衔实际上反映的并不仅是他们的求学生涯，而是他们共同的乡绅身份，以及他们在特权等级序列中的位置。士绅作为沟通官民的重要渠道和地方社会的主要精英，对乡村及水利治理的影响随着时间的推移而呈现加强的趋势，也从另一个层面反映了传统社会逐渐步入近代过程中，国家对社会控制的逐渐加强和对乡村政治的介入不断加深的趋势。

值得特别指出的是，虽然渠长越来越具有同乡村士绅阶层趋同合一的趋势，但事实上并不会对渠长在权力行使过程中发生滥用的监督造成太强烈的影响。诚如上文中所述，乡村士绅阶层实际上是一个传统中国社会中较为特殊的文化权力阶层，是事实上的乡村社会中的"保护型经纪"。因而士绅往往因其较高的文化水平和道德责任感而自觉负担起参与乡村公共事务，主持乡村基本社会公正正义等活动，并且对乡村共同体有着较强的认同感和社会责任感。在此情形下，即使出现了相当程度的乡村士绅与自治组织权力执掌者的合流，往往也不会出现规模和程度严重的权力被滥用谋私的倾向。

也可以看出，依赖士绅阶层作为乡村"保护型经纪"的道德身份而构架的乡村权力结构，在相当程度上是依赖士绅个人的品行和对所在地方的道德责任感的。这是一种杜赞奇意义上的"文化权力"②，而非制度性权力，其理性化程度是有限的，其利弊同样明显。作为一种柔性化权力机制，由其填充政治社会之间的权力"稀薄"区，无疑可以将来自正式权力的横暴权力对乡村的冲击降至最低；也可以与基于生存伦理建构的乡村基层实现有效对接。但是，这一局面的维持还是需要靠传统社会特定的整体政治权力格局的，离开了能够产生这种保护型经纪的政治格局，由剥夺性的赢利型经纪执掌基层自组织主要权力的话，这种渠长士绅化的趋势势必会带来乡村基层水利自组织的整体崩坏。这一问题，我们下面来展开论述。

① 《润民渠条规》，见《志补》，第212页。
② ［美］杜赞奇：《文化、权力与国家：1900—1942年的华北农村》，王福明译，江苏人民出版社1996年版，第21页。

（二）地方经纪：乡村社会中的弹性权力体制

政治运行的过程，从来不是单纯自上而下或者自下而上的单向输入或者输出过程。这个道理是古今通用的。即使是在传统时代的政治活动中，国家一方面要通过政令的形式将自己的意志贯彻于民间；另一方面，来自民间的意见和呼声也是当权者在制定政策和施政的时候不得不考虑的。"一个健全的、能持久的政治必须是上通下达，来往自如的双轨形式。"①国家政治权力不仅要考虑对民间的政策输入，还要观察这种政策输入的实际后果，即政策的输出。通过对政策输出和来自民间的政策实际效果的反馈，来决定今后政策制定和执行的方向、方法和其他具体策略。但是，传统国家很难对来自乡村社会的信息有一个完整、准确的把握。因而在国家与乡村的关系上，总有信息不完全和不对称的问题。如何在国家政权治理力不从心的乡村社会中培植一个介于官民之间的阶层，并且使这个阶层在一定程度上又在国家体制内，能够为国家的统治活动提供必要的支持和帮助，是传统国家在基层治理上的基本难题。

在传统村庄中，由于政权机构一般都距离村庄中的人们较为遥远，人们一般都是"通过身边比自己地位高的人才能感受到其影响力"，而这些村庄中地位较高的"人的地位首先是由非政治的因素决定的"。②因而村庄在其"长期的演变中自身形成了特殊的非正式社会治理，形成了不同于上层文官政府的社会政治结构"③。而由这些人所构成的阶层显然形成了一个国家与社会之间联系的中介和桥梁。构成这个阶层的，除了乡村耆老、族长、乡绅，还有许多其他乡村能人和乡村精英。在知识、技能和分工远远不够像今天这样普及和明确的传统社会，年长者以其具有丰富的生产知识和经验，知识分子因其识文断字、明礼知道的特殊技能都被乡村社会奉为权威，参与分享了支配性的权力。

这种情况与当时人们的信念有关，人们普遍相信或者认为"治理统治是一种涉及成熟的判断力的技艺，这种成熟的判断力主要通过经验获得"④。在这种理念下，显然，年长的人或者具有知识的人因为其经历的丰富或

---

① 费孝通：《基层政权的僵化》，载《费孝通选集》（第4卷），群言出版社1999年版，第336页。

② ［美］詹姆斯·R.汤森、布兰特利·沃马克：《中国政治》，顾速、董方译，江苏人民出版社1996年版，第36页。

③ 叶文辉：《农村公共品供给制度变迁的分析》，《中国经济史研究》，2005年第3期。

④ ［美］里普森：《政治学的重大问题：政治学导论》，刘晓等译，华夏出版社2001年版，第83页。

者知识的渊博更容易受到乡村社会的尊重和信赖，当然也更容易成为乡村社会中的权威。这样，整个社会就被划分成了几个部分：高高在上的统治阶级，社会底层的民间社会和处于两者之间的中间阶级。中间阶级借助于自身的威望、魅力等非暴力手段，通过宗族、姻亲、人情、面子、知识、身份、地位等人际关系，以一种非正式权力的形式表达和实践着自己的职能，形成了村庄中以长老统治和知识统治为特点的非正式权力体系。[1]

　　乡村非正式权力体系一旦形成，便具有双重意义和作用。一方面，在与国家的交往中，因为村庄非正式权力滋生于村庄，带有自组织的性质，因而往往以维护村庄利益为己任。它为村庄提供维持财产安全、生活安全与秩序的基本公共服务，并在与大多数成员密切相关的公益事业举办中起组织和领导作用。在与国家政权的博弈中，乡村非正式权力往往基于村庄的利益而与国家相关机构讨价还价，以求对村庄利益的一定维护。乡村非正式权力的这一特点，在水利治理中有着一定的体现。如唐代高陵县令彭城人刘仁师，不畏强暴，为民请命。在他在任期间，不仅倡修了刘公渠与彭城堰，而且全面改造了高陵的渠系配套工程，制定新的分水条例并严格执行，受到百姓的爱戴与敬仰。[2] 杨懋春的研究也表明，"在传统的农村中，如有一位或两位族长兼乡董，为人开明公正，有能力言行果决，有位很能干，而又能软能硬的村长，再有若干在街坊中人缘好，善于排难解纷的忠厚长者，就可使很多可能发生的冲突根本不发生，其不幸发生的也多能立即解决"[3]。另一方面，在村庄中，非正式权力又以国家权力在村庄中代言人的身份自居。在通过这一身份扩大了自己权威性的同时，它又从国家正式制度体系内（比如科举制），获得文化和意识形态的精神支持，将国家倡导的主流意识形态不断濡化于村庄中，实现着村庄自身的政治社会化。在对国家意识形态的宣扬中，地方精英们之所以也不遗余力的原因，在于"首先，帝国思想体系的儒家外表，与哺育知识分子们成长起来的传统相一致。再者，王朝的延续保证了急促享受（或者保住这种享

---

[1]　对于村庄非正式权力的界定分析，参见仝志辉、贺雪峰《村庄权力结构的三层分析：兼论选举后村级权力的合法性》，《中国社会科学》2002 年第 1 期。

[2]　参见钞晓鸿、佳宏伟《传统水利的历史地理学研究：李令福著〈关中水利开发与环境〉介评》，《中国社会经济史研究》2004 年第 4 期。

[3]　[美] 杨懋春：《乡村社会学》，台北正中书局 1970 年版，第 284 页。

受机会的延续）为人垂涎的豁免和特权地位"①。一个被村庄地方精英认同和维护的意识形态，同时也是他们在其中可以获得政治地位、参与分润、享有参与权的政治合法性建构。

美国学者杜赞奇在分析近代华北农村社会时，在分析其"权力的文化网络"基础上，提出了传统乡村控制的"经纪体制"的概念。"经纪"一词本是一个经济学概念，意思是指在交易活动中对交易双方起不可或缺的中介作用的中介人。在传统社会中，"汪洋大海般"的小农经济与现代化的大规模集约化的大工业生产截然不同，它天然就具有分散性、自给自足性的特点。因而建筑在这一经济制度基础之上的封建国家要实现对社会的良好控制，靠直接委派官吏进入乡村内部进行管理显然不是个好办法，因为这样做的成本将远大于其收益。因而传统体制下，在县以下的广大乡村，国家只能依靠地方组织和地方非正式权力来进行管理。这些地方组织具有双重角色和身份：一方面他们在政府官员面前是本地地方利益的代表者和维护者；另一方面，在农民的面前他们又是官府的代言人，代表政府向农民征收各种赋税和摊派各项力役以及履行其他公共职能。这种双重的角色赋予了他们类似于经济生活中的经纪人身份。

正是在这种意义上，杜赞奇建构了其乡村政治体系分析的"经纪模型"。为了分析不同类型的地方组织及其各自作用机制的不同，杜赞奇将乡村经纪划分为两类：一类为代表乡村社区的利益，并保护自己的社区免遭国家政权侵犯的"保护型经纪"；另一类则为视乡民为榨取利润和予以剥夺的对象的"赢利型经纪"。为了说明其在一定程度上的剥削性和掠夺性，杜赞奇也将其称为"掠夺型经纪"。② 这种区分仅仅是一种理论上的方便，其实在现实政治体制中的经纪体制无不同时具有这两种类型的内在性质，只不过是哪一种性质相对较为明显突出罢了。按照杜赞奇的分析，传统乡村社会中的非正式权力体系更多地具有保护型经纪的特点。

表面上看来，这种保护型经纪为保护村庄的公共利益而不惜动用自己的资源，付出了一定的成本和代价，似乎与经济人的假设不相符合。但事实上，士绅们也是理性人，他们也有着自己的理性算计。格兰诺维特认为："虽然社会学家反对过去那种在人类行为中只考虑单一的基本性动机的努力，但是在他们的思考和论述中，渴望通过从其他人那里获得肯定性

---

① ［美］吉尔伯特·罗兹曼主编：《中国的现代化》，沈宗美译校，上海人民出版社1989年版，第115页。

② 参见［美］杜赞奇《文化、权力与国家——1900—1942年的华北农村》"中文版序言"，王福明译，江苏人民出版社1996年版，第2—3页。

的认同来树立一个讨人喜欢的自我形象仍是人们行为的基础性的动机。"[1] 乡村经纪们的投入并不是没有回报,他们通过自己对乡民的庇护获得的乃是乡民的尊重和支持,以及通过这些支持而形成的自己的道德权威。而自身道德权威的进一步巩固,能使他们更为牢固地将管理乡村公共事务的权力把握在自己手中,从而更好地满足其自身的需要。同时,对地方公共事务的参与活动又"赋予了他们地方公共身份,公共身份又有效地保护了他们的经济财产安全"。因此可以说:"地方体的安定,来自地方权威促进其政治和经济利益互惠的行动,即地方权威和地方社会利益一致化的行动。"[2] 因此,地方经纪们对于地方公共利益的关注和投入不是没有回报,只不过这种"成本—收益"的理性计算不是建立在我们一般所认为的物质回报的基础上的。但是,这种经纪体制的建立是与传统社会相适应的,是在传统社会诸种制度和机制综合之下才能正常发挥作用的一种体制。

在从传统向现代的社会转型中,旧的制度机制的破坏,使它自身隐含着诸多使自己异化的因素统统都释放了出来,传统"保护型经纪"也完成了向"赢利型经纪"和"掠夺型经纪"转变的历程。帕森斯"AGIL"结构分析模型认为:社会生活有一种趋势,就是在功能上保持整合。因此社会系统的任何一部分改变,都会带动其他部分适应性的改变。[3] 在中国近代由传统向现代社会转变的大规模社会变迁中,新的西方资本主义文化与制度侵入,传统封建文化与制度逐渐败下阵来。特别是随着科举制度的全面废除,旧有的乡村绅士形成的制度基础消亡了。传统同质社会再也无法继续下去了,新的异质性社会正在形成。

传统乡村社会中的精英阶层,再也不能安于其在乡村社会旧有的优越地位了,他们纷纷来到城市寻找新的生存空间。在旧有乡村精英逐渐退出历史舞台后,乡村非正式权力体系留下了巨大的权力真空。这个权力真空在国家政权现代化建设的旗帜下被新的乡村势力所填充。与原有保护型经纪不同的是,新的经纪往往在其权力几乎全部来源于上级授权,不再依靠自身道德权威维持在乡村的存在的情况下,加大了对乡村经济的掠夺力

---

[1]　Mark Granovetter, "Economic Action and Social Structure: The Problem of Embeddedness", *American Journal of Sociology*, Volume 91, Issue 3, 1985, pp. 481–510.

[2]　Mark Granovetter, "Economic Action and Social Structure: The Problem of Embeddedness", *American Journal of Sociology*, Volume 91, Issue 3, 1985, pp. 481–510.

[3]　Ruth A, Wallace and Alison Wolf, eds., *Contemporary Socio-logical Theory*, Englewood Cliffs, N. J, 1980, pp. 34–35.

度，从而成为杜赞奇所说的"掠夺型经纪"。对此杜赞奇论述："到了二三十年代，由于国家和军阀对乡村的勒索加剧，那种保护人类型的村庄领袖纷纷'引退'，村政权落入另一类型的人物之手，尽管这类人有着不同的社会来源，但他们大多希望从政治和村公职中捞到物质利益。村公职不再是炫耀领导才华和赢得公众尊敬的场所而为人追求，相反，村被视为同衙役胥吏、包税人、赢利型经纪一样，充任公职是为了追求实利，甚至不惜牺牲村庄利益。"①

在山陕地区的水利社区中，近代旧有保护机制的退缩和新的掠夺机制对乡村的残酷掠夺也有着明显的反映。如清末民初世居晋祠一带的清代举人刘大鹏在其遗著《退想斋日记》中，就曾对这种现象多有指斥："山西民国以来凡为绅士者非劣衿败商，即痞棍恶徒以充，若辈毫无地方观念，亦无国计民生之思想，故媚官殃民之事到处皆然。"②"民国之绅士多系钻营奔竞之绅士，非是劣衿、土棍，即为败商、村蠹，而够绅士之资格者各县皆寥寥无几，即现在之绅士，多为县长之走狗。"③"各村董事人等，无论绅学农商，莫不借执村事从中渔利，且往往霸公产为己产，肥己之家。村人多陋劣，敢怒不敢言。其中有狡黠之辈，非入其党即与抗争，往往大起衅端，赴县构讼。官又以若辈办公，且为袒庇。"④张俊峰的研究也表明："越到近代，随着国家上层统治力量的日益削弱，乡村中的绅士阶层出现痞化的倾向。"他举例说，民国初年洪洞县的水案增多、规模加大、流血冲突不断，在水利冲突过程中，有更多的社会力量参与进来。民国六年赵城农民向豪绅地主争夺水权，豪绅们勾结晋南镇守使残杀 400 多农民；民国十一年流经临洪赵三县的通利渠因军阀与地主争夺水权，挑唆上下游村庄械斗造成大量人员伤亡。⑤

旧有的自组织体系逐渐演变成为官方在民间的权力组织，乡村非正式

---

① ［美］杜赞奇：《文化、权力与国家——1900—1942 年的华北农村》，王福明译，江苏人民出版社 1996 年版，第 149 页。
② 刘大鹏：《退想斋日记》，1926 年 4 月 24 日，乔志强标注，山西人民出版社 1990 年版，第 322 页。
③ 刘大鹏：《退想斋日记》，1926 年 8 月 14 日，乔志强标注，山西人民出版社 1990 年版，第 336 页。
④ 刘大鹏：《退想斋日记》，1913 年 5 月 13 日，乔志强标注，山西人民出版社 1990 年版，第 181 页。
⑤ 张俊峰：《陕西水利与乡村社会分析——以明清以来洪洞水案为例》，载王先明、郭卫民主编《乡村社会文化与权力结构的历史变迁："华北系村史学术研讨会"论文集》，人民出版社 2002 年版，第 220—221 页。

权力逐渐变成了国家权力在乡村社会的延伸末端。旧有的地方社会仲裁者变成了代表国家的执法者，道德评判变成了强制权力。社会结构的转变"伴随着形成政权合法性基础的转换"。"由于旧的合法性基础往往很快瓦解，而新的合法性基础却形成缓慢，便会出现合法性基础的断裂，或权威真空和权威危机。"① 来自乡村的对现有政权合法性的怀疑，加之政权本身现代化中的种种问题，带来了中国社会由传统到现代嬗变过程中的种种阵痛。正是伴随着这种传统到现代过程中的阵痛，中国社会的革命性变革首先在乡村爆发，并最终蔓延至全国，以"星火燎原"的姿态重新书写了中华民族走向现代化的历史篇章。

四　水利自组织中的权力结构及其局限

（一）正式权力与非正式权力

1. 权力结构

人类社会的发展，不仅是生产力水平的不断提高，还应该包括社会生产关系的不断调整和完善。在这一过程中，社会的组织形式、权威分配关系也在不断发展。其中，以权力关系为代表的权威分配形式对人类社会的和谐发展起着重要的作用。"实质上，社会制度的演进，核心便是权力结构的变迁。"②

所谓权力结构，是指"权力系统中各构成要素及各层面之间构成的相互关系形式"③。在中国传统社会中，受传统国家统治特点的影响，即所谓"皇权止于县政"，国家权力在基层只到县一级而没有继续深入基层社会中。因而传统社会的权力系统，由两个权力子系统构成，即"以县为国家最低有效行政单位的官吏管理系统和县级以下由民间力量控制的民众管理系统"④ 所构成。这两个子系统所拥有权力的权威性是不同的。国家正式权力拥有合法的暴力使用权和一整套官僚制结构来贯彻其意志，并且其权力是建立在全体社会成员共同服从基础上的，其效力是普遍的；基层社会所拥有的权力相对于国家权力来说，充其量不过是一种非正式权

---

① 许纪霖、陈达凯:《中国现代化史》第一卷，生活·读书·新知三联书店 1995 年版，第 274 页。

② 朱启才:《经济制度变迁中的权力结构及其影响》，《经济问题探索》2001 年第 11 期。

③ 常书红、王先明:《清末农会的兴起和士绅权力功能的变化》，《社会科学研究》1999 年第 2 期。

④ 常书红、王先明:《清末农会的兴起和士绅权力功能的变化》，《社会科学研究》1999 年第 2 期。

力，这种权力往往只在基层社区内是有效的。其权力的效力一方面来源于国家正式权力的授权和认可，另一方面则来自乡村社会中的推举和在漫长社会发展中形成的自然权威。因此，这种权力也主要是在一定的乡村社区范围内得到认同，其效力是地方性的。

本书所探讨的地方水利社区中的权力，应该就是这种类型的权力。因为这种权力不仅仅是靠传统权威的合法性维持，其支配能力兼具传统型权威和克里斯玛权威的特点；同时，这种支配能力的来源是多维的，其中，很重要的一维就是国家正式权力。这种权力同时具有了正式权力和地方自治权力的双重特点，表现出其权力关系上的复杂面向和多维特征。所以，"士绅是与地方政府共同管理当地事务的精英。与地方政府所具有的正式权力相比，他们所拥有的是非正式的权力"①。

2. 正式权力与非正式权力

社会总是由一定的组织和制度结构而成。社会结构也因其不同的属性而分为正式结构与非正式结构。非正式结构主要是指非正式组织和非正式制度。非正式组织是指"未经正式的法定程序申请，组织内部没有正式规范的互动关系不稳定的自发性的组织"；而非正式制度则是"各种意识形态的组合，包括观念、道德、信仰、风俗、惯例、情趣等，它为人们的行为选择提供软约束"。② 在现实社会生活中，正式组织和制度往往占据着主导地位，起着导向作用和最终决定作用，但这并不就意味社会中大量存在着的就是正式组织和制度。实际情况是，"即便在最发达的经济中，正式规则也只是决定选择的总约束中的一小部分（尽管是非常重要的部分）……无论是在家庭、在外部社会关系中，还是在商业活动中，控制结构差不多主要是由行为规范、行为准则和习俗来确定的"③。人们在作出决定和行为时，固然要考虑正式制度和规则的相关规定，但是对人们的行为起到更加直接决定作用的，却往往是身边周围的非正式组织和制度。

---

① 高升荣：《水环境与农业水资源利用》，博士学位论文，陕西师范大学，2006 年，第144 页。

② 李林、王永宁、王文献：《农村非正式结构与公共物品低效率配置研究》，《商业研究》2006 年第 11 期。

③ [美] 道格拉斯·C. 诺斯：《制度、制度变迁与经济绩效》，刘守英译，上海三联书店1994 年版，第49—50 页。诺斯所认为的非正式约束（informal constraints），主要包括价值观、道德规范、习俗和意识形态等。非正式约束可以以自我约束和自我实施、通过非正式机构推行或社会推动等方式来实施。与非正式制度不同，正式约束的实施主要通过第三方，其中主要是政府推动实行。参见杨龙《新制度经济学的政治学意义》，《政治学研究》1998 年第 3 期。

正式组织和制度产生了正式权力,非正式组织与规则则产生了非正式权力。

一般来说,正式权力主要是指存在于正式组织中,并且由正式的法定的制度规范赋予效力并且按照法定的程序和方式所行使的政治权力;而非正式权力,则是以非正式组织为依托框架,通过非正式组织内部的成员基于共同意识、信仰、价值等赋予其效力,通过权威力量、说服教育、利益诱导、集体选择等方式予以实施的政治权力。① 正式权力与非正式权力是人类社会中基于不同层次或不同场合的管理需要,形成的两种不同类型的政治权力。

首先,两者的适用性存在区别。正式权力以整个社会作为作用对象,其权力的效力是全面的、普遍的;非正式权力以具体的团体或组织为作用对象,其效力只及于该团体和组织之内。

其次,正式权力以正式组织和制度为依托框架,通过正式组织中按照一定程序流程确定的规则体系得以行使;非正式权力则以非正式组成成员共同认可的价值、信仰、道德规范为依据,以"非正式管理"② 的方式作用于社会。

最后,权力的获得方式亦有所不同。对前者的合法性认同来源于法理权威或者基于全体社会成员的同意;后者则主要以组织内成员的共同自愿服从为前提。如布劳所指出的:"非正式的领袖们则必须依靠他们自己的品质和资源去赢得追随者们的自愿服从。"③

将政治权力作正式权力与非正式权力的划分,④ 其实是对传统权力观"将权力视为单向性权威关系"的观点的反动。这种划分也可以使对权力的来源、合法性与认同的探讨有一个更加清晰明确的框架,是对社会中权力实在形态理论上的阐述与说明。

---

① 何小青、江美塘:《"正式权力"与"非正式权力"——对政治权力的一项基础性研究》,《学术论坛》2001 年第 5 期。
② "非正式管理"是施坚雅使用的一个概念。施坚雅所说的"非正式管理"主要是指在政府行政体系之外,自发运作的民间自我管理体系。在规模和范围上,这一管理体系与施坚雅划分的基层市场体系是基本相符的。参见任放《施坚雅模式与中国近代史研究》,《近代史研究》2004 年第 4 期。
③ [美]彼德·布劳:《社会生活中的交换与权力》,孙非、张黎勤译,华夏出版社1988 年版,第 243 页。
④ 关于权力结构理论的形成源流,参见何小青、江美塘《"正式权力"与"非正式权力"——对政治权力的一项基础性研究》,《学术论坛》2001 年第 5 期中的综述。

（二）传统水利社区中非正式权力与自组织的局限

传统社会的水利社区基于实现用水秩序的目的而形成了一种自组织体系，并且在这种自组织体系中，通过非正式权力体系实现着对水资源的分配、管理和利用。这一非正式管理体系与国家正式管理体系相互配合，在功能、权力结构上互补，共同维护着乡村用水秩序。但这并不等于说这一体系是完美无缺的。

首先，传统社会水利社区中的这种自组织体系及其非正式权力结构，充其量不过是社会自我发展过程中自我长成的一种治理框架。恩格斯在谈到原始民族用氏族、部落等方式管理共同事务时就指出："这种简单的组织，是同它所由产生的社会状态完全适应的。它无非是这种社会状态所特有的、自然长成的结构；它能够处理在这样组织起来的社会内部一切可能发生的冲突。"① 有效的制度框架并不一定就是经过理性反思的结果。因而这种治理框架体系只能是在特定历史条件下适用的，其实现需要有社会、历史、文化诸方面条件的共同配合。离开了特定的历史语境去谈论这个问题就可能显得荒诞不稽。

其次，即使是同处在中国传统社会的末期，山陕地区与江南地区的社会状况也存在着较大差别。自两晋至唐宋以来，中国的经济重心不断南移的过程，不仅造成了南北之间的经济差距，也使两者之间在社会结构乃至权力结构上都有所差异，山陕地区的水利治理模式与江南地区是存在差异的。关于北方旱地和南方圩田两种类型的水利治理模式存在哪些差别，我们拟留待本书第六章中再进行较为详细的比较，此处暂不细述了。

最后，传统水利治理模式是建构于传统权威模式与支配方式基础上的，其中必然缺乏很多现代的治理理念。比如法制观念和程序正义理念的缺乏，使得这种治理模式看起来更像是一种统治者的"施舍"或者"心有余而力不足"的产物。例如，魏丕信通过对帝国晚期湖北省垸田水利的考察发现，国家除了在一些较大规模的经济资源调动中，如漕粮运输、救灾等，往往并不通过正式权力直接参与到农业生产过程中来。"恰恰相反，它（特别是在清朝）在大部分地区都倾向于最小程度的干预。"通过尽可能缩小国家直接干预的范围，而将地方性的经济社会事务尽可能委之于地方社团，使他们自行承担起地方的福利和安全等责任，国家以尽可能小的代价换取了最大的行动效果。因此，"国家及其代表，或者说其性质

---

① 《马克思恩格斯选集》第四卷，人民出版社2012年版，第174—175页。

和功能的具体体现,乃在于持续地寻求一种理想的干预方式或参与领域,以最小的代价达至对社会与经济的最大控制"。①

但是,当这种正式权力与非正式权力之间的权力边界划分,仍是作为一种治国的策略而非基本政治结构而存在,即在国家与社会之间没有一个明确的理性的边界界定时,这种治理模式虽然在一定程度上有其存在的韧性,却是不具有必然正当性的。特别是在传统社会走入近代,在面临晚近以来以国家为主导的现代化冲击时,它就很可能会显得脆弱而不堪一击。关于这个话题,我们将在后续对国家权力的研究中进一步来讨论它。

---

① [法]魏丕信:《水利基础设施管理中的国家干预:以中华帝国晚期的湖北省为例》,载陈锋主编《明清以来长江流域社会发展史论》,武汉大学出版社 2006 年版,第 641 页。

第三章 制度技术：分水用水的操作性策略

第一节 获得水权：地水夫一体化的水利权利体系

一 基层水利自组织中的水权

（一）水权作为权利

现代意义的权利本质上是一种社会关系，是对社会关系模式的权威确认方式。从权利的历史发展过程来看，权利及权利关系是伴随着财产关系和个人的独立而逐渐被明确的。随着社会的发展，人作为人的价值日益被发现，人逐渐摆脱形而上的禁欲主义而承认自身需求的合理性。人性代替了神性，人世代替了天国，对神的尊重转变为对人的尊重。对人的基本权利及其财产权利的确认成为对人的尊重的必需条件。权利关系体系经由公共权威确认的形式，确立起了平等主体间的交往准则，不同主体间在平等交往过程中实现对自己人身及财产的自由支配。

权利有三种不同的存在形式，即法定权利、现实权利、道德权利。但不管其具体形式如何，权利都必须有一个明确指向的对象，即"任何权利都是具体地针对某物的权利"①。因之，权利总是具体而非抽象的，它总是以具体的事物为指向，与具体的社会背景相一致。因而，"权利在本质上是一种契合，它是社会资源供应的能力与人们对于社会要求的契合"②。离开了这些约束，权利就会因抽象化而无法具体化为现实。

权利本质上是社会资源供应与人的需求的契合。因而水权制度的起源

---

① 欧阳英：《试论权利与公共物品的内在关联》，《哲学研究》2004 年第 9 期。
② 何志鹏：《权利发展与制度变革》，《吉林大学社会科学学报》2006 年第 5 期。

与水资源的供应和人的需求的矛盾密不可分。在人类早期阶段对水资源进行开发利用的时候，由于人类技术水平的限制，加之人口资源矛盾的相对缓和，水资源可以即采即用。但随着人类技术的进步和人口的增多，水资源逐渐显得匮乏，水权制度就作为解决人们之间在利用水资源过程中的矛盾及冲突的制度而产生了。[①]

总结来说，现代意义上的权利是在调动和运用资源满足人的需求时，围绕着资源或者物的使用而产生出来的人与人之间的关系。这些人们之间的关系实际上也就同时确立起了人们各自行动的边界，成为人们行动具备可有效预期性的基本条件。传统社会中的权利虽然不可能具备现代社会权利的所有上述特点，但在界定人与物的关系上与现代权利仍可具有相当程度的相似性，表现出现代权利的某些特征。

（二）传统背景下农村社会的水权

秦汉以前，农田灌溉基本上都是遵循水资源所有权与使用权相统一的原则，水资源的所有权与使用权都在村社一级。随着大一统制度的逐渐形成，国家作为凌驾于社会之上的组织"过早成熟"起来，同时，随着个体经济的不断发展，水资源的所有权与使用权分离开来，水资源所有权逐渐由村社所有转变为国家所有。[②] 因此，在处于传统社会末期的明清时期，水权主要是指水资源的使用权，也即一定的权利主体，按照国家的相关制度规则在规定时限内对水资源的用益权，而名义上的水资源所有权则是由国家掌握的。

首先，国家"对水资源进行统一管理，实现了水资源的国家所有权"[③]。国家对水资源的所有权以各种形式表现出来：国家可以随时实现对水资源的自由支配；国家可以对个人的水资源使用权进行确认、授予和撤销；国家禁止任何水资源使用权的非法使用和转让；国家通过向用水者征收水粮等方式实现水资源所有权收益；在用水出现纠纷时，国家机构通常是各种矛盾和纠纷的最终裁判者。

其次，水权管理制度以国家正式制度为主，同时辅以民间习惯法、乡规民约等民间非正式制度。[④] 但明清以来，民间非正式制度在水权的使用

---

① 关于水权制度产生的进一步探讨，可以参见石玉波《关于水权与水市场的几点认识》，《中国水利》2001 年第 2 期。

② 对中国古代水权发展演变的历史考察，参见萧正洪《历史时期关中地区农田灌溉中的水权问题》，《中国经济史研究》1999 年第 1 期。

③ 才惠连：《中国水权制度的历史特点及其启示》，《湖北社会科学》2004 年第 5 期。

④ 参见宁立波、靳孟贵《我国古代水权制度变迁分析》，《水利经济》2004 年第 6 期。

权上起着越来越重要的作用，以至于在一定程度上成为国家解决水利纠纷的基本依据。水权的所有权和使用权呈现越来越分离的倾向。

《洪洞县水利志补》在总结地方渠务时说：

> 渠务为地方自治最重要事。公共联合，既极巩固，册例规约，又极严明。凡举保之法，用水之程，以及工作赏罚各端，无不备载。虽文有精粗疏密之不同，然同渠之人，无不奉为金科玉律焉。[1]

> 丙辰夏日，适值亢旱，以水利而兴讼者，时有所闻。公（此处指孙奂仑，引者注）平心以察之，实地以堪之，复考之以渠册，证之以碑碣，求之于邑乘，参之于舆论。悉心钩索，不遗余力……[2]

如果说国家掌握对水权的最后决定权，是国家水权所有权的直接表现的话，那么这种最后决定权实际上是有所折扣的，即国家并不是直接以其正式法规作为水权判定的最终依据的。从上述材料中可以看出，作为地方习惯法的渠册及渠例，不仅仅被该渠用水者奉为"金科玉律"，事实上，也是国家在介入民间水利事务和判断水权纠纷的基本依据。在很多情况下，地方规约实际上发挥了国家正式法规体系无法替代的作用。其依据地方社会特点而形成的对水资源的独特认识和调节方式及其在乡村社会中的特殊作用，也是国家正式法规所难以企及的。

再次，从治理理念上说，国家所主导的权威性"大传统"和地方以实用为特点的"小传统"交相辉映，共同维持着地方用水秩序。正如杨念群指出的："中国社会变化并不是'自上而下'或'自下而上'两种单向流动的姿势所能单独决定的，而是上层政治经济与基层'地方性'反复博弈互动的结果。"[3] 上层制度与文化无疑起着对地方社会的决定与改造作用，但是地方社会并不是完全被动地对来自上层的一切无条件接纳的。上层的理念总要在被地方化为符合地方传统及其价值观的前提下予以灵活性的改造贯彻。表现在水资源利用上，国家的主导观念与地方实用观念的结合，共同塑造了符合村庄实际的用水制度和规则，形成了适合于村庄的水权界定、划分的认知与实践体系。

最后，传统社会中对水权的确认，在某种程度上来说只是"一种对

---

① 《志补》凡例，第9页。

② 《志补》韩坰序，第5页。

③ 杨念群：《昨日之我与今日之我——当代史学的反思与阐释》，北京师范大学出版社2005年版，第9—10页。

事实的确认",参与用水的人们的权利的获得,绝大多数情况下是基于其生活区域与水资源的自然关联而获得的,是一种"自然权利"。①从根本上来说,传统意义上的水权"对权利的承认从某种程度上说在解决问题的出发点方面与现代根本不同,只是问题的解决结果与现代对同样问题的解决结果有相同之处"②,传统的社会规范体系仍然是"义务本位的规范体系",而远非现代法治意义上的"权利导向规则体系"。因而从根本上来说,两者是异质的。但这并不妨碍我们以水权概念作为传统社会水资源分配基本依据的分析价值。事实上,存在着公共资源合理分配的地方,如何以一种规范性的方式来确认每个个体对资源的合法主张权,都必须是一个首先要考虑的问题。

二　利夫:水资源分配的基本单位

(一)以地权为基础的排他性水权分配

在山陕地区的水利管理体系中,利夫是用水权获得和享有的基本主体。同时,利夫也是国家向乡村征收水粮、兴工派役的基本单位。利夫不是某个具体农户或者农民,"并非简单的人丁单位,而是与灌溉区内的受益田亩数量直接相关:有一定的受益田亩数,即折为一定的'夫'役"③。利夫是国家进行水权分配的基本权利义务单位,同时也是国家水利管理体系中的主体之一。民初渠绅刘屏山对"利夫"解释说:"利夫者,即水册上之正夫也。以其食水之利,故名之曰'利夫'。龙洞渠名之曰'利户',各河渠均名曰利夫。如手册之正粮名,俗云'红名子'是也。""以故水册之正夫名下,亦开列地若干亩,受水若干时。渠长执持以为利夫受时点香之凭据。"④

正因为各渠管理上依据这种"对地不对人"的原则,各渠对以地授水的具体规定是十分详尽的,如副霍渠渠册就对其渠内各地块的用水量作出了详细的规定:

---

① 这里的"自然权利"是就水权因用水者的自然条件获得而言,不同于西方近代意义上的自然权利。关于这个问题的更详细阐述,可参见本书"(二)利夫水权分配中的自然赋予原则"的相关讨论。
② 李爱荣:《清代权利观念研究》,《兰州学刊》2005年第1期。(作者注:原文文字上本身有多余,做了删减。)
③ 邓小南:《追求用水秩序的努力——从前近代洪洞的水资源管理看"民间"与"官方"》,载《暨南史学》第3辑,暨南大学出版社2004年版,第75页。
④ 刘屏山:《利夫》,见《杂录》,第132页。

通计人夫一百八十六夫零，地三十六亩一分五厘，每夫合分水口
六分。槽南槽北二沟计五十四夫零，地十二亩八厘，合水口三尺二寸
五分四厘四毫九系六忽。堰北沟计四十三夫零，地二十五亩三分，合
水口二尺六寸一分三毫六系。苗村、贾村、高公、白羊等四沟，计八
十八夫零，地四十八亩七分七厘，合分水口五尺三寸三分八厘五毫二
系四忽。①

通过这些至为详尽的规定，使地、水、人三者统一了起来。每块地实
有亩数的多少，应有多少水可用，现有多少人数，三者之间形成了一定的
对应关系。通过这种对应，既能够使得水利管理简便易行，又能够充分实
现每个用水者权利义务的明晰化。

不管是利夫或者利户、兴夫，抑或其他名字，所表达的实质意义是相
同的，即利夫是国家分配水资源的基本单位。传统国家并不是直接面对处
在社会最基层的每一个小农户或者农民的，其控制具有间接和宏观的特
点。事实上，传统国家的权力触角也从未曾深入村庄内部。在这种情况
下，要想保证国家的征税的基本需求，就需将村落划分为易于操作的较小
的社会单位，国家通过一定的中间阶层再同这些较小又相对固定化的单位
打交道时，就节省了行政成本，同时也增加了操作上的方便性和固定性。
利夫其实正是作为这样的单位而存在的。在操作层面上，国家按照实有地
亩而不是人头将水资源相对公平地分配下去，形成一个个拥有相对固定用
水权的基本单位，而这些单位又是国家征收水费、派征杂役的基本依据。
这样夫因水定，水随地走，而忽略了具体人口户头的因素，在管理上是方
便有效的。

当然，在实际操作中，由于各地情况不同，相同土地兴夫数量是不同
的，这主要取决于该地的实有地亩数和可用水的丰歉程度。例如《通例
渠渠册》中说："兴夫章程各村不一。有每地一亩兴夫一亩者，亦有每地
一亩兴夫仅三四分或七八分或几分几厘者，处处不等。是所兴之夫此与地
数相称，彼与地数迥殊……"② 而副霍渠则规定"令人户每五十亩辍作一
夫"③。在技术操作层面上，实际划分"夫"的过程中，原则上还要考虑
到"土性沃瘠、需水缓急、得到厚薄"等因素，从而"分别等级，折夫

---

① 《节抄副霍渠渠册·创修副霍庙记》，见《志补》，第93页。
② 《通利渠渠册·兴工》，见《志补》，第46页。
③ 《创修副霍庙记》，见郑东风主编《洪洞县水利志》，山西人民出版社1993年版，第
   282页。

核算"①,否则将导致无法实现水权的真正对等,最终达到相对公平用水的目的。

同时,各渠对于新入夫的地亩,也规定了详细的纳入程序,违背了规定的程序,就要受到相应的科罚。如晋源渠渠例规定:

> 九、本渠后开旧入夫、新入夫地亩,先行禀县通知渠长,然后使水。如隐藏田地,不愿入夫,生心奸计,擅使水浇地者,每亩科罚白米五石。四邻知而不举者,一体同罪科罚。违者呈官。
>
> 十、本渠公报地亩,开写条段,四至明白,编成夫头,不许挪移,定为条例。如隐藏改换地亩,变乱夫头,永不得使水。如违,罚白米一石入官。②

这样规定,一方面是为了保证已入夫田户的用水权,使水权分配有条不紊;另一方面,也是为了保证用水权的相对稳定,防止因水权频繁转换而带来权利归属混乱和滋生流弊,从而带来管理上的困难。从另一个角度来看,这也恰恰反映了水资源作为准公共物品而存在的特点,这种准公共物品在没有更好的进入机制的情形下,就只能在承认对资源的自然拥有权的前提下竞争性使用,而很难做扩张性的再生产,这在下面我们要讨论的水权分配原则中可以更好地予以说明。

(二) 利夫水权分配中的自然赋予原则

明清以来的传统社会是一个以农为本的社会,农业在国民经济体系中占据主导地位。农业是以土地及其附着于土地的生物为直接加工对象的,而土地是相对固定的。因而在一个以农为主的社会中,社会中的大多数人都是长期居住于一个地方而很少迁徙,传统观念中"安土重迁"的说法便是这一特征的直接反映。这样一种社会状况与社会的组织形式和统治关系密切关联。由于社会流动性低,每个人被相对固定于一个较为狭窄的圈子之中,扮演着相对固定的社会角色,因而社会也得以将每个人的社会身份相对固定化。不同社会身份的人组成社会不同阶层,阶层与阶层之间以不同的社会身份区分开来,总体上形成一种身份社会的格局。具有不同社会身份的阶层在经济结构中处于不同的位置,按照各自的身份和社会位

---

① 《增修通利渠册·兴工》,见郑东风主编《洪洞县水利志》,山西人民出版社1993年版,第302页。
② 《晋源渠渠例》,见《志补》,第142页。

置，实现着对生产资料的分层占有和权利的不同层次分享。而在分配社会公共资源的时候，首先考虑的便是每个人所占有的生产资料的多少。具体到水资源使用权的分配上，获得水权的首要依据就是在一定流域内所拥有的土地的有无多少，即所谓有限度的渠岸权利原则。

有限度的渠岸权利原则，主要是指"所拥有土地在渠道两侧的一定范围之内，其所处的地形和位置又符合引水灌溉的技术条件的农民都有理由获得灌溉水资源的合法使用权"[1]。可见，能否拥有及用水权利的多少，是与拥有土地的多少直接相关的，土地是获得水权的直接先在依据，土地的空间构成在水权分配中至关重要。在此前提下，依据土地的自然位置即距离灌溉渠道的远近，在尽量节约水利灌溉成本的原则下，距离渠道越近的土地便越能优先享有灌溉权，也就是所谓有限度的先占原则。

关中源澄渠在新开渠过程中，就曾因占有别村土地而将一定的用水权分于该村：

> 明洪武年间，河水冲崩渠口，堰难行水，遂移堰于第五氏村北。旧渠本在村东，新渠乃在村北，以新渠之水东流，西入旧渠，复转西向，不惟路远，而且不顺。若直端南流，下归旧渠，既顺且捷。阖渠因向第五氏商议，愿出银买地，从村中穿过，开净渠五尺，至险崖入旧渠，第五氏安应允，当开渠行水时，被其母阻拦，直言要水不要银，渠长刘孝德，率同利夫将初九日一日行程水，割与五家，立有字样。至今初九日一日水程，名曰"阿婆水"。[2]

之所以该渠将一日水程割予第五氏村，其直接原因就在于，本渠在重修过程中使用了其村之土地，因而第五氏村完全可以向该渠提出用水权。同时，依据有限先占的原则，在该渠流经第五氏村时，第五氏村也拥有了相应的一段渠岸权。在这种情况下，将水程割予其一定时限被认为是合乎公平原则的。可以看出，这种分配水资源的方式在某种程度上是遵循了自然赋予的原则，也就是符合在水资源作为一种流动性资源在运用上的沿岸

---

[1] 萧正洪：《历史时期关中地区农田灌溉中的水权问题》，《中国经济史研究》1999 年第1 期。

[2] 岳翰屏：《清峪河源澄渠始末记》，《杂录》，第80 页。

自然获得权,即有地有水,先到先得。① 当然,通过下文的论述我们也能够看到,这种原则也并不是绝对的,水资源的现实分配过程更要考虑其他依据,因此这种渠岸权被认为是相对的。毕竟,在水利公共资源的运用上,除了应该考虑自然获得的权利,还应该存在资源有效利用的问题,以及经济意义上的最优配置问题。

(三)水权界定的经济意义

如果抛开文化、道德等因素,现实中的人总是在"经济人"理性的假设行动的,也就是说,人总是以自利作为决定自己行为选择的出发点。当单个人按照一定的规则组成社会之后,社会就要解决在单个人那里不成其为问题的问题,即如何确定个人获取利益的合理界限。如果没有一个明确的界限与合理的规则,则每个人都会倾向于最大化自己的利益,并且这种最大化可能会以损害群体中的其他人利益为代价。埃莉诺·奥斯特罗姆指出:"在每一个群体中,都有不顾道德规范、一有可能便采取机会主义行为的人;也都存在这样的情况,其潜在收益是如此之高以至于极守信用的人也会违反规范。因此,有了行为规范也不可能完全消除机会主义行为。机会主义行为是所有占用者在试图解决公共池塘问题时必须面对的一种可能性。"② 如果大家都选择机会主义行为,最后的结果就是公共生活不再可能。因此,合理确定群己之间、人我之间的权利界限是必要的。水权制度设置实际上就是基于这样一种考虑的结果。

明确的水权界定能使共同体内成员的权责界限明确,促进公共资源利用效率的提高。如孙兑仑在描述山西省因水而起的纠纷时说:

① 持续水流理论(continuous flow theory)和合理用水理论(reasonable use theory)是沿岸水权理论的两个基本原则。持续水流理论认为:凡是拥有持续不断的水流穿过或沿一边经过的土地所有者,自然拥有了沿岸所有水权,只要水权所有者对水资源的使用不会影响下游的持续水流,那么对水量的使用就没有限制。后者是对前者的补充和修正,强调用水的合理性,即所有水权拥有者的用水权利是平等的,任何人对水资源的使用都不能损害其他水权所有者的用水权利。参见钱杭《共同体理论视野下的湘湖水利集团——兼论"库域型"水利社会》,《中国社会科学》2008 年第 2 期;常云昆《黄河断流与黄河水权制度研究》,中国社会科学出版社 2001 年版,第 44 页。此外,也有学者的研究表明,水权主张有两类被广泛认可的依据,一类是空间优先权或者河岸权,即根据河流沿岸或者地下含水层上方的土地的所有权或者占有权,另一类是时间优先权,即依据对水的实际使用历史。此外,对水利基础设施的投入也可以成为灌溉系统中的人们主张其水权的根据。可参见〔泰〕布伦斯、〔美〕梅辛蒂克《水权协商》,田克军等译,中国水利水电出版社 2004 年版,第 6 页。

② 〔美〕埃莉诺·奥斯特罗姆:《公共事物的治理之道:集体行动制度的演进》,余逊达、陈旭东译,上海译文出版社 2012 年版,第 61 页。

> 晋省以水起衅，诟讼凶殴者案不胜书……小者关乎数村，大者联
> 于异县，使灌稍不均或有背其习惯以自利者，则千百之众群起以相
> 争。同渠者，村与村争，异渠者，渠与渠。联袂攘臂，数十百人相
> 率而叫嚣于公庭者，踵相接焉。①

首先，各利户的用水权是按照其地目的多少以习惯法的形式确定下来
的，而且是为大家所公认的基本符合乡村社会关于公平的理想设定的。如
果有人违反了这些既有规则，在既有水权规则体系之外寻求利益，必然会
带来其他人的不满，进而导致矛盾和纠纷。这些矛盾纠纷演化到极端形式
就以"村与村""渠与渠"乃至"联于异县"争讼的形式表现出来。而
这些争讼行为最终导致的只能是水资源利用效率降低，社会成本加大。

其次，明确的水权界定可以促使水资源利用和保护的激励机制的健全
和发展。当每一个利户的权利都能得到明确的承认并保护之后，其对既有
规则的自觉服从必然会加强了。同时，其共同体意识也会不断增强，也会
更加积极自觉地参与到水资源保护和水利设施维护的行列中来。

最后，水权的明确界定提高了水资源的利用效率，提高了社会整体收
益。只有每一个个体权利的有效保障，最终才能带来社会整体效益的提
高。当然按照上文所述的水权界定方式，究竟以何种方式界定水权，是按
照自然获得权利还是按照合理原则获得水权，最终还是要在两种方式间作
出权衡，而权衡最直观的标准就是，水资源的利用效率是否能够得到进一
步的提高，增加社会的整体收益。

（四）水权的收益、竞争与边界

萧公权认为，在传统中国基层社会生活中，儒家思想所追求的"和
谐"一直是作为一种社会理想而存在的。实际上，"中国乡村的居民虽然
以性好'和平'而著称，可是一旦基本利益发生危机，或是个人的情绪
被激发起来，他们仍然会为任何一种想象得到的事情——从即将收获的农
作物被偷窃到干旱时期灌溉的利用；从微不足道的人身侮辱到个别家庭或
家族声望的损害——进行争执与斗争"。② 郝瑞（Stevan Harrell）区分了
中国社会中存在的两种"反文化"的暴力行为。除了等级支配格局下的
"垂直型"暴力，两个或多个群体之间为了争夺政治经济资源而发生的

---

① 《志补》，孙奂仑叙，第 6 页。
② 萧公权：《调争解纷——帝制时代中国社会的和解》，见汪荣祖编校《中国现代学术经
典·萧公权卷》，河北教育出版社 1999 年版，第 858 页。

"水平型"暴力冲突也是应当引起注意的。① 传统农村社会也并非田园牧歌式的"无争"的世界。

如果我们翻开明清以来山陕地区的水利历史，就不难发现，围绕水资源的竞争和纠纷俯拾即是、数不胜数。而且这些竞争和纠纷往往是以个人间、群体间暴力的形式频频出现。安康县千工、万工两堰："灌田数万亩，阖郡民食所出也"，然"每逢夏旱，民以争水灌田，纠众持械辄酿巨案，前此判斯狱者讫不能决"。② 张俊峰在讨论山西介休"泉域社会"争水纠纷时总结道："自明中叶起，洪山泉域水案明显增多……纵观明中叶直至明末的百余年间，争水事件层出不穷使历任官吏疲于应对。"③ 他举例说，万历十五年，知县王一魁清理洪山用水积弊，平息诸多讼端；万历二十六年，西河百姓聚讼盈庭，知县史记事平复其纷争；崇祯年间，又有三河民与洪山两厢争讼，知县李若星易石平为铁平，厘定水法。后东河民欲坏冬春浇水限额，知县李云鸿予以及时制止。种种争端，盖莫能一一述之，以致身体力行倡导水利改革的明介休县令王一魁曾感慨道："介人以水利漫无约束，因缘为奸利，至不知几何年，积弊牢不可破。百姓攘攘，益务为嚣，讼靡宁日坐是困敝者，不可胜言。而乱狱滋丰，簿碟稠浊，曾不可究诘。"④

在各渠之内，各利夫之间为了获得更多的用水，相互之间也采用诸多更加具有技巧性的手法，或以下（游）挟上（游），如刘屏山总结之"倒失"与"倒湿"："凡下利夫之水，由斗口、闸口倒下横流，是为失水，故名曰'倒失'。水既由斗口倒失，流至上利夫地内，地即湿润，是为得水故名曰'倒湿'。"⑤ 处于水渠下游之下利夫以此常常来要挟处于上游之利夫，从而达到自己多占水源而上利夫不敢予以检举揭发的目的；或以上欺下，处于上游之利夫借助自己身处上游之利，横截水渠，多浇多占，"叠层渔利"，乃至下游"偶一逢旱，下流不得见水"。⑥ 当然，这里的上

① 参见 Stevan Harrell, "Introduction", in *Violence in China: Essays in Culture and Counterculture*, ed. Jonathan N. Lipman and StevanHarrel, Albany: State University of New York Press, 1990。
② 《兴安府绅民缕陈政绩禀》，参见童兆蓉《童温处公遗书》卷 1。
③ 张俊峰：《明清时期介休水案与"泉域社会"分析》，《中国社会经济史研究》2006 年第 1 期。
④ 万历十九年《新建源神庙记》，碑存介休源神庙正殿廊下，碑文见《辑录》，第 172 页。
⑤ 《杂录》，第 69 页。
⑥ 光绪十九年十一月《五门堰黄家湃修浚定章告示碑》，参见张建民《碑石所见清代后期陕南地区的水利问题与自然灾害》，《清史研究》2001 年第 2 期。

下游之间因为水资源利用上的时序性而形成了一种继时性的多重场景，通过这种多重场景间的相互制约和互动，实际上实现了同一水利社区内部的利户之间的日常性相互监督制约，从而使整体上的用水权利大体保持在一定的可容忍的秩序范围内，其所能起到的作用也不仅仅是负面的。

人们在用水过程中产生的种种纠纷，无一不昭示着：建筑在社会之上超越于权利所有者个体的公共权威的存在，无疑是有其存在依据和必要性的。舍此，社会就将陷入"每一个人对每个人的战争"的状态。[①] 同时，为了厘清人们的水权权限，有效应对人们之间利用彼此间权限的交叉地带而使用种种技巧获得额外的水权，除了在文本上以渠册的方式明确规定人们的权利外，还应当在水权制度之外，设计出更加合理缜密的制度技术，因为"只考虑规范化的权利或惯例，并不足以阐明技术和体制结合就能实际改善水分配问题"[②]。良好的制度技术能够使人们的行为被有效地限定，从而使人们的用水秩序更加合理，资源利用更加有效。也正是在此意义上，分水用水不仅是一个制度规范化的问题，也是一个需要制度化的技术操作问题。

三　水权的义务指向

（一）"条分缕析"的水权义务体系

日本学者丰岛静英以山西、绥远等地为例进行研究，认为基层乡村在地、水、夫有机统一的前提下构成了一个"水利共同体"。在这个共同体中，水利设施是共同体成员的共同财产；土地则归成员私有；按照既有土地平等分配灌溉用水和相应的费用与义务。[③] 要维持这样一个"水利共同体"的存在和正常职能，共同体成员的义务是必不可少的。"农民在获得了水资源的使用权后，必须履行有关的义务，承担相应的责任。"[④] 按照现代法理学的一般理论，义务的履行应当是在正式获得权利之后。但据萧

---

① ［英］霍布斯：《利维坦》，黎思复、黎廷弼译，商务印书馆1985年版，第94、95页。

② ［泰］布伦斯、［美］梅辛蒂克：《水权协商》，田克军等译，中国水利水电出版社2004年版，第2—3页。

③ 参见［日］丰岛静英《中国西北部にぉける水利共同体について》，《历史学研究》1956年第201号，第23—35页。日本汉学界的其他学者如森田明也表达了类似的观点。森田明在《明清时代的水利团体——その共同体的性格について》（《历史教育》1965年第13卷第9号，第32—37页）一文中，较为全面地回顾了水利共同体的相关理论，并且结合自己的研究实践对明清时代的水利共同体做了较为翔实的研究。

④ 萧正洪：《历史时期关中地区农田灌溉中的水权问题》，《中国经济史研究》1999年第1期。

正洪的研究，在山陕地区各灌区中，实际上利户在获得水利合法使用权之前，有关义务已经开始具有约束力了。也就是说，利户的权利是以义务为导向的，是因为履行了义务方才获得相应的权利，而不是因为获得权利才带来了相应的义务，这与现代法治观念中的权利义务关系是不同的。

具体来说，山陕地区各灌区的用水户主要履行以下几个方面的义务：缴纳水粮，参加修渠及其渠道维护，分摊水利祭祀活动的相关经费等。其中，以缴纳水粮为首要义务，因为缴纳水粮与否，缴纳的足不足数，首先关系的是国家的利益，而国家在名义上和实际上都是水资源的所有者，是乡村水权归属确定的最终裁判者。例如，明万历《介休县水利条规碑》载知县王一魁在厘定旧规、堪明水地后，重新确定以水随地、以粮随水之法，王一魁总结说：

> 欲将查出有地无水、原系水地而从来不得使水者，悉均与水程；有水无地，或原系平坡碱地审改水程，或无地可浇甚而卖水者，尽为改正厘革，惟以勘明地粮为则。……不论水契有无，而惟视其地粮多寡，均定水程，照限轮浇。[1]

据《县志》载，介休水利的开发利用，始自宋文彦博时。迨至明中后期，奸伪日滋，豪强侵夺，弊孔百出。此次王一魁尽行丈量全县水地、旱地，勘定具体数额，并报上级机关予以批准，是当地用水秩序的一次较大规模的改革和完善。[2] 因此改革所坚持的原则对我们观察官方对用水户权利义务的认定提供了一个较好的背景。从王一魁的言论可以看出，官方在用水户的义务上特别强调"以粮随水"的原则，在确定用水权的时候，地粮的多少是一个基本参照，即有水无水，水多水少，全以所缴纳的地粮有无多少为准。

自然界的水资源如果不经人为之引导，也无法达到物尽其用的效果。因而水利工程的建设与维护对于正常的灌溉秩序来说也是必不可少的。所以，"谁出力谁受益就成了获取灌溉用水使用权的基本原则之一"[3]。各地灌溉渠道对于渠内用水者的修渠、淘渠等维护义务也有着至为详尽的规

---

[1] 万历介休县水利条规碑，碑在源神庙，即现洪山水利博物馆。碑文亦见于《辑录》，第163页。

[2] 据《辑录》，第163页。

[3] 萧正洪：《历史时期关中地区农田灌溉中的水权问题》，《中国经济史研究》1999年第1期。

定。《晋祠志》载，太原晋祠一带对从晋水受益得以灌溉农田的各村庄规
定了修渠的相关义务：

> 　　其正祠、牌楼、享庭、歌台，各庙座镇人修；其水母楼、难老泉
> 亭、板桥、金人桥，四河人修，以其均沾水利也。其善利泉亭、八角
> 池、白鹤亭、泰山桥，则北渠人修，以其独沾水利也。可谓条分缕
> 晰矣！①

　　根据各村享有权益的多少，将整修渠道及其相关附属物的义务"条
分缕析"地分派到了各村，再由各村逐级下派，从而保证了水利设施的
正常运行，也保证了权利义务的对等与用水公平。因而水权的获得有着很
强的义务指向性。传统社会中的规则体系当然不是权利本位的，即使某种
权利因"自然"而获得，也不意味着这一权利就是"本有"的，而是在
与此权利附带的义务存在着强烈的一致性的。那些不能被包括在义务体系
内的个人或者群体，必将同时丧失相应的权利。

　　此外，各渠每年都要周期性地举行祭祀仪式，而这些祭祀所需费用也
按照各夫用水的多少分别予以分摊。如通利渠渠规就规定："凡祀神以四
位夫头公办为规，备物等费按地均摊，夫头不阔摊阔抖，散夫不得抗违。
轮流迭转，周而复始，勿得推诿。"② 同样可以看出，渠规之所以规定
"夫头不阔摊阔抖"，能够参与分摊是保证能够获得用水权的前提。如果
用水利户无法参与到分摊过程中，反而是其丧失了用水权的标志。总之，
水权的获得是以义务的履行为条件、义务为导向的。

　　（二）渠道维护中的监督与惩罚

　　渠道的日常维护是保证水利系统正常运行和发挥作用的必要条件。在
山陕地区各渠的渠册中，一般都对本渠渠道的日常维护作出了比较详细的
规定。这些规定涉及渠首、渠道以及渠堤等的岁修、日常巡查、邻里监督
等方面，并且对破坏渠道的行为规定了相应的处罚措施。

　　岁修即每年或者几年一次的对渠道较为全面的加深加固工作。通过岁
修，使渠道的淤塞之处得以疏浚，险情迭出之处得以加固，增大了渠道的
进水量和抗风险能力，将因旱涝不均带来的损失降到较低程度。岁修一般
都根据本渠情况，规定了较为详细的操作细则和修渠标准。如润源渠渠册

---

① 《邑侯王炳麟阖河修晋祠水母楼及亭榭池梁碑记》，见《晋祠志·河例二》，第 821 页。
② 《通津渠渠规》，见《志补》，第 196 页。

规定:"本渠定于五年由渠口自上而下,大淘渠一次。渠底七尺二寸,渠口一丈,深如之。"这些规定使得淘渠工作有了技术操作的可靠标准。除这些技术上的硬性规定外,渠规还对参与修渠的人力组织方式及相应的惩罚措施作出规定:"每夫每日拨夫二名,限十日内淘完。夫敢有一名不到者,呈县,每名罚白米五斗,枷示游渠。"① 通过这些规定,限时限量地保证修渠过程的人力资源供应,使修渠工作顺利进行。

渠道的安全,不仅要靠大规模的岁修工作,还要注重平时的维护。比如对渠堤上的植被要注意保护,防止因植被的破坏带来的渠堤崩塌。因而各渠对渠堤的日常维护是至为重视的,并且规定了较为严厉的惩罚措施。如泾惠渠就曾以兵巡官内道的名义发布指示如下:

> 兵巡关内道沈示:仰渠旁居民及水手知悉:如有牛羊作践渠岸,致土落渠内者,牛一只、羊十枚以下,各水手径自栓留宰杀勿论,原主姑免究;牛二只、羊十只以上,一面将牛羊圈栓水利司,一面报官锁拿原主枷号重责!牛羊尽数辨价,一半偿水手,一半留为修渠之用。特示。天启二年正月二十五日立 高陵县知县兼泾阳县事奉文行取赵天赐。②

对于那些贪一己之私利,罔顾阖渠用水安全而盗掘渠堤,或管理人员不经心办公,疏于防范,致使渠道损坏、险工迭出的,一般各渠都规定一经查出,不再在渠内予以调解仲裁,而是立即送官处理。如通利渠渠册规定:"如有挟嫌盗决河堤,并无故盗毁渠堤……一经查出送官,请照盗决河防例惩办。""如河涨水溢,或蛰陷冰融,冲决渠堤……将疏于防范之沟首、甲首,送官责惩。"③ 这些规定都体现了各渠在渠道维护上的严格和慎重,为渠道发挥正常的供水功能起到了重要作用。

四　水权制度安排与公权力的关系

(一)权力与利益关系

每一个生活于社会中的个人,都依据规定的"能"或者"不能"而作出自己的行为选择。正因为其"能",所以人可以自由地选择符合自己

---

① 《润源渠渠例》,见《志补》,第77页。
② 《兵巡关内道特示》,见《杂录》,第200页。
③ 《通利渠渠册·渠堤》,见《志补》,第43页。

意志的行为方式，进而达到自己所期望之目的，追求到相应的满足感和幸福感，从而得到归属于自己的利益和好处。从这个意义上说，利益与权利乃是同一个问题的两面，因此权利也可被近似称为权益。人之所以能够如此去做，赖乎其被赋予的权利。在此范围之外，每个人尚有许多"不能"，没有人可以超越这个界限之外去追求满足、幸福与利益。而人们之所以会遵守这个界限，除去人的自觉以外，还因为有着外在强力的作用，而这个外在的强力就是矗立于社会之上的公共权力。它以公共权威的形式监督着每个个体的行为，谨防其行为超出其权利范围。在此意义上，权利问题同时也就是一个权力问题。因此，政治问题可以简化为对利益的合乎正义的分配，而按照正义每一个人所应得的那一部分即是他的权利，而这种分配是在一定的规则体系——法律或者道德下进行的，在具体社会中表现为具体的制度。

按照新制度主义者的看法，政治权力之合法性存在于现实中必须基于其有效性，而这种有效是在遵守和保障既定制度规则前提下，对产权和效率的有效促进。"国家作为第三种当事人，能通过建立非人格化的立法和执法机构来降低交易费用。"① 因此，政治权力必须以一种非人格、程序化和形式化的方式而存在，按照既定的规则运作，实现对利益各方权利的保障。出于这样的需要，政治组织被"设计成力图通过获取商业的好处而使主体的福利最大化"的价值模式，其要素包括："1. 以规则和条令的形式建立一套行为约束机制。2. 设计一套发现违反和保证遵守规则和条令的程序。3. 明确一套能降低交易费用的道德与伦理行为规范。"② 政治权力通过组织化的形式，以制度为判断标准，对现实生活中的权利结构与权利关系进行协调与保护，从而在保证经济效率的过程中体现出自身的价值所在，这是审视权力与权利关系的另一个衍生视角。

（二）组织化的风险应对机制

从上文的论述可以看到：在利用自然资源的过程中，社会中的每一个个人都感觉到了不便，于是社会便有了以共同体的形式结合起来的需要。但一旦个体行为结合起来形成集体行动之后，又面临着许多个体行为所不曾遇到的集体行动困境。要克服这些集体行动的困境，就需要有一个建立于社会之上的公共权威组织，由它出面来解决人们在集体行动中遇到的种

---

① ［美］道格拉斯·C. 诺斯：《经济史中的结构与变迁》，陈郁、罗华平等译，上海三联书店、上海人民出版社 1995 年版，第 39 页。

② ［美］道格拉斯·C. 诺斯：《经济史中的结构与变迁》，陈郁、罗华平等译，上海三联书店、上海人民出版社 1995 年版，第 18 页。

种难题。在这里,公共权威组织不可能是最好的解决办法,但就一定的社会历史发展阶段来说,却也不是最坏的。

吴理财认为,当合作困境带来人们合作可能性降低的时候,客观上就"需要一种外在的或内在的力量来维系彼此间的正常合作关系",维持正常的合作关系,主要依靠以下几种力量:"要么是组织的力量,要么是道德或文化的力量,要么是法律或契约的力量"三种层次的秩序化力量,并且"后一种力量能否发挥作用,最终还是离不开前两种力量的支持"。[①]不过,在笔者看来,事实上,第一种力量才是正常合作秩序的现实性的必要条件,后两种力量不过是组织力量存在和正常发挥作用的必要条件和辅助力量。离开了一个有效的组织,后两者发挥其作用的基本凭借就不存在了。而组织是离不开权力的,组织正是借权力以实现其目标和组织价值。因而从某意义上来说,组织的核心在于权力的运用和行使。从这个意义上来说,解决集体合作行动困境"实际上是一个权力问题",其"真谛在权力上"。[②]

一般说来,组织实际上是为了特定目标和实现某些职能,而按照一定的规则建立起来的群体。在本书所探讨的山陕地区水利组织体系中,人们为维护水权及水公共资源建立起来的组织中,既有拥有公共权力的国家正式组织,也有"水利共同体"在国家许可和授权下建立起来的水利"自组织"。相对于前者来说,后者可能呈现出一种非正式组织的形态。但是,这并不能抹杀其"围绕公共权威和公共利益(或公共事务)而展开的自组织活动"的一面,因而,这些自组织"活动的公共性及个体与公共权威之间的关系"[③] 构成了对其进行政治学意义探讨的前提。

事实上,"尽管从理论上说中国(传统)政府多少都很专制,但它对于民众出于自身需要的自由结社并无实际的限制"[④]。在山陕地区的基层水利组织体系中,确实存在着农民围绕公共水资源利用建立起来的诸多水利自组织,这些水利自组织在国家相关机构的认可和管理下,为维护基层用水秩序和利户用水权益发挥了不可替代的作用。一方面,水利自组织是民间水利秩序和调解机制的重要组成部分,在民间水利纠纷中,它是主要的、权威的调解人;另一方面,在国家正式结构体系中,它又充当着缓冲

---

① 吴理财:《对农民合作"理性"的一种解释》,《华中师范大学学报》(人文社会科学版)2004 年第 1 期。

② 赵鼎新:《集体行动、搭便车理论与形式社会学方法》,《社会学研究》2006 年第 1 期。

③ 刘伟:《农民自组织程度低的成因分析》,《宁波党校学报》2004 年第 5 期。

④ [美] 明恩溥:《中国乡村生活》,陈午晴、唐军译,中华书局 2006 年版,第 180 页。

者、调和者的角色；此外，它还是民间水利设施建设和维护的主要依靠力量。

（三）水权与公权力

如果我们也将水权确立之前的状态做一理论预设，以此来观察在水权与公权力存在之间的状态，我们可以发现"公地悲剧"现象在此状态下是极有可能发生的。在水资源没有明确归属或者属于公共所有的时候，每个人都可以主张其对资源的使用权。人是自由的，他可以根据自己的意思来选择自己使用水资源的数量、方式，在资源相对于人的需求是无限的情形下，人们之间不会发生什么矛盾。这种状态约略相当于社会契约论所假设的自然状态。但是，当人口持续增多，人的技术理性不断增强，单个人能够加工使用的单位水资源越来越多时，一定区域内人口资源的矛盾逐渐开始凸显，人们便逐渐会感到利用水资源时的种种不便。甚至为了争取到能够提供给自己生活基本需求的水资源，人们可能会发生械斗，乃至仇杀。此时，人们对公共水资源的占有和使用是高度竞争性的，或者说相对于人们的需求来说，水资源是高度稀缺的，是人们所争取的竞争性的重要利益。而要将一利益在人们之间有秩序地合理分配，客观上就必须有组织化的应对方式，正式组织化的政治权力形式及以非正式组织形式出现的社会性权力，即是组织化应对方式的两种结构形式。于是，为社会所公认的规则体系在公共权威的认可和强制下推行于全社会。人们将在一个由组织化的权力体系所确认或制定的规则体系中，来决定自己的行为选择，确定自己获得的水资源使用份额，保障用水的秩序化。这些规则将人们用水的权限作出新的规定，并"制定相关制度，对各产权主体进行有效的制度约束，督促其履行各自的责任和义务"[①]，人们"为了维护共同的利益关系而不得不逐渐确立一系列与灌溉水资源相关联的权利原则"[②]，水权产生了。

从学理意义上来看，当人们之间就某些利益的占有、使用或者分配出现竞争性时，需要以组织化的方式来解决由资源使用上的竞争性带来的冲突，因而客观上需要一套组织化的权力体系来维护资源使用的秩序。水权即是在组织化权力体系保障下的人们可获得的用水份额或者权益。但是，公权力一旦形成，其总有不断倾向于扩大自身的趋向。因而社会如何以相

---

① 薛莉等：《农用水集体供应机制中"公地悲剧"问题分析》，《山东社会科学》2004 年第 9 期。

② 萧正洪：《历史时期关中地区农田灌溉中的水权问题》，《中国经济史研究》1999 年第 1 期。

应的机制对公权力扩大自身的倾向予以约束，使其不至于过分侵吞私权，事实上也是包含于这一理论预设和推演过程中的。实际上，不同社会依据其社会发展的不同形式和特点，各有其不同的国家权力体系与社会权力体系的结构形态，正是通过两者之间的基于利益分配和较量的不断互动、交织、竞争、合作，进而达到动态的均衡，共同维护着正常的水资源利用秩序。

用水权必须有公权力的维护和保障才能正常发挥作用。任何一个社会的权力制度体系都必须是多维的，单单是其中任何一个方面都不足以自立成为一个有效的制度体。离开了公权力依照既有制度规则体系对用水权的权威性保障和调整，水权制度本身就将崩塌，人们将重新回到互相争斗的无序状态，社会将会再一次陷入巨大的矛盾中，进而在斗争中将自己消解。因此，组织化的权力体系的存在是水权保障的必需条件。

总结来看，权利与权力之间的这种密切的关联意味着，一方面我们无法离开权力来讨论权利的实现；另一方面在权利的实现中，又必须留意权力对权利所带来的潜在的风险。组织化的权力应对方式是一种"不得不"的手段。并且如果说权利意味着将人和物有秩序地连接起来的话，那么作为权利的水权的操作性是很强的，或者说，水权的维护是有着很强的技术性的。不过需要注意，这种水权维护的技术性因水权与组织化的权力的关系，而实际上是一种制度性技术，而不是一般意义上所讨论的日常技术。也正因如此，问题的另一面也显现出来，即水权维护的制度技术，离不开相应的权力技术，即对水权进行维护，保障用水秩序化的权力（制约）技术。而这些正是下面两节我们要来探讨的问题。

第二节　精致的水权测量技术

水利治理中的核心问题是将水合理地分配于需水灌溉的渠内各利户。水权的维护还需通过更加具体的、可操作化的技术手段而实现。因此，在基层水利治理中，一般都对分水的具体制度规定至为详尽。从各利户实际拥有的用水水程，以水牌取得用水权限，到计时授水等一系列具体制度，形成了合理化用水的环环相扣的制度链条。

一　水程

采用水程的方式管理用水，由来已久。据刘丝如《刘氏家藏高门通渠水册序》载："夫水程之兴，由来久矣，原溯其初，起于秦汉。"① 山陕地区各渠一般根据渠内各利户的实有田亩数起夫，夫因水定，水随地走，并根据各利户履行义务的实际情况，将每夫实际的用水量予以固定化。这样确定下来的每户的实际用水量（在操作中以时间计算）称为每户的水程。每户实际分到的水程是该户用水的最重要的依据。即所谓"地论水，水论时，时论香，尺寸不得增减"②。如众议渠全渠共地一千四百余亩，每十亩划分为一夫，每十夫给水一日。这样算来，每夫在一轮浇灌中分到的水程即为两小时零二十四分钟。③

　　一般在渠册中都将用水的次序明确规定，很多渠采取了自下而上的浇灌方式，优先保障下游的用水权利，然后挨次向上，直至全渠浇完。如《泾阳县志》载清冶两河的用水惯例即"以其地之上下为序，自下而上，下地时刻尽乃交之上地"④。这样，依照固定的用水顺序，参照每户实际用水权利多少，渠册对该渠利户的水程作出详细的描述。如《刘氏家藏高门通渠水册序》即记录了这样一份完整的水程详单，谨择录于下：

　　　　源头起行程六时
　　　　利户刘汝福 下水地八十五亩 受水一时八刻七分 初一日子时初刻初分起 午时八刻七分止
　　　　利户刘汝寿 下水地二顷四十九亩七分五厘 受水三时二刻九分四厘 初一日午时八刻七分起 戌时一刻六分四厘止
　　　　……
　　　　接水行程二刻
　　　　利户杨夫礼 下水地二十八亩 受水三刻九分六厘 初二日寅时六刻二分一厘起 卯时二刻一分七厘止
　　　　利户李九旺 下水地三亩 受水六分六厘 初二日卯时二刻一分七厘起 卯时二刻八分三厘止
　　　　……
　　　　利户张廷洞 白焕章 下水地六亩 受水一刻三分五厘 二十九日亥时八刻六分五厘起 亥时整止。⑤

---

① 刘丝如：《刘氏家藏高门通渠水册序》，见《杂录》，第13页。
② 刘屏山：《清峪河源澄渠记》，见《杂录》，第61页。
③ 《众议渠渠例》，见《志补》，第137页。
④ 转引自《杂录》，第67页。
⑤ 刘丝如：《刘氏家藏高门通渠水册》，《杂录》，第14—48页。

二 水牌

水牌是明清以来官方发给各渠用水的准许凭证。有明以前各代,实行的是申帖制,即每年开闸用水前,先由官方发给各渠申帖,凭帖开闸取水。《重修泾阳县志》《三原县志》《高陵县志》均云:"凡用水,先令斗吏入状,具斗内利夫苗稼,官给申帖,方许开斗。"① 元代李好文则云:"凡用水先令斗吏入状,官给申帖,方许开斗……仰上下斗门子预先具状,开写斗下村分利户、种到苗稼,赴渠司告给水限申贴,方许开斗。"② 明清以来则改为水牌制。不管是申帖制还是水牌制,其意义是相同的,即民间的用水要经过官方的正式许可并颁发凭证,这一方面体现着国家对水资源的最后所有权,另一方面也说明了国家对民间用水的重视。实际上,政府发给各渠的水牌具有政府法令的性质,是对民间用水秩序的官方权威规范形式。通利渠渠册对水牌的形制、功用、申领程序等均作了详细的记录:

> 本渠原定使水章程置有木牌一面,长二尺,阔一尺五寸,厚二寸。嗣因偷水霸浇,纷纷涉讼。经前知府王公换置木牌,发给督渠长掌管,谕令遵照牌章使水。□同治年间,渠规紊乱,不时上控,复经知府裕公仍伸前议,又换置木牌,于每年签换渠长时,当堂旧缴新领,至今遵行在案。③

可见,水牌实际上是对水资源使用的官方凭证。通过水牌的认领和发放,国家对乡村水资源的使用起着最终的许可和监督作用。同时,水牌实际上代表了通过国家正式权力确认和保障的用水权利,是国家认可的权威用水秩序。因而民间通过官方授予的水牌按既定水程分水用水,保证了良好的用水秩序的实现。

三 焚香计时授水

传统社会因其技术条件所限,没有现代的计时工具。因而在确定了每

---

① 转引自《杂录》,第68页。
② (元)李好文等:《长安志·长安志图》,《用水则例》,辛德勇、郎洁点校,陕西出版传媒集团、三秦出版社2013年版,第90页。
③ 《通利渠渠册·浇灌》,见《志补》,第43—44页。

户的用水规程后，实际上还存在着一个现实操作上的技术问题。在山陕地区的水利灌溉实践中，一般各渠采取了焚香计时的方法。初看起来，这样的计时方法可能因存在着较大的误差，而使计时有失精当。实际上各渠在通过焚香计时用水的操作过程上，都存在着一套较为严密的程序。如刘屏山在《清峪河渠点香记时说》记述：

> 古无钟表，惟有铜壶滴漏以记时辰。究系呆物，不便挪移。因不适于随带，故有用香记时之事。额定一个时候，香长一尺，一尺又分为十寸，一寸又为一刻，故十刻，即为一个时辰，香长一尺也。一刻又分为十分，一分又分为十厘，一厘又分为十毫，一毫又分为十丝，一（原文为十，疑为一之误也）丝又分为十忽，一忽又分为十微也。……是以各渠均有地亩多寡之不同，而点香记时，亦有长短尺寸之异。所浇地亩，点香长短，各渠虽有不同，而额定香长一尺，为一个时候，均相同也。①

可见，这种计时方法通过人们在实践中的反复摸索，从较为粗略地以香的尺寸衡量时间进而发展到忽、微的层次，可见在当时的技术条件下对时间的衡量已经发展到相当精细的程度。这种在当时条件下所能达到的技术极致固然不能同现代的时间测量技术同日而语，但也以一种极端化的方式表明，为了保障人们分水用水的有序化和人们的水权的完整，水利共同体在操作层面上是何等谨慎，其制度技术能力是何等精致！水权的实现并不是一个简单的主张、声称的过程，没有精致的权力技术的发展，其实现的实际效果就一定会大打折扣。技术精细化带来的直接结果就是，为人们在水资源使用上的均平感的产生和矛盾的减少提供了制度性保障。

当然，通过前文的论述我们知道，权利问题同时也是一个权力问题，因此，仅仅通过这些维护水权的权利技术，还不足以对人们获得水资源予以充分保障，在集体行动的层面上，合理的权力技术也必须被考虑和运用。

---

① 刘屏山：《清峪河渠点香记时说》，见《杂录》，第130页。

第三节　用水过程中的权力策略与权力技术

一　水资源的继时性与权力规约技术

水资源的利用因其自身的自然特点而在空间上具有上下游之别，而在用水的实际过程中，因为这种空间特性又具有利用上时序性或继时性的特征。因而在同一条渠道的实际用水过程中，一定会产生出基于地理区位的上下游之间不同用水者的用水顺序问题。而这种用水顺序的问题在水资源相对匮乏的地区无疑会产生出用水权利上实质性差异，也就会产生出这些不同用水者之间因此而出现的种种矛盾和纠纷。一个可行的解决方案是，以下制上，即赋予地处水源下游的用水者以较多的权利，从而抵消处于上游的用水者的区位优势。在山陕地区的用水实践中通常是赋予处于下游以用水时序上的优先性，从而以时间上的优先性顺序调整来弥补自然空间上的优势不均。

介休县的引泉灌溉水利中，长期以来一直遵循着这样的做法:

> 本县东南，离城二十里有狐岐山源泉，自宋文潞公开为东西中三河，自南而北流出，可溉田一百五十二顷二十九亩九厘八毫;又有石屯村灰柳二泉、洪山河利民泉、谢谷村谢谷泉、灰南二泉、胡村河西野阁津泉、龙雨泉、蒲池泉，各发源不同，溉田不等，共水地七十二顷一十七亩二分九厘七毫。……至于各泉轮浇之法，查得狐岐山水旧规，浇溉先足下地，渐及上地，至今民皆称便。今本县水利已经查正，并各泉仍照旧制，自下而上，各照分定水程，轮流浇溉，周而复始，将不谓划一之法，可为定守者耶?①

之所以轮浇之法，以"先足下地，渐及上地"为准，实际上就是通过制度化的技术手段，赋予下地以多余的权利，使其能够通过这些权利弥补自身在空间上的劣势，制约在空间上处于优势的上地，从而保证上下各地都能获得足够的水量，防止了上地挟制下地的情形。当然，这一应对之法必须以制度化的形式予以确立，并由官方权力予以确认和保证才能奏

---

① 《介休县水利条规碑》，《辑录》，第163、165页。

效。否则，一定会出现上地利用其区位优势侵夺下地用水权的纠纷。谢湜对豫北稻田水利的研究也表明："在一个流域空间，水利管理的分段分级划定，使得社会权力结构也有了某种空间分布顺序，原有老用水户有了上流、中流、下流三等，各有甲头分别监督管理。不难推知，这种水利权利同时即是权力的空间秩序，将影响流域的稻田开发。"① 这里的关键是，水利权利同权力的空间秩序是同一个问题。但是，官方正式权力往往并不是在乡村日常"在场"的，因此，以渠长为中心的基层水利自组织所代表的非正式权力，更经常地在维护上述用水秩序中发挥作用。

在山陕地区的基层水利治理实践中，通常是以渠长日常权力体系的细密分权与制衡，以及一条渠道中上下游之间的架构起来精巧的权力平衡技术，来协调用水顺序产生的矛盾和纠纷的。当然，在一定意义上说，这种权力制衡的技术，同时也对以渠长为代表的水治理组织的权力产生了有效的监督作用。来自水治理组织权力的协调，固然会对用水过程中的问题起着主要的作用。但是，任何好的制度或权力的有组织行使，都会同时带来相当的制度运作成本和制度异化、权力滥用风险。因此，在山陕地区基层水利治理的长期历史实践过程中，基层水利组织自身实际上也已经逐渐演化出了一些较有实际效果的权力规训技术。关于水利自组织内部的权力制约关系，我们还将在下文做更详细的论述。

当然，这种权力规训技术可能看起来还仅仅是个萌芽，远未成熟。同时，基层水利治理过程中虽然形成了一套权力规约技术，但是这种权力规约并非建立在现代形式理性的基础上的，而是建立在伦理社会基础上的。也就是说，乡村虽然在某种意义上已经实现了权力的理性化，但是这种理性化是建立在一种基于生存需求和生存危机的考量之上，具有强烈的实用性特征。特别在国家正式权力层面，权力行使的内在逻辑仍然是以伦理化方式为主导的。而乡村的权力理性化在求助于伦理化权力进行秩序维持和调节时，也因此而常常会遭遇伦理化权力的规约，从而使这种权力的理性化的萌芽并不能真正贯彻到底，权力的制约技术也会时时遭遇基于伦理权力的侵蚀。

二 渠长权力的多重析分

由于渠长在水利管理中的核心地位，其对水资源分配的影响力是不容

---

① 谢湜：《"利及邻封"——明清豫北的灌溉水利开发和县级关系》，《清史研究》2007 年第 2 期。

低估的。因此，在山陕地区很多渠系的渠长选任中，都呈现了独特的渠长之间相互牵制、互相监督的独特制度安排。在《清水渠渠册》中有这样的规定:"每年李卫村两社,各金举渠长一人,一正一副。东正西副,西正则东副,递年接递轮金,兴夫三十名,治水浇地。"在具体实施中,则"如正渠长在东,则先由东浇起;在西,则先由西浇起"。① 这样,通过渠长的轮流担任,使得东西两社形成制约,不管哪一社得以选任渠长,都不能不考虑来年的情况而擅做决定任意侵渔他方用水权。康熙三十一年《副霍渠条例》也规定:"每年金保渠长自第一牌起,挨次轮流,八年一周。各社金保渠司、沟头,俱照西门外遵行。"② 再如清涧渠,亦有类似的规定:

> 其值年渠长,着西关南关两社,递年签举。如西关人轮应正长,其副渠长举南关人充膺;南关人应轮正渠长,则举西关人充副渠长。至巡水夫头,亦分上下游两节派拨。上节地内巡夫,着下节地户充膺;下节地内巡夫,着上节地户充膺。③

虽然副霍渠与清涧渠的规模大些,其规定可能更加细致,但其对权力制约的思路与清水渠是一致的,即通过权力的分散化,使不同权力主体都有机会派代表掌握权力,从而制约他人对权力可能的滥用。

而在山西境内最大的渠系——通利渠的权力结构中,则呈现了另一种方式的渠长权力制约方式。

《通利渠渠册》中规定:

> 第二条 三县额设督渠长一人,总理合渠启闭斗口大小一切事件。由渠源以至渠尾,统归督渠长管理,兼督催中五村各项摊款。雇觅巡水夫二名,归临汾县之王曲村、太涧村、吴村三村轮充。合渠优免该村夫十二名,作为津贴渠长并雇觅巡水夫之用。
>
> 第三条 临汾县额设接水渠长一人,帮同督渠长管理临汾县各村一切事件,兼督下五村各项摊款。雇觅巡水夫二名,归临汾县之孙曲村一村充膺,合渠优免该村夫十二名,作为津贴渠长并雇觅巡水夫

---

① 《同治三年缪任为两社兴夫事断案》,见《志补》,第119页。
② 《副霍渠条例》,见《志补》,第98页。
③ 《节抄清涧渠册·陈县尊断案》,见《志补》,第146页。

之用。

　　第四条 洪洞县额设治水渠长一人，管理渠源、坐口、治水一切事宜，兼督催上五村各项摊款，雇觅巡水夫一名，归洪洞县之杜戌村、白石村、李村三村轮充。轮至某村充膺，合渠优免该村夫八名，作为津贴渠长并雇觅巡水夫之用。

　　第五条 赵城县额设兴工渠长一人，管理辛村以上各村兴工、摊资一切大小事件，兼巡查上三村陡口。雇觅巡水夫一名，归赵城县之马牧村一村充膺。每年马牧村津贴钱二十贯，作为渠长工食并雇觅巡水夫之用。

　　第十一条 各村沟首、执事专司办理该村一切事务，并随同渠长在渠口裹办各事。①

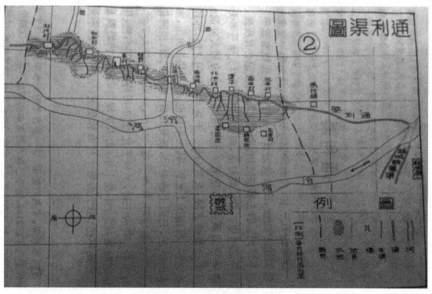

图3-1　通利渠图示②

　　通利渠为晋南地区规模较大的灌溉渠道，从上而下依次经上段赵城县之石止、马牧二村；中经洪洞县之辛村、北段、南段、公孙、程曲、李村、白石、杜戌八村；下经临汾县之洪堡、南王、太明、阎侃、吴村、太涧、王曲、孙曲八村，全渠共计18村。从上述引述可以看出通利渠在管

---

　　① 《通利渠渠册·选举》，见《志补》，第47页。
　　② 摘自孙奂仑《洪洞县水利志补》第35页。

理系统设置上的特点:首先,全渠设督渠长一人,统管全渠各项事务。渠长之下,三县各设渠长一名,分管该渠流经各县村庄水利事务并协助督渠长工作。

从上述引文可以看出,三县之渠长在地位上应该是平等的,他们之间应该是相互协作和监督关系。其次,特别规定在督渠长下设立巡水两名,负责巡查全渠用水状况。由于临汾县地处最下游,这两名巡水夫由临汾县处于该渠末端的吴村、太涧、王曲三村轮流充任。在通利渠管理体系中,巡水通常是不在渠务常设管理机构中的。他们通常是由渠长雇用的,其报酬亦从渠长津贴中扣除。因而其工作更具灵活性,在负责关系上也更加直接,通常直接对渠长负责,而与副渠长及其他沟甲首等无涉。因而巡水设于下游三村,便能充分发挥处于下游相对弱势地位村庄对上游各村的监督和挟制作用,使处于上游各村不敢妄自启衅。再次,三县渠长下各设巡水夫一至二人不等,分别由通利渠流经该县段的最后一村充任(临汾、赵城)或几村轮流充任(洪洞)。这就形成了在一县范围内的下游对上游的挟制关系,使得一县范围内的上下游之间权力相对均衡。复次,各村之沟首、执事等各自负责本村事务。全渠管理人员共同对督渠长负责,共同襄办该渠事务。最后,虽未规定督渠长出自何处,但是督渠长却系由"阖渠绅耆会议"选举产生,并受其监督,阖渠绅耆会议对督渠长的权力行使形成一定制约关系。

从上述分析可以看出,在通利渠的权力结构中,权力的制约和监督设置是较为周密的:全渠总体上有阖渠绅耆会议对督渠长的制约,督渠长对三县渠长进行节制;三县渠长各负其责,各县范围内之下游对上游形成制约;全渠下游村庄对上游各村又形成一定制约。这个精心设计的权力结构框架为维护通利渠正常用水秩序,保障全渠各村利户用水权益应该说是功不可没的。

值得指出的是,渠长职务内部之间的相互制约通常都是在规模较大的渠道中才能够得以实行。在那些规模较小的渠道中,如果再在渠长之外额设正负,并以此方式形成相互制约,显然是不现实的。实际上,这里的实质性的问题毋宁是:在那些规模较小的渠道中,由于渠本身的规模小,该渠所能够实际浇灌的村落和用水户也往往会随之而减少。在此种情形下,即使是普通民户,在此规模较小的渠道灌溉区域中,往往能够以较低的成本获取关于渠道用水的详细情况,信息的获得相对容易因而也更加透明;同时,普通民户与渠道管理组织之间的关系也往往较之较大规模的渠道而言更加密切,形成协作或监督渠长枉法的可能性也较大。因而在这些规模较小的渠道中，客观上也就无须对渠长的权力做进一步的析分，以渠长为代表的基层水治理组织也就简单得多，而这种安排并不会对渠长权力的监督与防止其滥用权力的威胁造成太大影响。

三 渠道空间中的权力平衡术

各渠渠例一般都规定或者暗含着这样一层意思，即能够取得选任渠长资格之人，首先应当生活居住于本渠渠系所绵延流域之内各村，在本渠之外应概不得担任本渠之渠长。通过这种规定，实际上将渠道外部出现代理人的可能性排除，而使渠道水利的治理权内化为组织内部的内生性秩序了。

实际上，即使在同一个灌溉渠系内部，也是存在着利益分化的，从而产生出多样化的利益群体。水利共同体并不意味着其内部利益就不存在着分化，而更多地是指群体围绕一个共同的公共资源而组织起来。这些分化的利益群体彼此间必定存在着利益的竞争关系，也不可避免地又必须合作，共同面对公共性的问题。

纵观现有各渠渠册所载，笔者尚未发现在渠系所属各村之外简选渠长之案例。如陕西富平文昌渠渠例载该渠渠长之所属地域时规定："举渠长，散渠长，怀阳城等五渠各举二人，总渠长合渠公举一人。"[①] 渠长为合渠所举，而下面具体各渠散渠长则由各散渠在各自区域内推举。通过这个规定，将渠长的选任明确限定在了一定的区域之内，他处盖无权参与该渠渠长选任。更有一些地方将选任渠长的所属地域作了更为详尽明确的规定。如《清泉渠渠例》规定："逐年保举渠长、渠司，则于下、中二节夫头内，选保平素行止正直无私、深知水利、人皆敬佩者充当。"[②] 该渠按照用水的先后次序将沿渠各村落划分为上中下三节，在此基础上，明确规定渠长只能由下两节的村落简选充任，将渠长的地域规定进一步细化了。

渠长因其权力之所在，因而所选任的渠长究竟来自灌渠所流经地域的哪一位置关系重大。水按其自然属性，居上游者的天然优势就是水从门前过，随时可以任便使水，而且上游水势也较大；及至中下游，水势由于上面利户的使用而渐小。特别是在干旱季节，上游出于保障自身利益的需要，每每无视水规，逾越水程，截流用水，有时竟至下游"涓滴不见"。

---

① 光绪《文昌渠规》，参见《陕西省志·水利志》，陕西人民出版社 1999 年版。转引自卞建宁《民国时期关中地区乡村水利制度的继承与革新——以龙洞—泾惠渠灌区为例进行研究》，《古今农业》2006 年第 2 期。

② 《节抄清泉渠渠例》，《志补》，第 110 页。

可见，中下游利户在用水中不得不受制于上游。上游实际由其地理区位上的优势而形成了一种"特权"。正因如此，很多渠系都规定了渠长应当在中下游村落中简任的规定。如《长润渠渠册》规定："渠长系是下三村勾当，以四年为率，自古县村应当一年，蜀村应当一年，董寺当一年，依自来番次，上下交代勾当。"[1] 韩茂莉的调查也表明：泾阳县冶峪河灌区历来有由下游出任渠长的惯例。在 1988 年中法合作项目课题组赴关中地区考察时，也发现"泾阳县龙泉乡苏家村七旬老人苏世廉述及 50 多年前旧事，也讲到冶峪河灌区内仙里渠渠长由最下游的村落铁李村出任，而我们与铁李村七旬老人李镛的访谈中，也证明苏世廉老人所讲的不误"[2]。从山陕地区的水利治理实践来看，这种制度安排无疑是有效的，它在一定程度上对避免上下游之间的水利纠纷，保障中下游的用水权益起到了积极作用。上面所列诸多事例，进一步印证了我们在上面所述的水权秩序即权力空间秩序的观点。

关于渠长所属地域的空间性规定，看似平常自然的现象，实际上却反映了传统社会中，国家能够为乡村所提供的公共工程建设和基本秩序的不足，很多水利工程多是由乡村自建，或者国家在一定程度上予以支持建设而成的。在这种情况下，国家对于乡村水利的管理也较为松弛，乡村社会在自发基础上形成了一套自我管理机制，"它们的水利系统的运作很少受到政府的干预"[3]。国家很少在这套机制中能够有效地渗入并予以正规化管理。这一套基于乡村自我管理形成起来的权力结构体系，其整个权力架构多是建立在乡村社会内部，因而更多地呈现乡村自我治理的形态。

四　洪山村的民间传说：社会权力的自我规训

山陕地区的水利社会中流传着很多民间传说或者故事，很多故事都围绕分水展开，因而可称为分水故事。很多分水故事在情节上有着很强的雷同性，看上去似乎是同样的情节在不同渠系村庄中的反复上演。但如果深入故事背后，去发现这些故事所隐含的意义，可以发现，这些事例一方面将民间的道德审判方式活脱脱地展示出来；另一方面，这些故事被世代因袭、广为传颂，实际上是从另一个侧面将既定用水秩序安排，用一种神圣性的方式固化下来，使之成为一种不容置疑的历史"铁证"。

---

① 《长润渠渠规》，《志补》，第 124 页。
② 韩茂莉：《近代山陕地区基层水利管理体系探析》，《中国经济史研究》2006 年第 1 期。
③ 卞建宁：《民国时期关中地区乡村水利制度的继承与革新——以龙洞—泾惠渠灌区为例进行研究》，《古今农业》2006 年第 2 期。

在以洪山泉为主进行灌溉的洪山村流传着这样一个传说：

> 在洪山源神庙后的山顶上有座五人合葬墓，本地传说是洪山源神
> 池的水原来没有统一管理，乱抢乱流，往往因为抢水，村与村打架斗
> 殴，常常伤人损命。因而不得已想了个办法，同样在一口盛满滚油的
> 大锅中撒进铜钱，让各村好汉去捞，谁捞得多，谁分的水就多。结果
> 洪山的五条好汉捞出了钱，也因此送了性命，死后被葬在源神庙后的
> 山顶上。又有一个传说，讲三月三祭祀源神时，灌溉流域的四十八村
> 在各村水老人带领下前来献祭，其中张良村要额外加一只草鸡，原因
> 是明朝时为了平息争水纠纷，在源神庙设口油锅，扔进四十八枚铜
> 钱，由各村好汉去捞。其中洪山的好汉捞了六枚，其他村的人也捞了
> 一些，只有张良村的人被吓跑了，众人皆喊："张良家草鸡了！"于
> 是议定该村除少用水外，每年祭祀源神时还要多献一只草鸡以示
> 惩罚。①

这个流传的故事，其实是以一种隐喻的形式对现实的用水秩序作出的
说明。故事所隐喻的重点不在于几个人跳进了油锅捞出了几个铜钱，而在
于谁没有跳进油锅因而没有捞出铜钱，因为那是对其丧失用水权利的隐喻
式论证。在这个故事中作为典型的就是张良村，因为该村人的怯懦，该村
人不得不承担每次祭祀都要献一只草鸡的惩罚。草鸡应该就是野鸡，象征
着胆小怯懦。由此带来的后果应该还有该村人在水资源上的少分，而这被
认为是天经地义的。张良村在这里作为一种典型人格成了文化鉴戒的代
表，即以对一种不合乎主流道德标准的反面典型的惩戒方式警示着后人。
草鸡的隐喻不仅是一个嘲弄和对张良村人的时刻提醒，更是现实用水秩序
合法性的最直接的证据和最深刻的论证。它通过民间叙事的方式一代代流
传，反复被强化和确认，意在告诉人们，水资源为什么要这样分配，现有
的用水秩序在何种意义上是合理、神圣和权威性的。因而水利共同体以诉
诸某些传统或者传说的方式实现了自我规训，在这些传说规训下的用水秩
序附带了以隐喻的方式行使着的社会权力的规约作用，其权威性因借助于
一定程度上被神化了的人格而同正式权力一样显得不容置疑。与组织化的

---

① 《介休民间故事集成》，山西人民出版社 1991 版年，第 59、104—105 页。该传说 1987
　 年 5 月由介休城镇文化中心辅导员王增华搜集。参见赵世瑜《分水之争：公共资源与乡
　 土社会的权力和象征——以明清山西汾水流域的若干案例为中心》，《中国社会科学》
　 2005 年第 2 期。

权力运用不同的是，这种自我规训的社会权力，以社会自我监督与约束的方式实现了权力的制约技术。

这种故事流传久了在事实上就变成了民间法或民间惯例的一部分，因而被写进渠册、刻入了石头，成为规则约束体系事实上的一部分。正如马克斯·韦伯指出的:"通常在制度里的服从，除了受形形色色的利害关系的制约外，还受到传统的束缚和合法观念的错综复杂的制约，只要所涉及的不是崭新的章程。在很多情况下，服从的行为者们当时甚至没有意识到，究竟那是习俗、惯例还是法。"① 事实上，在社会生活的实践中，习俗、惯例或者法律不一定都是截然分明地载之于册的，其更经常的存在状态是相互交织在一起的。

---

① ［德］马克斯·韦伯:《经济与社会》上卷，林荣远译，商务印书馆1997年版，第68页。

第四章 国家权力：基层水利治理的 支持者与仲裁者

第一节 国家权力在村庄中的"在场"

不管是现代国家还是传统国家，其履行的职能都是多方面的。斯图尔特·霍尔（Stuart Hall）认为，国家"是一个矛盾构成体，它拥有不同的行为方式，活跃于许多不同的领域：它是多中心的和多维度的"[1]。马克思主义政治学也对国家职能有全面的论述。马克思指出，国家活动"既包括由一切社会的性质产生的各种公共事务的执行，又包括由政府同人民大众相对立而产生的各种特有的职能"[2]。恩格斯也指出："政治统治到处都是以执行某种社会职能为基础，而且政治统治只有在它执行了它的这种社会职能时才能持续下去。"[3] 国家进行阶级统治从而将社会维护在一定秩序范围内的职能即其政治职能，而国家行使管理社会文化生活的各项职能，实际上是在履行其社会职能。国家的政治职能和社会职能是密不可分的。

中国传统国家也必然具备其政治和社会两个方面的职能。传统国家兴修和管理水利，调节和处理乡村社会中在用水问题上的各种矛盾和纠纷的活动，实际上就是履行其社会管理职能的表现。但不管怎么说，国家的这些活动，归根结底都是以国家权力的行使为条件的。或者说，国家权力的行使过程及国家职能的履行过程，两者不可分割。但由于其国家能力的相对不足，传统国家在履行其社会管理职能的时候就显得力不从心，其通过

---

① 转引自郑杭生、洪大用《现代化进程中的中国国家与社会——从文化的角度看国家与社会关系的协调》，《云南社会科学》1997 年第 5 期。

② 《马克思恩格斯选集》第二卷，人民出版社 2012 年版，第 560 页。

③ 《马克思恩格斯选集》第三卷，人民出版社 2012 年版，第 559—560 页。

国家权力介入乡村社会，并进行有效的社会管理的能力是相对有限的。传统国家更像是一个千百万个独立小农户的大家长，虽然在其末期有着向现代国家转型趋近的倾向，但是它却从没有建立起现代意义的政治结构。因而它只能是"传统"的。

一　设置和管理水利机构

传统中国社会是一个以农为本的社会，农业第一产业在国家经济生活中占据着主导地位，成为国民经济的基础和国家财政收入的主要来源。因而无论哪朝哪代的统治者，无不把重视和发展农业放在国策制定的首位，即实行所谓"重农抑商"的政策。这一点从传统社会对人群阶层的划分上就可以看得出来："凡民有四，一曰士，二曰农，三曰工，四曰商。论民之行，以士为尊，农工商为卑，论民之业，以农为本，工商为末。"①"农"在四民中的地位仅次于"士"，可见传统社会对农业的重视。而农业是以生物性产品为直接加工对象的产业，这就决定了水资源在农业生产中起着极为重要的作用。因而传统国家重视农业政策的直接后果就是要重视农田水利事业的发展。

在实际政策措施中，国家成立各种对农田水利进行管理和督导的专门部门，这些专门部门在相关政府机构的协调下，统一对辖区内的水利进行管理。如在山西省境内，为了水利管理的需要，有清一代就曾经将山西水利按照地理区位分别划归雁平道、冀宁道、河东道，并由三道的道员分别兼领该地区的水利道员予以管辖。各道员下属的行政官员也分别兼领水利职务，工作上直接对各道员负责。按照相关规定，水利管理部门要对"所属地方，一切干支河渠堤堰等项"负有管理和督导的责任：如"水涸之时，责令地方官于境内逐一查勘，如有淤浅阻塞残缺之处，即报明该管厅道亲往确勘，督率州县务于春融时拨夫修浚，一律宽深坚实，结报核奏"②等。虽然传统国家中政府的职能部门分立并不像现代社会这样细致，但仍成立有专门的水利管理部门。在本书所探讨的区域水利社会中，如洪洞介休一带，官方所建立的水利管理机构是平阳府水利同知，由其负责监管全境内的各河道水渠的水利灌溉事务。

当然，传统国家的基层政府在管理职能上并未完全分化。因此，在基

---

① 谢树阶：《保富约书》卷 8，转引自王先明《近代绅士》，天津人民出版社 1997 年版，第 184 页。

② （清）光绪《晋政辑要》卷三十九。转引自李三谋、李震《清朝洪洞县的河渠灌溉与管理》，《农业考古》2003 年第 3 期。

层政府一级一般并没有完全设置类似上级的水利管理部门，而是由基层政府综合性地管理地方水利事务。但可以推想的是，在那些水利事务重要且繁多的地方，如我们所讨论的山陕地区，农村水利事务应该是基层政府管理中的一项重要事务。例如，"洪洞的历任长官无不明白，'渠务为地方自治最重要事'（语出《洪洞县水利志补·凡例》）；因而无不关注于渠务有关的重要事务。就个人而言，他们或捐助款项，或督励兴工；就官府而言，亦介入着渠规制定与实施以及渠册修纂等类事务。"①

通过本书第二章的论述也可以看出，官方往往要对各用水渠的渠册进行核查；对各渠每年的用水惯例和实际用水情况进行监督；特别是各渠因用水发生的矛盾和纠纷，在需要官方参与的情况下，一般都要以官方判决或者调解的形式予以协调；地方政府还要对各渠的渠务管理机构进行监督和管理，保证渠务管理机构相对清廉和管理高效；对村落因人力物力不足而无法对较大规模的水利工程进行组织的，地方政府也应当及时在人力、财力上予以帮助。

二 提供基本的水利工程设施

传统国家对社会的汲取能力是有限的，有限的汲取能力所带来的国家财政能力也是相对比较弱的。在这种情况下，国家不可能组织起现代化的国民经济体系，也不可能建立起对乡村公共产品的支持和保障机制。由此带来的其国家能力上的局限，也使得"官府管理是很有限的，只能是一种宏观的管理"②，为乡村提供一些基本的水利工程和设施。实际上传统社会中，大多数的公共产品都是由乡村社会自我供给的。"乡村社会就不可能获得外来资源的支持来促进进步和变迁，乡村社会所需的社会设施等公共产品就长期由社区居民自我供给，所以在漫长的农业社会时期，乡村社会一直延续公共产品自我供给的体制。"③

具体来说，国家为乡村水利提供基础设施主要从以下方面进行：

首先，对乡村水利工作进行整体性领导、督饬和劝谕。如明正德十四年（1519），工科给事中吴岩曾提出建议说：以往的水利经费基本上都是按照水利工程本身规模的大小，由当地地方官向农民摊派。这里面就存在着很多的弊端，引起老百姓很多的不满。因此，国家应该统一标准，按照

---

① 《辑录》，导言，第42页。
② 李三谋：《清代山西主要农田水利活动》，《古今农业》2005年第2期。
③ 叶文辉：《农村公共产品供给制度变迁的分析》，《中国经济史研究》2005年第3期。

每户实际有田的数量按亩收取水税，"凡有田之家，不拘官民，每田一亩，科钱一文；每田一顷，科钱百文"。并且要把收上来的钱折成白银统归各府官库统一管理，"数目造报水利官处动支，不许别官借贷"，实行统收统支，禁止随便挪用。① 国家对水资源税的统一管理，一方面有利于克服水税收取中的弊端和漏洞，避免了基层官员借收取水税之机从中谋求私利；另一方面也使国家能够掌握较大的资源，从而能够集中力量兴修一些较大规模的水利工程，这些全局性措施的实施对乡村水利建设应该是有所裨益的。

其次，对较大规模水利工程的组织和支持。对于一些较大规模的水利工程，乡村自己确无力兴修的，一般都由国家出面组织兴修。一般来说，国家能动用较大规模的人力财力，理顺乡村社会所无力协调的各方面关系。因而国家出面兴修一些大型水利工程能克服乡村自身的局限，有利于将工程顺利地展开和做大。

清代就曾对陕西龙洞渠进行过多次兴修，如光绪二十五年的兴修：

> 丙申，予奉命来抚是邦，习知此渠未尽厥利，思复旧绩而益民生也。商之李乡垣方伯，筹提库帑，得请于朝。乃分檄各营，并力挑汰，塞者通之，淤者去之。……复派员督集民夫，分修泾、原、高、醴四县民渠，以广利导。……乃就地长筹经费，以资岁修；立各县渠总，以专责成；设公所于社树海角寺，以便会议；酌定章程，以垂久远。……是役始于戊戌三月，竣于己亥春莫，共用公帑四千九百九十余两。首其事者为严道金清，董其成者为贺丞培芳，督其工者为谭总兵琪详、龚参将炳奎、刘参将琦、萧游击世禧。时任泾阳者则张令凤岐，三原则欧令炳琳，高陵则徐令锡献，醴泉则张令树榖。始终襄其事者则于绅天锡。□□兵部侍郎兼都察院右副都御史总理各国事务大臣陕西巡抚部院西林巴图鲁邵阳魏光焘撰。②

可以看出，龙洞渠的兴修牵涉数县，其协调难度远非一县一乡之力所能及。国家在兴修龙洞渠的过程中，除了注重积极调动乡村中原有的水利管理机构的力量，还综合地方道员、军事首长、各地县令和士绅的力量，制定章程，成立组织，统一行动，在代表国家的中央官员的协调下工程得

---

① （明）沈启：《吴江水考》卷四（光绪黄象曦增辑本），第30页。
② 《龙洞渠记》，见《杂录》，第210—211页。

以顺利完工。如果不是由国家出面来完成这项工程的话，工程的施工难度也是可想而知的。

再次，对于一些规模较小的水利工程，国家虽没有直接参与，但一般地方官员都对地方水利的兴修较为重视和积极参与。地方官员一般采取劝谕、督导乃至直接参与其中的形式对地方水利兴修进行支持。如润民渠在乾隆十九年因洪水将渠堤冲坏百十余丈，"阖渠见工程浩大，莫不望而生畏"。至二十三年，有乔万春等 6 人将此事"公举至县"，县令亲自予以过问，并命县捕廉鲁某予以督工，遂使修渠工作"不日告竣"。① 渠身损坏后四年，该渠因工程牵涉较为浩大而始终没能重修。可以推想，即使是施工规模相对较小的民渠，如果超出了民间水利自组织的经济能力所限，没有代表政府力量的县令的亲自过问和派人督催，修渠工作还将要持久地拖下去。

再如汾州里渠，明初因为蝗灾将原有济民渠破坏无法使用，至永乐二年无人修补。在工部勘合后，该县县令调集力量、劝谕乡民，开展了重修渠道工作："为兴利除害事，本县会集老人，劝谕乡民，各人出力，相度河道水利，必要趁时尽力，开淘渠道浇溉禾稼，以图永远养民之计。"同时，官府出榜对不履行义务的官民规定了严格的处罚措施："有司、官吏、里老、乡民人等趁上急开渠道，敢有违慢不成实效者，将水户重行问罪。"② 通过这些措施，使得修渠工作进展顺利，进度加快，很快便将废渠修好并重新投入使用。

最后，为了有效维护地方水利工程，或者保障民众的用水权利，国家权力还对政府组织或者行政区划进行调整，从而优化政府内部组织，打破行政区划之间的隔阂，消除已经存在或者潜在的对乡村水利不利的因素。例如，前文所述洪洞、赵城二县就因长期水利争端，而一度被合并为洪赵一县而统一进行管理，从而消除导致水利纠纷缠身的县际矛盾或者争端发生的根源。据史书的记载，这一措施取得了较好的效果，两县间的水利争端确因行政区划的调整而减少了。

再如，在华北平原的滏阳河流域甚至曾发生磁州、广平两府合并的情形：

> 滏阳一河……可灌田三千余顷，而明臣知府高汝行等，知县朱泰

---

① 《乾隆三十二年旧印册原序（润民渠）》，见《志补》，第 210 页。

② 《节抄汾州里渠册》，见《志补》，第 227 页。

等曾建惠民等八闸以资灌溉。沿河州县民皆富饶,秔稻之盛甲于诸郡。近年以来,水田渐改,闸座所存无几。询其所以,乃有磁州之民地居上流拦河筑坝,无论水少之时,涓滴不下,即至水多之日,亦壅闭甚坚,以待经过商船敛金买水,乃肯开坝放行,以致下流诸邑,田土焦枯,不沾勺水之润。因争兴讼,累岁不休。虽均水之断案如山而隔属之抗违如故。此广郡水田之所以坐废也。[①]

沿岸稻田因依托滏阳河而建的沟渠闸口得以灌溉而丰产,沿河诸县物阜民丰。但是,上游的磁州等地拦河筑坝导致下游得不到足够的供水而水田废弃,闸座无存。并且上游还对来往船只设卡收费,因而引起连年的争讼。但是,这些争讼即使案件已断也因种种原因而无法执行,导致广平的稻田荒废。为此,当时中央政府层面由怡亲王出面干预,主张将两府合并,从而解决这一经年不决的痼疾。可见,通过国家权力的介入,调整政府自身的组织结构,对于保障水利工程顺利发挥作用和基层水利组织的用水权,也是极为重要的。

三 调处用水纠纷与惩罚违规行为

在乡村水利社区中,因为分水用水经常产生各种各样的矛盾和纠纷。有时候这些纠纷使双方的矛盾演化到非常激烈的地步,双方甚至因此而大打出手,甚至导致人员伤亡也在所不惜。并且这些水利纠纷或者矛盾发生的频次是很高的,特别是在那些素有矛盾的渠道所属各村中,更是纠纷矛盾历代多有,史不绝书。

如《洪洞介休水利碑刻辑录》列举了据故宫第一历史档案馆所存争水诉讼档案,所统计的仅在光绪朝发生的重大水利纠纷并上控的就有:十二年三原县民截渠争水命案;二十年蓝田县用渠水争殴致死案;二十八年潼关厅东南乡南巡底屯乡民因修渠起衅殴死案;二十八年赵城县王村、涧头村争水命案;二十九年大同县争水命案;三十四年汾阳县争浇泉水斗殴案;三十四年平遥县违规放水斗殴致死案;等等。[②]可见,这些水利纠纷和争斗发生非常频繁,并且很多规模和性质非常严重,在地域分布上也相当广泛,几乎遍及山陕地区各地。特别值得一提的是赵城县的水利纠纷

---

① 《请磁州改归广平疏》,载(清)吴邦庆《畿辅河道水利丛书·怡贤亲王疏钞》,道光四年刻本,第10页 a、b。

② 参见《辑录》,导言,第35—36页。

案，案件两造历史上就因争水而多次发生诉讼，所以历史上曾经将洪洞、赵城两县合并管理，借以消弭该地频发的水利纠纷。所有这些情况表明，国家作为社会公共权威而介入乡村水利社区中，以矛盾双方仲裁者的身份介入纠纷，调节双方的矛盾并惩罚违规者的行为成为社会之必需。

洪洞县清水渠李卫村分为东西两社，多年以来两社共同使用清水渠之水，并且在用水的过程中根据该村分为两社的现实情况，确定了两社每年轮流分任渠长的用水制度。通过这种渠长分任制度，两社之间在用水上维持着微妙的平衡和相对稳定。但同治二年冬，两社之间因帮钱而构讼。事情的起因是西社因为地多势重，力量有余，因而想分办水利。而东社地少，力量不足，如果分办，将面临独力难支的局面，因而还是想在现有框架内按照各自原有夫数令西社按地帮钱。双方各执一词，因而矛盾骤起。案件上控后，县令审理此案时认为："第分办拔摊，两皆非是。"县令举出的理由是"凡事众擎易举，独力难支"，并且举出古训告诫双方说："《易》曰：'二人同心，其利断金'。《语》云：'礼之用，和为贵'。"从现实来看，"李卫村东西两社，既沾一渠水利，贵于众志成城，渠务冗繁，且系越境治水。合则心齐力裕，分则势寡用繁"。因而县令最后断令双方在重新丈量厘清各自实有地亩的前提下，处理好各自的权利与义务关系，还是按照原有的规则继续合作，共同用水。[①] 可以看出，县令作为国家正式权力机构的代言人和权力执行者，在水利纠纷中发挥着不可或缺的作用，同时也能看出传统国家司法裁判时所秉持的基本原则：县令对水利案件的审判，倾向于先以"春秋决狱"的方式对双方的矛盾作出调解，实在调解不成再进行判决。

传统中国社会是一个讲求"礼治"而不是"法治"的社会。"礼治"原则意图通过每个人道德上的自觉和反省作为社会实现秩序化的前提，"维持礼俗的力量不在身外的权力，而是在身内的良心"。[②] 即使是中国传统社会中也存在着法律，但是法律的执行也是以特殊主义原则为前提的，是一套"出于统治者的道德理念（也就是儒家以礼以和为先的理念）"的规则体系。[③] 靠法律实现的社会秩序，历来是不被正统思想所认可的。靠法律实现社会秩序化顶多只能算是一种"治"，而算不上是"良治"，无讼才是最高的理想。按照这种思路，"纠纷发生前所作的防患于未然的措

---

① 《同治三年缪任为两社兴夫事断案》，《节抄清水渠册》，见《志补》，第 119—121 页。

② 费孝通：《乡土中国　生育制度》，北京大学出版社 1998 年版，第 55 页。

③ ［美］黄宗智：《走向从实践出发的社会科学》，《中国社会科学》2005 年第 1 期。

施比争端爆发之后才去解决的方法与手段,更为重要"。因而对于政府来说,"发展出一套确保社会安宁与政治秩序的持续不断的传统",并且"经由政府的行动或者地方社区自身的努力等双管齐下的手段来阻止地方居民之间产生的龌龊并且解决纠纷",①成为政府管理教化,实现社会秩序化的重要手段。因此,从史料所观官方介入的民间水利案件中,可以看到官方常常是以调解者或者仲裁者的身份介入纠纷案件,即使是进行正式的判决,这些判决也往往会带有强烈的道德色彩。在某种意义上说,这种对水利纠纷案件的处理方式在当时来看可能是节省社会成本的,但从长远来看,却往往会留有后患,致使很多纠纷反复发生、久拖不决,反而不利于水利社会的长期稳定。

四　制定和确认规范性文件

基层水利治理所依据的基本规范是一渠的渠册和渠规。这些渠册和渠规一般都经过漫长的形成和演变过程,其内容随时间的变化而有所变迁。但是,传统社会是一个变迁速度和幅度相对不大的社会。所以表现在渠规的变迁上,后代对前代的因袭是相当明显的。即使是对渠规有所更定,也必须有严格的程序,特别是要有官方的程序确认。否则,这种更定就是不被承认的。官方一般也比较尊重渠册和渠规本身的稳定性,在判案的过程中一般都把旧有的渠册和渠规作为裁判的标准。如果遇有原先渠册中未曾提及的新问题,一般官方都秉承渠规的内涵确定判断标准,并将一些对渠规的重要更新或者重大案件刻石立碑,以为后来者将先代的碑刻援为断案依据。从这个意义上来说,官方的判案结果在一定意义上也构成了渠规的渊源之一。通过官方对渠规的确认和规范,"得到官方肯定与重申的民间渠规,与具有法令效力的官方裁断融汇为难以拆解的一体;既增重了民间法规的力量,又使官方的统治触角有效地伸入基层民间"②。

如介休境内洪山泉的开发利用可能始自唐武德年间。至宋康定年间,时在汾州府为官的文彦博始"开三河引水灌田",即针对民众争水的实际情况,建石孔三眼以分水利,在洪山泉水利用史上开了一源三河的分水先例。这一先例后来不断被强化定型,成为该地区各渠用水时共同遵守的分水惯例和用水规约,在后世判断水利纠纷的案件中亦多有援引。

---

① 〔美〕萧公权:《调争解纷——帝制时代中国社会的和解》,见刘梦溪主编《中国现代学术经典·萧公权卷》,河北教育出版社1999年版,第874、876页。

② 邓小南:《追求用水秩序的努力——从前近代洪洞的水资源管理看"民间"与"官方"》,载《暨南史学》第3辑,暨南大学出版社2004年版,第75页。

在个别情况下，如某渠因自然界的不可抗力造成渠册损坏，从而使用水无例可依，造成诸多不便和纠纷时，一般官府也会依据基层水利管理者的要求，派员实地进行勘验，在此基础上重订渠册，而且要凿石立碑，使因不可抗因素造成的渠规紊乱的可能性降到最低。如沃阳渠在明成化至万历年间即曾更定渠册：

> 成化元年，人有兴败，年久例乱，渠长吴祯赴府告理，蒙准，委赵城、汾西二县廉官踏验定规，复造一册。设法凿石立碑。至万历年间，有卖地夫存，有地无夫，置水推延不便，例乱不均。本渠有地人左天□、南春吉等赴县蒙准，批允造册。①

通过对基层重订渠册工作的介入和督导，一方面官方进一步在基层树立了自己的权威；另一方面，也使渠册和渠规保持了相对的公平性和稳定性。这些措施都使渠规不会因偶然的损坏，而成为某些地方豪强恶霸势力侵占普通民众用水权利的口实和契机，保证了地方水利秩序的相对稳定。

第二节　国家权力介入村庄的原则

一　在尊重基层自组织权力前提下的间接与被动介入

S. N. 艾森斯塔得（Eisenstadt）认为，传统的帝国按其统治的形式可以区分为"文化""政治—集体""经济—社会""自我维护"四种取向类型，而传统中华帝国是以文化特殊主义和文化取向为主的。理想的文化模式具有头等重要的意义；文化和道德行为是解决人与人之间矛盾和其他社会问题的最主要手段；以文化特殊主义为圭臬的儒家学说被奉为统治思想。国家与地方的关系也是建立在地方对国家的文化认同之上，国家对地方的干涉和介入也主要是以文化影响的途径，而非法理式的方式。因之，国家的扩展受到限制，从社会抽取资源的能力也是非常有限的。② 因而国家与社会之间的这种连接方式，意味着其对地方社会的介入也多以间接、

---

① 《古沃阳渠叙二》，见《志补》，第187页。
② 参见［以］S. N. 艾森斯塔得《帝国的政治体系》，阎步克译，贵州人民出版社1992年版，第228—242页。

被动的方式为主。表现在官方对基层水利的管理上，官方也多是以被动、间接的方式介入水利管理中去。

首先，传统国家虽以"溥天之下，莫非王土"相标榜，但以王权为代表的国家在实际中并未确立起一套明确的对水资源行使所有权的体制。在乡间，水资源以其公共物品的属性而存在。在对其治理上，国家更多是采取承认和支持民间传统习惯法的方式，默许乃至承认地方对水资源的共同占有和处置权。国家权力常常置身于事外，以一种高高在上、互不偏袒的中间仲裁者身份介入水利纠纷和矛盾中，裁判各种违犯水利惯例的行为。国家常常"对乡村社会内部争水械斗的行为听之任之，除非发生重大命案或双方争斗激烈，争执不下时，才会以仲裁者的身份被动介入"①。"公权力不是直接掌握水利秩序而是依据惯行置于成文法之外，但在争水等秩序维持中作为调停者出现。因此水利秩序立足于事实上的支配，比依据法的支配，甚至以干涉权利的形式更能得到有效的成果。"② 但在基层用水状况发生较大变化时，国家会根据情况的变化，参照传统惯例和民间的意见对传统的水利制度做技术性的改进，从而维持着水资源利用的公平和正义。

即使是在国家政权的末梢，即在基层政府或者乡村政权那里，水利自组织也常常是相对独立地处理内部事务的，两者之间似乎呈现了一种并行的关系，在机构设置、人员、权责等方面几乎是相互独立的。有研究表明，在帝国晚期的华北地区的乡村社会中，"在管理水利的手段比较周密的村庄中，人们相信，管水的组织极大地决定了村庄行政所扮演的角色，但事实正相反，负责水的分配和利用的农户组织与村委会和地方政府的权威完全分离。在理论上，河老每年由本闸的农户选举，但实际上他多年保持这一职位，在有些村庄这个工作是世袭的。……管理水利的成功依赖每闸内农户的合作，而不依赖任何村庄领导层提出的指导"。③ 王建革对近代华北地区农田水利的研究也表明："闸会组织应当是一种独立于村级政区的社会组织。……水闸设置后，水利事务完全由河渠管理组织和各村镰

---

① 张俊峰：《水权与地方社会——以明清以来山西省文水县甘泉渠水案为例》，《山西大学学报》（哲学社会科学版）2001 年第 6 期。
② ［日］好并隆司：《中国水利史研究论考》，转引自钞晓鸿主编《海外中国水利史研究：日本学者论集》，人民出版社 2014 年版，第 22 页。
③ ［美］马若孟：《中国农民经济：河北和山东的农民发展，1890—1949》，史建云译，凤凰出版传媒股份有限公司、江苏人民出版社 2013 年版，第 316、317 页。

户负责，村公所无权过问。有大事的时候，闸会人员才可能和村公所商量。"① 管理水利的河老因其权力来源于民众的选举，而对村庄的行政领导保持着独立性，事实上成为在村庄行政之外的另一套系统。因此，即使在国家的政权末梢上，村庄的行政机构虽然同水利自组织处于同区域中，但事实上也无法对之产生太大的影响力，其对水利事务的介入程度和能力也就值得怀疑了。当然，这并不意味着两种权力之间就不会有任何交集。作为国家权力在村庄的存在形式，村庄行政机构与水利自组织之间，还是会存在着一些职能上的协作。例如在土地、人口或者赋役的管理上，两者应该还是存在着协作关系的。

其次，官方很少对基层水利发展进行整体的构思、规划和全盘的开发利用，民间进行渠道改造、整修乃至开渠等活动多是自主进行的。当然，这些活动要报官方获得授权和许可，获得官方的权威支持以减少阻力。

如第二润民渠在开渠时，民众"已知润民之事，为无官司凭验，不敢擅便开渠"，因而"具告工部准行开渠以便民用"。官方给予的批复是"灌田润民，禾稼生成，夏秋收获，赋税有资，奈临近侵欺，多生凶暴。约束梁、吉二庄并相接村分，强梁势豪，不许倚强行凶，拦阻侵害。渠口在下，别庄通涧接水之处，不得结党仗势，越赖上水垒石遮当。若有不依原取准状，定是治罪施行"②。并且官方对首倡开渠的马文江、马成、韩世杰等给以执照，以方便其筹措谋划开渠事宜。可见，通过官方的准许和授权，乡村基层开渠便获得了相当的权威性，对于开渠中可能遇到的种种阻力便具有了一定程度的免疫力，官方的授权保证了开渠工作的顺利进行。

再如副霍渠于明洪武年间曾议于沙河内置立新堰，为首的内槽南沟沟头李妙智同夫头景炤等三十六夫，将这一情况具告本县批准，"申府出给榜文，从便置立开挑"。官方在勘验之后认为置堰"系是民利，任从民便"。因派县典史王用，"因为民瘼到彼，添力劝谕"。至新堰置立完毕，渠内民众"将渠条告，蒙本县印押，永照用"③。可以看出，在创修副霍渠的整个过程中，始终是"民"在起着主导作用，"官"只不过是对开渠的可行性作出评估并予以许可，继之则对民众的开渠工作进行督导、"劝谕"，最后对"民"所拟定的渠规予以认可和批准。在整个过程中，官方

---

① 王建革：《传统社会末期华北的生态与社会》，生活·读书·新知三联书店 2009 年版，第 36 页。

② 《节抄第二润民渠册·册序》，见《志补》，第 259 页。

③ 《节抄副霍渠渠册·创修副霍庙记》，见《志补》，第 94、95 页。

始终是被动的、间接参与的。

最后，对于民间因用水产生的纠纷，官方通常都是在当事人主动上控的情况下予以裁判，即所谓"民不告官不究"。而且官方的裁判通常也是在遵从原状的前提下先行调解，调解不能奏效时才予以裁断。

晋南紫金山"有峪二道。东名瓜峪，西名遮马峪。有瓜峪地势宽阔，分为三涧：东为天涧，中为南下大涧，西为西长大涧"，干涧村正在两峪之中，因而开渠一道，利用两峪之水灌溉。然而，"樊村下八等村竟谓浊为己水，持众横行，因兹讼起。自明洪武以及国朝雍正、乾隆、嘉庆等年，屡有控案纠缠，多年未曾完结"。道光八年，讼事又起，干涧村无奈之下"上京控伊于都察院，咨于本省府宪提人证卷宗，研訏碻情，将伊□□书吏差役，尽皆□从照"。在花费巨大代价后，至道光十□年，钦案得以完结。同治八年，下八村又再次兴控，"不时陷害，使余村士农工商不能安业□。县主切切劝谕教管，中人通融"。干涧村在忍耐数年之后，不得已乃"亲开涧东涧西渠口，引使清浊二水。又于吐水口南，挑开一渠，令清水下涧"。所开工程耗费较大，均为该村自给。[①] 在整个事件过程中，可以看到，官方虽然曾经对纠纷的解决有所介入，但其所使用的方法不过是"切切劝谕教管，中人通融"，其目的乃是维持乡村水利之现状和不出现大的混乱而已。干涧村在通过种种官方正式渠道（上至督察院，下及于县）之后，发现所有官方渠道并不能很好地解决他们面临的困境。即使是偶尔解决了问题，那也不过是奏一时之效而已。无奈之下，只能靠村庄自身的力量来解决问题。可见，传统国家中，官方对村落的影响力，总体来说还是显得不足。村落用水的大量纠纷，大部分还是在村落和渠道内部通过民间自组织的力量解决的，国家权威只是起着一个补充的作用。

二　对民间习惯法的尊重：以渠册惯例作为裁判标准

国家正式权力对乡村水利的介入是"多层次、多方位的"，"其介入方式大多属引导督励性质而非直接插手代办"。[②] 如果存在正式权力对乡村水利较为直接的参与，那么这种参与也多是发生在渠民诉讼告官的情形中。但在同一条渠的村落与村落之间，同一流域的不同渠系之间发生的纠

---

① （清）同治十二年《开三渠记》，见《河东水利石刻》，第182—183页。
② 邓小南：《追求用水秩序的努力——从前近代洪洞的水资源管理看"民间"与"官方"》，载《暨南史学》第3辑，暨南大学出版社2004年版，第75页。

纷，往往超越了村落内部的非正式权力体系可以调节的范围。在这种情况下，就不得不借助外在的国家权力的力量，来对事情本身的是非曲直作出权威性判断。而国家权力在介入乡村水利纠纷的时候，面对的其实是乡村水利社会已经预先设定好的一个"场域"。在这个"场域"中，国家权力要正常地发挥作用，就要遵循这个"场域"对于基本价值和公平的既定设计和构思。特别是在传统国家与社会关系状态下，国家与社会远不是现代法理型意义上的，这种遵循就显得更有必要。因为这直接关系着国家权力的权威性判断的实效问题，不被乡村社会所认同的判决，是无法被有效执行下去的。从历史发展的现实来看，在国家权力介入乡村对水利纠纷作出调解裁判时，往往是以乡村社会原有的渠册所规定的渠规和水利利用惯例作为裁判标准的，采取"率由旧章"的裁判原则。"'率由旧章'的行事原则从本质上讲是一种文化安排的结果。换言之，是对各泉域社会长期以来形成的惯例、认知、信仰、仪式、伦理观念以及相应的庙宇祭祀等文化传统的适应。违背这一文化安排的行事方式，必将导致地方社会水利秩序的混乱，造成难以估量的损失。"①

邓小南在对前近代山西洪洞地区水资源管理中的"民间"与"官方"的考察中指出：在历来诉讼和纠纷甚多的沃阳渠，历史上就因渠道的变迁而屡兴诉讼，与相邻的连子渠之间也是讼事不断。"蒙古国宪宗甲寅年（1254），元世祖中统元年（1260），明代永乐三年（1405），清代顺治二年（1645），嘉庆十三年（1808）、二十四年（1819），道光元年（1821），沃阳渠与连子渠发生水事纠纷；康熙五十九年（1720）、道光二十二年（1842），沃阳渠因南北两渠争水而酿成讼案，数度赴府县裁断。而官府裁定是非的依据，通常是有文字可考的渠册、渠规。""很明显，官府断案的依据即是以往的渠册中订立之'旧规'；而'免滋讼'的方式，也是'毋任违规'。"② 从对这些纠纷判决的统计可以看出，渠册渠规等民间非正式规则在官方正式权力行使中的重要地位。

在洪洞润民渠的纠纷案例中，官方亦是遵循着这一原则进行断案的。

> 乾隆三十三年七月，东姚头邻生通等，当渠横筑腰堰。润民渠公直乔万金等，以当渠截堰等情呈县。蒙姚太老爷堪断定案，立碑于

---

① 张俊峰：《水利社会的类型：明清以来洪洞水利与乡村社会变迁》，北京大学出版社2012年版，第98页。

② 邓小南：《追求用水秩序的努力——从前近代洪洞的水资源管理看"民间"与"官方"》，载《暨南史学》第3辑，暨南大学出版社2004年版，第75页。

县。兹将刊语附录于左：审得润民渠公直乔万金等，与地户郇生通，因渠水互控一案。缘河西润民渠，上接雷鸣之水，浇灌万安镇等庄数千亩之田。自嘉靖年间郇生通之祖郇仓，捐地改修渠道，村众公议其子孙用水永不兴夫，立有碑记……碑记止载郇姓之子孙用水永不兴夫，并未载郇姓之子孙许筑坝而用水。今本县亲诣查踏情形，秉公刊断：……郇生通所筑未成之坝，饬令挑毁，余俱仍照旧例遵行，永杜争端，以结斯案。①

在是否允许郇姓子孙筑坝而用水的问题上，官方的判断是以该渠的原有渠例为准的。固然，郇氏先祖因捐地开渠有功，因而"村众公议其子孙用水永不兴夫"。但在渠例中并未因此而规定其家可以因此而筑坝截水，从而获得比别人更多的用水权。该县县令"亲诣查踏情形"，据原先所立之碑记作出判断而勒令郇氏恢复原状，挑毁所立之坝，一切仍按旧例遵行。可以看出，在县令断案过程中，该村原来所立之碑记是起了重要作用的，它在官方的判决书上被援为证据，成为官方断案的基本依据。

三 力求实现用水秩序与公平

国家权力对乡村社会的介入是有其目的性的。在小农经济为主的社会中，由于小农经济自身的脆弱性和抗风险能力的低下，一旦出现天灾人祸或者豪强侵夺，小农经济本身都会面临遭遇灭顶之灾的危险。因而小农经济天然就倾向于要求实行平均主义，至少是不被剥夺得太厉害。这种情形是国家权力进入乡村施政时所不得不考虑到的。孙奂仑曾说："夫设官所以为民，民于利害切身之事，争之不得，群谋诉之于官。则为之究其利弊，判其曲直，固官之所有事也，何独于渠案而异之！"② 在国家介入乡村水利中来的时候，其施政的目标总是以务使用水保持秩序化和保证用水"均平"作为施政的核心价值。这一点在很多国家对乡村水利纠纷乃至改革事件中反映出来。

乾隆四年八月，晋祠流域的金胜村等想使用秋水浇灌田地，花塔村拦阻不允，因而双方具控至县，经县令官批于小站、古城两营渠长议处。金胜村等在使用秋水时向无水程，但此时正值使用秋水之时，故评

---

① 乾隆三十二年《旧印册原序》，见《志补》，第211、212页。
② 《孙奂仑序》，见《志补》，第6页。

给金胜、董茹二村水二程，具词和息。当时，花塔各村以为暂借，因而
应允。至乾隆六年八月，金胜等二村又欲使水，花塔等村因而再次具控
上告，称此二村并无水程，不得使水。县令查明金胜、董茹二村所持水
帖，相互违背，不能作为使水凭据。但考虑到金胜等二村同在北河使
水，若春秋之水不予他们使用，也不是体现用水均平的做法。因而该县
判定："除三月初一日起至八月初一日止，仍照排单使水外，嗣后每年
春水自惊蛰起，秋水自八月出二日起，六日一轮，挨至第三轮之第三、
第四两昼夜，给与金胜、董茹二村。"① 可以看出，在这个案件的审判
过程中，县令最后的判决超出了该渠原有渠规之外，使在该渠春秋之时
向无使水之例的金胜等二村也有了水程，打破了该渠原有的渠规。县令
之所以这么做，是考虑到不给二村使水"亦非情理之平"，即从道理上
来讲，这是不公平的。这个情理，其实应该是有考虑农民生存伦理的道
义因素在其中的。

　　再如，介休县东有洪山，有山泉涌出，故附近村庄皆引该泉之水灌
溉田亩，历多年而久有定例。至明万历间，"民伪日滋，始有卖地不卖
水，卖水不卖地之弊"。因而导致出现了"富者买水程，而止纳平地之
粮；贫者梗荒陇，而尚供水地之赋"的情况。迨至万历九年例行丈量土
地时，一些奸巧之徒又改立地券，肆意兼并，致使一些"赔纳之家，清
资荡产无所控"，② 社会不公已经到了非常严重的地步。在这种情况下，
时任介休县令的王一魁，亲自下到乡村督促水地旱地的重新丈量，勘定
每块地的水粮、旱粮数量，同时确定了以水随粮、以粮随水的改革方
案，并报请上级机关予以批准。通过这次较大规模的改革，使乡村水
地、旱地又重新得以较为平均地分配，并立碑以为该地用水的永久则
例。③ 综观王一魁的改革可以看出，其改革的实质是要使严重的贫富不
均分化重新均等化起来。而要实现这一点的关键就是维护原有的用水秩
序，使水、地重新较为平均地在各小农户中进行分配，从而维持社会的
相对均衡。

四　农业为本与农业用水权

　　在山陕地区各渠的基层水利中，水除进行农田灌溉外，实际上还被用

---

① 《晋祠志·河例四》，第 862 页。
② 《介邑王侯均水碑记》，见《辑录》，第 180 页。
③ 《介休水利条规碑》，见《辑录》，第 163 页。

来进行一些副业加工，如晋水流域的造纸和普遍在各渠存在的水磨农产品加工，也都构成了该地区水利的组成部分。但在以农为本的传统社会中，其他各业与农业相比，都只能是相对于"本业"的"末业"。因而，在国家对乡村水利进行管理时，就特别强调这些"末业"只能在农闲不用水的时候才能有用水的权利。只要是农田有用水的需要，这些加工业就必须为农田用水让路，优先让农田用水。特别是如果有人贪图水利加工所带来的利润，造成水加工业与农田用水造成矛盾时，国家权力就会介入对违反规矩者予以处罚以维持原有的用水秩序。

清乾隆八年，有洪洞县洪山村人在"源神池以下、两河水平以上擅建水磨者"，因为该地地势狭隘，造成水流不畅，从而给农田灌溉带来了很大的阻碍，"万民病焉"。时任汾州清军分宪事亲往实地勘察，在核实情形后，"立命搬去磨堰，且立断案，嗣后此水平以上永远不许擅建水磨"，① 从而保证了农田灌溉用水。

再如，副霍渠亦有水磨加工业存在。但该渠渠册明确规定，该渠之水系四六分用，地户六分，磨户四分。每年自二月初一起，至十月初十止，为该渠地户农田用水之时，在此时段内，磨户概不许用水转磨。"如有强梁磨户，私拆灰印擅自转磨者，该管渠长指名呈县责惩，外罚白米十石，入官备赈。"特殊情况下，只有当阴雨连连，地内不需水灌溉的时候，磨户在禀明渠长之后，方才允许用水转磨。② 光绪十二年，通利渠上游新开式好、两济二渠。但两渠同时设水磨数十盘，需要较多的水才能使其运转。因此，两渠"浇地为数无多，专认转磨盗水"，致使通利渠渠水无法满足正常的灌溉需要，为此两渠展开了长时间的用水纠纷。官方介入后，在尊重现实情况的前提下，官断如下："各渠水磨有碍水利，关乎万民生命，春夏秋三时概行停止，以便溉地。惟冬月水闲，准其自便转用，以示体恤，并此后不许再添水磨。"③ 可见，官方的判断仍是以水加工副业用水不应以妨碍农业用水为标准的，农业用水优先仍是官方在断定水利纠纷时最重要的立足点。

---

① 《皇清诰授中大夫今管汾州府清军分宪事加三级魏公讳乾教号玉庵万民感戴碑》，见《辑录》，第215页。
② 《副霍渠条例》第六条，见《志补》，第99页。
③ 光绪三十四年重修《通利渠渠册》。转引自张俊峰《明清以来山西水力加工业的兴衰》，《中国农史》2005年第4期。

第三节　国家权力与基层非正式权力的竞合与均衡

一　晋祠圣母殿与水母楼的传说：两个权力中心的竞争

在现代国家中，国家与社会的关系是按照一定的法理型依据确立起来的。国家通过一定的法律规定及其程序作用于社会，通过社会资源的权威调动和分配实现自己的意志；社会也在一定法律确定的秩序范围内对国家行为表达着自己的态度，通过法律规定的组织形式表达支持或反对，从而与国家行为形成互动。但在传统社会中，国家由于缺乏现代意义上的法理建构，其合法性往往是来源于传统的神圣和外在神圣力量冥冥中的安排。皇帝的权力是受命于天的，代表上天的意志对人间的秩序作出安排，民服从于君即是服从上天的意志。因而这种权力与现代由人民参与和多数决定的权力存在的依据有所不同，它虽然同样需要解决认同的问题，但是对其认同是建立在民众对国家所宣扬的神界秩序的信仰，至少是不会公开予以反对基础上的。换句话说，这种权力是建立于民众对国家行使权力的文化认同基础上的，权力依靠着文化网络而实现自己。

但是，在权力的文化网络中，上层文化与民间文化总是存在一定的不同步性，大传统虽然影响着小传统，但小传统并不总是完全与大传统步调一致、亦步亦趋。因而"国家权力在乡村的实践远非国家意志的简单实现过程"，在社会现实中与此恰恰相反的是："这一过程因国家权力与乡村的文化规则的相互合作、相互斗争、相互妥协而变得复杂、动态并且充满着变数。"① 乡村文化规则在此前提下，建构起了其自身非正式权力运作的实践框架；同时，上层文化则在国家的主导下竭力深入乡村，主导乡村社会的主流价值观念。文化意义的竞争是外在的表面现象，其背后的实质是两种权力之间的竞争，虽然这两种权力的地位和实力是不同的。在乡村水利社区的治理实践中，国家神与村庄神之间的竞争，为我们透视国家与村庄关系提供了一幅生动的全景式画面。

（一）圣母殿：官方确立的晋祠祭祀秩序

发源于太原晋祠的晋水，在流出晋祠后一分为三，"其北派流经北神

---

① 郭亮、何得桂：《乡村社会中的国家遭遇：一个文化的视角》，《学习与实践》2006年第5期。

桥入安仁、贤辅、古城、金胜等村为北河""其中派入大池流经南神桥晋源都东庄，为中河""其南派流入索村等地，为南河"。"溉田凡三万亩有奇。沾其泽者，凡三十余村庄。流灌垂邑之半"。不管其流如何，其源则都在晋祠一脉。而晋祠之水则"源出悬瓮山麓，晋祠难老泉"。① 因而晋祠以下各河无不以难老泉作为其源，并在此兴建晋祠。在以晋祠为背景而搭建起来的大舞台上，国家塑造的国家神和村庄自然生长起来的村庄神，分别代表着各自的权力角色登场，演出着一幕幕权力交相辉映、相互竞合的历史剧目。

宋明以前，晋祠所祭的主神是叔虞。按行龙的考证，晋祠唐叔虞祠魏晋时期已见诸文献。《水经注》即有"沼西际山枕水，有唐叔虞祠"的记载。唐叔虞即周武王之子而成王之弟。《史记》中说："成王与叔虞戏，削桐叶为珪以与叔虞，曰'以此封若。'史佚因请择日立叔虞。成王曰：'吾与之戏耳。'史佚曰：'天子无戏言。言则史书之，礼成之，乐歌之。'于是遂封叔虞于唐。"② 这就是有名的成王"桐叶封弟"的故事。因而作为晋唐一带可予追溯的公认的文明初祖，唐叔虞最初是作为主要神灵在晋祠中被予以拜祭的。

特别是到了隋唐时代，唐叔虞祠更是名声日著。其主要原因之一便是唐代开朝本始自晋阳起兵，因而更是将晋阳作为"王业之基"而重视有加。唐太宗就曾驾幸晋祠并亲书《晋祠之铭并序》，为叔虞树碑立传，文中称唐之所以"克昌洪业"，"实赖"叔虞之"神功"。唐代对叔虞的崇拜达到了鼎盛，叔虞祠也因之煊赫一时。

然自宋以后，叔虞祠的地位渐渐下降，至清代康熙年间叔虞祠则仅剩"破屋数楹……屋之宇颓弊，较昔尤甚，瓴甓积于中堂，蔓草侵阶，荒秽不治，不可着足"③。但是，叔虞作为主神的地位一直是被国家所认可的。明洪武四年就曾封叔虞为唐叔虞之神，并规定每年三月二十五日官方要进行祭祀活动。④《晋祠志·祭赛》中专辟"祀唐侯"一条对太原县县令亲自率众祭祀唐侯的仪式、程序做了记述。⑤ 清乾隆三十六年，在包括上自督抚、下至地方乡绅的通力合作下，对叔虞祠进行了一次大规模的整修，

① 《晋祠志·晋水》，第778页。
② 《史记·晋世家》，中华书局1982年版，第1635页。
③ （清）周在浚：《重修唐叔虞祠记》，见《晋祠志·祠宇》，第18页。
④ 《晋祠志·祠宇》（上），第17页。
⑤ 《晋祠志·祭赛》，祀唐侯条，第176—178页。

对原建筑进行了拓宽增高，增建配殿，使其"庙貌雄壮，蔚然可观"①。国家通过各种形式一再强调叔虞的正神地位，维修和祭祀叔虞祠的目的，恰恰是在维护着一种自古以来迄至当时时代的"正统"。正是这种"正统"，代表着传统国家权力继承上的合法性。通过对一代代传承下来的"正统"的继承和维护，国家意在告诉其所治下的民众：现有秩序并不是当下统治者的简单发明，而是由一个长时间以来的传统继承下来的，而国家则正是传统承接继替的唯一代言人。对国家的认同转变为对一直以来的传统神圣的认同。

实际上，有宋以来叔虞祠地位的下降，与圣母殿的创建是密不可分的。圣母即叔虞的母亲邑姜。"故今晋水源有女郎祠，实邑姜之庙。旁方为唐叔虞庙，南向。此子为母屈者也。母封曰圣母，子封曰汾东王。祀典之讹自明洪武四年诏革天下神祇封号止称以山水本名，于是圣母庙改为晋源神祠矣。"②"母以子贵"是封建社会中自古即有的传统，然自宋明以来，圣母在晋祠的地位日盛，甚至在一定程度上超过了其子叔虞的地位。早在宋熙宁年间邑姜即被加封为"昭济圣母"，圣母殿也被数次重建重修；明洪武时更是加其号为"广惠显灵昭济圣母"，洪武四年更是改号为晋源之神；清同治、光绪时又分别叠加封号，慈禧太后、山西巡抚等又分别予以赐匾题额，圣母及圣母殿可谓隆极一时。圣母终于从作为人的邑姜变成了作为神的晋源神。

圣母地位的上升，表面上看是封建社会"母以子贵"的规则在起作用，实际上，这一转变过程是与宋以来大规模利用晋祠之水作为灌溉水源分不开的。据史料所考，晋祠之水用于灌溉起源甚早："后汉原初三年，修理太原旧沟渎，灌溉公私田，谓晋水也。"③早期虽然因水灌溉公私田地，但规模不大，并且很快就荒废了，真正开始大规模的引水灌溉，对当地经济社会产生较大的影响是在宋代。

　　至宋时，知县陈知白分引晋水，教民灌溉而利斯溥焉，公乘良弼作记美之。神宗八年七月，太原草泽史守一修晋祠水利，溉田六百余顷。明冀宁道苏君立水利禁例，而其法始密。国朝以来，屡加修葺，

---

① 《晋祠志·祠宇》（上），第19页。

② （清）员佩兰、杨国泰：《太原县志·祀典》，卷三，道光六年刊本，成文出版社有限责任公司1976年影印本，第203页。

③ 语出《读史方舆纪要》，引自《晋祠志·河例一》，《晋水》，第778页。

申明条例，则利愈溥而法愈密矣。①

从上述文献记载可以看出，自宋代开始的较大规模的引晋祠水灌溉，"而利斯溥矣"，带动周边的农业经济有了较大的增长，经过数代的不断开发，相关的管理规约也开始不断健全起来，到了清代，各项管理规章已经达到了较为健全的程度，而依赖晋祠水灌溉农田获得的经济效益也大为增加。

值得注意的是，晋祠水利的开发过程与晋祠水神崇拜的发展过程有着惊人的同步性，由国家确立的官方晋祠水源神即晋祠圣母，关于圣母崇拜的起源和发展过程，《晋祠志》中也进行了翔实的考证：

> （圣母殿）宋天圣间刱建，位兑向震，初名女郎祠，继号晋源神祠，今名圣母庙。元明以来屡加修葺。②

晋源神祠，在太原县西南十里晋祠内。宋天圣间建女郎祠于水源之西。熙宁中守臣请号显灵昭济圣母，庙额曰惠远。宣和五年，宣抚使姜仲谦撰晋祠谢雨文。明洪武初，遣使祷雨有应，加封广惠显灵昭济圣母，四年改称今号，岁七月二日致祭。景泰二年、成化二年胥遣官致祭。③

可见，晋祠圣母祭祀开始的时间与晋祠水利的大规模开发，基本是同步从宋代开始的，晋祠原来之正统神叔虞祭祀的衰落也是从这时开始的。从宋代开始，对圣母的祭祀也经历了一个逐渐发展的过程，仪式逐渐隆重，官方对圣母的加封也越来越多，圣母逐渐取代叔虞成为晋祠的主祀之神，而这应该与晋祠水利的发展是密切相关的。

之所以以叔虞之母作为晋祠源神，并使其受到越来越隆重的祭祀，与官方所倡导的正统意识形态是相关的。在解释女性作为水神的合理性的时候，晋祠乡绅刘大鹏说：

> 《洪范》：五行一曰水，天一生水，地六成之。水位在北方，北方者阴气，在黄泉之下，任养万物，故名水神为水母。坤为母，母本女，女属阴。水，阴物，则塑水神为女像也，固宜。④

---

① 语出《邑志》，引自《晋祠志·河例一》，《晋水》，第781页。
② 《晋祠志·祠宇》（上），卷一，《圣母殿》，第20页。
③ 语出《通志》，引自《晋祠志·祠宇》（上），卷一，《圣母殿》，第20页。
④ 《晋祠志·祭赛》（下），第192页。

　　刘氏的这段话虽是解释民间崇拜的水母形象的原因，却也可以从中透见圣母崇拜的合理性解释。即所谓太极一而生二，曰阴曰阳。而万物组成的基本质素则是金木水火土五行，其中火为阳，水为阴。而在组成人群的两种性别中，男为阳，女为阴。因而作为崇拜对象的水神因其为水之神，故应为阴之极也，而不能是男性。从上文所引述内容也可以看出这种意识形态的影子：晋祠中圣母殿的位置"位兑向震"，兑为泽，水泽之义，因此，圣母殿的方位朝向也是与官方所倡导的正统观念相一致的。

　　这里更关键的问题是，不管是圣母邑姜，还是叔虞，他们都是作为国家倡导的"正神"的身份而存在的。国家在加强其神圣性，并努力使民间接受这种由正统所确立的神圣性上的态度和作为是一致的。明太祖曾发布敕封诏书：

　　　　奉天承运皇帝制曰：盖闻神之为灵，至妙莫测。然诚以感之，能有功于及于民者，国家所宜报也。今年春夏之间，天久不雨，遣使遍祭山川原隰之神。及于晋冀，山西省臣杨宪上言，太原城西悬瓮山显灵昭济圣母历代受封，有祷辄应。当使置之明日，述朕忧民之意，默告于神。果蒙昭格，甘雨随至，大慰民望。乃请加号，用答神庥。朕惟捍灾御患，实神之功，考之祀典，礼宜褒赠，尚资灵化，永庇一方，可加封广惠显灵昭济圣母，主者施行。①

作为山西一带地方官的孙化龙也曾撰祭圣母碑文说：

　　　　惟万历十年岁次壬午五月丙午朔，越二十日丁丑，太原□□□□□孙化龙谨以香帛致祭于晋祠圣母之神曰：惟神赞襄天泽，福佑苍生，千畴万亩，远近沾恩。惟此众庶，何能不懂？当此之时，殷然望泽，麦苗将槁，届秋未远，旱魃为虐，黎民饥困，皇皇靡宁，恒阳不雨，有拂寸衷。爰竭诚悃，敬告神明，灵感如响，送沛甘霖。尚飨！②

　　不管是出自最高统治者皇帝的加封，还是地方官对圣母降雨泽民功绩

---

① 《晋祠志·金石》（三），第265页。
② 《晋祠志·金石》（三），第285页。

的旌表,其目的都是一样的,即老百姓所使用的水利来自上天和神明的恩赐。而国家权力则是与上天和神明沟通并祈求其赐福于民,保民安康的唯一中介者,人民服从于国家安排的秩序,即是服从神明意志的安排,两者是一致的,因为国家就是更高宇宙秩序的代言者、传达者和维护者。在此意义上,对官方所安排的圣母崇拜的自觉服从,即是对其所构建的意识形态的自觉认同,也是对确立这一意识形态的权力的认可与服从。

(二)水母楼:民间水神崇拜的地方秩序

如果说叔虞、圣母都是属于国家正统的"水神",那么在晋水流域中民间所普遍崇拜着的"水母",则成为属于民间社会自己创造出的"地方神"了。在晋祠难老泉泉源之上,有一座水母楼,俗称梳洗楼,供奉着这位被当地称为"水母娘娘"的神灵。关于水母娘娘的身世,俗传甚多,据刘大鹏《晋祠志》考证说:

> 水神原柳氏女,系金胜村人。姑待之虐,俾汲水以给饮食。道遇异人授一鞭,使置瓮头,鞭动则水生,由是不出汲。夫妹误抽鞭,水溢不可遏。呼柳至,坐瓮头,水始敛。柳因坐化为神。乡人遂祀于晋水源。[1]
>
> 水母即晋源水神,而人金以圣母为水神,误矣。初无水母神像,故指圣母为水神。至明嘉靖四十二年创建重楼于难老泉上,中祀水神,饰为妇人像,名曰水母,始与圣母分为二神焉。[2]

可以看出,水母是一个由民间传说造出来的地道的"地方神",她起源于一个美丽的神话故事。[3] 但并不是说因其起源于传说就使其在民间不具有"公信力"。实际上,在晋水流域的乡村水利社会中,水母是作为一个主要的崇拜对象被民间所崇拜、信奉和祭祀的,她"受到了晋水流域36村子民们盛大而虔诚的群体祭典","正是这位民间创造的水母娘娘,在晋祠每年所有神灵的众多祭典活动中,民间创造的地方神——水母祭典活动,无论其规模、时间都达到了至最"。[4] 晋水流域每年祭祀水母的活动自农历的六月初一始,至七月初五日止,历时月余。其间各村庄都要依

---

① 《晋祠志·故事》(下),第1507—1508页。
② 《晋祠志·祭赛》(下),第192页。
③ 在汾州平水神祠一带,也有类似的传说,参见段友文《平水神祠碑刻及其水利习俗考述》,《民俗研究》2002年第1期。
④ 行龙:《晋水流域36村水利祭祀系统个案研究》,《史林》2005年第4期。

次祭祀，由各渠渠长①领头祭祀，众民齐集，演剧酬神，宴于神祠，历久不废。

据刘大鹏《晋祠志·祭赛》"祀水母"条所记，每年祭祀水母盖经以下步骤：

> 初一日，索村渠甲致祭水母于晋水源。祭毕而归，宴于本村之三官庙。
>
> 初二日，枣园头村渠甲致祭水母于晋水源。祭毕而宴于昊天神祠。以上为南河上河。
>
> 初八日，小站营、小站村、马圈屯、五府营、金胜村各渠甲演剧，合祭水母于晋水源。祭毕而宴于昊天神祠。以上金胜村为北河上河，余皆北河下河。金胜使水属下河，故八日同祭。……
>
> （七月）初五日，长巷村、南大寺、东庄营、三家村、万花堡、东庄村、西堡村等渠甲合祭水母于晋水源。以上为中河。除此之外，阖渠渠甲尊敬水神甚虔，除六、七两月致祭外，先有祭事者四：
>
> 一、惊蛰日，阖河渠甲因起水程均诣祠下，各举祀事。
>
> 一、清明节，北河渠甲因决水挑河，均行祭礼。而花塔都渠长另设祭品于石塘东致祭。
>
> 一、三月朔，北河渠甲因轮水程各举祀事。
>
> 一、三月十八日，董茹、金胜、罗城三村共抵祠下献猪。②

从祭祀的隆重和仪式的繁复可以看出，民间对于水母神的崇信已经达到了很深的程度。而且以各渠渠长为首的非正式权力体系在这些庞大繁复的仪式中，起着组织、领导、代表者的作用，民间水利自组织同时成为祭祀活动的组织主体。实际上，通过这些祭祀活动，民间自组织也在强调着非正式权力体系自身的合法性和基层水利秩序的民间性和自发性。从这个意义上来说，这些信仰和祭祀活动，成为强化民间非正式权力体系及其核心凝聚力的一种重要的象征性程序仪式。而这些显然是官方不愿意看到的。因为在官方所确立的崇拜秩序之外所另立的新神，以及由新神所确立起来的民间崇拜秩序，显然意味着与官方崇拜秩序之间形成了某种竞争关系，确立起了官方之外的另一个意识形态意义上的文化权力中心，也就在

---

① 晋祠称渠甲，如前所注，此处为统一称谓渠长。
② 《晋祠志·祭赛》（下），第189—191页。

事实上确立起了另一个权力认同中心，而这显然对正式权力在乡村的存在是不利的。但是，从史实来看，官方也确未对这一民间崇拜秩序进行过明显的干扰或者阻挠。

（三）两个权力秩序中心

观察那些身处官方正式权力和民间非正式权力边界上的乡村绅士们的态度是相当有意思的。对于那些有着官方背景而又身处民间的乡绅们来说，一方面，他们既是"皇权力量顺畅施之于民的'间隔'"；另一方面他们又是"皇权向基层社区延伸的'中介'"，[1] 其两面性的身份决定了其在看待民间水母崇拜活动时的态度：

> 高公汝行曰："有天地即有山水，水阴物，母阴神。居人因水立祠，始名女郎祠，后祷雨有应，渐加封号，庙制始大。坐瓮之说，盖出于田夫野老妇人女子之口，非士、君子、达理者所宜道也。"[2]

按照文中的看法，水母之说是出于民间的荒诞传说，真正的士君子们是不屑于相信的。世居晋祠的乡绅刘大鹏在记述水母传说后认为："（水母）且为坐瓮形，讹传为金胜村之柳氏女，适晋祠人。余恐后人以讹传讹，决言必无其事，不可囿以俗传也。"[3] 在另一篇文章中，他更将民间关于水母的传说斥为："妄诞至极，断不可信。"[4] 从这些一定程度上代表正统观念的绅士们的评价可以看出，国家权力体系对于民间传说造出来的神是排斥的。这种排斥与其说是对其真实性意义上的不信任，不如说是对其在民间巨大影响和对国家正统"神灵"信仰的冲淡的担忧与惧怕。因为事实上乡村社会那"平常而乏味的生活实际遵循着自身应有的规则运行，由此而产生的力量敢于向任何'神圣'的权力挑衅"。[5] 但正是这种民间的神灵和信仰，为民间社会的自我认同创造了一种文化整合意义上的可能性。

但这些乡村绅士们似乎也对民间的这种水神崇拜表现出听之任之，甚

① 王先明：《近代绅士——一个封建阶层的历史命运》，天津人民出版社1997年版，第65—66页。
② 《晋祠志·故事》（下），第1507—1508页。
③ 《晋祠志·祭赛》（下），第192页。
④ 《晋祠志·杂编》，第1058页。
⑤ 王先明：《近代绅士——一个封建阶层的历史命运》，天津人民出版社1997年版，第65—66页。

至是某种程度的主动参与。从上面所引述水母祭祀仪式的资料可以看出，那些主动参与到水母祭祀仪式中的渠长们，是祭祀全程的积极组织者、参与者，而根据本书第二章中对渠长的论述可以知道，这些渠长多少都是乡村中的大族或者富裕阶层充任的，而这些人本就是乡绅阶层的一个重要组成部分。因而乡绅们对水母祭祀至少是不公开反对的。《晋祠志》的作者刘大鹏对此评论道：

> 晋源昔无水神庙，人恒目圣母为水神。明嘉靖末剙建重楼于难老泉上，中祀水母，欲人知为晋源水神，而圣母非水神也！自明迄今三百余年，考古之家聚讼纷纭，博雅如亭林，犹目圣母为水神；渊懿若潜邱，且思别建晋源神祠。至《通志》、《邑志》修已数次，仍名圣母庙为晋源神祠，是皆习焉不察，莫知楼中所祀者为晋源之水神也。尚望后之人为之改正焉！①

当然，从文意来看，刘大鹏本人对混淆晋祠源神的错误是持反对意见的，他力图纠正将水母视作晋源神的做法。但是，何以时人多以水母为晋源水神呢？即使如顾亭林、阎若璩这样的学术大家，或者各类志书也纷纷"习焉不察""以讹传讹"呢？或许这里的关键不在人们是否有意或无意混淆，而在于民间自觉认同的强大影响力。这种影响力在一定意义上已经在官方所确立的认同秩序之外，又重建起来了另一个中心，而且这个中心获得了来自社会的更为广泛的认同，晋源神所祀究竟为谁的问题，正是两个权力中心所确立的秩序在乡村水利社会中竞合的最好体现。

正是从上述意义上，张静指出："传统中国事实上有着两种互不干扰的秩序中心。一个是官制领域，对于具体社会而言，它的整合意义多是文化象征性的；而另一个更具实质性，因为它承担着实际的管辖权力，这就是地方体中的权威。"② 格尔兹（Clifford Geertz）在对巴厘岛剧场国家的探讨中也发现：国家与村落在历史发展的逻辑中是同步成长的。它们之间长时期彼此互相影响、彼此锁定，由此而互相塑造着对方。③ 对近代华北乡村水利的观察也表明，即使在两种权力中心的末端上，在管理水利的手段比较周密的村庄中，人们相信，管水的组织极大地决定了村庄行政所扮

---

① 《晋祠志·祠宇》（上），卷一，《水母楼》，第28页。
② 张静：《基层政权——乡村制度诸问题》，浙江人民出版社2000年版，第19页。
③ 参见［美］克利福德·格尔兹《尼加拉：十九世纪巴厘剧场国家》，赵丙祥译，上海人民出版社1999年版，第52页。

演的角色。但事实正相反,负责水的分配和利用的农户组织与村委会和地方政府的权威完全分离。村庄之间爆发争端时,官员们通常只是对妨碍灌溉系统的管理,村长也不能和平地解决问题进行干预。管理水利的成功依赖每闸内农户的合作,而不依赖任何村庄领导层提出的指导。[①]

因而整个社会看起来像是具有两个不同的权力中心,帝国虽然强大——它看上去武断专制,但是这一切都掩盖不了它的社会软弱性,"那些帝国无力深入渗透、改变并动员社会秩序"。[②] 其实,从国家能力的角度来看,传统帝国在乡村基层社会中的软弱,其实不过是其国家能力弱的一个外在表现。国家的汲取能力、调控能力、合法化能力和强制能力是息息相关的,共同构成和巩固着国家能力总体。没有构筑现代政权合法依据基础上的传统国家,其国家能力总体来说不可能是强的,其所形成的权力结构也只能是如晋水流域中的国家权力与地方非正式权力并存的局面而已。

二 国家在乡村社会中的文化"在场"

传统的乡村社会在其长期的历史发展过程中,形成了一套自己独有的规则体系。这一规则体系以文化的形式将自己外化为现实,从而形成了布尔迪厄所说的"场域"。在这个"场域"中,人们的生活样式、组成形式、价值判断相对独立化于国家之外,形成了国家政治生活中的所谓"大传统"与"小传统"的差别。因而"一旦外来的国家权力进入到这一'场域'之中,就意味着进入到了一个特定的社会关系和文化规则之中,它只有服从这一'场域'的乡土文化逻辑才能建构或维护自己的合法权威"。[③] 当然,这不是否认国家能够以其合法的公共权威进入乡村。然而,在这里的讨论中,我们关注的问题是事实上这种合法公共权威在乡村中的存在状态是怎样的。也就是说,国家如何在乡村社会中表现自己的存在?

在广大的乡村社会,事实上,"权力必须通过象征形式而得以表现,

---

① [日] 中国农村惯行调查刊行委员会:《中国农村惯行调查》第 6 卷,岩波书店 1952 年版,第 97—115 页。关于华北地区的水利管理组织及其运作,更进一步的详细资料可参看《满铁农村调查·惯行类》(第 6 卷)《治水惯行:对河北省诸县水利惯行调查》(三) 水闸管理制度及以下所列内容,徐勇、邓大才主编:《满铁农村调查·惯行类》(第 6 卷)(上),中国社会科学出版社 2020 年版,第 88—92 页。

② John A. Hal. , "State and Societies: the Miracle in Comparative Perspective", Jean Baechleretaled, *Europe and the Rise of Capitalism*, Oxford: Blackwell, 1988, pp. 20 – 21.

③ 郭亮、何得桂:《乡村社会中的国家遭遇:一个文化的视角》,《学习与实践》2006 年第 5 期。

仪式实践是传播这些政治神话的主要形式"①。一方面，从属于象征形式的符号体系，通过公开的方式宣扬某种价值，在实际上抑制或贬斥其他的价值，并且以象征的形式向人们暗示着自己的合法性存在；另一方面，民众在权力设定的仪式中，真切地感受到了权威的压力和不容忽视，从而衍生出对权力确定的既有秩序的自觉认可与服从。从这个意义上说，国家成为以共同的文化价值理念为基础的道德共同体。正是共同的文化价值"为社会成员之间复杂多样的社会关系和相互行为提供了一套共同的标准"。社会成员"遵循文化价值中所内含的以及引申出来的规范要求，并以此来规定、控制和协调相互交往的联系和冲突。当这种相互交往过程持续不断时，明确的制度化规则就会产生"。② 文化网络本身成了权威的合法来源和某一秩序存在的合法性判断的标准之一。

　　国家总是试图将自己的理念、意志、对秩序的设定加之于社会。但是，国家被社会接受的可能和程度，与它以何种形式出现在民众的视野中，并且创造出何种方式与民众的理解相接洽密切相关。格尔兹对尼加拉国家的研究表明，尼加拉国家在从事管理水利活动时，其政治表述通过表演性和展示性的形式得以实现，整个尼加拉国家成为一个大剧场。依照宇宙秩序建立的宫殿、壮观的火葬仪式、莲花宝座等，都成为人们借以想象、领悟国家共同体力量的隐喻符号。在这里，国家成了安德森（Perry Anderson）所谓的"想象的共同体"："事实上，所有比成员之间有着面对面接触的原始村落更大（或许连这种村落也包括在内）的一切共同体都是想象的。区别不同的共同体的基础，并非他们的虚假/真实，而是他们被想象的方式。"③

　　在理想的社会与国家相协调的"想象的共同体"中，国家不仅作为知识、规范、秩序的权威生产者和维护者，而且是合理性与合法性价值判断的最终标准和来源。"国家既是政治共同体，也是社会意识共同体。"④ 通过社会意识的集中与综合，政治权力"不仅仅表现为简单的强制，而

①　郭于华：《民间社会与仪式国家：一种权力实践的解释》，见郭于华主编《仪式与社会变迁》，社会科学文献出版社 2000 年版，第 343 页。

②　李路路、王奋宇：《当代中国现代化进程中的社会结构及其变革》，浙江人民出版社 1992 年版，第 15—16 页。

③　［美］本尼迪克特·安德森：《想象的共同体：民族主义的起源与散布》，吴叡人译，世纪出版集团、上海人民出版社 2005 年版，第 6 页。

④　高丙中：《民间的仪式与国家的在场》，见郭于华主编《仪式与社会变迁》，社会科学文献出版社 2000 年版，第 318 页。

是力图呈现为一种合法合理的运用"①。国家权力不仅要与社会连接起来，进入社会，而且要获得社会的自觉服从。因而这种连接绝不能只是硬性的、强制的，而更应当是柔性的、稳固的，不得已的强制性往往只是适用于对既有秩序强烈反叛的"越轨"行为的最后的手段。否则，国家将在极高的政治社会成本面前濒临坍塌、趋于瓦解。而从水利社会中两个权力中心的竞合中，我们或许可以窥探到在传统社会那里，整个社会的不同层面如何被关联起来，并被组织成了一个国家。

第四节　国家权力介入村庄渐次增强的趋势

一　"自治"还是无力介入？

国家权力与国家能力是两个不同的概念。从上述对山陕地区水利治理中国家的地位和作用的描述可以看出，在明清时期国家权力在乡村水利治理中的作用范围是有限的，"国家实际能力所及的范围大大低于其形式所及的统治区域"②。国家政权在地方水利事务上的作用受到诸多因素的牵制和影响，其在国家机构中所设立的各种专职或兼职的管理机关，很多时候都要靠民间水利管理组织的配合，才能渗入水利事件当中。而其发挥作用也往往是被动和消极地介入到水利社区中，以一种不偏不倚的公共权威性裁判者的姿态，对水利纠纷中的各方权益作出裁决。而其裁决的基本依据，仍然是乡村水利自组织中的渠册所载的渠规和习惯法意义的惯例。从这个意义上来说，民间水利是在一种自组织的调控下自发运行着，具有相当程度的自治性质。

事实上，传统社会进入它的末期——明清以来，官方兴修水利的数量和次数实际上越来越少了，民间自发兴修的水利设施渐渐增多。在水利兴修上官民力量的消长关系不能仅仅从水利本身来得到理解。明清以来的国家权力体制比其他时代更为集中。从明洪武皇帝废三省设三司，废丞相设六部到清雍正时的军机处和密折奏事制度，皇权和中央权力有不断加强的趋势。与这种趋势相适应的，在传统国家内部组织结构上，地方政府权力

---

① 马敏：《政治仪式：对帝制中国政治的解读》，《社会科学论坛》2003 年第 4 期。
② 张俊峰：《水权与地方社会——以明清以来山西省文水县甘泉渠水案为例》，《山西大学学报》（哲学社会科学版）2001 年第 6 期。

不断缩小，社会资源支配能力的降低，使其难以承担曾经承担过的社会公共职能。因而许多本应由地方政府承担的公共职能，逐渐被以乡绅和地方精英为代表的乡村社区来承担。"政府的支配力量日渐削弱，以地方政府为代表的国家行为越趋间接化，地方政府在诸多事务方面的影响力已不及基层社会。"①

但是，权力的集中并不意味着其介入乡村社会的能力就增强了。处在国家权力末梢的县一级国家政权，在整个传统社会中基本上都是"悬浮"在乡村社会之上的。"政府除地方行政官员外，用以深入农村的统治结构的下层网络是一个虚构的、有缺陷的系统。对于政府来说，它不是发挥更大作用的合适的基础。当它向纵深扩展时，一直受中央权力锐减的影响。"② 越是到社会的底层，上层权力就越是如强弩之末，其影响力越是趋向于微末不可见。其实这本身就是传统社会专制权力自身的悖论。看似极端强制的、高踞于社会之上的专断权力，其权力能力却不一定就是强的，并且随着权力不断按照层级向下传递，其权力能力是不断趋于弱化的。

按照马克思主义政治学的一般观点，社会政治结构归根结底是建立在一定的生产关系基础上的，而社会中一切生产关系的总和构成社会的经济基础。在传统社会里，社会的经济基础最根本上来讲，是建立在小农经济基础上的。一家一户的传统自给自足的小农生产，其生产效率是不可能很高的。"农业的自然特性和乡村社会结构决定了可提供经济剩余的潜力有限，乡村税收体制的制度性缺陷意味着国家从乡村社会获取财政资源的汲取能力难以稳定地增加，财政的扩张乏力。"③ 进而在内部组织机构设置上，也往往在越接近权力底层的层次上，其组织机构越简化，功能分化越粗疏："行政的疏放性，亦即每个行政单位仅有少数现职的官吏，是由于国家财政上的限制所致。"④ 有限的农业剩余积累和财政收入，不可能供养一个庞大的深入社会的组织结构复杂的层级官僚机构。

因而传统社会中的国家正式权力往往至县为止。而且即使是在县一级

① 佳宏伟：《水资源环境变迁与乡村社会控制——以清代汉中府的堰渠水利为中心》，《史学月刊》2005 年第 4 期。
② [美] 吉尔伯特·罗兹曼主编：《中国的现代化》，沈宗美译校，上海人民出版社 1989 年版，第 113 页。
③ 叶文辉：《农村公共产品供给制度变迁的分析》，《中国经济史研究》2005 年第 3 期。
④ [德] 马克斯·韦伯：《支配社会学》，见《韦伯作品集》（第 3 卷），广西师范大学出版社 2004 年版，第 162 页。

国家政权中，真正在体制内的正式行政官僚也寥寥可数。这就造成了这样一种现象："通常一个知县所辖地区有三百万平方英里，人口二十五万。政府里的一位下级官员必须处理大量的行政事务，他无力压服刁民或地方士绅，无力制定新政策，同时他有关统治的哲学也不容许他做这类事情。"① 因此，以县令为代表的地方国家正式权力在发生行政行为时，必须取得以乡绅为代表的基层非正式权力的认同和支持。否则，正常的行政行为可能无法展开，县令贯彻国家意志的行为会受到限制。

如被清代做知县者奉为必读书的《牧令书》中说：

> 为政不得罪于巨室，交以道，接以礼，故不可权势相加。即士为齐民之首，朝廷法纪尽喻于民，唯士与民亲，易于取信。如有读书敦品之士，正赖其转相劝戒，俾官之教化得行，自当爱之重之。偶值公事晋见，查其诚笃自重者，不妨以其乡之有无盗贼，民居作何生业，风俗是否淳漓，博采周谘，以广闻见。②

在这份地方官员的所谓"官箴"中，可以看出，"士"是沟通朝廷与民之间的中介和桥梁，朝廷法纪赖其晓谕于民，官之教化须由其"转相劝戒"而得以奉行。因而地方官为政就须"不得罪于巨室"，取得他们的支持。唯其如此，方能使政令畅通于民间社会，达到"治民"的目的。可以看出，官方"治民"是假手于人的，是间接的。

这种前现代的国家权力机构设置，是不可能实现对汪洋大海般的百万小农的直接控制的。在基层控制体系中，以乡绅和地方精英为代表的非正式权力体系成为"乡村礼俗控制的承担者，而且在一定程度上也是法律控制的执行者"③。因而上文以乡村水利治理为例所阐发的传统社会中乡村社会中的水利治理模式，与其说是一种乡村"自治"，不如说是国家权力的无力介入更为确切。正是国家政权没有足够能力介入乡村社会，使得乡村社会看起来像是在一种"自治"的氛围下维持着自身的秩序。或许，

---

① ［美］费正清、赖肖尔：《中国：传统与变革》，陈仲丹等译，江苏人民出版社 1992 年版，第 264 页。

② 王凤生：《绅士》，载《牧令书》卷十六，第 26 页。转引自［美］张仲礼《中国绅士：关于其在 19 世纪中国社会中作用的研究》，李荣昌译，上海社会科学院出版社 1991 年版，第 32 页。

③ 贺跃夫：《晚清县以下基层行政官署与乡村社会控制》，《中山大学学报》（社会科学版）1995 年第 4 期。

格尔兹对巴厘剧场国家的论述放到这里其实也是合适的："国家——武断、严酷、极端等级化，但本质上却过度臃肿——被看作高踞于村落社会的'家族共产主义'之上，国家倚赖于村落社会，同时又时不时地损坏它，但却从未真正渗入其内部。"①

二 国家权力深入村庄的趋势

在不受限制的情况下，权力总是具有自我扩张的倾向，它总是在尽可能的范围内扩大和复制自己，直至到达它所能够到达的地方为止。在现实社会政治生活中，权力的拥有者和执行者往往更容易从工具理性的角度来理解权力，有时甚至于罔顾权力本身应有的价值追求。正因如此，从理论上来说，不受制约的权力必定会被滥用。作为每一个拥有和执行权力者来说，权力在他们那里有着自我扩张的倾向。

权力的这种自我扩展和自我膨胀的倾向是普遍性的。对于整个国家权力体系而言，"作为政治控制的主体国家存在着自我膨胀的天然倾向"②。特别是在传统社会发展到它的极致的时候，一方面社会表现出一定的"自治性"；另一方面，国家权力也往往走向了更为极端的专制：国家权力越来越走向一种一元化体制，它总想将权力的末梢伸展到社会中的每一个角落。这看起来好像是一个充满了内在张力和悖论的奇怪组合。但事实上，正如前面所提到的，国家权力与国家能力是两个概念，国家权力不断膨胀自身的倾向在这里遇到其自身能力的天然限制。

因此，那些表现出权力不断扩张和深入社会的趋势的前近代国家，并不就意味着其国家能力的增强和为社会提供公共服务能力在不断扩展。而毋宁说权力的扩张的直接目的往往是扩大自身对社会的控制力和影响力，在权力之手不断深入社会的同时，从社会中汲取更多的资源，能够为社会提供更多的公共服务和进行权威的资源再分配，则是现代国家兴起以后的结果。在传统国家，更确切地说，在前现代国家中，国家权力不可能在未能具备现代国家建制——这需要一个与社会的相互调适的理性过程的情形下，自动地服从现代国家的价值理性目标。近代西方民族国家的形成过程便为我们提供了一个很好的例证。

在中国前现代农业社会中，国家权力在其末期实际上也表现出了扩张

---

① ［美］克利福德·格尔兹：《尼加拉：十九世纪巴厘剧场国家》，赵丙祥译，上海人民出版社1999年版，第51页。

② 谢岳、陈振群：《政治控制的限度：国家与社会关系研究新视角》，《中共福建省委党校学报》2001年第7期。

的倾向。表现在基层水利管理中,民间水利管理组织越来越呈现一种"乡绅化"和"官员化"的趋势。通过对洪洞介休一带水利碑刻的考证,黄竹三、冯俊杰等发现:在早期各代所立水利碑刻的碑文中,渠长、水老人等民间管理人员与官方正式管理人员通常是泾渭分明的,两者一般都要分别在碑文中单独开列。但从清康熙年间开始,渠首中开始出现生员、监生等国家政权正式赋予名号的人员名字。至乾隆年间,官员不再独自参与立碑,在各类水利管理人员中,官员、退休官员和乡绅的名字明显增多。这种情况表明:"随着水管理的民间组织与官府的不断磨合,形成了一个水管理组织乡绅化和官员化的过程。"[①] 即使在清末的"乡村自治"中,官方也一再强调"自治之事渊源于国权,国权所许,而自治之基乃立",自治事宜"不得抗违官府之监督"。[②] 国家权力对乡村的控制始终存在着一种不断加强的趋势。

　　而在处于畿辅之地的华北平原地区,国家也注意到了加强对基层水利社会控制的需要,并力图使国家权力直接参与到水利工程建设和基层水利组织中:

> 历观往牒谈西北水利者众矣,大抵谓神京重地,不可尽仰食于东南。或谓冀北膏腴,不可委地利于旷弃……然乡里之人多止为一隅起见,或地居上游则不顾下游,或欲专其利则不顾同井,须与委员参用,偕同访求,详为议论,某所宜建闸,往查其查勘,务须会同县佐二及学官,盖佐二事简且多兼水利。学官与本地士子较亲切河道水泉之故迹,父老不能详而老生耆宿多知之可藉以详确查问……又开渠则设渠长,建闸则设闸夫、闸头,严立水则以杜争端,设定专职以时巡行,牧令中有能勤于劝导水田增辟者,即登荐剡以示鼓励,则区画周详,纤微必到。庶村诹野老咸知圣天子贤,有司殚心竭力皆为草茅,广积贮之原焉。[③]

　　从上述议论可以看到,国家权力在加强京畿周边的粮食自给能力的名义下,逐渐进入乡村,这种进入是以一种权力自上而下渗透或者收编

① 《辑录》,第29页。
② 《政治官报》光绪三十四年(1908年)12月28日,第445号;载《清末筹备立宪档案史料》上册,中华书局1979年版,第728、739—740页。
③ 《畿辅水利私议》,载(清)吴邦庆《畿辅河道水利丛书·畿辅水道管见》,道光四年刻本,第66、68页a、b。

式的方式进行的。材料中显示，在加强对畿辅周边的水利建设过程中，作者着重讨论了对乡村水利组织的强化，通过盘活县级基层政府中的现有体制内"存量"，即让县政府中那些亲民之官协同上级政府的委派官员，共同查勘确定乡村水利的现状，进而重建基层水利组织并对其加强监管，对那些工作勤勉负责的，要以官方的名义进行鼓励，做到"区画周详，纤微必到"。

国家权力在乡村中的加强是以乡村士绅阶层为媒介的。通过乡村士绅，国家权力在乡村社会中逐渐由一个泛化的象征物变得具体化、精致化。在国家权力渗透过程中，士绅，包括乡村的宗族、耆老，逐渐"由乡权的载体变为国权的载体，由对国家权力的抵触者转变为国家权力的服膺者"，其自身也逐渐"由地方群体向权力群体、由生态集团向功能集团"过渡，[1] 与传统小农经济一起自然生长起来，并以地方利益卫道者自居的乡土权力集团，逐渐被一种现代意义的职能分工基础上的权力架构方式所替代。

三　国家、地方自治组织及其村庄的边界

(一) 国家与村庄的边界确定

正如上文所说，国家在基层社会中权力的加强，并不就意味着其向现代国家的方向迈进。因为前现代国家的权力扩张，归根结底还只是权力自身扩张意义上，而不是国家社会理性确立边界意义上的。从国家与社会的关系角度来看，国家权力的扩张必须有一个边界的限制。倘若没有一定的限制，国家权力单向地直接渗入社会中的每一个单元，所带来的后果就会是国家对社会的全面压制，或社会中处于强势地位的集团对处于弱势地位集团的绝对优势。这种情形正如托克维尔（Tocqueville）在分析 18 世纪法国国家与社会时所描述的那样："中央政权已经摧毁了所有中间政权结构，因而在中央政权和个人之间，只存在广阔空旷的空间，因此在个人眼中，中央政权已成为社会机器的唯一动力，成为公共生活所必需的唯一代理人。"[2] 这种状态最后"往往会带来许多不虞后果，反过来又削弱了国

---

①　王先明、常书红：《传统与现代的交错、纠葛和重构——20 世纪前期中国乡村权力体制的历史变迁》，载复旦大学历史系等编《近代中国的乡村社会》，上海古籍出版社 2005 年版。

②　[英] 托克维尔：《旧制度与大革命》，冯棠译，商务印书馆 1992 年版，第 107 页。

家的自主性"，① 因而这绝不应该是国家社会关系的常态。

　　国家和社会本来就是一对不可分离的概念。"没有国家也无所谓社会，没有社会也无所谓国家。"② 国家从社会中产生而自居于社会之上，社会客观上必须有一个权威机构来维持公共秩序，国家在这个意义上成为一种"必要的恶"。但既然国家作为一种"恶"的存在，其对社会必然存在着种种在其"设计"之初所意想不到的潜在侵害。正是从这个意义上，对国家社会之间合理边界的讨论才显得有意义。国家与社会的边界划分，不仅在现代国家中，事实上在前现代国家中就已经作为一个问题而存在。早在传统社会的形成发轫期，老子就提出了"无为而治"的思想，汉初的"休养生息"政策，正是在秉承黄老思想并将其作为基本国策而确定下来，为汉初社会经济的恢复和发展起到了重要作用。在一定意义上来说，离开了道家思想对国家权力的合理规制和警诫，封建国家往往就会在过度滥用民力中衰弱下去，这样的例子不胜枚举。

　　在中国传统社会中，国家对社会的控制是二元的：国家一定程度上控制着社会，社会又进行着自我控制。"从国家而言，国家对社会的控制以及国家体系本身的中央对地方的控制，目的都在于维护政权的存在；从社会而言，社会的自我控制则正是为了防止国家权力的进入而危及它的存在。"③ 特别是在地方社会的具体事务上，比如水利治理中，表面上国家成立各种专门管理机构，甚至制定相关法律，对乡村社会中的用水行为进行着有力的管理和调整。但是，国家的这种整合，其意义多是象征性的。实际上，分水用水主要是在乡村水利自组织中的各级管理人员的自治过程中得到实现。地方体中的权威因而"更具有实质性，因为它承担着实际的管辖权"④，国家并不从根本上去触及这种用水秩序，只是在乡村自组织无法自我调节的情况下，对其进行必要的权威性支持。国家与乡村双方"都默认并谨慎对待管制领域的边界"⑤，从而"在两种秩序中形成了安全的隔层（gap）"⑥。这种国家与社会之间的结构方式可能并不是对上述理论反思的结果，但作为一种长期的国家治理实践，其在历史进程中实

---

　　① 罗荣渠主编：《关系、限度、制度：政治发展过程中的国家与社会》，北京大学出版社1996年版，第143页。

　　② 徐勇：《当前中国农村研究方法论问题的反思》，《河北学刊》2006年第2期。

　　③ 虞和平主编：《中国现代化历程》第1卷，江苏人民出版社2001年版，第17—18页。

　　④ 张静：《历史：地方权威授权来源的变化》，《开放时代》1999年第3期。

　　⑤ 张静：《基层政权：乡村制度诸问题》，浙江人民出版社2000年版，第18页。

　　⑥ 张静：《历史：地方权威授权来源的变化》，《开放时代》1999年第3期。

际上是被遵循并发挥着作用的。

（二）国家政权建设及其分析意义

按照现代化的一般理论，任何国家的现代化都要同时经历一个国家政权的现代化过程。即由一个单一的全国性的世俗权威取代各种传统的、家族的或地域性政权的过程，从而形成一个集中有效的合理化和理性化中央权威。在这个理论前提下，查尔斯·蒂利（Charls Tilly）认为，在西欧现代民族国家的形成过程中，大都经历了一个国家政权向乡村社会的渗透过程。通过基层管理机构的科层化和官僚化，政权从乡村社会中汲取了必要的资源以推动现代化国家建设。在这个过程中，国家与新的"精英"阶层结为联盟，共同推动着政权现代化。[1] 蒂利的这套理论被概括为"国家政权建设理论"。

在中国社会进入近代以后，由于面临着"千古未有之大变局"（李鸿章语），传统的发展脉络被打断。实现国家的独立和富强，实现国家的现代化突然间被提上日程，成为整个近代以来中国历史的主线。

如果反思这一历史过程则可以发现，近代中国国家的这种现代化过程或许并不是完全成功的。杜赞奇就以近代华北乡村社会为例，说明了清末以来的国家现代化过程及其面临的诸多问题："国家需求的极端性和排斥性使国家没有动员农村力量或者网罗传统的村落领袖，而是区域在村、乡、县或更高层的衙门里培植一类政治机会主义分子。如果注视农村社会的较低层的话，我们识别出这些机会主义者就是臭名昭著的土豪劣绅。……这些人蜕变成了土皇帝。"[2] 杜赞奇将这些在国家政权向乡村社会渗透过程中产生的新官僚阶层称为"赢利型经纪"。与乡村社会中原有的以乡绅体制为代表的"保护型经纪"不同，"赢利型经纪"在某种意义上成了乡村社会的掠夺者和剥削者，他们利用国家政权现代化的机会从乡村社会中掠取大量的资源肥己。最终国家并没有在这种国家政权现代化中获得好处，反而招致乡村社会的全面反对。实际上，在中华人民共和国成立以后，表面上农村和农民直接面对国家，实际上农民直接面对的是农村的村干部。"这将使得乡村基层国家代理人的牟利行为及其他不合法行为都被视为'国家行为'，从而直接影响到国家权威合法性在乡村民众

---

① ［美］查尔斯·蒂利：《西欧民族国家之形成》前言部分。参见［美］杜赞奇《文化、权力与国家——1900—1942年的华北农村》，王福明译，江苏人民出版社1996年版，第1—2页。

② ［美］杜赞奇：《中国近代史上的国家与公民社会》，载汪熙、魏斐德主编《中国现代化问题——一个多方位的历史探索》，复旦大学出版社1994年版，第374—375页。

中的确立，而且，这也使得国家代理人在没有民众监督的条件下可以较方便地逃脱国家的监控。"① 因而从理论上说，这些村干部在一定历史条件下也有着向"赢利型经纪"转变的可能。

在国家政权建设过程中，政权的现代化过程必须首先考虑到我们继承的是一个什么样的传统，所继承的传统中有哪些因素是我们政权现代化建设可以借鉴的，又有哪些是需要予以抛弃的。因为"任何企图脱离乡村社会传统和现实的'改造'或'建设'，只会破坏乡村社会自身的秩序，最终结果是，'国家政权建设'的过程破坏国家自身在乡村社会的权力基础"②；其次，国家政权建设不应该是一维的，国家权力、中间组织和社会权力必须形成合理的界限和制约关系，而不是最后形成哪一个独大的结局；理想的国家政权建设的结果是形成"国家强、社会强"的双强局面，国家强是指国家能力强而不是单纯的国家权力强，社会强意味着社会在既有制度规则框架内对国家监督能力和维护个体利益的能力强。唯其如此，才能形成国家与社会良性互动的局面。

---

① 龙太江：《乡村社会的国家政权建设：一个未完成的历史课题——兼论国家政权建设中的集权与分权》，《天津社会科学》2001 年第 3 期。

② 陈焱、张红杰：《乡村治理与国家政权建设》，《江汉大学学报》（社会科学版）2005 年第 3 期。

第五章　文化：水利治理中的价值、
　　　　　意义共享与象征秩序

第一节　水利治理中意义与信息共享建构

在中国传统乡村社会中，长期存在并延续着丰富的文化现象与大量"地方性知识"，这些地方性知识包含乡村社会在长期的生活实践中，积累下来而形成的风俗、信仰、道德标准、价值观念、制度建构等诸多方面。这些"地方性知识"，事实上在以一套特殊的判断标准左右着乡村生活的基本方面，决定着乡村社会秩序化的路径、方式，提供着乡村意义上的公平正义判断的基本尺度，从不同层面参与构成着乡村"小传统"的基本架构，成为乡村"小传统"的渊源之一。总起来说，虽然这些"小传统"的很多东西没有经过国家的正式认可，却以"非正式规则"或"社会潜网"的形式，"深深扎根于民众心灵深处，成为影响民众行为规范、价值评判、生活方式乃至乡村社会结构与制度变迁的主要因素"。[①]并且从其发挥的实际社会功能来看，这些"小传统"的东西实际上发挥着一种类似于意识形态的"节约机制"的作用，[②] "可以说在一定的地区和范围内，它是一种节约交易成本的契约安排"[③]。如果不从这一点出发去理解传统乡村社会，那么"我们在说明无论是资源的现代配置还是历

---

① 行龙：《论区域社会史研究的理论与方法——山西明清社会史研究》，《史学理论研究》2004 年第 4 期。

② 参见［美］道格拉斯·C. 诺斯《经济史中的结构与变迁》，陈郁、罗华平等译，三联书店、上海人民出版社 1995 年版，第 53—54 页。

③ 张继焦：《非正式制度、资源配置与制度变迁》，《社会科学战线》1999 年第 1 期。

史变迁的能力上就存在着无数的困境"①,也就不可能真正理解我们的
"传统"。

从较为广义的意义上讲,文化范畴"还包括工具、技能、艺术作品,
以及支持文化中纯制度性部分的各种礼仪和符号"②。如果从传统中国社
会的"大传统"来讲,传统社会奉行一种"礼"治中心的文化,"礼"
本身可以被理解为一种仪式及这种仪式所附带的符号系统。"礼"不仅被
用来做社会现实政治秩序的合法解释和注脚,而且在更大的范围内向整个
社会传递着关于人们应该如何行动的普遍性要求。通过"礼"的施行,
社会完成了存在于其中的不同群体间的相互沟通、交流,秩序化及其整
合。正是在这个意义上,作为文化自觉的结果,"人活的就是个文化"的
命题被在山陕地区水利社会中生活着的人们提了出来。而"礼"的"大
传统"亦不可能不波及民间的"小传统"。在村夫野老的乡下,关于
"礼"的诠释也以自己独特的方式展开,并诠释着村庄对"礼"背后的权
力与秩序关系的认同和理解,这些认同和理解在对"大传统"的再阐释
中,又在某种意义上型构了村庄秩序:在村落水利秩序范围内,谁掌握权
力? 掌握多大的权力? 日常用水要遵从一种什么样的秩序? 而这个秩序由
谁在以何种方式维护? 这些也正是笔者在对山陕地区水利治理的检视中想
着力予以思考的。

一　意义与信息共享建构的基本功能

(一) 乡村社会的同质性与异质性

传统上对农村社会的研究,多认为这一社会形态是具有相当程度同质
性的,似乎同处在一个帝国之内的农民,往往只会具有完全相同的生活方
式、利益诉求和价值标准。但这种对于农村社会及其人群的宏观式概括是
失之宽泛的。实际上,即使他们同处于一个区域社会中,往往也会因他们
在利益诉求上的差异性而分裂成为不同的小团体。在这些小团体内部,人
们因为共同的利益诉求能够形成相对稳定的生活目标和统一的价值标准,
而在不同的团体之间,人们之间的利益诉求上会存在着种种差别,这种差
别外化出来,便成为农民之间不同生活方式和价值标准的源泉。

在我们所探讨的山陕地区的水利社会中,就大量存在着即使是在地理

① [美] 道格拉斯·C. 诺斯:《经济史中的结构与变迁》,陈郁、罗华平等译,上海三联书
店、上海人民出版社1995年版,第51页。
② [德] 柯武刚、史漫飞:《制度经济学——社会秩序与公共政策》,韩朝华译,商务印书
馆2000年版,第196页。

意义上完全处于相同区位的不同村落之间（哪怕是邻村），因为水资源来源之不同而形成的不同类型的水利自治群落。这些群落之间以水资源利用为基础架构起了相当不同的水利组织形式，形成了不同的水利制度体系。

　　张俊峰在《水利社会的类型》一书中，就对山西洪洞县的水资源开发利用中，按照引水的不同水源性质区分出了引泉、引河和引洪三种类型，并对三种不同类型中各自的权力结构、水利纠纷处理机制、地权性质等问题进行了广泛的探讨。① 谢湜对豫北的农田灌溉渠系的研究也表明："从历史时期的一个灌溉河系或引水渠系，我们可以找到许多水利开发形成的聚落，从某一聚落中也很容易得到若干'水利共同体'的印象，然而聚落间却没有与生俱来的'共同体'，只会在水利开发的各个时空剖面形成不同程度的利益联系。某一个划时代事件所形成的地方规制传统会在形式上延续很长时间，但在社会变迁的各个场景下，却又被不同的利益群体赋予不同的表达。"② 这些水利共同体内部实际上是由各种在利益诉求上的异质的群体所聚合而成的。也就是说，即使表面上看处在同一地理区域的水利社会中，也会因村庄本身在该区域中的独特情形而形成不同类型的水利社会样态，这些不同样态之间的规则与组织网络不一定是能够对接的。在此意义上，唯有借助一套人们共同认可接受和能够理解的意识体系的建构，人们之间相互对话、发生相互关系才会顺畅无阻。同时，这样一套意识体系的建构，实际上也将这些不具完全同质性的水利社区区别了开来，成为区分"我们"与"他们"的不同小团体的标识。

　　（二）身份与圈子：水利社会的小世界社会网络

　　在现代社会理论看来，现实中的个人不仅仅是作为社会的个体而存在，他还作为一种社会性的存在而追求着作为集体存在的意义和价值。也就是说，人的存在不仅仅是现实经济性的，他还需要作为一个文化意义上的社会共同体去满足自我的价值需求。哈贝马斯认为：生活世界为人类在文化传递上、社会秩序的构成上以及人类价值观的沟通上所需的"资源"提供了一个平台，生活世界可以被视为文化资料的储存库，是生活在一起的社群所共享和共有的，其主要作用是促使人类相互间的沟通。③ 哈贝马斯的讨论虽然是针对现代世界的，但作为讨论问题的框架，生活世界是具

---

① 参见张俊峰《水利社会的类型》，北京大学出版社 2012 年版，第 2—4 章。
② 谢湜：《"利及邻封"——明清豫北的灌溉水利开发和县级关系》，《清史研究》2007 年第 2 期。
③ 参见［德］哈贝马斯《后形而上学思想》，曹卫东等译，译林出版社 2001 年版，第 79、84 页。

有普遍意义的。世界不仅是为个别化了的人而存在，而且是为人类共同体而存在，以此达到价值世界的主观间统一。

广义上讲，意义建构是社会文化建构的一个必不可少的组成部分。在一个围绕特定的目的而组织起来的小世界社会网络中，人们之间必会因各种因素而处在网络中的不同地位上，正是这一复杂交织着的网络成为生活世界的主要表征形式。这样社会为了有效地识别处在同一个网络中的每个个体，客观上就需要为他们中的每一个人进行有效的标识。当然，这些标识可以借助人们在占有金钱、权力的数量、层级等方面的不同来进行。但是，要使这些外在的标识真正变成网络中每一个都能够接受、理解和交流的有效物，就必须在这些外在标识之外，建立起一套解读这些不同种类的标识物的识别符号系统，借助这个系统，人们就能够有效地在一个具体的社会网络中识别每个人的身份，划分彼此所处的不同地位和圈子，并在圈子内部，圈子之间通过各种关系方式，特别是权威性关系，将彼此关联起来，从而形成社会网络。也正是因为如此，布尔迪厄认为："文化为人类的交流与互动提供了基础；它同时也是统治（其实也是人类合作的根源，是人类的生存和生活样式）的一个根源。艺术、科学以及宗教——实际上，所有的符号系统，包括语言本身——不仅塑造着我们对于现实的理解、构成人类交往的基础，而且帮助确立并维持社会等级。文化包括信仰、传统、价值以及语言，它还通过把个体和群体联系于机构化的等级而调节着各种各样的实践。无论是通过倾向、客体、系统的形式，还是通过机构的形式，文化都体现着权力关系。"[①]

（三）共享性知识：低成本的监督与排他机制

前文中我们曾经论述过，在乡村基层水治理组织内部，通过对组织权力掌握者的严格选任，其权力的制衡等方式实现了对组织内部公共性权力的相对有效的监管。但除了组织内部的公权力需要受到必要的制约，实际上在组织内部更经常发生的是普通人之间的日常性的交往活动。这些交往互动因为比之相对正式的组织化行使的公共性权力而言，更具非正式性和经常性，因而在这些活动中所呈现出来的人们之间权利义务关系的相互冲突或矛盾的调解，反而显得更加必要和困难。当然，人们可以选择通过建立起正式制度规则或者请组织化权力参与进来进行调解，但是，这样做的成本往往是非常高昂的。

---

① ［美］戴维·斯沃茨：《文化与权力：布尔迪厄的社会学》，陶东风译，上海世纪出版集团 2012 年版，第 1 页。

因此，一个可行而又节约的做法即是将那些人们在用水过程发生的一般性交往活动，纳入所有人能够共同接受和认可的认知框架中。在出现问题时，通过大家公认的评判标准和默会的准则，人们能很快地就将这些问题在日常过程中很容易地消弭掉。同时，我们也能够看出，一旦这样一些意识体系纳入每个人的自觉行动中，也必将会对那些违背大家共同认可的通行标准的行为造成较强的监督与抑制。

二　"人活的就是个文化"①：王杰士案背后的两种不同价值体系

以文化信仰体系的相互沟通建立起来的社会中人们之间纵横交织的相互关系，实际上形成了杜赞奇所说的权力的文化网络的一部分。"文化网络不仅沟通了乡村居民与外界的联系，而且成为封建国家政权深入乡村社会的渠道。通过这些渠道，封建国家使自己的权力披上合法的外衣。"②权力正是借着文化网络结构在社会中实现了自己，文化网络成为传统条件下权力行使的基本渠道。

但是，从上文的论述可以看出，文化网络的建构并不仅仅是官方一家的事，民间也参与构建了文化网络。"文化网络中并不是所有的组织和象征性符号都保佑正统秩序，其中许多信仰在官府看来是非法的，但仍为村民所接受。"③ 即使不是在宗教信仰的领域，而是在日常生活领域中，官方对水利治理过程中发生的事件基本价值设定，与民间对于相应事件的价值判断也存在着很多差异。在官方将事件主要责任人看作与其主导的价值相违背时，民间却将这些人物看作民间的英雄人物，甚至将之作为偶像予以永久性地崇拜。官方权力行使的价值支持网络，被民间的另一种价值判断撕开了口子，这当然是官方不愿意看到的。因而官方不断地将自己的主导价值推到前台，希望能够以此冲淡民间的价值体系，从而使权力能够顺畅地作用于民间。这种情形在很多基层水利治理中有很多例证，王杰士案便是其中之一。

王杰士是晋水南河王郭村的渠长。雍正年间，王郭村与晋祠之间因互

---

① 该说法来自山西四社五村农民，参见《沟洫佚闻杂录》封三。某种意义上说，农民的这种话语表达是令人惊异的，因为在通常的理解中，这种话语表述方式似乎不在农民们的话语体系中。

② ［美］杜赞奇：《文化、权力与国家——1900—1942 年的华北农村》，王福明译，江苏人民出版社 1996 年版，第 21 页。

③ ［美］杜赞奇：《文化、权力与国家——1900—1942 年的华北农村》，王福明译，江苏人民出版社 1996 年版，第 21 页。

争南河水的控制和使用权经常发生纠纷。因为晋祠居以下各河之总河,所以一直以来,晋祠水一直是有例无程,即每年浇地,皆须先浇晋祠周围无程地亩,后及各村有程之地。因而围绕着晋祠用水的这种特权的矛盾愈演愈烈。王郭村渠长王杰士因"生性刚毅,强悍好斗",便第一个站出来要求控制晋祠镇人的用水。并且王本人还为与晋祠的争水作出了一些暴力性举动,向晋祠人示威:

> 一年北河总渠,在古城营"满汉"武举带领下,强行淘河,并无理垫高南河水平石。王杰士知道后,毫不示弱,终于在他唆使下,枣元头村民"雷四"奋勇当先,趁人不备,将武举推下河去,用镰刀砍死。然后投案自首。事后南河五村,共同出钱厚葬"雷四"。并赡养老母直至百年。①

事情最终闹到了官府衙门。地方官府介入调查,"讯之北河渠长据称:'晋祠用水自古及今有例无程,每年先浇晋祠无程地,然后才及各村有程地'等语,据此则九口稻地原在应浇之例矣"。而王杰士则因世居于王郭村,长期担任南河四村渠长,成为把持一方水利无弊不作的"河蠹",在其担任渠长期间,几乎是"无弊不作创"。例如,王就曾"越界强霸九口稻地水例,无钱不许灌浇,谓无例地也"。对于王的这一做法,虽然地方官也认为"其说甚巧",盖因"当日远村引用晋水出夫者为有例,不出夫者为无例"。② 但地方官最后判决的结果却认为晋祠因为以前有权用水,因而他们的用水权仍当保留,并且应当有自己的渠长和水甲。③ 这样看来,县令的判决似乎是有道理的,即符合传统之惯例。

但是在王郭村,这个故事却有另一个版本:"清雍正癸酉,晋祠杨二酉中进士。太原县知县,因惧进士权威,只听一面之词,修改晋祠水程,声称晋祠乃晋水源头,故判晋祠水程为'方窟圆塞,圆窟方塞,插牌浇地(县府特示领牌,牌插在那里,那里就能随便开口浇地),细水长流'。

---

① 《太原市南郊区王郭村王氏族谱》(手稿,1992),转引自〔英〕沈艾娣《道德、权力与晋水水利系统》,《历史人类学学刊》2003 年第 1 期。
② 《晋祠志·河例三》,第 846 页。
③ (清)员佩兰、杨国泰:《太原县志·渠案》,卷十七,道光六年刊本,成文出版社有限责任公司 1976 年影印本,第 917—930 页。

王杰士自感执拗不过，遂迁全家至介休县。"① 在这个版本中，可以看到，民间对王杰士争水的行为是肯定的，对于官方的判决是不承认的，认为那只不过是县级官员惧怕上级官员的压力而扭曲判决的结果。在这里，王又成了一位不惧官府势力、勇于为民争水的典范人物，从而受到民间的广泛赞誉。在分析了这个例证后，沈艾娣认为："在水利系统结构中，存在着两种不同的价值体系：官方正统的意识形态和民间非正统的价值体系。"②

其实，像王杰士这样的案例还有很多。清乾隆二十二年，运城、解州一带秋水连绵，导致洪水暴发，积水成灾，解州附近许多农田、村舍被水淹没。在此生死存亡之际，许多农民联名请求州官挖开渠堰将水放入盐池以泄洪。然而州官置人民生命于不顾，辞回百姓的请求。在万般无奈的情况下，底张村村民任曰用、曹文山等人率领群众破七郎、卓刀等堰，将洪水放入盐池，此举保住了很多人的生命。对此，官方不仅不予同情，反而以盗挖硝池堰之罪名，将任、曹等人杀害。当地群众为悼念这些好汉，特于当地立好汉碑纪念他们。③ 在这里，民间对人物的价值评判再一次与官方相左。这些人在官方那里是盗挖池盐的重大刑事犯罪的罪犯，甚至被官方以此为罪名处决；在民间他们却是救了百千万人生命的恩人和英雄，死后还被立碑于民间而万世景仰。由此可以看出："在中国地方传统社会中，无疑有一套自己的是非、道德评价体系。"官方意识形态虽然塑造了"水利系统的某些方面，但这个系统的文化内涵却有别于官方的意识形态"。可以肯定的是："某种价值体系在社会结构的不同层面中，有不同的体现，而并非在整个社会或整个阶级都有同样的体现。"④

在村庄中，因为管水用水的实践而产生出许多与官方的权威认可不相吻合的民间价值偶像。⑤ 正如王铭铭在一篇文章中所指出的"不同层次的仪式反映了不同层次的地方认同感（identity）和它们的交互关系"⑥，不同层次的价值认可亦必反映着不同层次的认同感。处在社会底层的群众因

---

① 《太原市南郊区王郭村王氏族谱》（手稿，1992）。转引自［英］沈艾娣《道德、权力与晋水水利系统》，《历史人类学学刊》2003 年第 1 期。

② ［英］沈艾娣：《道德、权力与晋水水利系统》，《历史人类学学刊》2003 年第 1 期。

③ 参见《河东水利石刻》，第 53 页。

④ ［英］沈艾娣：《道德、权力与晋水水利系统》，《历史人类学学刊》2003 年第 1 期。

⑤ 如沃阳渠之范兴隆，事见《志补》第 191—192 页；广平渠之王氏，事见康熙二十八年《广平渠例》，《志补》，第 242 页，并黄竹三、冯俊杰等编著：《洪洞介休水利碑刻辑录》，中华书局 2003 年版，第 41 页，限于篇幅，此处不再一一举证。

⑥ 王铭铭：《宗族、社会与国家——对弗里德曼理论的再思考》，《中国社会科学季刊》（香港），总第 16 卷。

其相同的境遇和共同的利益关系,很容易形成基于此基础上的共同价值认同。而且这种价值认同一旦形成,便是具有相对稳定性的。而这种价值认同反过来又使人们对基层非正式权力的认同感不断加强,形成对基层非正式权力行为的社会正义性评价。而官方权力或者代表官方的权力系统在民间的地位就大大下降了。"甚至在老百姓眼中,官方任命的乡村领袖和组织还不如某一民间组织及其领袖更具权威。"① 在近代中国,这一现象呈现愈演愈烈的趋势。出现这一现象的原因固然是多方面的,但是民间对官方价值在某些方面的一定程度的不认同应该是其中一个原因。

正因如此,官方不得不一再地在民间宣扬其正统价值规范,希望能借此获得民间之认同。如杜赞奇对华北地区的考察就表明:敬奉龙王在清代的国家祭祀中变得越来越重要。特别是在 19 世纪的后半期,朝廷不断发布各种上谕敕封和旌表龙王,为其加进各种封号。杜氏认为,其实龙王的祭祀到底是属于民间还是国家并不重要,关键是龙王通过这些形式被融入了一个国家承认的权威体系,成为国家认可的价值体系的一部分,并反过来进入并影响民间。②

再如,在河东地区,因为这里是大禹故地,因而国家在旌表大禹治水千秋之功的碑记代代不绝如缕。

> □闻神威赫弈千秋,萧悫祀之。瞻庙貌巍峨,百世仰宏纲之重。凡古帝王载祀典者,显然□其功在天地,泽被民生,德留万世者哉! ……古哲王之治,好稼穑,务耕畜,水火金木穀之,维修厚王正德利用之是为,忠厚日习而狙诈不生,奢靡日消而风俗以淳,是则后人祗承之意,而明德□由馨也矣。③

类似文字在该地区的水利碑刻中所在多有,通过这些碑刻可以看出,国家旌表大禹的碑文可谓"醉翁之意不在酒,在乎山水之间也"。通过对大禹功德的记述,根本是在标榜当代治世的价值依据。大禹在这里不过是官方对于弘扬何种价值,何为治世的道德希求的一个替代符号,而这种道德希求却恰恰是官方希望整个社会都遵守的。

一个社会的居于主导地位的统治思想与民间意识总是互动的,其互动

---

① 乔志强主编:《近代华北农村社会变迁》,人民出版社 1998 年版,第 801 页。
② 参见〔美〕杜赞奇《文化、权力与国家——1900—1942 年的华北农村》,王福明译,江苏人民出版社 1996 年版,第 28 页。
③ 清康熙二十六年《夏县重修大禹庙碑记》,载《河东水利石刻》,第 15—16 页。

的形式主要有三种：第一种是自下而上式的，即民间的观念、诉求和文化资源向统治思想输入。第二种是自上而下式的，即统治思想通过各种途径向社会大众输出普及。第三种是上下共享式的，即两者的长期互动产生出双方均能认可的、稳定的、共享性的社会价值观念，并进而形成社会主流思想与文化。① 因而长期来看，在现实历史过程中，两种思想和价值体系并不是谁吃掉谁的问题，而是在不断地交织、冲突与融合过程中，不断相互吸收汲取并最终逐渐形成为社会所共享的社会主流意识的过程。"国家与社会的关系不仅是一种非均衡的、错综复杂的关系，也是一种交互作用，不断互动与调整的关系。"② 从这个意义上，村庄成为国家与社会关联网络上的一个关键网结，村庄水利治理中国家与乡村的竞合，成为我们观察两种权力相互关系的一个透视窗口。

三　水利社会网络中的信息共享与公共空间构建

（一）水利社会中的共同话语体系与公共空间

山陕地区各渠在长期的用水实践中，形成了一整套富有地域特点、不同等级和层次的水神崇拜与祭祀体系，构成了以"村庄、渠道为主的独立祭祀到多村、多渠的共同祭祀直到全流域、跨流域乃至跨越行政界限的多重复合的祭祀体系"③。并且通过这套水神祭祀体系将不同户、村、渠联系起来，在社会整体性的意义上构架起了一个横跨于不同村庄之上的权威体系。通过这一权威体系，又将不同的村庄中不同层次的人群按照一定的形式组织起来，使每一个人按照权威体系赋予的角色共同参与到祭祀过程中来。从这个意义上来说，祭祀已经不单纯是村庄向超自然力量顶礼膜拜的仪式程序，而成为乡村各种力量按照既有权威层次共同参与其中，进行资源分配的村落基本政治格局。或者说，乡村水利祭祀具有了村落公共空间的意涵。

村庄是一个有机联系在一起的整体。在这个有机体内部，存在着不同形式的社会关联及人际关系交往方式。这些社会关联与人际关系交往方式以超越于个人之上的公共性形式而存在着，并且这种存在以村庄作为基本

---

① 参见刘泽华、张分田《开展统治思想与民间社会意识互动研究》，《天津社会科学》2004 年第 3 期。

② 行龙：《晋水流域 36 村水利祭祀系统个案研究》，《史林》2005 年第 4 期。

③ 张俊峰：《山西水利与乡村社会分析——以明清以来洪洞水案为例》，载王先明、郭卫民主编《乡村社会文化与权力结构的历史变迁："华北系村史学术研讨会"论文集》，人民出版社 2002 年版，第 214 页。

载体而相对固定下来，成为村落公共空间。当然，这种公共空间可以是村庄内的，也可以是村庄间的。在村落中的每个人都以自己的形式追求着其"私"的利益，拥有相对封闭的"私人领地"，但是"由于这个'私人的领地'总是和别人的'私人领地'相连的，所以就无法拥有脱离'公'（联成一体）的自己独特的领域（自私）"。① 这里的村落公共空间不同于现代意义的公共领域（public sphere），它更多的是体现着农村社会的某些公共价值认同和公共精神支柱，而非进行公共论辩从而形成集体认同的理性领域。它拥有相对固定边界的实体空间，也是被附加了一些外在属性的文化意义上的空间范畴。由于农村本身所具有的独特区位、深厚传统、生活方式等，使农村公共空间在一定意义上具有了凝聚村落共识、达成信息共享、获得共同价值、形成村庄秩序的功能，当然也就在此意义上使村庄内聚化，并形成对外来者或者外在干预力量的屏障。

在传统社会中，凡国家遇到重大的事情，莫不以祭祀的形式来加以解决，即所谓"法施于民则祀，以死勤事则祀，以劳定国则祀，能御大灾、捍大患则祀，极之于□□道路马蚕猫虎兵师疾历之属，凡有功烈于民者，蔑不有祀"②。在这里，祭祀成为公众对权力及权力行为合法性认同的重要一环。它以一种向上苍祷告祈求的神圣形式，宣告自己的行为是符合超自然力量或圣明的安排的，是符合于"道"的，推论之亦必是符合于"义"的，以此而获得了民众的广泛认同：

> 夏县西十五里许，有禹王城，城之中有青台焉。世传禹治水八年于外，涂山氏望思之地也。居民即（于）台上禹庙而祀者，其来久远矣。维时邑令陈侯，以路回曲，岁时伏腊，无以展冠为礼，将庙于邑，乃进诸父老而询之，佥曰：可。于是首捐俸金数十，为士民倡，众益翕然即事。无令督，无贫富，咸输财效力，若为己谋。③

"佥曰：可"，其原因是多方面的。首先是因为权力借助了神圣的形式表达了自己，从而获得了较大范围的认同。其次，公共祭祀及其附属设施建设客观上搭建了一个乡村"可以和国家权力进行有益对话的公共空

---

① ［日］沟口雄三：《日本人视野中的中国学》，李甦平译，中国人民大学出版社1996年版，第43页。

② 《重修源神庙记》，见《辑录》，第191页。

③ （明）《夏县禹庙碑》，文见《平阳府志·艺文》，或张学会主编《河东水利石刻》，山西人民出版社2004年版，第14页。

间"，借助这样的一个空间建构，获得了"一种民间的对政治的想象"。①
最后，水神庙作为地域社会中的公共空间，将处于该空间内的人与空间外
的人区分为有用水资格和没有用水资格两类，"界外的人或集体若想加入
用水体系，首先得加入这个信仰圈、祭祀圈"②。否则，其便不在"圈子"
之内，在这个空间内也就无法取得用水权。对于外来者而言，参与到区域
内的建庙、捐资、祭祀中来，对于证明其用水权的合法性是至关重要的。
水利祭祀系统在这里搭建起一个全方位的判断系统。在这里，国家与村
庄，官与民，民与民找到了一种对话、谈判和判别的途径，政治找到了其
统一性实现的一种方式。

（二）洪洞的"好汉庙"：典型文化人格与民间的价值体系

在山陕各渠的水利治理中，围绕着分水用水的活动，渠与渠、村与村
展开了激烈的明争暗斗、纵横捭阖的活动，构成了一幅幅水利治理中的绮
丽画卷，也流传下了一个个民间口耳相传的传说和令人回味的故事。这些
传说和故事在民间广为流传，有些渠还将其郑重其事地写入本渠的渠册，
使之代代流传、永志不忘。在这里，重要的不是故事和传说的真实性本
身，而是这些传说和故事背后所体现出来的民间价值观念和那些典型文化
人格所代表的正义公平评判标准。

发源于太原晋祠的晋水一脉，在出晋祠后分为南北二渎。"溉田凡三
万亩有奇。沾其泽者，凡三十余村庄。"③ 南北两渠的用水利户，为了彼
此分水的多少，经常发生争斗，天越旱的时候，斗得越厉害，以至于每每
因为械斗而闹出人命肯罢休。后来有一年双方又起争端，并且双方抬着
棺材出战。其后县官出面予以调停。县官派人在难老泉边置一大油锅，底
下燃起柴火，待油锅沸腾后投入铜钱十枚，代表十股泉水。争水双方同时
派人捞取，捞取几枚铜钱便可得到几股泉水，以此作为定例，以求永息争
端。当时参加争水的两河民众面面相觑，不敢上前。而此时，北河人群中
闪出一位青年，跃入沸腾的油锅捞出七枚铜钱，而后因伤势过重而壮烈牺
牲。于是县官判定北河得晋水十分之七水量。据说，难老泉前面石塘中石
堤和人字堰就是这样建立起来的。而北河人群中跃入油锅捞铜钱者为花塔
村人，因年久失名，乡人呼为张郎，现"金沙滩"中高两米多的分水石

---

① 赵旭东：《权力与公正：乡土社会的纠纷解决与权威多元》，天津古籍出版社2003年版，第203页。
② 张俊峰：《明清以来洪洞水利与社会变迁》，博士学位论文，山西大学，2006年，第40页。
③ 《晋祠志·晋水》，第778页。

塔，就是后人为纪念张郎所建的"张郎塔"。①

按照相关学者的整理研究，② 这样的"三七分水"故事在晋省各地所在多有，在以汾水为源浇灌地亩的南霍渠畔，也立有与"张郎塔"类似的一座好汉庙，流传着相似的传说：

> 唐贞观年间，灌溉麦田，洪赵两县人民在土豪劣绅的挑拨下发生斗欧（殴），由洪洞知县与赵城知县出面调解，在水神庙前置一口油锅，烧的（得）通红，里面放铜钱十枚，一枚钱表示一份水，两县各派一名代表下油锅捞钱，捞得一分，就表示一份水。水神庙前人山人海，双方擂鼓助威，人们的喊叫声、吆喝声，加油锅里散发的油味，和（合）成一片。只听一声令下，赵城一名青年在熟涌的油锅里捞钱七枚，便成了定局。赵城分水七份，洪洞分水三份，并立碑为证，建了分水亭。赵城人夸油锅捞钱的英雄，脱口而出：余水灌洪。洪洞人不服，又打起架来，也脱口而出：碑前打死碑后埋！打死人不偿命，做一条好汉。就这样，在水神庙旁建了好汉庙。相传有一段，洪洞郭知县与赵城谷知县，还有掌列（掌管水的人）议事，二知县话不投机，打起架来，一人拿的切面刀，一人拿的杆（擀）面杖，掌列中间拉架，三人同时命归。为纪念三人，设立好汉庙，并立生死词：三人同时命归，有谁光明磊落？人们不明真相，神是灵的，三份渠水位低，水流急；七份渠水位高，水流慢，七份水与三份水并不多，人就这么争，神是灵的，不论怎么分，还是老样子不变，三七开。神已定局三七分水，两县人民的水终究是平等的。洪赵争水，大动干戈，曾至不通婚嫁。为纪念争水斗欧（殴）而致死的人，北霍渠在关胜桥旁建有好汉庙，现已毁迹。③

这两个看起来非常相似的故事之所以能够在民间产生，并且流传至今，肯定有其背后的原因。从这两个地区的人们对这两个故事的态度看来，人们是以褒扬的姿态传承着故事的，因而这些故事在这两个地区的民

---

① 据行龙《晋水流域36村水利祭祀系统个案研究》，《史林》2005年第4期；崔凡芝主编《颂晋文选》，山西古籍出版社2002年版，第55页。

② 张俊峰对这些类似的故事进行了整理，发现了很多典型案例，可参见下文"（三）水权的象征性秩序"的相关论述。

③ 据赵世瑜《分水之争：公共资源与乡土社会的权力和象征——以明清山西汾水流域的若干案例为中心》，《中国社会科学》2005年第2期。

间应该是被普遍接受的。这一现象本身就说明，民间在水权公平分配的判断上有着一套与官方不同的价值评判标准。正如沈艾娣所指出的："某种价值体系在社会结构的不同层面中，有不同的体现，而并非在整个社会或整个阶级都有同样的体现。"① 这里更要强调的是，在这些传说中，事实到底是怎样的是不重要的，重要的是水利社区通过这些传说传达出的关于他们所认可的分水秩序的共享意义建构，以及通过这些传说传递的为了团体的凝聚与合作而自我牺牲性的利他性惩罚。在此意义上，这些传说实际上表明了水利社区自身道德文化建构中的自觉。

如果我们将视野拉伸到整个社会来看，传统社会以儒家为正统的道德体系主张以德治国。但是，儒家所倡导的这一套道德修身体系，在乡村水利社区的人们的交往中，我们却难觅其踪。在这里，武力或者勇敢成了解决人们之间矛盾和纠纷的最重要手段。诚如沈艾娣所说："武力的运用，是构成晋水水利系统基本传说的核心内容。"② 关于什么是良好社会生活秩序的追问，其实从古希腊的柏拉图那里就已经开始了。在柏拉图关于国家学说的德性原理里，国家是一个将"至善"和正义原则奉为伦理目标的道德共同体。为了达到这一目的，居住在这个国家的人民，就要依据其天然具有的天性和道德禀赋划分为不同的阶层：具有理智和智慧的人应该成为城邦的统治者；具有意志与勇敢的人成为城邦保卫者；以情欲主导自身从而只能以节制作为美德的人，则只能作为匠人和其他被统治者。各个阶层的人各尽其职、各得其所，城邦就实现了其正义原则，达到了"至善"。当然，柏拉图的理想国带有明显的先在性和目的论色彩。但是他却指出了这样一个道理，即分属社会不同人群的人们，具有不同的道德观念和价值判断标准。正义原则作为认知理性具有统一性，作为实践理性则具有强烈的层次性。强求整个社会遵循同样的标准，在一定社会历史条件下是不现实的，也是无法实现国家的正义的。

假如我们将用水的秩序化作为实现良好生活秩序的一个基本目标设定，以此为前提来讨论达到这种理想生活状态的条件，则我们可以发现，在山陕地区的水利治理实践中，人们实际上是将个人的勇敢和武力使用作为值得褒扬的美德，通过勇气来获得权利的行为被认为是合理的和公平的。而那些为了争取权利而不惜牺牲个人身家性命的"好汉"，则成为人们所顶礼膜拜的符号化、偶像化的典型人格或曰文化偶像，他们以"典

---

① ［英］沈艾娣：《道德、权力与晋水水利系统》，《历史人类学学刊》2003年第1期。
② ［英］沈艾娣：《道德、权力与晋水水利系统》，《历史人类学学刊》2003年第1期。

范的方式体现着获得广泛认同的理想人格、角色期待和行为模式",他们
包含着"为社会公认的价值、品格、规范和公德",成为"社会普遍意识
的一种载体和存在形式",在"铸模人的灵魂,调节社会生活,建立公共
秩序方面有着重大作用"。① 可以看出,同样是面对达成良好社会秩序的
希冀,社会主导思想与现实生活实践状态之间在认识和实践途径上是有差
别的。而恰恰是这种差别为思想的丰富和发展提供着无尽的动力和新鲜的
血液,从而在一定意义上成为社会正统思想不断发展的原因和动力。

（三）水权的象征性秩序

无论是张郎塔,还是好汉庙的传说,故事核心都是因水资源的分配而
发生在乡村水利内部的不同用水主体之间的纷争。通过这种传说式的纷争
实践和过程,不同的用水主体之间用水权利获得了重新的界定,并因此固
化了下来,成为此后在不同用水主体间之间水权分配的依据。在此意义上
说,这些传说故事之所以被口耳相传,并凝聚成为一种稳定而固化的记忆
存在于水利社会内部的人们的头脑中,是因为这些记忆背后所承载和象征
着的,对于水资源的不同分配方式所形成的相应权利安排所稳定和固化下
来的用水秩序。传说或者故事,也在此承担着类似于水利社会中的渠册、
碑刻等规约的作用,实际起着约束不同用水主体间权利义务关系的规范作
用,成为同一个水利社会内部的人们所共同认可的民间规约。因此,不同
于一般口头语言中的故事,这里的"故事"仿佛可做进一步的阐释或理
解,即可以被理解为民间惯例法意义上的"故—事",即作为传统社会中
法的渊源之一的先在的事例。因而对这些传说或者"故—事"的讨论,
为我们观察传统乡村水利社会中分水用水的实践和运作形态提供了一个很
好的切口。

如果可以把用水权利理解为产权形式的一种,那么作为一种产权形
式,其在现实社会过程中的实现形式则可以是多样的。学界相关研究表
明,现代社会中的产权可以被看作产权形态的一种特定样式,即一种依赖
于现代法律制度体系所保障的,建立在抽象化主体假定基础上的纯形式化
的产权形态,这种产权形态是以其在经济意义上的完整的可计算性、可分
割性为标志,实现在社会中不同的抽象主体之间的合规则分配。但是,在
前现代社会,那些尚处于未充分理性化（马克斯·韦伯意义上的）和形
式化意义上的产权形态则要复杂得多,产权的运作和实现形态更多地会表

---

① 刘泽华、张分田:《开展统治思想与民间社会意识互动研究》,《天津社会科学》2004 年
第 3 期。

现出其实质化的一面来。"实质论的产权观强调产权的广泛系统性和嵌入性，即产权不仅具有经济权属，还具有社会权属、文化权属、政治权属和象征权属。在实质论的产权观念下，人类其实早有产权的概念，包括私有产权，而现代私有产权制度作为资本主义的伴生物，不过是人类整个产权进程中的一个特殊形态，就像现代市场经济制度不过是人类各种市场制度之一种。"① 依照上述界定，历史时期特定水利地域社会中的水权安排就更多地表现出实质产权的意义。并且这种实质产权的形态要远比现代形式产权更为丰富，表现出多层次的复合产权心态：复合产权具有社会的、文化的、政治的和象征的诸多面向，是这些诸多层面所共同复合而成的一整套安排，而非仅仅表现为其形式意义的合理化、制度化安排层面。

如果我们暂时抛开上述关于产权不同形态的讨论，进而关注实质产权何以会表现出不同层面的问题，那么，进一步的思考意味着我们必须就产权作为一种权利的真正含义是什么作出回答。按照一般的看法，权利意味的是在同一个社会内部的不同行为主体在发生相互关系时，彼此处理他们之间的关系，并使这种关系保持在社会所认可的限度内的一整套稳定的制度化安排。而要达成这种稳定的人们之间的相互关联，就必须使不同的社会主体的行为保持在一个合理的行动范围内。也即是说，权利对于行为者主体来说，意味着他们行为的边界，逾越这一行为的边界，便不再是个体行为的权利空间，这可以看作对权利的一种限定性规定。通过上述一般界定，可以看出，除了对权利的限定性规定以外，权利的含义实际上更重要的是指向特定社会中人们之间的相互关系，或者关联，这可以被看作权利的关联性含义。在权利的目标或指向的意义上，权利首先不是一种限定，

---

① 张小军：《复合产权：一个实质论和资本体系的视角——山西介休洪山泉的历史水权个案研究》，《社会学研究》2007 年第 4 期。关于产权在不同社会中，可能会结合特定的社会历史情形而表现为不同形态，张小军的论文还提供了一份较为完整的文献目录。因为在本文的讨论中，对产权形态的讨论仅作为理论基础，本文并不打算对此做过于详尽的追究。因此，将可做进一步讨论的研究文献暂列于下，以供读者参考。折晓叶、陈婴婴：《产权怎样界定——一份集体产权私化的社会文本》，《社会学研究》2005 年第 4 期。Nee, Victor & Sijin Su, "Institutions, Social Tiers, and Commitment in China's CorporalistTransformation", In John McMillan（ed）, *Reforming Asian Socialism: The Growth of Market Institutions*, Ann Arbor: University of Michigan Press, 1995; Lin, Nan and Chih–Jou Chen, *Local Elites as Officials and Owners: Shareholding and Property Right in Daqiuzhuang, Property Rights and Economic Reform in China*, Stanford: Stanford University press, 1999, pp. 145–170; Yushen, Peng, "Kinship Networks and Entrepreneurs in China's Transtional Economy", *American Journal of Sociology*, 2004, Vol. 109, No. 5, Chicago: Chicago University Press; 周雪光：《"关系产权"：产权制度的一个社会学解释》，《社会学研究》2005 年第 2 期。

而是一种连接,并且通过这种连接使具有不同行为目的和行为模式的特定行动者之间相互认可、相互承认,对权利的这种理解更加直接地指向权利的关联性含义。当然,我们可以把上述对权利的两种不同理解方式看作一体两面的关系,即权利的限定性即关联性。因为人们事实上是通过明确彼此行为边界而使得彼此间的关联实现的。

但是,在特定的社会历史条件下,当因为种种的制度技术条件尚不能把权利的限定性含义明确确立起来,也就是社会的制度技术条件尚未达到韦伯所说的"理性化"状态时,通过其他的替代性制度技术安排来实现对权利的规定就是必然的了。当然,这些替代性制度技术安排可能就不能表现出现代理性化制度体系所具有的那些特征,而更多地会表现为"非正式制度"、文化规约或者象征性维度,从而使得在此意义下的权利形态表现出多维度、多层面的特征,从而在产权形态上,出现了产权的"社会权属、文化权属、政治权属和象征权属"样式。

当然,在我们所讨论的特定社会历史条件下的水利社会中的水权体系中,上述对产权的非正式制度化或者象征性安排带来下述后果。

首先,这一安排体系一定会指向和参与塑造特定社会历史条件下的人们之间的一整套共享的价值理念。在这套价值理念中,关于通过怎样的产权安排来实现不同的用水者对水资源的使用是正当的,人们对他人的用水权是认可和承认等问题得到了回答,人们通过"合理的""制度安排"实现了用水秩序化。之所以在"合理的"和"制度安排"上都加上了引号,是因为这里所谓合理的和制度安排都是在类比的意义上来说的,实际发生的历史过程中并不存在现代意义上的这种理性化制度安排,而只是通过类似于现代社会的产权形态而达到了实现人们的用水权利,保证用水秩序的目的。

因此,张郎塔和好汉庙的故事之所以广为流传,并被固化为同一水利社会中人们口耳相传的稳定记忆,其意义并不能仅从这些故事的表面意思所能够完全诠释,而在更深层次上,这些传说故事实际上以象征的方式表达了人们对特定的水权安排之所以是正当的彼此间的认可和承认,这些故事被反复转述也不断强化着隐含在这些故事中的特定水利社会中的一整套共享价值,正是在这些共享价值的评判下,用水实现了秩序化。在这里,人们之间的相互认可和承认,用水的秩序化不过是水权的另一种表述方法。因此,民间传说和故事作为社会象征与水权安排之间实际上构成了一种相互阐释的关系:民间传说和故事不过是特定水权安排的表象化形式——通过集体社会表象的方式实现了主体间权利认可和确认,进而实现用水秩序化；人们之间在实际用水过程中所分得的不同水资源份额或者用水顺序，又为这些象征性的非正式的规则、价值所承认和规约，从而使这些行为表现为"合理的"。毕竟，作为"故—事"，这些象征性安排事实上成为民间法的渊源，表现出了惯例法的特征，即使这种惯例法还远不及现代理性法体系那样完备化、制度化。也正是在此意义上，"水权占有和分配……能够在较长时期中得到地方社会的普遍认同，形成一个相对稳定的社会运行秩序。不仅如此，这种既定水权分配格局往往通过神灵信仰与祭祀、'树碑立传'、编纂及夸大'好汉'故事以及民众口耳相传等特定方式表达出来，由此形成民间社会舆论、道德观念和日常生活习惯，共同维系着现行水权分配格局，并赋予其'合法性'地位，使村庄水权得到'非正式'界定和保障，类似于研究者所提出的'社会性合约'这一概念，具有非正式制度的特点"①。

其次，类似张郎塔、好汉庙的民间传说故事，不独出现在传统水利社会的个别地区中，而是相当普遍地存在于山陕地区的不同类型的区域社会中。张俊峰的研究表明，除了上述传说外，至少在山西地区，就还有介休洪山泉的"五人墓"、翼城滦池的"四大好汉庙"、襄汾的"争水英雄庙"（亦称"红爷庙"），河津的遮马峪的清明祭祀争水英雄等典型事例。并且这些故事似乎都大同小异，基本采用了较为雷同的故事情节或者结局安排，似乎都在进行着相似的意义或者价值诉说。② 那么，应如何解释该地区中这些看起来颇为相似的传说故事为何如此普遍地存在呢？张俊峰认为："油锅捞钱究竟是确有其事还是子虚乌有或许才是问题的关键所在，它不仅是研究者和地域社会各阶层民众长期争论的焦点和疑点，而且关系到如何正确理解和诠释区域社会的历史变迁。"③

结合上面的分析，本书倾向于认为，或许这些传说故事的真实性并非问题的关键，更重要的问题在于在不同的水利区域社会中，人们通过塑造出来的这些传说或故事，以及通过这些故事中被神化了的好汉人物，所蕴含着在实际的用水过程中各自的水权利分配格局及通过这些故事所确认的象征秩序。之所以对水权和水资源利用秩序的安排，都不约而同地采用了

---

① 张俊峰：《前近代华北乡村社会水权的表达与实践——山西"滦池"的历史水权个案研究》，《清华大学学报》（哲学社会科学版）2008 年第 4 期。

② 张俊峰：《油锅捞钱与三七分水：明清时期汾河流域的水冲突与水文化》，《中国社会经济史研究》2009 年第 4 期。

③ 张俊峰：《水利社会的类型：明清以来洪洞水利与乡村社会变迁》，北京大学出版社2012 年版，第 86 页。

相似的故事结构或者情节安排,原因在于对同处在半干旱区域中具有相似自然地理条件的各区域水利社会而言,人们所面临的用水争水的基本问题是类似的,需要解决的用水过程中的主要矛盾也表现出相当的类同性。如果仔细阅读这些争水的故事就可以发现,人们在这些争水故事中争论的焦点实际上还是落脚于现实的取水用水秩序,例如用水的先后顺序,用水量多少的利益盘算等。因而在需要对这种争水用水中的问题或者矛盾给出一个合理的安排时,人们所借助的民间法权意义的"故——事",实际上仍是以象征的方式给出一个合理的解决方案的方式。

最后,如果进一步考察这些传说或者故事,我们也会发现这些故事的主角或多或少地都存在着被神化的情形,因而成了在区域性的水利祭祀体系中被崇拜或者祭祀的神化对象。表面上看,民众对这些在为人们争水过程中献出生命的人所表达的敬意,似乎因达到了崇拜的程度而显得像一种愚昧无知,甚至荒诞不经的行为。但实际上,如果我们将对这些英雄人物的神化看作用来界定水权的惯例法的话,那么,就可以理解在缺乏现代理性化法律制度体系的情形下,那些能够被用来确定用水秩序的规则标准要能达成普遍的认同,就必须获得相当的权威形式。而这种权威在无法获得来自外在于水利区域社会的国家强制力的有力之支持的情形下,通过赋予广为流行的这些故事主角以神化的色彩,或许能够弥补外在权威性的不足,提升这些故事本身所内含的象征秩序的规约能力。因此,这种"民众对英雄、好汉精神的尊崇,由它决定的分水方案,在地方社会才是最具权威性、最令人信服的,在实践中它也是一种能够迅速地、有效地解决纷争的最佳方案"[1]。并且就处于前近代的社会来说,这种安排尽管看上去不是那么正式,却可能是在特定社会历史条件下最有效、最节省社会成本的形式。在此意义上,"前近代水资源配置尽管不尽合理,在资源相对充足的条件下,却能够维持一个相对和谐的社会秩序,以极低的成本和费用规范和保障了村庄的用水权,国家也能够得到预期的赋税收益,区域社会秩序的稳定正是得益于非正式的民间运作逻辑,这一点是有启发意义的"[2]。

同时,也应该看到,乡村水利社会中普遍存在的这种象征性秩序是全方位的,它不仅存在于用水过程中平等参与的各方之间的关系中,不管这

---

[1] 张俊峰:《水利社会的类型:明清以来洪洞水利与乡村社会变迁》,北京大学出版社2012年版,第86页。

[2] 张俊峰:《前近代华北乡村社会水权的表达与实践——山西"滦池"的历史水权个案研究》,《清华大学学报》(哲学社会科学版) 2008年第4期。

种参与者是以个人抑或群体的方式参与的，还应该存在于那些在用水过程中存在着权力支配关系的各参与者那里。在这种情况下，各用水者之间因为存在着权力关系而事实上处于不平等的关系中，而对这种基于支配关系的权力的确认和安排，也是用水秩序的另一个重要层面。关于这一点，我们将在接下来的内容中进行论述。

第二节 神庙与祭祀系统背后的象征权力

在后现代主义者那里，现实的政治结构、政治权威都被抽象化为一定的政治象征符号。通过外在的政治象征符号，政治话语、政治过程乃至政治斗争与较量，都被化约为日常生活可理解的语言、物品、仪式和其他附属物。正如大卫·科茨所指出的，在现代社会中，人们都有一种错误的观念，认为政治是一种理性行为，决策的作出都是以客观事实为根据。而实际上，现代政治生活中的每一个方面都离不开象征（symbolism）。[1] 政治现象不仅是冷冰冰的统治、命令与服从，更是活生生的社会现实过程。在丰富多彩的社会生活过程中，人们将自己对政治的理解、观点、意愿、要求通过合理的方式予以表达，权力也同样以符号、象征、仪式等形式在社会成员面前显示着自己的存在。

象征是使用者赋予其意义的任何东西，人们通过象征将习得的行为方式在代际传递，这一过程本身就更构成了政治社会化的重要内容。政治象征符号"通常指称具有政治意义的象征物品仪式行为和话语等"[2]。政治象征符号在政治社会中承担着重要的政治功能。一是建构权力结构与秩序的组织功能；二就是对权力体系进行合法性论证的文化性功能。"象征符号构成了政治动力的一个重要侧面，成为维持政治—社会体系运转的持久因素。"[3] 政治象征符号通过这些功能，维持着政治秩序的基本格局，使政治与社会之间的沟通与互动有了进行生动对话的依附物。各种政治身份、政治功能和政治意图在反复的仪式重复及其符号的操演中被确认、强化甚至于模式化。各种政治群体也通过政治象征的舞台尽力地表演和宣扬

---

① David I. Kertzer, *Ritual*, *Politics and Power*, New Haven, Conn. : Yale University Press, 1988, p. 77.

② ［英］亚伯纳·柯恩：《权力结构与符号象征》，宋光宇译，台北金枫出版社 1987 年版，第 103 页。

③ 马敏：《政治象征符号的工具价值分析》，《四川行政学院学报》2004 年第 4 期。

着对自己有利的价值,隐晦地表达着本群体的政治要求。

在以水的分配为重心的山陕地区地方社会中,民间、官方在水资源的分配、使用和控制权的争夺中,采取了多种多样的策略,"不仅诉诸了实际的权力和武力,而且还利用了意识层面上水神的力量"①。各种手段运用的最终直接指向,不过是用水权利的有无多少而已。

一　水利祭祀活动中的权力秩序

(一) 权威的重申和强化

传统文化中的信仰是一种多元结构,除了以"宗亲—姓氏—祖先"为主体的崇拜形式以外,民间还因为其日常生活实用性的要求而衍生出众多的村庄神、区域神信仰体系。因而在村庄中,严格意义上的至尊一神的终极信仰形式并不存在。即使出现这种信仰形式,它也必须"降低其信仰等级,并尽量与本土松散的世俗多神论相匹配","而该匹配的世俗化程度就决定了其在华夏宗亲文明中留存的位置和时段"。② 实际上,民间信仰体系的一个显著的特点就是其功利性。只要被认为是灵异昭著,能够庇佑一方生灵的神祇,就能为乡村所接受并顶礼膜拜,西方意义上的"彼岸世界"在中国文化中难觅踪迹。同时,这种天人合一、天人感应的实用性信仰崇拜,使得神的世界不过成了现实秩序安排的合理化证据,现实秩序通过对神的世界的摹写和神圣的程序保持着其"内在的能量,即动员、激励以及强制的力量"③,同时对其存在的合法与永恒给出证明。如介休鸑鷟泉有源神庙,每年有祭并订水程的活动。

> 在介休东南三十里,其下有泉,名鸑鷟,即胜水也,灌田数千亩,民利之。建祠于上,祀尧、舜、禹,曰源神。每岁三月三日。各渠渠长咸集,执水牌分晷刻,有司往祭定其程焉。因为词以祝之曰:狐岐之麓,泉名鸑鷟,喷珠漱玉。浩浩灵源,开自中天,溉我南阡。绵上千顷,沟洫分町,豪强兼并。凿石为塘,铸铁为梁,釐正厥疆。民乐其利,禹同二帝,俎豆百世。殿宇巍峨,楼台映波,祷祀孔多。载拜稽首,临流酹酒,以祈大有。泽我蒸民,黍稷苾芬,神其

---

① 王铭铭:《"水利社会"的类型》,《读书》2004 年第 11 期。

② 刘圣鹏:《终极信仰与终极信仰的世俗化——中国古代文化信仰的知识学分析》,《学术论坛》2007 年第 7 期。

③ 王长命:《水案发生的文化衰落分析》,《沧桑》2006 年第 1 期。

来歆。①

　　从以上两则材料可以看出，祭祀分水的过程，一方面是权威力量对用水权利的重新认定和确认过程，即通过权威的神圣性建构，实现通过弗雷泽意义上的以迷信、禁忌等活动为社会成员提供行为端正的动机的作用。也就是说，通过形而上权威（神权）与形而下权威（在上之官方权力与在下之民间非正式权力）的共同确认，从而使之具有了不可侵犯性。另一方面，福柯曾就"话语权"的问题发问："谁在说话？在所有说话个体的总体中，谁有充分理由使用这种类型的语言？谁是这种语言的拥有者？谁从这个拥有者那里接受他的特殊性及其特权地位？"② 话语权的取得本身就是权威性存在的一个证明。官方权力和地方非正式权力也在这一过程中，通过话语权与合法权力的垄断，不断对自己管理用水的权力在民众中加以重申和强化，使民众不断明确谁才是用水权利的真正权威分配者。特别是在村庄祭祀戏剧的现实舞台上，每一个人的角色、地位更加活生生地展示出来。

　　　　求雨
　　　　……
　　　　【求雨的商量】
　　　　……

　　　　是谁提议今年求雨的？ ＝庄长提议，村民赞成。
　　　　是开村民会议商议的？ ＝没有，庄长召集保长商议。
　　　　什么时候商量的？ ＝六月上旬，求雨的 10 天前。
　　　　上述保甲长会议决定了求雨的全部事宜吗？ ＝是的，求雨日期、分工、临时摊款都定下来了。
　　　　村里的长老出席会议吗？ ＝求雨的时候要出席，今年李宝庆、王为善、李玉书、李登鳌四位老人出席了。
　　　　【求雨的准备】
　　　　……
　　　　村里有势力的人会榜上无名吗？ ＝有时候因为本人有事而没有写

---

① 《狐岐山祝词（并序）》，见《辑录》，第 224 页。
② ［法］米歇尔·福柯：《知识考古学》，谢强、马月译，生活·读书·新知三联书店 1998 年版，第 62 页。

上去,总体来说都是根据个人能力而安排的职务。

榜示上面为什么没有村里最大的地主杨云坡的名字? =他去了济南,不在家。他们家族的中年男子也不在本村。

【仪式准备】

仪式当天先做什么? =在玉皇庙的前面准备玉轿,负责请神的李凤昌从庙里拿出神像,然后放到玉轿里。一个人没法拿神像,所以有帮忙的。这时已经定好了拿銮驾、铜器和旗章的人,队伍已经列好。

【队伍顺序】

队伍是什么顺序? =最前面是村里的四位长老,李宝庆、王为善、李玉书和李登鳌。他们指挥队伍的行进路线。然后是拿旗子的人排两列(人数不定),再然后是跪坛的人排两列,再然后是三列,中间一列人拿着铜器,左右数名拿旗子,接下来是撑伞的人,后面銮驾排两列,再然后又是撑伞的,之后是玉轿左边站一个道士(还有一个道士不在队伍里,在玉皇庙烧香),最后是轮换抬轿子的十几个人。[1]

这是一个华北平原的祈雨仪式过程的详细描述,然而其典型性意义应该是具有普遍性的。杜赞奇认为:"象征符号、思想意识和价值观念本质上都是政治性的,从这个意义上来说,它们或者是统治机器的组成部分,或者是反叛者们的工具,或者二者兼具。"[2] 这些权力秩序的符号化表现,实际构成了权力等级的象征物,发挥着对现实秩序进行确认、建构和强化的作用,也是乡村社会进行低成本权威合法性建构的重要途径。

在这里,祈雨仪式实际上遵从了类似于"礼"的原则,按照人们的身份地位而确定的等级位次秩序。在祈雨的序列中,不同身份和地位的人所处的位置、从事的工作是截然不同的,按照不同的权威等级,形成并遵从着一种确定的秩序,有条不紊地进行。按照杜赞奇的说法:"集体的宗教仪式不仅体现了社区关系,也体现了社会和政治地位的分差高下。……龙王、关帝崇拜同时又十分模糊(具有歧义性),能调节不同的利益集

---

① 徐勇、邓大才主编:《满铁农村调查》(总第4卷·惯行类第4卷),中国社会科学出版社2017年版,第56—57页。

② [美]杜赞奇:《文化、权力与国家——1900—1942年的华北农村》,王福明译,江苏人民出版社1996年版,中文版序言。

团,这是文化网络中权威产生的关键。"① 因而这一过程不仅达到了祈雨这一目的,而且它还意在表明:在村庄水秩序中,权威和等级序列是如何决定了人们在村庄中的现实地位,而处在不同地位上人因其权威的大小而对村庄的水资源拥有着不同的分配权。

张俊峰对洪洞县北霍渠的研究也表明,在这里长期存在的水神祭祀活动中,也存在着按照参与活动的不同身份人员在权力体系中的位置设定的制度化的参与祭祀仪式的规格和标准。例如,在祭祀活动中,有一项重要的仪式是对祭品的分配,也就是对祭祀过程中所使用的各类牺牲和物品的分配。为了规范这些物品的分配,当地制定了"分胙定规",并且严格按照这些定规,对祭品按照参与祭祀活动的人的权力地位高低进行分配。在这里,"分胙行为对于泉域范围内每个村庄的沟头而言,是有特殊象征意义的,是否能够参与分胙、怎样分胙,意味着沟头各自所代表的村庄用水权的有无与次序的先后。因此,祭典水神的活动历来就为泉域村庄所重视,久之成为泉域社会用水权力的象征"②。也就是说,参与分配祭品的数量和顺序,实际上象征着人们在用水过程中的权力地位的高低,实际能够获得的用水数量的多少和优先程度。象征的过程不仅是在展示,也是在确认和强化着特定水利社会内部实际存在着的权力关系,并力图使这种权力支配关系成为人们的自觉认同对象,从而实际影响水资源分配秩序。传统社会乡村在公共资源开发利用过程中,自发形成了一套有别于国家正式统治体系的民间公共权威体系,并通过这种体系的运作而建立起了村落公共资源利用中的基本秩序。这套基本秩序的不断完善的结果,反过来又从不同的层面上——逻辑意义、现实后果和价值实现上维护和确证了公共权威体系自身。也正是在此意义上,"如果不给出水这种物质在一个区域社会的文化意义,我们就无法确切知道当地人在什么意义上利用这种物质,进一步的讨论也便无从说起。水首先要作为一种象征,然后才能够成为一种资源"③。

①　[美] 杜赞奇:《文化、权力与国家——1900—1942 年的华北农村》,王福明译,江苏人民出版社1996 年版,第178—179 页。

②　张俊峰:《水利社会的类型:明清以来洪洞水利与乡村社会变迁》,北京大学出版社2012 年版,第72—73 页。

③　张亚辉:《水德配天——一个晋中水利社会的历史与道德》,民族出版社2008 年版,第36 页。

（二）"神道设教"与既定权力秩序的强化

1. 权威①的层次

传统社会中，权威不是集中分布于某一个群体和阶层之中，而是按照一定的层次分散于不同的等级群体和社会层次中，形成了中国人不同层次的权威人格。这一点也鲜明地表现在祭祀的层次和类别上，如古礼即有所谓"天子祭天地，诸侯祭社稷，及其境内之名山大川，士大夫祭五祀，士庶祭其先"②之说。特别值得一提的是，在官民之间，即国家与社会的边界上，国家因其并未深入乡村社会内部，而由一个处于官民之间的社会中间阶层代替了国家在社会中应该履行的部分职能，这个阶层即所谓乡村绅士阶层。在乡村中，绅士阶层与乡村非正式权力体系的关系非常密切，甚至构成这一权力的主体和决定性力量，是国家正式权力在乡村延伸的重要凭借；在国家中，国家通过体制化的力量将绅士阶层纳入国家正式机构中来，使其服从和认可国家统治的权威性与合法性，并在乡村社会中不断灌输这种理念。绅士阶层实际上扮演着在"政府与民众之间执行媒介"和"沟通隔阂的桥梁"的作用。③正如杜赞奇所说："乡村社会中的权威既不是为上层文化所批准的儒家思想的产物，也不是某种观念化的固定集团所创造的。乡村权威产生于代表各宗派、集团以及国家政权的通俗象征的部分重叠及相互作用之中。"④

在水利祭祀过程中，这种不同层次的权威各以其人格化的形式表现出来，共同在水利祭祀过程中发挥着作用，主导着乡村水利祭祀活动，如晋水流域每年的祭祀圣母活动。

> 七月二日，有司斋戒沐浴，躬至晋祠，致祭广惠灵显昭济沛泽翊化圣母之神，于圣母殿神案陈设羊一、豕一，并祝帛行礼如仪，演剧

---

① 本部分讨论权威的层次，其中涉及用权力概念来述说权威的情形。按照马克斯·韦伯的分类，权威一般可分为传统型、克里斯玛型和法理型三种类型。在韦伯的分类中，实际上将体制性正式权力和社会性非正式权力都包含进了其类型划分中。而那些并非正规化、制度化的权力，充其量只能以权威的概念加以表述。而作为正式权力的国家权力和地方性的非正式权力概念，似乎也已经成为规范的概念表述。因此，在下文的行文中仍出现了这些概念。

② （宋）陈淳:《北溪字义》，中华书局1983年版，第62页。

③ 周荣德:《中国社会的阶层与流动——一个社区中士绅身份的研究》，学林出版社2000年版，第77页。

④ ［美］杜赞奇:《文化、权力与国家——1900—1942年的华北农村》，王福明译，江苏人民出版社1996年版，第29页。

赛会凡五日。……圣母一神，唐叔虞之母邑姜也。宋神宗熙宁中封显
灵昭济圣母；明洪武二年，太祖加广惠二字封号；四年，改号晋源之
神；代宗景泰二年，复旧号。国朝同治八年，加沛泽二字封号；光绪
五年，加翊化二字封号；皆因祷雨之应也。

初四日，在城绅耆抬搁抵晋祠，恭迎广惠灵显昭济沛泽翊化圣母
出行神像。至县南关厢龙王庙以祭之。

初五日，仍行抬搁，舁神楼，游城内外。人民妇女填街塞巷以观
之。官且行且赏。

十一日，古城营人民演剧赛会。前一日，由南关厢龙王庙恭迎圣
母至该营之九龙庙虔诚致祭。

十四日，古城营人民恭送圣母归晋祠。①

在这里，官方通过对圣母的不断加封和祭祀体现着其对水利的绝对主
导权；地方非正式权力通过迎圣母的活动表现着各自在水利分配中的权威
地位；"绅耆"作为一个特定的中间机制，将这两者有机地连接与统一了
起来，形成了一个整体的权力关系体系。也即是说，在以国家权力主导的
政治社会秩序中，国家权力的不同层级和地方非正式权力之间形成的分层
关系，在水利祭祀仪式过程中以国家权力作为祭祀仪式主导者，地方非正
式权力按照国家权力安排作为祭祀过程的次要参加者，民众作为祭祀仪式
过程的补充性的参与者的角色安排展开。这种依照各自不同角色参与到祭
祀过程的仪式性表演过程，在某种意义上符合格尔兹所说的剧场国家中的
权力仪式特征。在讨论象征与整体结构的关系时，格尔兹说："如果想阐
释一种文化的话，两种途径、两种理解方式必须相辅而行：对作为既定展
示物的特定象征特征的描述；和在意义的整体结构中的此类形式的情境
化，这些形式是这一结构的组成部分，它们也借助这一结构来定义
自身。"②

因此，在水利祭祀仪式过程中所展示出来的对具有不同地位的参与者
身份及其相关活动的表现，本身就是政治社会权威结构的一个组成部分，
也就是在这一权威结构中，这些参与者及其活动才能够真正得到理解，祭
祀仪式的参与及其过程本身就是不同层次权威结构表现的形式。正如日本

---

① 《晋祠志·祭赛（下）》，第193—195页。
② ［美］克利福德·格尔兹：《尼加拉：十九世纪巴厘剧场国家》，赵丙祥译，上海人民出
版社1999年版，第123页。

学者鹤间和幸所说:"在祭祀权力的发展过程中,专制权力对河川领域社会的抑制,是其根本所在。……当然它的发展过程并不是顺畅无阻的,它必须经过与地域权力、地域社会的祭祀权之争,才能逐步完成对地域的扩张。"①鹤间在此所描述的这种祭祀权之争的过程,同时即是国家权力向社会的扩展过程。

作为矗立于社会之上的公共权威系统,不仅要满足人们在现实分水过程中的相对公平的要求,还应在以水利为基础结成的社区的基础上为人们提供一个公共价值空间,并以这种价值空间去影响处在其中的每一个人,使人们在作为个体存在与社会存在的双重意义层面上得以协调,完成人的社会角色。传统乡村水利社区的祭祀体系,为我们观察公共权威的这一作用提供了很好的背景。通过这些祭祀和分水用水活动,一方面强化了人们作为一个共同体的观念,为人们提供了一个公共活动空间,实现了人作为个体和社会存在的价值对接;另一方面,也进一步显示和确证了公共权威系统自身的权威,巩固了其作为公共活动组织者和代言人的社会地位,进而体现了其存在的合理性依据。

2. 神道设教

国家要维持正常的统治,首要的前提就是能够获得被统治者的认同和服从。没有被统治者的自觉自愿地服从,统治者的意志就无法贯彻到社会中成为现实。"政治认同所要解决的是个体的政治归属感……如果个人不认可群体或国家给予他的社会身份和政治角色,那么就会出现认同危机。随之而来的就是个人对团体或政府的合法性产生质疑即合法性危机。"②在传统国家中,与现代法理型社会不同,被统治者对统治者统治的合法性认同是建立在伦理认同的基础上的。统治者是以其统治的道义和德性上合乎外在超自然力量的至上性而获得被统治者的承认与服从的。"人间的秩序既是天地之序的投影,那么天道神威永恒不变,人间的统治秩序也就神圣而不可凌越了。"③统治的合法性问题转变成为"天道"应该如何运行和神界秩序如何的问题。

国家之所以要"神道设教",其目的归根结底是使"天下服矣"。"神道"是手段,"设教"是目的。《国语》也说:"古者,先王既有天下,

---

① [日]鹤间和幸:《中国古代的水系和地域权力》,转引自钞晓鸿主编《海外中国水利史研究:日本学者论集》,人民出版社2014年版,第321页。

② 马敏:《政治象征:作为意义和价值阐释的功能分析》,《辽东学院学报》2006年第3期。

③ 曹茂、杨声:《论西汉神道设教的政治功能》,《云南社会科学》2001年增刊。

又崇立于上帝、明神而敬事之,于是乎有朝日、夕月以教民事君。"① 国家政治秩序就好比是日与月的关系,让老百姓明白这个道理,目的是使其明白君与民的关系也好像日与月的关系一样,是自然界中的必然性关系。《礼记》对国家"神道设教"的目的说得更为明确:"故以奉宗庙则敬,以入朝廷则贵贱有位,以处室家则父子亲、兄弟和,以处乡里则长幼有序。……丧祭之礼,所以明臣子之恩也……丧祭之礼废,则臣子之恩薄,而倍死忘生者众矣。"② 可以看出,传统中国社会中,人们的祭祀行为服从目的论意义的设定,人间的祭祀实际上是在以神的秩序来证明人的秩序,从而达到社会政治稳定、被统治者自觉服从之目的。

在水利社会中,祭祀一方面是民间社会在长期用水实践过程中人们对超自然力量的敬畏的结果;另一方面,水神也是国家造神的结果,是国家意识与民间信仰文化"在某一层面上相妥协,最终达成一致性的过程"③,而国家造神的直接目的也必然与国家实现良好用水秩序的目的是相吻合的。在另一层意义上,国家通过水利造神,也使国家意识在民间得到了确认和认同。如中国农村惯行调查对华北农村农民的访问就很有典型意义。

问:植物为什么能生长?

答:因为有土地和雨水。

问:为什么?

答:因为它们从土和水内获得了能量。

问:雨水有能量吗?

答:有。

问:谁赋予雨水以能量?

答:雨水是由玉帝的下属——龙王创造的。雨水中含有龙王的力量。

问:为什么龙王要下雨?

答:水是万物之源,没有它人们便无法生存,龙王下雨以救人类。

问:当雨水尚未落地之时,它归谁所有?

答:尽管龙王接玉帝的命令行事,但雨水为龙王创造,所以归龙

---

① 《国语·周语上》,上海古籍出版社 1978 年版,第 37 页。

② 《礼记·祭义》,胡平生等译注,中华书局 2007 年版,第 180—181 页。

③ 郑萍:《村落视野中的大传统与小传统》,《读书》2005 年第 7 期。

王所有。

　　问：雨水落地之后它是否还归龙王所有?

　　答：土、水为公。(归大家所有)。①

　　在农民的观念里，雨水是龙王创造的，因此，在雨水未落下之前它属于龙王所有。这好比是说，在水资源处在自然状态时，它是属于自在于农民所能控制之外的一个想象的国家之物;龙王归玉皇大帝管，但龙王却是更直接的掌管者，因而雨水应归其所有。在虚幻的国家对水所有上，地方政府虽然归皇权辖制，但与"天高皇帝远"的皇权相比，地方政府的水所有对农民来说显得更为真实;雨一旦下来便归大家所有，不再为龙王所有。在现实用水秩序中，水一旦分配给各户使用，农民便朴素地理解认为水由他们所有。

　　虽然农民的理解可能不会这么——对应，但是，笔者这样类比的目的意在说明:实际上农民是以他们所能理解和把握的方式来看待自己周围的世界，而这种理解方式与国家意识存在着一致性。正因如此，国家在农村的秩序维持，既要靠正式制度的力量，同时也要借助于农村社会中自身的力量，即农村中体制内的非正式权力体系的力量。"某些时候，当民间出现利益冲突而无法获得合理解决时，神灵和法院被人们并用，被他们信任为社会冲突的仲裁者。……民间精英人物也继续在民间文化的'社会戏台'上粉墨登场，为人们求神而组织庙会，从而成为民间的信任对象。"②他们成为民间秩序的实际意义上的维护者。但是无论如何，让农民意识到最终的恩泽来自国家这一点是重要的。并且民间自治力量所支配的资源最终也不过是在国家支持下取得的。在此意义上，这些祭祀、信仰及其背后所表现的权力秩序，也成为正式权力和非正式权力的交叉和纽结，成为两者彼此间影响乃至相互构建的共同场域。

二　权力的文化网络及其局限

(一)权力建筑在文化网络之上

　　在传统国家的礼治秩序下，任何权力的产生和运作无不与礼治格局所衍生出来的统治特点相关联。尤其是在乡村基层社会中，国家权力和乡村

---

①　《中国农村惯行调查》第5卷，第297—298页。转引自[美]杜赞奇《文化、权力与国家——1900—1942年的华北农村》，王福明译，江苏人民出版社1996年版，第26页。

②　Clifford Geerz, *Local Knowledge*, New York, 1983, pp. 147–166. 转引自王铭铭《象征的秩序》，《读书》1998年第2期。

社会非正式权力的运作更是以一种与道德文化紧密结合在一起的形式表现出来，这种道德文化体系对权力本身起着形塑、制约和为其提供运作背景的作用。在这种意义上，美国学者杜赞奇将其称为"权力的文化网络"。它"由乡村社会中多种组织体系以及塑造权力运作的各种规范构成"，①它既是"地方社会中获取权威和其他利益的源泉"，又是乡村社会中"各种政治因素相互竞争，领导体系得以形成"的舞台；既是乡村权力结构的形塑者，又是乡村权力运作的监督者。如果将乡村社会看作一个"权力容器"的话，那么"任何一种异类'权力物质'在被装进这个'容器'之前，都不得不接受架构在'容器'之上的文化之'网'的过滤和改造"。② 国家权力在基层乡村运作的实际形态并不是发生于高度科层化的官僚机器中，而是发生于国家与乡村社会共同建构和共享的由道德文化建构起来的权力舞台中。

事实上，权力本身就不是一种抽象的、纯粹的"自在之物"，它必须借助一定的物质形态才能表达出来。安德森就认为，国家权力必须通过文化象征的形式表达出来，进而上升为政治神话，并为全体人民所接受和认可。③ 在这里，权力与道德、文化的边界是模糊的。两者之间呈现一种相互交织、相互渗透的关系。"或许权力和文化原初就是一体的，亦或许文化本身就是一种'符号暴力'。"④

正因为权力与道德、文化的这种紧密结合的关系，"乡村社区中个人权势地位和声望并不仅仅取决于财产，而主要取决于其社会关系网络和社会活动的影响力"⑤。因而在乡土社会中那些作为知识、文化和道德楷模代表的人物，成为乡村社会中实际掌握权力阶层构成的重要来源。杨懋春对山东台头村的考证表明："只有财富没有文化的家庭往往是孤立的，富裕的有教养的农民看不起他，而他又不想与穷人联合。因此，仅有财富并不能使家庭在社区中享有社会地位。"⑥ 这样的家庭因而也不可能在权力

---

① ［美］杜赞奇：《文化、权力与国家——1900—1942 年的华北农村》，江苏人民出版社1996 年版，第 13 页。
② 王先明、常书红：《晚清保甲制的历史演变与乡村权力结构——国家与社会在乡村社会控制中的关系变化》，《史学月刊》2000 年第 5 期。
③ 参见［美］本尼迪克特·安德森《想象的共同体——民族主义的起源与散布》，上海世纪出版集团 2005 年版，第 137—150 页。
④ 朱国华：《权力的文化逻辑》，生活·读书·新知三联书店 2004 年版，第 110 页。
⑤ 王先明：《士绅构成要素的变异与乡村权力》，《近代史研究》2005 年第 2 期。
⑥ ［美］杨懋春：《一个中国村庄——山东台头》，张雄等译，江苏人民出版社 2001 年版，第 153 页。

的文化网络中占据主导地位,当然也不可能成为乡村社会中权力的组成部分。因而文化网络事实上是乡村社会中控制权、支配权的源泉,是乡村社区中权力分配的基本依据。那些言语和行为堪作乡村社会道德楷模的人,乡村社会也会将权力赋予他。如在山西洪洞县广平渠,"本渠渠册向归长命村王氏执掌"。其原因在于:"盖相传此渠之立,系王氏先人兴讼多年,其妇赴阙鸣冤,始获得此项权利,故至今世世为渠务领袖,亦所以彰有功也。"因而该渠就将道德高尚的王氏一门推为该渠渠长,而且永为定例,不许变更。①像这样的例子在乡村水利社区中举不胜举,它们所反映的,事实上正是乡村社会权力产生的道德原因和权力的文化网络表征。

正是由于权力产生和行使依赖于文化网络的这种特性,使得权力本身有了更多的象征性的意味。象征性权力是"通过言说来构造事件的一种权力,一种让人看见和相信的权力,一种证实和改变世界观的权力"②。象征性权力是权力的符号资源,通过这些象征、符号的解读、想象和竞争,权力的不同层次之间,权力与其受体之间以一种社会所认可的形式展开竞争、合作,从而维护着社会运行的一定秩序。

(二) 权力文化网络的局限

杜赞奇认为,乡村社会中的地方权威建立于各种民间关系、民间组织及其象征符号所构成的框架之中:"事实上权力是各种无形的社会关系的合成,难以明确分割。权力的各种因素(亦可称之为关系)存在于宗教、政治、经济、宗族甚至亲朋等社会生活的各个领域、关系之中。"③这种象征性及其规范构成了权力发挥作用的基础,它激发了人们的社会责任感、荣誉感和价值观。剔除物质利益的考虑,对文化网络中象征性的主导地位的追求就已经能够构成乡村精英的价值目标和人生坐标。因而一方面,文化网络也是"地方社会中获取权威和其他利益的源泉";另一方面,也正是在文化网络中,"各种政治因素相互竞争,领导体系得以形成"。④

乡村水利的神庙和祭祀系统本身就构成了权力的文化网络的重要一

---

① 《节抄广平渠册·序》,见《志补》,第 243 页。

② Bourdicu, *Language and Symbols Power*, ed by John B. Thompson, London: Polity Press, 1979, p. 170.

③ [美] 杜赞奇:《文化、权力与国家——1900—1942 年的华北农村》,王福明译,江苏人民出版社 1996 年版,第 4 页。

④ [美] 杜赞奇:《文化、权力与国家——1900—1942 年的华北农村》,王福明译,江苏人民出版社 1996 年版,第 13 页。

环。正是在神庙和祭祀中，权力找到了其发挥作用的基础，找到了其可能性和可欲性的最佳结合点，找到了大众服从和信仰的基点，找到了基于传统社会的荣誉感、社会地位的最佳依托。正因如此，传统乡村的水利治理结构是如此紧密地与其文化网络结构结合在一起，离开了这一依托框架去寻求乡村水利治理，在现代治理结构没有形成的前提下，是难以获得成功的。

在杜赞奇的研究中，还证明了在近代以来国家政权现代化进程加快时，国家对于农村的摊派加重，并且打破和破坏了村落中原有的文化网络，使原来保护型经纪人逐步退出了村庄领导职位。[①] 特别是科举制度的废除，从另一个方面使权力的文化网络又同时丧失了其组织和阶层基础。"科举制度曾经是联系中国传统的社会动力和政治动力的纽带……由于它被废除，整个社会丧失了它特有的制度体系。"[②] 这一系列因素导致了在由传统到近（现）代的转型中，国家政权深入乡村的努力却以国家政权的全面"内卷化"[③] 而告终，国家政权通过各种方式试图深入乡村社会，但实际上不但没有真正进入乡村社会建立新的秩序，相反地却破坏了原来已有的乡村秩序，从而使得乡村社会更加混乱、凋敝。

表现在乡村水利上，进入近代以来，传统象征体系（龙王、关帝等）和规范（祭祀、祈雨等）不复存在，演剧、庙会等乡村文化传统亦被剥离出去，传统的宗教信仰、宗教情感逐渐淡出人们的精神领域，地方社会也成为各种舶来思想的试验田。而这些只是加深了"农民的狭隘的地域意识"，并没有带给农民新的现代观念和现代意识。精神领域的这种只破不立的做法，最终导致水案频发，"地方势力自大，地方保护主义抬头，争水成为'赢利型'经纪人获取利益的途径"。[④] 地方水利治理秩序被空前打乱了。当然，所有这些也从反面确证了水利治理中文化网络对于权力发生作用及其水利秩序化的重要作用。

---

① 参见［美］杜赞奇《文化、权力与国家——1900—1942年的华北农村》，王福明译，江苏人民出版社1996年版，第67页。

② ［美］罗兹曼：《中国的现代化》，沈宗美译校，江苏人民出版社1995年版，第338页。

③ "内卷化"一词是由美国人类学家吉尔茨（Clifford Geertz）首先提出和使用的。在吉尔茨那里，"内卷化"是指一种社会或文化模式在发展到一定程度后便相对固定下来，很难再有新的发展而显得停滞的现象。参见刘世定、邱泽奇《"内卷化"概念辨析》，《社会学研究》2004年第5期。

④ 王长命：《水案发生的文化衰落分析》，《沧桑》2006年第1期。

第三节　均平：水利社会中的实质正义寻求

对社会财富以何种形式进行占有和分割，是权力主导下的社会秩序的基本内容。在历史发展的不同阶段中，不同的国家形态都有着不同的规定，并且都在现实生活的基础上幻想出一种理想的资源分配模式。而在中国传统社会，"对于农民来说，最理想的莫过于每个人都保证拿到完全一样、不多不少的一份"[1]，即以一种"平均主义"形式表现出来的社会公平要求，也是权力在施政的时候所追求的价值目标。

在水资源使用中，对水资源的公平分配是山陕地区乡村水利治理中的核心价值理念。围绕着这一价值理念，形成了传统村落社区中对资源分配的"均平"观。在这里，"均平"指向的对象是水资源，其客观的内容是每个利户或其他用水单位得到与其义务相符合的用水量。"一切公平问题归根结底都是人与人的利益关系问题（完整地讲，应当说'公平问题就是人与人利益关系的合理或不合理问题'）。"[2] 因而均平使水的问题，归根结底是人与人之间的利益调节问题。

一　"均平"——传统村庄意义上的公平观

（一）大传统与实用化的政治考量

"均平"一词在山陕地区的水利文献中屡有所见，成为该地区在水资源利用过程中所遵循的主导性的价值观。作为村庄意义上的"小传统"，对这一观念的把握要借助对传统文化"大传统"的理解。"大传统"作为对"小传统"的升华与总结，能够帮助我们更清晰地去观照"小传统"中价值观念的实质意涵。

"大传统"的价值观念有着强烈的现实政治指向性或入世性，所有关于个人修养、济世安民的讨论，最终都以讨论如何实现一种理想的政治为目标。在主导性的传统政治理念中，要实现好的政治统治，就需要得民之心。"得其民有道：得其心，斯得民矣；得其心有道：所欲与之聚之，所恶勿施尔也。"[3] 老百姓喜欢的，就要给予他们，老百姓不喜欢的就千万

---

① 张鸣：《乡土心路八十年——中国近代化过程中农民意识的变迁》，生活·读书·新知三联书店1997年版，第26页。

② 戴文礼：《公平论》，中国社会科学出版社1997年版，第3页。

③ 《孟子·离娄上》，万丽华等译，中华书局2007年版，第154页。

不要给予，如此而已。那么民之所恶者为何，而其所欲者又为何？孟子分析道："今也制民之产，仰不足以事父母，俯不足以畜妻子；乐岁终身苦，凶年不免于死亡。此惟救死而恐不赡，奚暇治礼义哉?"① 如果让每个老百姓的所得和财产上不足以奉养自己的父母，下不足以养活妻子孩子，即使年景再好，庄稼丰收，如果土地过多地集中到少数富人或者有权势者手中，民众没有足够的土地可耕，那么他们仍会过得贫困艰苦，一旦碰上大灾之年，他们就不免会饿死于沟壑。在基本的生活水平都无法维持的情况下，还跟他们奢谈什么礼义廉耻，进而实现理想的政治状态，那岂不是痴人说梦！即所谓民"无恒产，因无恒心。苟无恒心，放辟邪侈，无不为己"②。而这种吃不饱、穿不暖、转死于沟壑的情况正是民之深恶痛绝的，作为在上的君主和他的政治统治集团对此须有清醒的意识：让老百姓拥有相对稳定的财产和收益，避免过大的贫富不均和分配不公平，不仅是收拢民心的充分条件，而且还是让百姓懂得上下尊卑，自觉遵守礼仪制度而不犯上作乱的基本前提。因而在可能的前提下达到相对均平的财富和资源分配状态，也是政治统治中所必须考虑的一个重要问题。

而对于如何实现社会的均平状态，孟子也曾设想过一个理想的模型："五亩之宅，树之以桑，五十者可以衣帛矣。鸡豚狗彘之畜，无失其时，七十者可以食肉矣。百亩之田，勿夺其时，八口之家可以无饥矣。"③ 在这种社会状态下，每一个民户家庭都获得了足够的维持自身生存和发展的最基本的生产和生活资料，加之统治者不过度地侵夺和盘剥，民众就能过上比较稳定的生活，从而也就会对当下政治产生强烈的认同感和归附感，安于其地位和身份，做好自己的本职工作，整个社会就会和谐稳定。为了达到财产和资源分配相对意义上的均平分配，孟子甚至还曾经设想过要恢复西周的井田制。循着这样的思路，董仲舒也认为：理想政治制度下，权力对于资源和财富的分配就应当"使富者足以示贵而不至于骄，贫者足以养生而不至于忧。以此为度，而调均之，是以财不匮而上下相安，故易治也"④。可以看出，这一均平观念更多的是在实质意义上所进行的讨论，多少是忽视程序意义上的公正或者平等的。或者说，从一开始，"大传统"中的高层思想或观念（葛兆光语），对维持社会应当遵循的价值的讨

---

① 《孟子·梁惠王上》，万丽华等译，中华书局 2007 年版，第 16 页。
② 《孟子·梁惠王上》，万丽华等译，中华书局 2007 年版，第 15 页。
③ 《孟子·梁惠王上》，万丽华等译，中华书局 2007 年版，第 16 页。
④ （汉）董仲舒：《春秋繁露·度制》，周桂钿译注，中华书局 2011 年版，第 100 页。

论,就跳过了对这一观念是什么(也即其定义),进而应该如何实现之的讨论,而直接进入了对怎样的结果才是符合这一观念的事实性描述。从而以事实合理的正当替代了对价值合理的规范性讨论的可能,也就必然会使得这种正当性在面临时间演进的考验的时候变得不再确定,而总是暂时性的、临场性的、当下性的。

上述在"大传统"意义上对均平观念的讨论对于村庄的"小传统"是有着深刻的影响的,或者也可以说,前者的均平理念不过是后者的凝结、提炼与升华,两者之间存在着一种互构的关系。因此,这样的说法就变得可以理解了:"国民常性,所察在政事日用,所务在工商耕稼,志尽于有生,语绝于无验,人思自尊,而不欲守死事神,以为真灾,此华夏之民所以为达。"① 在此意义上说,屡见于文端的乡村水利社会中的"均平"观念既有深刻的思想根源,也有现实的实用考虑,实际上构成了传统小农社会状态下统治者政策的一个重要维度,这一政策思考和实践的程度和成效,直接关系着政治格局和政治秩序的稳固,具有一定的政治意义。理解了这一点,也就能够理解基层水利治理中的管理者当局对于均平用水的自觉和竭力维护,可谓其来有自。

(二)水利社区中的用水"均平"

在以传统小农经济为基础的乡村社区中,以自给自足、互惠互利为基础的水利灌溉体系在乡村社会的自组织中确立起来。在这个体系中,利益的均平和合理分配是水利治理所追求的基本目标,也是维持乡村社会秩序和稳定的必要条件。在这里,不管是"用田均差、用地摊费也好,还是以田分程、以程均水也好,都始终贯穿着一个'均'字,突出一个'均'字"②。这里所谓的均平,既包括水资源分配权利的均等,又包括合理地分配每个人所应尽的义务。权力在贯彻均平观念的前提下,保障着供水区内各利户和用水者所应得的那一部分;而用水者则向国家缴纳一定数量的水粮,并且向基层水利自组织承担维护兴修渠道、不侵犯他人用水权利等义务。这其中,对均平用水权的维护是不同层次权力维护乡村水利秩序的核心内容。

因此,各渠一般都把均平使水在其渠册和用水规约中进行了比较明确的规定,官方在裁判民间水利纠纷时也将这一原则作为判断的一个首要标准。比如,早在元代,关中地区的民间用水制度中就明确规定:"盖五县

---

① 汤志钧编:《章太炎政论选集》(下),中华书局1977年版,第689页。

② 李三谋:《清代山西主要农田水利活动》,《古今农业》2005年第2期。

分水之要。北限入三原、栎阳、云阳，中限入高陵、三原、栎阳，南限入泾阳。至分水时宜，令各县正官一员亲诣，限首眼同分用，庶无偏私。若守闸之官不应或妄起闸一寸，即有数徽余水透入别县，甚可关防。立斗门以均水，总为斗一百三十有五，渠岸两边各空地五尺。"① 官方亲自介入分水现场，监督各闸人员按照规定的权限起闸防水，使其不敢"妄起闸一寸"，从而保证了各县的实得水量符合既有的规定，以保证各县用水的公平。北霍渠渠规中也说："赵（笔者注：指赵城县）平水绵邑，地瘠民贫，不通经商，宦籍亦寥寥，所治生惟赖兹北霍泉胜水七分。从古设有沟头，有水巡，有渠司，而渠长掌其例，往来巡缉，务必上中下节灌溉适均。"② "兹田功告成，渠事将毕，念其自上至下，使水均平，是以镌石而志，为后人之观瞻。"③ 正是因为该地区经商者较少，所以居住在该地区的人都将农业作为安身立命的根本。而要发展农业，水是不可或缺的条件之一。因此，该地区自古就形成了较为完备的管水体系，赖以维护管辖地区内的用水均平，并且将均平用水的规则写入碑刻，永为定规。

其实不仅该地是如此，这种情形实际上也是当时处在半干旱地区的华北和西北地区农村状况的一个写照。基于这种情形，这一地区的地方政府无不认识到重视均水的重要性。明介休县令王一魁就曾经针对其辖区内的地水混乱、用水权利义务不均、豪强侵吞的现状，领导了一次较大规模的"治水均平"改革。通过改革，重新形成了各利户较为平均用水的局面。王曾经总结其治水之争的经验说："余则谓凡为政者，利之也，亦平之也。今民以利争弗息，而弗为之平，名虽曰利，其实害之。"④ 在这里，他其实指出了政治的两个最基本的维度，即"利之也，亦平之也"。政治实质上是要将利益在社会成员中进行权威性分配，其更深一层的意义是把这种利益分配的过程放到既有的价值规则体系内，按照一定的原则实现每个社会成员对利益的合法占有。

从一般意义上来说，均平作为一个价值体系，它首先是作为统治者调整各种社会关系的基本策略而存在的；其次，思想家们对调节社会原则的思考构成了另一个重要渊源；最后，处于社会下层的民众对实现社会公平

① （元）李好文等：《长安志·长安志图》，《洪堰制度》，辛德勇、郎洁点校，陕西出版传媒集团、三秦出版社 2013 年版，第 86 页。

② 《邑候刘公校正北霍渠祭祀记》，见《辑录》，第 45 页。

③ 《治水均平序》（乾隆五年），见《辑录》，第 113 页。

④ 《新建源神庙记》，见《辑录》，第 174 页。

的向往与追求也构成了均平观念产生和发展的社会根源。①

如果要对均平思想追本溯源的话，可以从生产方式的角度切入考察。传统社会是建立在以小农生产方式为基础的经济形式上的。小农经济天然具有脆弱性和抵御风险能力的低下性特点，这一特点就使得生活在这种经济形式中的人们，在维持社会不至于崩溃的前提下，不得不将社会财富在一定程度上相对均平化，从而避免因为社会的过度分化而带来的社会危机，这也是我们在前文中所提到的生存理性的经济根源。当然，建立在一定经济基础之上的权力体系在对社会关系的调整中也必须考虑到这个层面。任何理念如果要进入社会，成为一种现实性的话，就必须考虑其为社会所能接受的度的问题。在此意义上，今天我们去观察和讨论均平的观念，一方面固然是要弄清楚这种理念本身的内涵，更重要的是要通过这种理念去观照背后所蕴含着的政治运作的逻辑、社会的架构方式，这也正是我们当下反思传统均平观念的价值所在。

（三）　如何保证用水均平

在山陕各渠的分水用水过程中，基于实现用水"均平"的理念，各渠在实际操作过程中将其具体化为可操作的具体规则或者做法，形成了一种多层次的维护用水均平的技术体系。

水权与相应的义务是密切不可分的。在山陕各渠中，拥有用水权的大小和分得的水量多少，必须根据用水者实际拥有的田土地亩的多少而定。而各户实际拥有的地亩数则是国家征收水粮，水利自组织决定该户参与修渠、渠务等活动的直接依据。水田有水田赋役义务，旱田有旱田之纳税责任，两者并不相同。因而所谓的均平首先是在一定的土地所有状况前提下的均平。如清康熙三峪水规碑就将河津县之水规粮则做了详细的规定。通过对三峪中各户的详细地亩的勘察和记录，确定了每户应缴的水粮数。从而确定了按地分水，按水平粮，清浊有别，不容紊乱，依序而行的基本规则，将那些因用水不均而引发的诉讼消灭在萌芽状态。② 即使同为水田，还有清浊水之别，即那些引泉水浇灌的田地，与那些引洪灌溉的土地，在税赋负担上也各有不同，当然在用水权利和灌溉方式上也有所差别。因此，与水权利或者义务直接相关的土地，不仅有量的差别，还有质的差别。即是说，即使是均田的话，也不仅是按照人口来平均分摊地亩和税

---

① 关于均平思想体系产生基础的论述，可参见刘泽华、张分田《开展统治思想与民间社会意识互动研究》，《天津社会科学》2004 年第 3 期。

② 《三峪水规碑》（清康熙二十二年），见《河东水利石刻》，第 200—202 页。

赋，还要辨明土地的实际情况是怎样的。因而在水资源和土地分配上，这里表现出一种强烈的实质化的"均平"倾向。

在实际用水过程中，以渠长为核心的自组织体系根据各渠的实际情况，为维护用水的均平起着重要的作用。如先济渠在修渠时"缘为涧忍闪渠道，遇地不前"。因而在用水过程中"本渠渠长沟头验水多寡，均平使水。如是涧河无水，断流了当。如有水时，却行补完施行"①。因为该渠系为引涧水灌溉，因而每年实际来水量大小不同，所以渠长等每年需根据来水量的大小平均分配用水，轮流浇灌，直至涧河无水而止。等到来水，立即对没有能及时浇灌者补浇。长润渠也规定："堰上全渠水行流，令下鲁村并上下村分沟头，随即定水，依例输移。务安各依元供夫数，均平使水。"② 按照各村既定的兴夫数，有渠长沟头等分定每户水程，各户依照规定的次序按程使水，从而保证均平用水。

当然，由于各户距离水渠的远近不同，又有位于水渠上下游之别。在实际用水过程中，离渠距离近或者处在上游的利户，往往就处于较为有利的地位，并且可能会以其地理位置上的优势多浇多灌。在这种情况下，规则的制定就须优先考虑处于弱势地位者的利益。因而很多水渠，特别是一些流经距离较长的渠，一般都规定浇灌的时候先由下游浇起，次及中游，最后由上游利户浇灌。当然，为了保证上游利户的权利不被侵犯，次年的浇灌可能就由上游开始，从而形成上下游之间互相制约的关系，以保证均平的原则不被破坏。如崇宁渠规定："是年鸠工从新如旧编造渠册，仍照例三节使水。轮沟自下而上，每节使水得沟牌者，从上而下轮沟。下节使水六日，中节使水五日，上节使水五日，周而复始，切不可失误。如有强截盗豁，巡水指名，掌例科罚。"通过这样的规定，使得"强者不得乱截，弱者亦得均利"，"而百谷及时播种，均沾其利矣"。③

当然，在实际用水过程中，各渠根据实际情况，在具体规定上可能有所不同，但是形成处于不同地理区位间的制约关系，从而保证用水均平的原则则是一致的。如通源渠就规定："应浇灌地亩，初年自上而下，次年自下而上。编为四节，轮水四天，周空轮实转，周而复始，不得紊乱。"同时，该渠也规定了对于不遵渠规、肆意用水的处罚措施，以保证对敢于违规者的震慑。"如有奸耍，或在上强截，或在下盗豁，浇灌地亩，每亩

---

① 《节抄先济渠册条规》，见《志补》，第200页。
② 《节抄长润渠册》，见《志补》，第124页。
③ 《节抄崇宁渠册渠序》，见《志补》，第179—180页。

罚白米五斗,入渠公用。"① 当然,上面所列举的诸多事例,事实上是在以某种程序意义上的用水合理性来保证实际用水权力的均平性,从而实现一种在空间正义意义上的资源分配的正当,也就是通过调整各户用水顺序使其合理,从而保证他们实际能够得到的用水量的均平。从这个意义上说,似乎这种均平用水的做法是以程序正当进而推至结果正当的。但如果仔细考虑这种空间正义的实现,可以发现其程序性之所以被设定,程序合理性之所以被认为是正当的,其最终的依据仍然是经验上的各户间实际水资源获得上的均平,或者说,是均平的结果设定了程序上合理的标准,因而仍然是带着强烈的实质正义的含义的。当然,这一倾向在不同的用水情形或者阶段上都能够被观察到,下面我们再来从均水的技术和对参与均水者的评价上来考察一下。

在从同一个水源处取水的各渠之间,实际上也存在着一个均水的问题。为了保证各渠获得水量的平均,在这种情况下,一般都由官府出面制定规则,并以相应的技术措施来实现各渠间分水的均平。如关中泾阳县"其上下王公、天津、高门各渠,各置铁眼,以均平水量"。② 时人刘屏山对此种分水方法总结道:

> 凡曰限口、曰闸口、曰斗口,犹之门口也。恐防分水不均,故于限口、闸口、斗口,特立水门,以均平水量。若守闸官妄起闸一寸,即有数徽余水以透别县矣。故于三限分水之时,各县官一员至限,公共分之。乃无偏私于间也。龙洞渠于成村斗置铁眼,名曰水门,以平均水量。与各斗分配均用,兼防窃盗也。……铁眼之大小,均用徽以计算水量。看水量几徽,以堰渠之多寡,平均分配,各有差等。故用徽分水,又有铁眼以限定之。即有强霸欲偷盗者,则铁眼为之限制,难以起手,此最便于民者也。③

为了达到各渠公平引水的目的,在官府的领导和监督下,置立并公开启闭限口、闸口、斗口等进行分水,并且各闸口的引水都由从水源引出的固定铁眼数以限定其引水量。可以看出,为了达到公平用水的目的,先人们对于均水所采取的手段已经相当精确而复杂了。

---

① 《节抄通源渠册·渠例》,见《志补》,第176页。
② 《泾阳县志》,《杂录》,第67页。
③ 刘屏山:《泾渠用水则例》,见《杂录》,第68页。

与关中的以闸口、铁眼等形式的均水方法不同，在山西地区多以分水栅的形式进行均水，这种形式也是一种行之有效的均水方法。如清水渠渠册中记载：

> 乾隆十年五月内，奉宪批详，于洪邑李卫村渠口，赵邑小李宕村陡口之上，建立木桥一座，下安铁栅十根，分定渠水分数。于渠内直砌石墙，使渠水分流，以六分归田多之李卫村渠口，四分入田少之李宕村陡门。将渠口、陡门，尽掩盖于木桥之下。桥旁设立铁栅，桥上制木板地屏，以时放闭淘冶。如此则分均平，不能私自堵截水。渠册钤印，等因在案。①

在引水处建立一座木桥，木桥下安置十根铁桩，铁桩间距离彼此相等，从而实现了对水量的等分。各渠依据其应引水量的多少，直接在其引水处查出相应的铁桩数就可以了。并且将这些规定写入渠册，报请官府予以审核批准，使之获得公共权威的支持，成为法律性质的规则。而制定这些规则的直接目的，无疑也是"分（水）均平"。技术的精巧和复杂使得对用水均平的实现更加精致化了，更好地满足了在纯粹的量的意义上的合理分配，因而这些精致的技术性手段最根本的目的不过是"平均水量"罢了。而在这个过程中，为实现这一目的作出贡献的人，理所当然也就成为乡村社会所赞誉和表彰的对象了。

对于那些在水利管理中克己奉公，使所管辖地域内实现了均平使水的渠务管理人员，乡村社会和基层政府都给予一定的表彰或者鼓励。在传统社会中，这些表彰主要是精神层面的，如乡民的赞誉，官方的表彰，以及官方民间的树碑立传等。通过这些形式，使这些管水有功的人员，在乡村中获得了较高的荣誉，对其更加自觉地履行职能起到了激励和促进作用。同时，这些形式也对别的管理人员起到了引领作用。如北霍渠就曾为乾隆年间渠长孔传正立碑，盛赞其勤渠办渠，使百姓享浇灌之福的功劳。碑中说："（孔）殚勤谨之力，其（办）渠克底厥绩，使数十陡口用水者无不享浇灌均匀之福也。况柴村、郇堡居霍渠上流，宁□□被孔翁之惠而感激为难忘乎？"② 处在传统的乡村中，能够得到乡间如此赞誉，其意义是多重的，这既是个人道德修养水平的标志，更是个人能够得到更多社会资源

---

① 《节抄清水渠册·乾隆四年断案》，见《志补》，第115—119页。
② 《治水勤劳功德序》，见《辑录》，第123页。

的根本保证。

从上面的论述也可以看到,在乡村水利的治理中,官方的参与很多时候也是必不可少的。而且作为独立于社会之外的公共权威式的中介人,官方常常须以独立于水利事件参与者各方之外的身份参与水利事务,以一种高于所有当事人的权威仲裁者的形象公平地处理纠纷,排解矛盾,监督水务,保证均平地使水。道光四年(1824)吴邦庆总结直隶一带水利营田经验时就曾说,那些乡里之人"多止为一隅起见,或地居上游,则不顾下游;或欲专其利,则不顾同井",因而国家"须与委员参用,偕同讲求,详为议谕",通过帮助乡里建闸蓄水,开渠浚陂等官方行为,最终使乡民得以"分其润"焉。① 王培华撰文认为,这里所讲的"分润",其实就是均平水利之意。② 当然,官方介入维护乡村水利均平的另一个重要手段,就是通过对水利纠纷事件的判决,彰显官方的主导价值,打击各种以水之利肥己,侵渔他人权益之人。正如刘大鹏所评论的:"此水为村中公共之水,非渠甲可擅为己之水,胡为任其售耶?"如果"同为村人而有钱者浇,无钱者即莫能灌",那么显然这就是用水上"事不均平"的表现,当然是必须被禁止的。③

(四) 实质正义的追求:均平而不是平等

山陕地区各渠在分水用水过程中所形成的均平分水观念,从其实质意义上来讲,这种观念实际上就是当时历史条件下人们对社会公平的一种认识和理解。公平的含义可以是多方面的,既有制度原则层面的,也有事实操作层面的,还有道德价值层面的。但是,无论怎么界定,公平的实质都跟人与人之间的利益分割问题密切相关。公平实质上就是人与人之间的利益如何合理划分的问题。山陕地区各渠的渠册、渠规无不将均平使水的原则反复强调,官方也将保证乡村公平使水作为处理乡村水利事务时的一条重要原则。其实,这一切努力最终要解决的问题都是相同的,那就是如何将有限的公共水资源,在较为均等化的小农生产单位中进行分配。均平原则不过是这种利益分配所指向的一个价值目标。也正是在均平原则的指引下,社会形成了相应的制度和规则体系、行为方式、判断标准,这些本身就是同一个问题的不同方面。总之,均平原则实际上就是社会公平在一定历史条件下的具体化和现实化。也正是在此意义上,基于特定历史的小农

① 《畿辅水道私议》,载(清)吴邦庆《畿辅河道水利丛书·畿辅河道管见》,道光四年刻本,第66页a、b。

② 王培华:《清代滏阳河流域水资源的管理、分配与利用》,《清史研究》2002年第4期。

③ 《断令南河二堰水分程永行旧规碑记》,见《晋祠志·河例七》,第924—925页。

经济和组织形式建立起来的社会正义建构，因而也有着强烈的追求实质正义的取向，从而不同于其他社会的正义原则及判别标准。

首先，这种公平观念是具有鲜明的地域性的，它建立以村落血缘家庭关系来区别社会成员的社会组织形式之上。在一个水利社区中，人们之间在一个较为狭小的圈子内基于共同利益结合起来，相互之间有着一定亲缘、血缘关系，最起码是熟人关系，共同对社区内的公共资源开发利用。因而在资源利用过程中产生的资源分配原则不可避免地带有地域性特点，即它仅仅是在这个圈子之内适用的。不同的地域之间、村庄之间、渠系之间乃至于一条渠之内，因为人们所属群体的不同而相互不能融入对方的圈子。在这里，人们所享受到的仅仅是其所在的那个小圈子所提供给他们的公平用水权利。出了这个圈子，并没有什么公平享有资源可言。

也就是说，这种公平观念是有着相当强烈的局地性或者说在地性的，是在特定地域条件下针对特定人权而言的公平，超出这个地域或者人群的圈子，这种公平便不再适用。只有在这种局部性的公平观念之下，很多发生在基层水利社会中的事情才能够被较好地理解和阐释。例如，张俊峰的研究表明，"三七分水"的故事在晋省乡村水利治理中并非个案性的，而是普遍存在的，在许多区域性水利社会中，都能找到这样的案例。对此可以提出各种解释。例如，张俊峰的解释是："'三七分水'极有可能是在一系列激烈的争水斗争后，由官方和民间各方力量共同商量、妥协，并最终为各方接受的一个解决问题的方案，'油锅捞钱'则是实现这一方案的重要手段。……从山西水利史的实践来看，三七分水不论在当时还是在后世，一直被地方社会长期遵行，从未更改。这与按照土地多寡来配置水资源的所谓'公平'用水方案就形成了鲜明的对比，这恰恰表明'油锅捞钱'分水的方案才是地方社会用水实践中真正起作用的办法，以土地多寡来分水只是明清时代某些地方官员，如介休的史记事，改革地方水利秩序的一种努力，并不具有普遍意义。"①

笔者认同"三七分水"的分水比例是在经过一系列的斗争后，各方所能接受的最后妥协方案，但这一方案之所以能为各方所接受的关键或许在于，其同各方的实际需水量是大体吻合的，也就是说，在一定分水比例下各方所能获得的实际用水量，同各方实际存在的田亩数、需水量之间是大致匹配的。因而这一分水比例所代表的用水均平，是在分得水量与实际

---

① 张俊峰：《水利社会的类型：明清以来洪洞水利与乡村社会变迁》，北京大学出版社2012年版，第89、91、93页。

需水量大致匹配基础上而获致的一种用水公平。而这种意义上的用水公平
与其说是从公平的内涵出发所推至的,不如说是从实际状况出发所"衡
平"的,因此,是一种实质正义性质的用水公平。也就是在此意义上可
以说,这一分水方案具有很强的地域性特征,是在特定的地域社会中具有
特定适用性的分水办法,脱离这一特定地域的实际情形,恐怕无法对其合
理性作出较好的说明。

日本学者江原正昭和丰岛静英等曾就乡村水利共同体中的用水权利问
题进行论争。针对丰岛的乡村水利用具有"形式上的平等"的学说,江
原认为丰岛指出的根据"水股"进行水的分配,负担水利费用的利用方
式,与"形式上的平等"并无任何关系。宫坂宏根据《中国农村惯行调
查》相关资料所作的研究也表明,水的使用权划分与水地是直接关联和
对应的,而与村落共同体对土地的集体占有并不直接等同。"水的使用单
位是能够利用水地的土地所有者＝镰户,镰的单位'张'有灌水 50 亩的
权利,镰户被组织于每一个闸。因此村的支配是由个别的水利团体构成
的。因此,与日本幕府时代水权利的主体在于村或者村联合这种情况完全
不同,在这里可以见到中国村落的特殊性。"① 因此,将传统乡村水利共
同体同德意志的共同体简单地类比,进而得出两者在水利资源利用上同具
"形式的平等"的特点是站不住脚的。

并且在历史的实际情形中,均平用水的原则与其说是一种形式公平原
则,不如说是一种实质公平意义上的事实。

如刘大鹏曾对晋水南北河之间的三七分水制度评论说:

> 晋水以十分分之,北七南三。北七者,北河分水七分也;南三
> 者,南渎分水三分也。北惟一河,而南则三河……夫北渎之水,虽云
> 七分,而地势轩昂,其实不过南渎之三分。南渎虽云三分,而地势洼
> 下,且有伏泉,其实足抗北渎之七分,称物平施,分水之意也。②

从刘大鹏所处的清末晋水流域的用水现状来看,北河灌溉共有 19 村,
南河灌溉 18 村;北河灌溉 170 多顷,南河灌溉 140 多顷。两者在村子数
和实有田亩数上相差不多,因而田地灌溉需水量上应该也是差不太多的。

---

① ［日］好并隆司:《中国水利史研究论考》,转引自钞晓鸿主编《海外中国水利史研究:
日本学者论集》,人民出版社 2014 年版,第 32 页。
② 《晋祠志·河例二》,第 804 页。

表面看来，南三北七，似乎有违用水均平的原则。但事实上，因为两河的地理位置差异导致了实际两河引水量是基本相等的。这一设计足够精巧，其背后透射着农民们基于实质正义的考虑而用精致的技术手段所获得的结果：正是因为这种形式上不公平才保证了事实和结果上的公平。考虑到现实具体情况之后，形式公平与实质公平之间仍然是统一的，均平用水的原则还是得到了保证的。

再如，在通利渠上下游十八村的分水过程中，长期存在着上三村具有任便使水权利的说法。上三村的这一任便使水权的获得有两种版本：一种版本是元代至元三年，下游村落经过上三村的同意，延伸了通利渠前身的广丰渠，将上三村土地七十余亩辟为过水渠道，形成了后来的通利渠。并且在施工过程中因为意外发生了塌方事件，伤及了上三村参与施工的人员。因此，为了报答上三村，下游十五村允许上三村任便使水。故事的另一种版本是，明嘉靖五年，汾水泛滥，通利渠岸崩塌。嘉靖十一年，石止村村民三百余人集体行动，强行占地开挖渠道，保证了亢旱时节通利渠的供水，但领头者遭到了官方或充军或徒杖的处罚。为了报答上三村，下十五村"永许上三村任便使水，碑记可考"。任便使水权的获得，意味着上三村可以不再遵循排定的水程时刻，与十五村轮流使水，并且可以不用在修渠时参与夫役。但奇怪的是上三村对待这一权利的态度：上三村主张和声称他们的这一权利，长期保留，从没有实际使用过。[①] 这种情况在具"距海辽远，自夏徂秋，每旬月不雨"[②] 的自然条件和"每当春夏之交，农田待泽，咸竞争于一溉之利"[③] 的社会历史情境的晋省地区，显得十分反常，殊为怪异。而如果我们从基层水利社会所遵循的基于实质正义的用水公平来看，这种看上去显得非常奇怪的情形是可以被合理解释的。简单来说，上三村的任便使水权之所以被公开声称，并借助相应的故事而被证明其合理性和有效性，而又从未被实际地使用。其原因在于，上三村在常规的使水过程中所获得的实际使水数量，与其实有田亩所需的用水量之间是大体匹配的。即根据实证正义的原则，上三村通常情况下获得的分配水量满足了他们所认同的公平原则。而之所以主张和声称任便使水的额外权利，是考虑在极为特殊的情形下，例如多年不雨、极端亢旱时，也可以获得满足他们需求的实际用水量，而不致因此而导致田地无收的后果。因

---

① 关于"任便使水"的详细介绍，参见张俊峰《水利社会的类型：明清以来洪洞水利与乡村社会变迁》，北京大学出版社 2012 年版，第 161—166 页。

② 《志补·陈赓虞叙》，第 2 页。

③ 《志补·韩坰序》，第 4 页。

此，即使这种额外权利的主张，也仍然是在考虑实际可能发生的情况后，基于生存理性的判断和盘算的结果，仍然带着相当的追求实质正义的倾向性。

其次，人们公平地享有用水权利，与他们所实际占有土地的多少密切相关。按照有些学者的考证，关中地区一带的农业生产历史上多是以小自耕农为主，但是这并不意味着人们在经济地位和生产资料占有上是均势的。实际上，底层社会中人们还是存在着经济地位上的种种差别。在这种情况下，所谓的公平其实首先不是无地者或占有很少土地者的公平，而是有产者所希求的社会资源分配标准。农民在用水上的公平，与其说是他们的要求形成了社会主导价值的结果，不如说是随着社会的基本经济资源，特别是土地资源在各阶层间不断调整和重新分配的结果。因而虽然我们在不同的史料中经常能够看到各种对用水均平、公平的声明，以及在这些声明下发生的用水争端及裁断事例，却很难找到声称用水均平的各方对这种均平、公平的明确界定（哪怕并非对之进行定义，而只是进行一个模糊的界定）。即使在官方的判决中，我们也同样很难找到对其判决的用水均平或者公平判据的细致论证。因而这在某种意义上恰在反证，通行着的均水原则是同社会实际情形，特别是基本经济资源的实际分配状况直接相关的，并不存在着一个抽象而一般的公平原则。因此，这一用水公平原则并不意味着在抽象的意义上的不同用水主体间的平等权利，而更具有依据事实而确定谁应该得到多少的具体化、实质化特征，也就在相当程度上具有了相对化的特征。

在此意义上，持有基于实质正义追求公平观的传统乡村社会，对下述理论论证就具有了天然的契合性。在人类历史发展过程中，实际上从来没有过完全不受任何时代条件影响和制约的抽象意义的公平。任何公平都是相对的、符合一定历史条件、时代背景和社会阶级状况的利益分配标准。"什么是'公平的'分配呢？难道资产者不是断言今天的分配是'公平的'吗？难道它事实上不是在现今的生产方式基础上唯一'公平的'分配吗？难道经济关系是由法的概念来调节，而不是相反，从经济关系中产生出法的关系吗？难道各种社会主义宗派分子关于'公平的'分配不是也有各种极不相同的观念吗？"[①] 因此，人类历史从古至今，还没有哪一位思想家或者政治家能给出一个符合所有人利益的公平原则。并且这个公平原则放之四海而皆准，可以帮助人们在一切时间、地点、场合去判定人

---

① 《马克思恩格斯选集》第三卷，人民出版社 2012 年版，第 361 页。

们的所得是否应该，应得还有哪些。传统水利社区中的公平原则也只是建立在当时历史条件下，判断人们在用水利益上的所得与应得的一个标准。它不同于平等，也并非一种一般的平等意义的公平。事实上，它是一种建立在传统农业共同体基础上的，处理人与人之间利益关系的差别性公平，具有自己鲜明的时代特色和个性。

因此，用水的均平既不是应得者所得的柏拉图意义的社会至善意义判断，也不是现代国家作为社会资源分配权威主导者和再分配者意义的分配正义，它更多的是在传统经济形态中的小农价值观所追求的资源分配方式的体现和反映，是农民们在长期的用水经验基础上，依据其生存理性的诉求而能够争取到的最大化利益获得空间。这种公平观并不对应每个人基于其主体地位而在道德上应当具有的天然地位，也不追问那些道德意义上的人与人之间关系的正当性，而只关注在每个人所面对着的生活中，所能够实际上获取到的（甚至是可以直接看得到、摸得到的）资源和利益。实际上，它更是一种小农现实生存理性考量后的合理后果，其生存理性意义要远大于它的形式理性意义。

最后，上述水地结合，公平原则与具体区域结合而获得的均水权利，决定了在出现用水纷争而官方介入时，其裁断必然也具有相当强的实质正义色彩：官方的裁决往往是技术性的，着眼于解决当前面临的具体问题式的，就事论事的，实用性的；而不是阐述法理式的，侧重行为的程序正义性的，注重形式的平等的。

例如，在前文我们曾提及的位于介休狐岐山麓的鸑鷟泉，当地村落自宋代起便引泉水灌溉，其灌溉规则经若干次大的重修与调整，至清康熙时，又出现了村落间因分水时间而产生的纠纷，时任县令的王埴详细记录了他处理这一纠纷的过程：

> 狐岐之鸑鷟泉，自宋文潞公分浚三河，溉农田数十村，其利甚溥。厥后强豪侵夺，东河据上流而独行，尚无争扰，而中西两河同源分派，弊有不可胜言者。万历间，一经于一魁王公之釐正，再经于记事史公之均平计地立程，挨次浇灌，设水老人，渠长给与印信簿籍，分时刻以浇地，始于三月初三，终于八月初一，旧规载在邑乘，勒诸碑记，无容紊乱者也。
>
> 迨顺治年间法久弊生，屡兴讼端，不能即止。今夏雨泽愆期，农民急资灌溉，聚讼愈多。中西两河之民，谓石屯人以圪塔水相混，有使中霸西、使西霸中之弊；石屯村谓西河人以五分作一刻，紊乱旧

规，互相攻讦。

余曰："五分作一刻，私增水利，固大不可，宜即禁止。而水各有地，地各有主，何自而有疙瘩之称？此弊不除，尤为霸水根由，下流受害之原，何以息讼而安民？"乃召水老人而问之，对曰："石屯应得西河水六分，大约于七十日之内用九程十一时；应得中河水四分，大约于四十五日之内用四程五时二刻三分五厘，合中西两河之水，共一十四程四时一刻三分。"予又思：石屯中河水于四十五日之内，计水五十三时二刻三分五厘，则西河七十日之内，自应得水七十九时七刻五分二厘五毫。然两河分水多寡不齐，因使石屯人于七十日内用西河水七十九时七刻五分二厘五毫，用中河水七十九时七刻五分二厘五毫，再补以四六折算之水，借中河二十三时三刻四分八厘五毫。此外，中河人又贴石屯放程水七刻四分以上，石屯人各河共应用一百四时四刻一厘，此四六折算，两河并行之法也，于石屯西河九程十一时，中河四程五时二刻三分五厘之原额毫无增减。西河借中河时辰亦用四六折算法，还中河六分水一十四时四刻五分九厘，外浸河水一时，如此变通，则两河之原额不增不减，下流之愤气可平，又何受使中霸西、使西霸中之害哉。

此法与父老几经筹画，犹恐未协舆情，因并召石屯士庶暨各渠长共酌可否，咸以为公。余曰："众既称公，则情可平，法可久。石屯与中西两河之民，可以各按程灌地，上河永不能侵夺下河矣。至轮水牌旧例，起于三月初三，止于八月初一。夫八月田禾尚资灌溉，何可辄停？使水有遗利，致起争端，今更酌定至九月寒露后方止轮牌。此均水之微意也。较之王、史二公之法，虽稍为更张，然民家水程原额仍无增损，何妨通变于其间？"尤恐时移势异，日久生奸，因命工镌石树碑于治之仪门，垂为定例，俾后人不得纷更焉。①

从文中的记述可以看到，鸑鷟泉灌溉分水的重要依据乃是水与地的对应关系，即所谓"水各有地"，按地均水。经过明代两任主事官员调整，特别是史记事的"均平计地立程"，将使水多少直接与地亩挂钩分配，并刻石立法，照理说应该不会出现渠规紊乱和人们用水的纠纷。而

① 清康熙二十九年《复鸑鷟泉水利记》。原文有说明如下：此碑录自《介休县志·艺文》。碑因再次清除水弊而立。主要记载当时担任知县的王埴，在有关鸑鷟泉屡兴讼端的情况下，召集水老人询问原有之约定，并根据实际情况分别对水程之多寡做了明确调整。参见《辑录》第206—207页。

地处上游的中西两河之间的石屯村，则因兼从中西两河按四六开比例取水浇灌，而两河实际分水"多寡不齐"，致该村实际获得能够用于浇灌之水不敷使用。该村遂利用其地利之便，以中霸西，以西霸中，大致是从中西河的分水比例上做文章，从而达到多取水程的目的。可以看出，水老人的说法中石屯村在中西两河的分水并非严格按照四六比例。王埴的做法是严格按照比例对石屯村的实际用水进行了调整，并且调整后的该村用水量与其原定用水额没有增减。之后，王埴还召集当地士绅反复参详考虑这一新的分水方案，在得到他们的肯定，"咸以为公"的基础上，颁布并刻石施行。

整个事件过程清晰地为我们展示了用水公平意义上的实质正义是如何实现的。首先，王埴作为处理这个事件的官方代表和法定裁判者，其所采取的处理方案是在继承和尊重前人处理方案，特别是尊重水地对应、计地立程的基础上进行的相当技术化的改进，通过改进实际分水比例的方案微调，使得新的分水更加"公平"。其次，检验分水是否公平的重要标准是当地士绅对新的分水方案的肯认，表现为"众既称公，则情可平"，即公平要获得直接参与分水者的公认和民情的认同，而不考虑其他外在的抽象性标准。如此，则此法可以被长久执行。再次，公平的获得以参与用水者实际能够获得的用水量为依据，并且用水量是依照一系列复杂的比例折算，用时计算进行的，通过这种操作性的制度技术运用，使分水结果获得各方的认同和满意。因此，这一分水方案是相当实用的。最后，前代制定的分水方案在当时应当也是相当公平的，但随着时间的推移，就会出现这样或那样的问题，导致"弊不可胜言"，分水者各方之间利益损益而屡兴诉讼。之所以如此，一个重要的原因在于，这些分水方案是就事论事式的、应对性的，是与当下的情势高度吻合的制度技术性处理方案，而少对制度结构及其公平性做更全面、更深刻的反思和设计。因而在整个分水碑刻中，我们几乎看不到作为裁判者的王埴对案件裁判的司法原则所作的说明，而只有具体化的资源分配方式。

二 传统政治中的公平与秩序

如果说上面的论述为我们展示了为了实现用水均平，传统水利社会的实质正义如何得以实现，这种公平体现了怎样的社会运作形态的话，那么透过这一实现过程，我们也可以对传统政治中的公平与秩序进行一番审视和实现，也即在怎样的政治运作形态中，乡村水利实现了合理有序用水。

（一）"奈何纯任德教用周政乎？"

在传统社会中，礼与法是如此密切地结合在一起，共同规范着经济、政治、社会关系的方方面面。表面上看，礼与法是两个各自独立的领域，互不统属，它们各自分别调节着社会生活中的不同方面。实际上，学理上对社会生活不同层面的划分并不妨碍其在实施上的统一性，社会生活总是一体化的。作为社会生活规范而存在的礼与法在社会生活实践中也总是互相交织在一起，"有时为一，有时为二，时而分治，时而合治。同种规范，即有于礼，亦存于法，礼法分治，同时并存；在利用社会制裁时为礼，附有法律制裁后便成为法"。从历史发展的现实过程来看，儒家的礼与法家的法从来就不是单独在社会发展过程中起作用的。历代统治者也无不将二者结合起来，共同使用。如西汉宣帝曾说："汉家自由制度，本以霸王道杂之，奈何纯任德教用周政乎？"道德说教与法刑并用的结果就造成了法律被道德化、法律的执行以道德的教化为前提；道德亦被法律化，很多时候具有了强制性规则的特点。统治阶级在治理国家的过程呈现一种儒法并用、儒表法里的现实状态。政治的基本规则是建立在依据人们在经济生活中的不同地位，来确定各自在利益分配问题上的位置基础上的。在政治关系中，权威性的利益分配关系被权力所垄断。但是，权力终须通过相应的制度规则体系来完成利益的配置过程。正是因为这种规则体系在传统社会中特有的礼先刑后、儒表法里特质所制约，政治也因之而道德化了。

明嘉靖年间，张弘宇任职绛州。在广泛调查了解后，以灵邱王府之水，"灌寨里之田，而以官衙自用之水偿之"，在一定程度上避免了官方在用水上与民争利行为的发生。这本来是一个利民措施，但是，这无意中却对寨里、北关等处乡民的用水造成了损害。因为这两处的用水以往皆依靠王府和府衙的余水灌溉。然而，新的分水方法使流向寨里的水量减少，"夫州水既蠲，无由复止，府水虽存，亦不取盈，寨所两资者两失之，坐视其苗之槁"。而北关则由于其地理位置上"居末流，正番之内，往往为上庄侵阻，水甫及畦，渠勿告涸"，导致该村水程名义上"额日虽四，半是画饼"。因而这些地方往往与别村因为用水发生种种纠纷。在这种情况下，张弘宇劝慰两村的用水利户说："比如庶人之家，生有九子，析著既九，晚子始生，积有余藏，必付晚子，寨犹晚子也。州水概以济众，不过涓滴，惠以予寨，则为汪洋。又思府、州之水，所以后于各庄者急沟洫、缓台池之微意也，故以二十八日之府水济寨，以二十九日之水偿府。"[1]在处理各村之间的水利纠纷时，张弘宇作为官方权力介入后采取的措施不是依照相关法律法条进行判决，而是采取了道德说理的方式。他把各用水村庄比作兄弟关系，寨里、北关而外的其他村庄就好比是一家中先生的九个儿子，因为出生较早，所以在分家析产的时候，就抢先一步分完了。但既然各村庄都是兄弟关系，都是一个大的利益共同体，就应该相互谦让，不要因为利益而造成大的冲突。因而将月末两日之水分给后来的兄弟村庄，在情理上是说得过去的。这种不依靠法律的利益调节方法，得到了广泛的认可，时人赞之为"兼济仁术，出之不费，垂之不朽"[2]。

（二）"不患寡而患不均，不患贫而患不安"

小农经济在其生存理性的驱使下，总是表现出一种对社会财富的平均主义分配倾向，甚至在中国历史上无数次的农民起义中，"均平"一次次被作为一种美好的社会理想提出来，成为农民军的动员群众的口号和奋斗纲领。因而这种来自底层社会的思想表达，不可能不引起作为国家统治者的政治权力的警觉和重视，国家在制定国策上就不得不考虑到来自民间的这些要求。事实上，"平均主义与皇权主义的共同基础是经济不发达。由于经济不发达，社会资源和财富极其有限，所以需要皇权主义来保护平均主义，使生活在皇权统治下的臣民能生存下去，而皇权主义也需要平均主义将自己支撑起来"[3]。在对民间水利的管理上，我们明显可以看到国家在水利分配上的政策和态度。如晋水南河曾有"水利不均，强者多浇数次，弱者受害含忍，旱死田苗，亏苦无伸"之事。案情上控后，太原县介入审理裁断了此案。在报请山西提刑按察司批准后，太原县除将相关人员拿问治罪外，还要求新渠长"酌量地亩编夫，每地十亩编夫一名"，并特许渠长今后可将"豪强仍前紊乱水程者""陈县问罪"。同时将判决结果立碑二通，一通立于圣母祠以便周知，一通"贮库以防摸打"。[4] 可以看出，当民间均水秩序紊乱的时候，官方通常要介入重新帮助调整秩序，并且在调整秩序过程中有时还创制出新的规约，以适应发展变化了的新情况。

表面上看来，官方参与民间的均水过程，是为了使民间紊乱的用水秩

① 《张与行绛州北关水利记》，见《河东水利石刻》，第 197 页。
② 《张与行绛州北关水利记》，见《河东水利石刻》，第 198 页。
③ 袁银传：《小农意识与中国现代化》，武汉出版社 2000 年版，第 127 页。
④ 《南河水利公文碑记》，见《晋祠志》，第 919—920 页。

序重新回到秩序的轨道上来,是一种权力的技术性运作过程。但实际上,如果深入官方这些行为的背后,就可以发现官方的这些技术性行为可谓渊源有自,有着其深厚的思想原因。不论是在传统社会思想体系中长期占据统治地位的儒家思想,还是作为实际统治手段而存在的法家思想,抑或是作为辅助手段而存在的道家体系,都无不注意到了在中国特定历史条件下,维持社会相对均平化的重要性。孔子曾经指出:"丘也闻有国家者,不患寡而患不均,不患贫而患不安。盖均无贫,和无寡,安无倾。"① 在孔子这里,维持社会的相对均平成为维持国家稳定和秩序的前提条件。政治秩序的稳定不是来自国家财富的多少,而是财富在社会中是如何分配的。一个国家即使创造的财富再多,如果贫富差距过于悬殊,"富者田连阡陌,贫者无立锥之居",就必然会导致社会的动荡。相反,即使一个社会比较贫困,但是社会却做到了"均贫"的话,那每一个人的心理上就会平衡,社会就会"安无倾"。正是在这意义上,董仲舒认为,国家最起码要做到"使富者足以示贵而不至于骄,贫者足以养生而不至于忧,以此为度而调均之",② 从而避免社会差距的过分拉大。法家代表人物韩非也说:"故明主之治国也,适其时事以致财物,论其税赋以均贫富,厚其爵禄以尽贤能,重其刑罚以禁奸邪……此帝王之政也。"③ 法家虽然主张对有不同功劳的人给予不同的赏罚,使人们之间形成差别,但法家也不是不重视"均贫富"的重要性。而道家则从王道自然的角度来论证社会自发均平化的合理性。老子就指出:"道恒无名,朴。虽小,天下莫能臣,侯王若能守之,万物将自宾。天地相合,以降甘露,民莫之令而自均。"④ 老子主张统治者应按照自然之道去治国,但是自然之道的要求最后却也落脚到了民"自均"上。

古代思想界的各家之所以如此重视"均平"社会,其根本的目的是通过社会的相对平均化来实现社会成员对既有统治秩序的认同,从而消弭其反抗意识,实现一定的统治秩序。这就在事实上形成了一个这样的逻辑递推关系,要想国家富强就须使民安,要想使民安就要使政理均平,即国家在施政上公平对待社会中每个人,使每个人都能按其地位得到他所应得的那一份。在这里,均平不仅是经济意义上的,还是政治意义上的,它成

---

① 《论语·季氏》,张燕婴译注,中华书局2007年版,第250页。
② (汉)董仲舒:《春秋繁露·度制》,周桂钿译注,中华书局2011年版,第100页。
③ 《韩非子校注·六反》,《韩非子》校注组编写,凤凰出版传媒集团2009年版,第518页。
④ 《老子》三十二章,饶尚宽译注,中华书局2007年版,第81页。

为国富的先决条件。朱熹在解释孔子思想中的"均""安"二字时也认为："均，谓各得其分；谓上下相安。"① 也就是通过社会的均平化，使得每个人都能够安于其本分，做到不越位，每个人做其应做的事情，从而避免"王室衰微，诸侯争霸，公室卑弱，大夫兼并"的混乱局面，实现政治秩序和社会秩序的相对稳定。朱熹还曾进一步解释说：

> 盖絜，度也；矩，所以为方也。以己之心度人之心，知人之所恶者不异乎己，则不敢以己之所恶者施之于人。使吾之身一处乎此，则上下四方，物我之际，各得其分，不相侵越，而各就其中校其所占之地，则其广狭长短又皆平均如一，截然方正而无有余不足之处，是则所谓絜矩者也。夫为天下国家而所以处心制事者，一出于此，则天地之间将无一物不得其所，而凡天下之欲为孝弟不倍者，皆得以自尽其心，而无不均之叹矣。天下其有不平者乎！②

社会中的每个人在切切实实感受到了"平均如一""无有余不足之处"后，就能做到"以己之心度人之心"：自己所恶的不敢加诸别人；自己厌恶别人侵犯自己的利益，那么自己也就不应该去侵渔别人的利益。每个人都"得其所"，各自安于自己身份地位，求取自己分内的利益，没有什么"不均之叹"，那么"天下岂有不平者乎"！均平社会利益的根本目的还是维护政治统治的利益。从这个意义上来看，"'均平'文化的特质在于，它是为了实现一种均衡与和谐的社会状态，均平是实现均衡与和谐的手段而不是目的"。因而可以这么说："中国古代均平思想的核心本质不在于均平本身，而在于天下、社会的和谐、均衡与安宁。"③ 这实际上就是中国古代均平思想的文化特质和思想指向。

马克斯·韦伯指出："一切经验表明，没有任何一种统治自愿地满足于仅仅以物质的动机，或者仅仅以情绪的动机，或者仅仅以价值合乎理性的动机，作为其继续存在的机会。勿宁说，任何统治都企图唤起并维持对它的'合法性'的信仰。"④ 传统社会也是如此，社会的统治阶级要想维护自己的合法统治，就必须唤起被统治者的认同，从社会的物质、精神和

---

① （宋）朱熹：《四书章句集注》，中华书局1983年版，第170页。
② 朱杰人等：《朱子全书》第六册，上海古籍出版社2010年版，第540页。
③ 李振宏：《中国古代均平文化论纲》，《学术月刊》2006年2月号。
④ ［德］马克斯·韦伯：《经济与社会》上卷，林荣远译，商务印书馆1997年版，第239页。

价值诸层面获得被统治者的认可和支持，从而证明自身政权存在的合法性意义。一般来说，政治合法性的基础主要有以下几个方面。首先，政治合法性要有其意识形态基础。也就是人们要从对政治权力的认知、价值观念和信仰等方面对其认同，自愿接受其领导，服从其统治。其次，政治合法性还需有其规则性基础。社会必须是在一定的规则体系中运作，任何权力的行使，从理论上来讲，都要在一个既定的轨道上。离开了既定的轨道，脱离了已有的规则，权力就会因滥用而遭到社会的反对失去其行使的有效性。所以，政治合法性理应包括政治权力的有效性基础。政治权力所能够和实际能够是两个问题。政治权力的应然与实然的有机统一，本身就是政治合法性的有效检验标尺。①

在农民社会中，农民关于社会公正和合法性的观念主要来自"互惠准则以及随之而来的保障——至少不侵犯——农民的生存索取权和生存安排这一精英义务（即农民权利）"。精英们至少要将农民的生存权安排在其能够接受的程度以内，否则精英们"因此就丧失了自己拥有的对于农民产品的任何权利，也将在实际上消解农民继续依附的基础"②，现实政治秩序的安排就会受到农民的怀疑而失去其合法性意义。而在社会剩余很少，人们开发和利用自然资源能力比较差的传统社会，无疑，在自然资源的使用上，权力如何保证农民尽可能较为平均地使用有限的自然资源，成为对其合法性问题回答的现实解。正是从这个意义上，官方对乡村水利利用中的均平分配找到了其政治哲学意义上的合理性，均平分配水资源不仅是一个现实经济利益问题，也是传统政治问题中的一个很重要的层面。

（三）水利社会中的权利、权力与公平

总结来说，我们对于传统社会进行再分析和认识，目的并不是为分析而分析，为认识而认识，其根本目的乃是在于当下。即在当前社会条件下，全面反思我们自身的传统中有哪些东西是有益的，是值得我们吸收、继承和借鉴的，而又有哪些是不符合时代发展而应予以摒弃的，鉴古知今，前事不忘，这才是我们最根本的目的。社会是由人按照一定社会关系结合起来所组成的群体。反过来，社会又可以还原为一系列的群体和单个的人，社会的需要可以还原为人的需要。而物质需要具有对于人的其他需

---

① 参见马宝成《试论政治权力的合法性基础》，《天津社会科学》2001年第1期。
② ［美］詹姆斯·C. 斯科特：《农民的道义经济学：东南亚的反叛与生存》，程立显、刘建等译，译林出版社2001年版，第242页。

要的逻辑先在性。人的需要固然是多方面的，但是人的最直接现实的需要
首先是满足自身的物质需要。在满足了自身的物质需要后，人还要满足自
身其他方面的多种需要。但是，不论是人们何种需要的满足，归根结底都
要求环境为其提供各种必要的资源，这些资源既包括自然资源，也包括社
会资源。从这个意义上来说，一定的资源是人类社会存在和发展的前提和
基础。然而，相对于人们无穷的需要来说，资源总是有限的，经济学将之
称为资源的稀缺性。资源的稀缺性表明，环境中所存在的资源总是无法满
足社会中所有人的所有需要，因而总是不足的。人们应该采取更好的方式
去利用资源，找到一种"能实现行为价值最大化（即耗费资源最少，从
中收益最多）的方式"①，将有限的资源进行合理的安排和分配，从而实
现资源的合理有效利用。

　　正如社会契约论者所假设的那样，在自然状态下，人们虽然能够过着
自由、和平、宁静的生活，但是也感到了在自然状态下生活的种种不
便。② 例如，当人们面临合理有效利用自然资源的时候，首先遇到的就是
如何将人们组织起来的问题。通过组成群体最后组成人类社会的方式去共
同利用资源，可以最大化资源的产出，克服单个人利用资源时的种种局限
和不足，从而实现资源利用的规模效益。因而，"由于社会合作，存在着
一种利益的一致，它使所有人有可能过一种比他们仅靠自己的独自生存所
过的生活更好的生活"③。所以，人们必须通过一定社会的形式结合起来
进入政治社会。只有在社会中，每一个人的技能才能够得到充分实现，作
为整体人的社会也就实现了其最大价值。因此马克思说："人的本质不是
单个人所固有的抽象物，在其现实性上，它是一切社会关系的总和。"④
只有在社会中，人才能实现其作为人的一面。脱离了社会的单个人，注定
要成为难以理解的抽象物，其价值无法也无从实现。从现实性上来讲，人
作为人也只有在丰富多彩的社会生活中才能得到理解，才是现实意义上的
存在物。离开了社会的人，要么无法不成为人，要么其存在的价值是难
以认定的。无法参与到社会公共生活中的人，注定也将是无法获得任何社
会资源的人。他是难以正常地存在和发展的，其本质也是难以被理解的。

　　人们通过一定的社会关系相互结合在一起，进入社会生活中通过过着

---

① 林喆：《权力、资源与分配——平等分配问题的法哲学思考》，《法学研究》1996 年第
　　2 期。
② 参见［英］洛克《政府论》，叶启芳、瞿菊农译，商务印书馆 1964 年版，第 77—78 页。
③ ［美］罗尔斯：《正义论》，何怀宏等译，中国社会科学出版社 1988 年版，第 2 页。
④ 《马克思恩格斯选集》第一卷，人民出版社 2012 年版，第 139 页。

一种集体生活共同利用资源，在实现着个人价值的同时实现着社会的价值与发展，这构成了人类发展的理想图景。但是，这里面存在的一个问题就是，每个人要维持其正常发展所必需的各种资源应当如何被分配？在现实生活中，"由于这些人对由他们协力产生的较大利益怎样分配并不是无动于衷的（因为为了追求他们的目的，他们每个人都更喜欢较大的份额而非较小的份额）"。这就势必会产生资源分配上的人与人之间的利益冲突，当这种冲突不可避免和不可调和的时候，客观上就"需要一系列原则来指导在各种不同的决定利益分配的社会安排之间进行选择，达到一种有关恰当的分配份额的契约。这些所需要的原则就是社会正义的原则，它们提供了一种在社会基本制度中分配权利和义务的办法，确定了社会合作的利益和负担的适当分配"。① 在存在着和已经存在过的人类社会现实形态中，人类社会往往是通过一种凌驾于现实社会之上的公共权威的形式对这一问题作出回答，即通过一定制度规则体系下凌驾于社会之上的公权力来实现对资源的权威分配。而这也正是人们结成一定关系进入社会中来的原初目的之一。社会正是借着公权力的力量实现着不同社会成员间的权利义务分配，保证着社会所认可的正义原则得以实现。而在人类社会发展的不同形态中，资源进行分配的权威形式都是不同的。"人类社会的发展史可以说是一部权利和权力资源在不同的社会阶层间按不同的比例而组合的历史。"② 而权力和权利资源在不同社会阶层之间的分配方式，就直接决定了社会的不同权力结构方式，形成了不同的权力与权利的结合形式。

水资源作为农业社会发展的必需资源，其本质上必然也是符合经济学关于资源的一般设定的。即在现实中，相对于人们对其无限的需求来说，水资源必然是相对稀缺的，这就必然产生了一个如何更加有效地利用有限水资源的问题。首先，人们必须结合成一定的社会群体，通过社会合作的形式解决单个人无法完成的较大规模的水利工程的建设和维护，从而将存在于自然界中的水资源进行合理开发，为我所用。其次，为了将开发出来的水资源在不同社会成员间进行合理的分配，就需要确定人们之间相互权利义务关系，明确谁该使用，谁不该使用，以及谁该使用多少数量的水资源的问题。基于社会的这种需要，人们在社会结合的基础上又组成了相应的权力机构，以公共权威的形式对于水资源利用的不同主体之间的权利义务关系作出设定和划分，并通过这种设定和划分，进而实现水资源利用

---

① ［美］罗尔斯：《正义论》，何怀宏等译，中国社会科学出版社 1988 年版，第 2—3 页。
② 李悦、吕艳红：《权利和权力错位的政治哲学分析》，《学术论坛》2007 年第 4 期。

的社会公平、正义和秩序。

在传统社会中，国家正式权力和地方水利社区中的非正式权力结合在一起，共同实现着水资源分配的既定目标。国家正式权力作为社会个体用水权利的确定和支持者，以社会矛盾和纠纷终极裁判者的身份介入乡村社会中，为乡村社会提供着与其国家能力相适应的公共产品与服务，并要求乡村社会成员履行一定的义务，进而从乡村社会汲取相应的资源，以维持自身的存在与发展。而在基层水利社会中，产生于传统意义上合法性认同的公共权威通过与传统社会相适应的道德评价机制，对水资源进行日常的管理与维护，保证乡村用水秩序，维护传统乡村社区中的资源分配的相对公平和正义。并且这种基层自组织权威有着相当的自治性和独立性。因而在某种意义上可以说，传统社会的分水用水机制具有了符合现代治理理念的某些内容，至少在形式上看，它具有了现代治理结构的某些运行机制要件。也正是在这个角度上，本书将传统分水用水机制看作一种水利治理结构。

当然，这种水利治理机制是粗糙的，其中有很多东西是与现代治理机制格格不入的。首先，传统水利治理机制是建立在德治、礼治社会统治方式之上的。它虽然以习惯法的形式规定了人们之间权利义务关系，但是从根本上来讲，这种治理机制中法治理念的阙如，使其缺乏最根本的确定国家、社会与个人间权利义务边界的保障，也无法形成现代法治理念下的权利义务观念。其次，传统水利治理机制是与传统社会的统治理念相适应的，它依靠传统社会中的一整套权力结构关系、价值观念来为其现实性开拓路径、提供保障。而这些权力结构和价值观念最终所要保证的不过是传统专制统治。因而从最根本上来讲，它并不是一种现代治理结构。最后，传统国家由于其能力的局限，所提供的公共服务职能与现代国家相比可谓相形见绌；传统乡村社区的自治权利也不是现代意义上的法理型自治，而仅仅是一种以习惯形式遗传下来的，在国家没有能力深入乡村社会情况下的一种自发自治行为。在此意义上，传统乡村社会水利分配中所实现的公平也是与其社会特点相适应的，符合传统统治秩序的利益分配关系，在一定程度上它还带着朴素的平均主义色彩，具有强烈生存理性意义上的实质正义指向，这与现代社会中的公平和正义理念也是不同的。因而这种治理行为充其量也只能算是一种传统意义上的治理，它还有待进一步完善才能成为现代意义上的治理结构。

第六章 国家权力与基层公共治理之道

第一节 乡村水利治理的比较与总结

一 明清时代长江下游的水利组织及水治理

（一）水利组织的基本结构

不同于山陕半干旱地区的灌溉水利，长江下游地区处于半湿润区，雨量较为丰沛，河湖密布，地势整体低洼，因而这里的农田水利主要是以排水为特征的圩田水利。圩田，也称作围田，顾名思义，其土地耕作方法是在地势较为低洼的土地周边筑堤，将田地与其外的水系隔绝开来，避免过多的水进入农田，从而保障农业生产的顺利进行。

与山陕地区的水利组织类似，长江下游地区也存在着一些在村落层面上的管理水利的组织形式。当然，处于长江下游地区不同区域之间的圩田水利，因各自具体情况的不同，其水利组织形式上也存在一些差别。考虑作为不同区域的研究案例，我们拟对常州芙蓉湖区的芙蓉圩和当涂大公圩的圩田水利做一简单的考察。

1. 常州芙蓉圩的水利管理组织

常州芙蓉圩所在的区域实际上原本是称为芙蓉湖的湖区，最早是从东晋时期开始围湖造田，历代接续多有开发，迄至明代才将整个芙蓉湖尽数改造为农田。明清时代的芙蓉圩规模已经较大，"计九图半，共田二万七千有奇。……每年春和农隙，按田出夫，大加修筑一次。仍设有圩长八十一名，于夏雨滂沱之际，昼夜巡视岸闸，遇有稍损，立时修整，以备不虞"①。

---

① 《芙蓉湖修堤录》卷八，"旧册附刊"。转引自〔日〕森田明《清代水利与区域社会》，雷国山译，山东画报出版社 2008 年版，第 9 页。

可见，其水利管理的基本形式也是"按田出夫"，即在管理上划分出的基本单位是"夫"。同山陕地区水利管理基本单位的设置一样，"夫"是将土地和劳动力结合起来的圩田水利管理的基本依据，所有圩田整修、改造和维护工作都以其为基本单位展开。与山陕地区灌溉农业组织中普遍存在的渠长类似，该圩的水利管理是以被称为圩长的组织形式架构起来的。

值得注意的是，早期芙蓉圩的水利管理有着较强的官方介入的色彩。从明代中期开始，圩田水利组织的社会性逐渐增强，呈现相当的自治性质。之所以会出现这样的变化，按照森田明的研究，是因为早期的圩田水利管理组织被看作政府权力在乡村的延伸组织，即里甲制度下的赋役制度的一个环节。水利组织中的圩长或者塘长，是执行在乡村整修水利、修筑圩堤、征收赋役的从属性机构。当时水利管理组织的这种性质，与其生产组织形式是相关的，即以乡居地主为中心的"田头制"。明中叶以后，越来越多的乡居地主开始移居到城市并从事非农产业，他们在乡村的土地也采取了新的管理方式。以"照田派役"和"业食佃力"为主要方式的圩田水利管理方式开始兴起。"所谓'照田派役'是指圩内的全体耕作者根据各自的田亩数量负担一定的劳役，这意味着耕作者即全体佃户将主动参与圩田水利。'业食佃力'指的是耕作者不负担劳役，由地主提供经济保障，承担一定的费用。"① 这样，以城居地主为中介，政府权力所派生的赋予和农民的水利维护与农业生产之间开始分离开来。水利管理组织的性质开始发生变化。

由城居地主组成的绅董会议成为圩区水利筹划、集资的主要来源。当然，日常的管理仍是由在乡村的水利管理组织来进行："每图选举干练董事二名，殷实圩长一名，夫头十名，并饬查开田亩，呈候核明，派夫修筑外，含再抄示移会，为此合移。"② 圩长仍然是该水利管理组织的基本结构，其下设置了以夫头为主的执行机构，具体管理圩田水利各个方面。但是，这里的圩长管理组织已不同于此前田头制之下的形式，而是具有了一定社会性质的组织形式。圩长由选举产生：

> 圩长宜选择举充也。圩堤筑成后，全赖圩长，得人实心照管，庶

---

① ［日］森田明：《清代水利与区域社会》，雷国山译，山东画报出版社 2008 年版，第2 页。

② 《芙蓉湖修堤录》卷二，"卷宗"。转引自［日］森田明《清代水利与区域社会》，雷国山译，山东画报出版社 2008 年版，第 2 页。

可经久，向来均系旧圩长子孙接充，贤愚不等，未为妥善。今议，嗣后每十月内，由图内袗耆，公同赴县，禀举著充，如有不妥，或五年，或十年更换。①

此前的圩长多是世袭，因此可能出现不具备管理能力的人出任的可能性。圩长经选举产生后，客观提升了其管理水平。并且圩长实行任期制，每五年或十年予以改选或更换，从而保障了圩田水利的正常运行。

2. 当涂大官圩的水利管理组织

位于当涂的大官圩，② 其开发形成时间也较早。据相关史料，最早在晋代（或更早）已经在此地开始围湖造田，大官圩是以丹阳湖为中心围田而不断发展而来。与一般的圩田有所差别的是，大官圩实际上是在原有湖区圩田的基础上，不断以长堤连接起各圩，也就是所谓"联圩"而创建起来。因此其规模上还是较大的，工程也较一般圩大，因此被誉为江南首圩。即使在宋代，大官圩的联圩数量也达到了可观的程度，并且其内部结构复杂，工程规模宏大。"官圩在圩堤工程修建上具有较高的水利技术水平，在建造圩堤、修筑辅助工程、防止坡面渗漏等方面积累了丰富经验。官圩有着较为完备的水利系统，一般包括圩堤、陡门、涵闸、石礅、沟渠等设施，兼有防水、排水、蓄水、灌溉等多种功能。"③ 可见，大官圩不仅通过联圩的形式，将原有各圩连接起来，还设置了种类繁多的各种辅助排水设施，构成了一个内部结构非常复杂的排水网络系统。

正是因为大官圩的规模宏大，工程技术复杂，因此，该圩的管理组织也相对复杂。并且也因此在大官圩的管理上，官方权力介入较多，很多圩田水利工程的施工、维护和日常管理，政府都起着主导性作用，这大概也是该圩之所以名为官圩的重要原因。

圩田规模与官方介入程度之间的这种关系，时人也有较为清醒的认识。

圩田之制，随地形之广狭、水道之远近，而为之大小。圩之小

---

① 《芙蓉湖修堤录》卷二，"卷宗"。转引自［日］森田明《清代水利与区域社会》，雷国山译，山东画报出版社 2008 年版，第 20 页。

② 大官圩系其传统称呼，新中国成立后已改名为大公圩，此处沿用传统叫法。

③ 赵崔莉：《联圩的防汛——由〈当邑官圩修防汇述〉管窥清代当涂官圩的防汛》，《中国地方志》2010 年第 1 期。该文对大官圩的工程技术进行了详细的介绍，可资参考。

者，岸塍易完，民工易集。时有浸潦，则车戽之功可以朝夕计也；圩之大者，岸塍既广，工力不及，积水经月，而实粟者将化而为泡腐矣。度其势而分之，使一劳而永逸，事半而功倍，民其有不赖乎？夫岸塍譬则城郭也，坝堰譬则关隘也，小圩譬则三里五里也，关隘固城郭坚，则内有所恃，而寇不能入。三里之城，七里之郭则小而易守，绰然应敌无虞矣。①

如果圩田的规模较小，那么施工量就会较小，并且工程技术也较为简单，动用的人力物力也会较少，因而可能只需要民间自行管理即可，一般这类圩田被称为民圩。而那些规模较大的圩田，像大官圩的规模，圩堤通常较大较长，内部结构复杂，圩内有圩，还有各种排除闸口、沟堰，因此修筑管理都得需要组织较多的人力物力。否则，一旦出现问题，将会严重影响圩内正常的生产生活。因此，以动员和组织能力更强的政府力量来进行管理，也就成为这类圩田水利的通常组织管理形式。

大官圩的水利组织形式有着很强的官方正式组织色彩。

> 圩例向设岸总、圩董、甲长诸名色，无异铨曹之阶级，军伍之部勒焉。岸总总一岸之成，圩董董一圩之事，甲长长一甲之夫。苟非其人，圩民累圩务坏矣。……谨议庶事如左：官守，岸总，圩董，甲长，锣夫，工书，圩差。②

官圩的水利管理组织结构相对也比较复杂，机构名目繁多。除常见的圩董（圩长）及其附属机构（可以看到，附属机构也层次很多，结构复杂）以外，在其上还设置了官守、岸总等机构。因此，作者认为官圩的管理组织"无异铨曹之阶级，军伍之部勒焉"，与官府正式权力机构或者军队的管理结构非常类似，内部机构设置众多，上下级之间层级划分明显，权责分工复杂。

官守也被看作大官圩水利管理组织的一部分，他们是政府正式权力的组成部分。当然，这里的官守主要指的是那些守土亲民之官，这些亲民之

---

① （明）张国维：《吴中水利全书·张铎围田沟洫说》，卷二十，文渊阁《四库全书》，史部，第 578 册，第 729 页。

② 《官圩修防汇述》，四编"庶议"，卷三"选能"。庄华峰：《古代长江下游圩田志整理与研究》，安徽师范大学出版社 2014 年版，第 282 页。为简省篇幅，下文中引述本书内容均以书名简称《官圩修防汇述》，并省略校勘和出版信息，特此说明。

官理应负起对官圩的监管之责，其主要的责权是对每年例行的圩堤维护施工进行勘验。岸总也称总料，实际上是大官圩的总圩长。由于大官圩的规模很大，"按官圩向分四隅，为四岸。岸有六七八圩不等，大者田以万计，小者亦不下数千亩"①。因此，需要设置一个统管四岸的总圩长来统一管理协调圩内事务。在总圩长之下，又设置了若干分圩，"推圩中殷实老成者董之，如丞尉然。圩有要举，赴局商榷，勿上干，勿下虐，圩务可全也"②。分圩的圩董像丞尉那样辅助总圩长的工作，具体落实在各分圩中的各项工作。同样地，圩长是由官方的管理局推举而产生的。可见，作为圩务管理的主要组织形式，大官圩的圩长本身就是一套分层的组织机构。当然，在圩长之下，大官圩还设置一系列复杂的圩长下属组织机构，在这里就不再一一细述了。

（二）国家权力与乡村水利组织的关系

1. 芙蓉圩的水利自组织

明中期以后，芙蓉圩的乡村水利组织具有了越来越多的社会性，因而也就具有越来越强的自组织色彩。相应地，其与国家权力的关系也开始相对疏远了。例如在整修圩堤的工作中，官方报告显示：

> 查所需工价钱文，是否核实，有无浮冒等因，此系民捐民办之工，并不请帑例，免报销，且经费于捐赈局内提用。……至卑县衙门胥吏，并不经手，卑职赴乡一切船只饭食，均系自行给发。③

也就是说，在这次修堤过程中，所有的经费来源都是来自民间的自给自足，官方并没有动用财政力量予以支持。因此，此次工程施工的性质"系民捐民办之工"，由民间自行组织的捐赈局统一管理支取使用事务。而官方只是作为权威的监督者身份参与了施工过程的监管。官方派出参与监管的工作人员都没有直接经手工程款项，甚至连主事官员的差旅费和伙食费都是自掏腰包、自行解决的。因此，即使只从经费管理一项来看，芙蓉圩的水利组织已经有了相当强的自主性和独立性，官方不能够直接参与

---

① 《官圩修防汇述》，四编"庶议"，卷三"选能"，《古代长江下游圩田志整理与研究》，第284页。

② 《官圩修防汇述》，四编"庶议"，卷三"选能"，《古代长江下游圩田志整理与研究》，第284页。

③ 《芙蓉湖修堤录》卷二，"卷宗"。转引自［日］森田明《清代水利与区域社会》，雷国山译，山东画报出版社2008年版，第15页。

到圩务管理的过程中了。

修堤工程所需的资金来源于捐赈局，而捐赈局的资金是由当时一些绅董捐助而来，这些绅董大多是由一些城居地主构成。大谷敏夫的研究表明："董事这一职种惯行化是在清代嘉庆以后，其理由恐怕是到了清末时，水利等所具有的公共事业的意义越来越受到了重视。同时之所以任用董事，目的是排除水利事业中的中间剥削者（胥吏和地保）。"[①] 在圩田水利事务的管理上，通过由这些董事组成的组织形式，有效地避免了因官方权力的介入而导致潜在的腐败，提高了水利工程管理的效率。

因此，绅董们实际上已经成为圩田水利管理的主体，由他们组成的捐赈局成为水利自组织的重要形式，逐渐形成了以董事为中心的圩务管理机制。因此，森田明认为："圩田水利在这里成了地方公共事业的一个环节，它在区域社会中的运营是自主的。……其管理主体所依据的，是以在圩总董为核心的城乡一体的地方的独立自主性。当然不能否定官方在行政上的一定作用，但是从当时的财政能力的界限来看，官方的作用仅在于促进了把'地方公共事业'中的行政责任委任和转嫁给地方。"[②] 芙蓉圩的水利管理具有了很强的自组织特征。由于芙蓉圩与山陕地区的水利自组织较多的相似性，我们在这里就不再过多展开论述了。

2. 大官圩的国家权力干预及其弊端

在以国家权力直接介入干预为主的大官圩，国家权力在圩区组织、圩务管理中都处于优势的地位。上文中我们已经介绍了大官圩水利管理组织的基本结构，这一结构与官方的正式机构之间表现出很强的同构性，内部分层复杂，上下层级明显。这一组织结构决定了在大官圩的圩务管理中，国家权力发挥着很强的直接管理作用。但是，地方水利组织和管理，毕竟是具有鲜明的区域性公共事务，官方对这一地方性事务的参与不可能是实时的、全程的；其与地方形形色色的利益主体间的信息沟通和交流也不可能是完全对称的；复杂的、官僚化的组织结构内部也潜藏了大量设租寻租的可能性。例如，魏丕信对同属长江流域的湖北省垸田水利的研究就发现："在国家利益、地方社会利益和水利平衡各种矛盾构成的复杂网络内部，国家的地位无疑是保守的，常常模糊不清，其采取行动的潜力也十分

---

① ［日］大谷敏夫:《清代政治思想史研究》（汲古书院，1991 年版）第二部分第一章"江南的水利与乡董制"，转引自［日］森田明《清代水利与区域社会》，雷国山译，山东画报出版社 2008 年版，第 27 页。

② ［日］森田明:《清代水利与区域社会》，雷国山译，山东画报出版社 2008 年版，第 15、29 页。

有限。……常设官僚机构在直接管理水利方面的软弱无能，来源于它不愿控制其诡计多端的下属。"① 国家权力直接参与圩区组织和管理所可能带来的种种弊端，与其国家能力的欠缺有着密切关系。在大官圩的水利管理中，我们能够清楚地看到这一问题的实际表现。

实际参与圩务管理的往往是基层政府的亲民之官，而传统国家由于其资源汲取能力所限，基层政府机构设置往往专业化程度不高，其组织协调能力一般来说是不够强的。因此，在面对规模如大官圩的圩区事务管理中，这些基层政府在对相关人力物力的组织上往往左支右绌，出现意想不到的问题。

> 民堤兴修按亩科费，例所不禁。……遂使大户欺隐，小户受累。遇抢险需用尤繁。有绅士设局公收者，有各圩自收自用者。欲使涓滴归公，实收实用。则吾未之敢信。撙节者少，染指者多，习俗然也，此清白者所以赔累。②

即便在正常修堤费用摊派上，正式规定所确定下来的按亩科费，也往往因为官方对实际情况的不熟悉，导致那些掌握资源较多者能够逃避规费，而贫穷无力者实际承担了较多的修堤费用。这种情况因遇险需要紧急筹措费用时变得更加严重：借紧急筹款之由设局公收者有之，各圩自收自用者有之。而官方有效组织能力的缺乏，往往难以有效避免这些搭车收费过程中的种种染指公款、侵吞贫弱的可能性。由此推论，官方组织协调能力的欠缺，一定会使得渠务管理过程中的资源配置出现错位，效率下降。

传统国家也不具有现代意义上的执行监督机构，不具备现代意义上的完善的政策流程机制，也缺乏政策执行的反馈机制。因此，即使在政府组织机构内部，能够通过一整套理性化、制度化的政策流程来保证政策顺利执行的机制也并不完善，其执行能力也往往是比较软弱的。这一政策执行能力上的不完善性，也必然会因大官圩的组织特性而向下传导，从而出现诸多在官圩水利决策执行中的困境。

---

① ［法］魏丕信：《水利基础设施管理中的国家干预：以中华帝国晚期的湖北省为例》，载陈锋主编《明清以来长江流域社会发展史论》，武汉大学出版社2006年版，第640页。
② 《官圩修防汇述》，四编"庶议"，卷三"选能"，《古代长江下游圩田志整理与研究》，第287页。

> 官圩向属民堤工竣验收，近今奉为故事，或委员赴工，夫马刍粮不胜其扰。或差役持票烟酒饭食欲壑难填。光绪九年，士民躬诣道辕，禀请禁止委员勘堤，有苛如虎猛，利等蝇营之语，其弊遂革。①
>
> 堤工败坏皆由于工书。向例虽属官督民修，官尽委其权于书吏。于是佥首事有费，造估册有费，承领有费，验收有费，甚至串通董事，浮派浸吞，无弊不作，公项尽饱私囊。②
>
> 窃议圩务需人办理，而签举、察访尤不可不慎重也……苟非其人，圩民累，圩务坏矣。惟乡里为之选举而报以名，官长为之察访而喻以事。肩斯役者毋推诿、毋欺凌、毋执成。③

上述所列几则材料分别反映了在大官圩的政策执行过程中实际出现的困境，这些困境可能是出现在程序上的。在官方对圩堤维护进行验收的过程中，在没有严格而良好的有关勘验程序的制度规定和监督机制的情形下，很难有效避免掌握验收权的官吏利用验收程序中的某些环节人为设租，从而获取职务行为外的额外收益。对此，大公圩采取的应对措施是由上级官员禁令停止勘堤，"其弊遂革"。但是，如果从严格监管工程实施质量上来说，这或许只是一种治标之策，弊端是被革除了，但是工程质量又如何保证呢？官圩的政策执行困境还可能出现在机构设置上。工书虽然只是圩田水利管理组织中的一个不起眼的机构，但是由于其代行了某些权力，从而获得了一些实质意义上的执行权。于是他们便能够充分利用这些权力，将那些例行性、事务性权力也尽行改造为执行性权力。于是，所有的事务性权力都被标价，成了交换经济利益的通货。对此，评论者给出的对策是，通过严格选人，把那些能够真正愿意为民众奉献、品德高尚之人选拔到相应的职位上来，从而避免上述职务侵占行为。但是，如果孟德斯鸠（Montesquieu）的结论"一切有权力的人都容易滥用权力，这是万古不易的一条经验。有权力的人们使用权力一直到遇有界线的地方才休止"④ 在这里是成立的，那么这一建议到底在多大程度上能够真正避免上

---

① 《官圩修防汇述》，四编"庶议"，卷三"选能"，《古代长江下游圩田志整理与研究》第282页。

② 《官圩修防汇述》，四编"庶议"，卷三"选能"，《古代长江下游圩田志整理与研究》第285页。

③ 《官圩修防汇述》，四编"庶议"，卷三"选能"，《古代长江下游圩田志整理与研究》第282页。

④ ［法］孟德斯鸠：《论法的精神》（上册），张雁深译，商务印书馆1961年版，第154页。

述困境，是颇可起疑的。可以看出，在政府的执行能力存在较大缺陷的情形下，其对水利事务直接介入带来的弊端是难以避免的。

因此，即使在规模较大的大官圩那里，国家权力对水利组织恐怕也没有完全彻底地介入和掌控过。这一整套看上去完整的圩区水利组织体系，很可能是综合了政府、社会诸多力量，并在实际事务中相互影响、制约平衡的结果。魏丕信曾将国家权力介入垸田水利事务的过程分成了两个阶段：在第一阶段，水利工程被大规模修建，此时国家机器是全面干预的；在第二阶段，在水利事务日常化了的情况下，国家不得不将自己的影响局限于防止某些可能带来的坏的影响上，同时严格限定权力自身对水利日常维护的干预。"实际上，它将日常维护交给了一个由或多或少地具有某种自治意味的中间群体的一套班子：堤长、垸首、士绅群体，但不包括拥有权力，到处都存在的由水利佐杂、胥吏、衙役组成的'吏员'，相反，国家极力阻止这些人与地方社会结合在一起。"① 通过上述政府对大官圩水利事务参与中困境的描述，相信魏丕信所描述的第二阶段的国家行为模式也并非空穴来风。因此，《官圩修防汇述》的作者才不无针对性地引周太守言建议道：

地处低洼，均需堤障，全赖岁修如法，防护得宜。近来圩民心存观望，应修堤段并不赶修，迨至再三查催，始据开报州县。俟报齐履勘，转辗稽迟，且有工未兴而水已至，欲无溃也，得乎？……考建造之法，惟官督民修为最善。若听民自修，非废弛即违抗，甚至包揽渔利，百弊丛生，是以重其责于官。若只交官修，非书侵即役蠹，甚至勾串分肥，毫无实济，是以分其事于民。②

如果国家权力介入堤防日常维护事务，势必会带来因官方行为的颟顸所造成的岁修无人负责的局面，甚至权力寻租、腐败丛生，最终迟滞时日，耽误工期，造成水至而堤毁的结局。当然，鉴于水利的公共特性，如果日常修堤事务完全委诸民间，则势必难免"公地悲剧"，最终导致不理性的集体行动结果。一个好的思路是官督民修，在强化政府监管权力和责任的同时，将日常的水利事务交由乡村来做，由其自行组织、自我管理。

① ［法］魏丕信：《水利基础设施管理中的国家干预：以中华帝国晚期的湖北省为例》，载陈锋主编《明清以来长江流域社会发展史论》，武汉大学出版社2006年版，第646页。
② 《官圩修防汇述》，四编"庶议"，卷三"选能"，《古代长江下游圩田志整理与研究》，第288页。

这或许才是避免种种弊端，获得圩田水利良治的解决之道。

（三）旱区和圩区水利治理的比较

上面我们以芙蓉圩和大官圩作为典型案例，简单考察了长江下游地区的水利治理。应当说，长江下游地区与山陕地区的水利治理既有一些类似的地方，也存在着一些差别。作为具有典型价值的两种不同地域类型，对两者之间的比较讨论，有助于我们从总体上对传统社会中的乡村水利有一个大致完整的把握，从而扩展我们的思考空间，拓展我们的论题范围，深化我们的认识。下面我们拟从几个方面进行简要的比较。

首先，从水利的性质来说，两者显然存在着差别。由于两者自然环境的差别，即所处的自然地理条件的不同，从而形成了不同的用水形式。对处于半干旱地区的山陕地区来说，因这种自然地理条件而产生的水利问题，是如何有效分配和利用水资源进行田地灌溉。在此意义上，由此所形成的水利社会类型可以被称为一种灌溉水利社会。而位于长江下游地区的圩田水利，其自然环境条件与山陕地区截然不同。由于这里雨量丰沛，河湖众多，所以对于农业生产来说，重要的是如何有效地排出农田的多余水量问题。因此，由此形成的水利社会类型不妨可称为排水（或者防水）水利社会。

实际上，对于两种不同类型的水利类型，格尔兹早在 20 世纪 70 年代在对比巴厘岛和摩洛哥的灌溉系统时就有所论述。作为位处干湿两种不同区域中的水利系统，两者在灌溉的规模、层次、技术水平、经营方式、组织类型、制度设置、政治结构等诸多方面都存在着差异。格尔兹认为，这些差异与两者的社会和文化模式之间有着密切的关联。[①] 这一研究提醒我们，对于不同水利社会类型的研究和比较可以从诸多方面进行。当然，就本书的讨论主题而言，我们还是将比较的重点放到水利组织类型、权力关系及价值理念上来。

其次，两种水利社会类型中的水利组织形式既有相似性，也存在着差别。从水利组织架构、组成方式、人员安排等组织形式来看，两种水利社会中普遍存在着建立在乡村社会上的水利组织；这些水利组织通常都是由以渠长为中心的层级组织结构构成的；渠长或者其下属机构人员一般都是由选举或者推举产生；能够担任这些职务的一般都是在乡村社会中具有一定地位或者财富者；这些水利组织往往跨越整个灌溉或者排水流域，牵涉

---

① Clifford Geertz：*The Wet and the Dry Traditional Irrigation in Bali and Morocco*，Human Ecology，Vol. 1，No. 1，1972.

到跨越村落的相互关联。

但是，两种水利组织形式又存在着一些差别。山陕地区的灌溉水利社会中，基于分水用水的需要而结成的水利自组织，其自治性质相对来说更加充分，也更具民间社会的自发组织性质，其民间性更强，更符合"水利社会"的本义。芙蓉圩的水利组织，在明代中期以前，可能更符合魏丕信所说的水利系统发展的第一阶段，即国家权力在水利建设和组织中起决定性作用的阶段。而明中期以后，由于经济形势的变化，城居地主的增多，圩区组织则越来越具有了自组织的特征。突出表现为水利自组织的财政权力相对独立，因而这种自组织形式表现出了较强的经济意义，而不单纯是社会意义的。而当涂的大官圩，因其自身的规模因素，使得从一开始其水利组织就与较强的政府直接参与管理密切相关，其复杂的组织结构是与政府的层级组织直接连接的。当然，即使在大官圩，单纯依靠政府的水利治理也变得弊端重重，因而事实上乡村水利组织也分享了一部分自我管理的权力。

再次，相应地，在与国家权力的关系上，国家与社会连接方式在两者那里表现有所差异。在灌溉水利社会中，国家正式权力与水利组织的非正式权力之间不存在直接的层级关系，前者对后者的权力作用是微弱的；国家对社会的介入不是经常的，更多的是在水利纠纷或者矛盾发生的时候，以仲裁者身份介入调停，基于村庄的社会权力保持着更经常的存在，维护着村庄水利的日常状态；两种权力还形成了事实上的某种竞合关系，这一关系并不直接通过权力行使而体现，而更多体现在意识形态和价值观念塑造上。当然，国家所代表的大传统竭力影响和塑造村庄小传统，从而以文化权力的方式维系着与社会间的连接。在排水水利社会中，规模较小的圩田水利组织中，社会权力与国家权力逐渐脱离开来，特别是在财政上相对独立于政府财政；规模较大的圩田水利组织与国家权力之间存在着更为直接的管理关系：官方权力直接决定和影响着水利工程建设，水利系统日常维护，水利组织日常活动等方面面。

两种国家与社会关系类型的种种差别，与两者的自然环境条件及其所带来的生产方式上的差别存在关联。在旱区农业中，所面临的是田地灌溉的问题，需要解决的是作为公共资源的水资源的分配、使用问题。在不同的用水主体之间，包括用水户、村落、上下游等，潜在存在着资源分配和使用上的竞争关系。因此，家庭共同体、村落共同体、区域共同体在不同层次上建立起来，以维护各自在资源分配和使用上的最大份额，并在共同的资源开发、运用过程中相互合作，成为特定类型的水利社会。只有某些水利系统的矛盾在其自身内部无法解决的时候，他们才倾向于通过外在的权威性力量介入予以协调。因而其与国家权力之间的关联是自下而上式的、诉求式的、问题解决式的。

而在湿区（格尔兹的用法）农业中，需要解决的首先是农田排水问题，这是一个需要参与者各方通力合作面对的问题。因此，参与到水利过程中的各主体主要不是潜在的竞争关系，而是如何有效协作起来，合作建立和维护水利设施，保障生产和生活不受影响。因而具有权威性的国家以较大的组织能力、资源调配能力、动员能力，有效整合水利系统内部的各种力量，协调共同行动，从而保证水利工程的有效建设和维护。因此，国家权力对社会存在着积极的组织和协调作用，两者间的关系更具自上而下的、组织动员式的、战略行动式的特点。因而这一类型水利社会的性质与灌溉水利社会之间存在差别也就是可以理解的了。

最后，在所秉持的价值观念上，两者之间也存在着不同。山陕地区的水利社会中，普遍遵循着均平分水的公平观，这与将水作为一种公共资源进行分配和利用的实践是相适应的。在资源的分配过程中，如何公平地将资源分配到需求者那里是最重要的问题。在这里，公共资源是被分离地占有的，不同的占有者之间有着不同的利益诉求，这些利益诉求之间存在着竞争关系，这些竞争关系以水权的方式来予以表征和划分。也正因如此，那些在村庄的争水过程中付出代价，为群体获得资源分配优势的人，总是获得村庄的尊重乃至崇拜。在资源总量不是可以无限制供给的情形下，客观需要解决哪些占有者应该占有哪些或者多少数量资源的矛盾。而权利即应得，公平即矛盾解决方案的应对标准，并且必须是为多数人所认同的应对标准。权利和公平共同构成协调人们在分配和利用水资源过程中解决诸多纷争的判断依据。

而在需要群体合作共同抵御潜在风险的排水水利社会中，人们面对的最重要的议题是如何保障合作是有效的，如何将尽可能多的人力物力资源有效整合起来，应对共同的潜在风险是摆在每一个参与者面前的基本困境。特别是在一个整体性的水利工程或水利系统中，任何一个环节上的漏洞都可能带来整体系统崩坏，因此需要对参与者的不断集聚或群聚。而这一集聚过程客观上是一个组织过程，是一个组织起来有效地共同行动过程，这同利益不断分割的水利治理是不同的。因此，在这里并不特别强调公平的价值观念，效率——不论是共同行动的效率、组织的效率、财政的资源运用效率等，是更经常被提及的重点。

当然，不论是在旱区还是湿区的水利治理中，事实上都存在着公共性的构建问题，都需要协调行动，共同面对不论因公共资源的匮乏或潜在风险的存在而导致的不确定性。从而两种水利治理类型需要生活在特定地域中的人们一定程度的联合，不断地生产和再生产出公共性及其建构。也正是在此意义上，这些特定区域才表现出了水利社会或者水利共同体的性质，其管水、分水、用水的实践才具有了水利治理的特征。

二　历史时期中乡村水利治理的基本经验与问题

（一）可资注重的一些经验

行文至此，我们应当对历史时期中乡村水利治理中所遗存下来的值得汲取的经验，以及值得进一步探讨的问题作一番梳理和总结，从而有利于我们对当下水利治理，进而对一般意义的公共事物治理所面临问题的讨论。但是，值得特别指出的是，历史时期中的乡村水利治理是发生在特定区域社会中的整体性过程，从任何具体学科视角，对这一过程的解释都可能只是揭示了其局部的、片面的东西。因而在我们下面所进行的这番论述，也很难做到对之作出一个"全面性的"总结，更多地可能是对其中一些或具有典型意义，或具有某些一般意义的要点的罗列，因而可能也是相当片面的。

1. 明确而具体的权利

权利必须是明确而具体的，意味着对权利的规定都应当是可实现的，任何只能够停留在纸面上的模糊权利等同于没有该权利。而任何对权利的制度性规定通常都是规范化、抽象化的。因此，权利的明确而具体就要求法律或者制度应该是多层次的，即应该有一般意义的总体性的法律体系建构，也应该允许那些非正式制度建构。在不与总体性法律体系明显冲突或矛盾的前提下，参与构成制度的整体建构。正如有研究指出的："即使在正式的法律体系内，不同的国家、不同的省份、不同的地方，规范水权的法律也会有所不同。这些法律也无需整合成一个完整体系。……法律多元化主张，要了解水权必须先了解当地用水者的观点，了解他们的日常经历、他们拥有水和水权的方式以及他们在取水和保护水权时可能作出的抉择。"[①]

在山陕地区的乡村水利治理实践中，既存在着由国家的一般法律体系所标志的正式制度，也存在着大量结合了不同区域水利治理实践和经验的

---

① ［泰］布伦斯、［美］梅辛蒂克：《水权协商》，田克军等译，中国水利水电出版社2004年版，第2—3页。

非正式制度，这些非正式制度以渠册、水册、水利碑刻、官方判决等种种形式表现。正是这些大量存在的地方性水利规约，有效保证了水资源的有效分配、合理使用，保障了人们基本的用水权利，并进而使水公共资源的利用秩序化了。而这些地方性水利规约之所以能够有效保护水权的原因在于，它们是局地化或者在地化的，是适合于特定区域的公共资源利用的非正式制度安排，因而能够足够明确而具体。正是在此意义上，制度与机制、权利与制度技术之间是可以有效连接起来的。

乡村水利规约不仅因其区域化和在地化而能够有效维护水权，而且因为这些规约有着一定的历史累积性，是在时间和发展过程中被逐步总结、完善和合理化的。对巴厘岛和印度水权保障的相关研究也表明："地方的或惯例的规则很少能从国家的法律史割裂出来，而是复杂地交织在一起。"① 有效的权利保障规约很少能够完全割断其与历史的联系，仅以一种理性立法的面目而出现，惯例或者传统中累积的某些要素，或许蕴含着特定的延续着的历史理性，而这恰是其能够对权利合理有效保障的另一重要原因。

2. 多元化的权威形式

一个好的治理结构应当是由多种权威形式组成的复杂化的网络结构。在这个由多种不同的权威类型组成的交织的网状结构中，不同的权威之间、权威与社会、权威与个人之间形成的关系可以是多面的、多维的。从而在能够保证权威能力的充分行使基础上，又能够使这些关系都可以被保持在一个合理的限度之内。简言之，即多元的权威形式得是既有效、又有度的，从而使社会能够被维持在一个合理的秩序范围内。当然，这些权威可以依照不同的形式表现出来，既可以是制度规则式的，也可以是制度机构式的。

在山陕地区的水利治理中，制度规则意义上的权威结构是多元的。为了实现分水用水的秩序化，形成了诸多不同的制度规则。这些规则既包括国家正式的法律，也包括大量流行于民间并在水利实践中发挥作用的民间规约。这些规约以习俗、惯例、政府命令、判决等不同的形式，被分别保存在传说、故事、文本或者水利碑刻等媒介中，不断地发挥着调节和规范参与水利过程中的人们的行为的作用。这些多样化的制度规则从不同维度、不同侧面共同参与维持了水利社会的基本秩序：从规约作用形式而

---

① ［泰］布伦斯、［美］梅辛蒂克：《水权协商》，田克军等译，中国水利水电出版社2004年版，第3页。

言，政府的命令和判决等强规范性的规则体系，以最权威的方式强制维持着分水用水秩序；民间惯例法普遍存在于人们的日常用水过程中，成为维持常态化用水秩序的基本依据；习俗以群体共同记忆的方式保存于水利社会中每个参与者的头脑中，相当程度上承担了将现实用水秩序合法化、意识形态化的职能。从规约承载形式上看，传说或者故事适应了民间的文化状态，以口耳相传的形式保持其鲜活性和持存性；渠册、水册等文本形式使分水用水有了正式的权威性文本依据；水利碑刻以超越时间的有效性保持着其规范作用的稳定性。也正是因此，在对世界上其他地区的乡村水利治理的讨论中，研究者都曾发现："政府、宗教和传统法律，项目开发规则，以及地方上一些不成文的规定，都可以用来规范取水者、取水水源和取水项目等。"①

　　从制度机构的意义上来说，在传统乡村水利治理的过程中，不同的权威机构也参与到了这一过程中。这些权威机构包括掌握着正式权力的政府机构，也包括以非正式权力形式存在的民间权威形式，如基层水利自组织中，以渠长为中心的诸多机构设置，乡村的道德权威力量，例如绅耆势力等。相比于正式权力的权威能力而言，非正式权力的权威能力自然是较弱的。但是，前者却基本上只在水利事件（例如水利纠纷案件）发生时，才以被动的姿态介入乡村水利过程。因此非正式权力是更经常化的，是乡村水利治理过程中的常态化权威。并且因为这种权威形式生长于斯地斯土，对水利过程或者事件有比正式权力更翔实、更具体的"地方性知识"，因而其权威行使必然更具针对性和有效性。进而内生于乡村的非正式权力对于保持水利社会的内聚性无疑也是有利的，因为对于传统的熟人社会而言，内生的权威形式在一定程度上是可以将激励或者监督内部化的。

　　这里还有一个很重要的问题，正式权力和非正式权力之间应该保持合理的边界。从现代意义上来说，不同类型权力之间的划界不仅必需，而且应该是理性化的，现代社会用法治化的方式来予以保证。但是，传统社会并非完全理性化、法治化的，如何保持不同权威形式之间的合理分界就成为一个棘手的问题。在历史时期水利治理中，一方面，囿于传统国家能力的限制，国家事实上缺少足够的进入和干预社会的可能；另一方面，非正式权力以其在地方性知识意义上的信息优势，客观上也阻滞了正式权力全

---

① ［泰］布伦斯、［美］梅辛蒂克：《水权协商》，田克军等译，中国水利水电出版社2004年版，第2页。

面介入村庄的可能性。因此，在这里事实上形成了不同权威形式之间的边界，这一边界虽然看上去是模糊且软弱的，但即使在现代的基层治理中，也仍然是能够发挥作用的。

3. 自觉的政治认同与服从

水利共同体也好，水利社会也罢，或者就乃至更大规模的国家共同体而言，如何有效使人们对这些共同体自觉认同和服从，都是一个逃避不了的问题。唯有如此，才能使共同体被维持在一个良性的秩序范围之内，人们与共同体之间才是一种良性的互动关系，而非单纯的被迫服从、强力统治与被统治的关系。否则，过大的秩序维持压力，高昂的强力统治成本，都会对共同体的维持造成伤害。在这方面，传统乡村水利治理中的一些制度与权力理念及其行为模式，或许能够为我们提供一些启示。

按照杜赞奇的分析，传统国家实际上是以一种文化权力的模式，保持其在乡村社会中的存在的。即使不是全部，权力的文化模式至少也构成了传统国家构建和获得其社会认同与服从的一种重要方式。国家以此种方式进入乡村的优势在于，在有效避免强制性权威方式所带来的较高治理成本的同时，转而依靠一种柔性的、濡化的方式逐渐汲取社会认同，获得自觉服从。在乡村水利治理中，政府的判决、乡村绅耆的公议、水利纠纷的调解或者水利文化的传承，都能够让我们看到国家以文化权力的形式介入乡村公共事务的具体表现。当然，这一优势的获得，依赖于特定政治社会条件下的考选制度、阶层结构和文化结构，这些在后来的历史进程中已经逐渐被取消或替代。但作为一种值得思考的国家社会结构方式，其中所包含的政治认同样式，仍然值得我们去思考和理解。

将视野推广一些来看，在整个传统国家社会构建过程中，大小传统及其互动可以成为我们理解乡村水利治理的一条重要线索。在小传统的层面上，水利共同体或者水利社会的构建，依赖于那些生活在特定共同地域中的人们，对基于他们共同的生活方式、生产方式、资源共同开发利用、组织方式的自觉认同。正是这些自觉认同建立起了共同体社会的真正基础，并赋予这些社会认同以一定的政治意义。在此意义上，所有这些自觉认同的总体，构成了乡村社会小传统的重要内容，并且与大传统进行着互构和互动。从大传统的层面上看，由国家主导的大传统实际上是文化权力形成和发挥作用的基本凭借，是国家进行有效社会整合的重要手段。大传统参与指导和构成了小传统，又不可避免地受到小传统的影响，而不断改变其内容。

在山陕地区的乡村水利治理中，我们在水利社会中的传说和故事，国家（政府）与社会互动的方式、内容中，都能够看到两种传统之间这种竞合和互动关系。因此，能够充分汲取社会认同，获得自觉服从的国家—社会关系，应当是内在关联的、互动式的，彼此间可有效融入渗透的，而不应该是一方绝对决定和制约另一方的；应当是在基本价值体系指向上是相对一致、可以互为解释、融合式的，而不应该是一方对另一方灌注式的、溶化式的。唯其如此，才能形成两者间的良性互动，真正建构起"想象的共同体"①。

4. 公共性的构建

对于现代治理而言，不管是国家治理、地方治理、基层治理抑或公共事物治理，公共性的构建都是其中的重要内容。"多中心治理研究的重心问题是其合作机制的建构……合作机制既是多中心运作的支撑，也是公共性在现代国家体系下的再生产机制。……多中心治理的核心在于不同治理主体之间的合作，形成多中心的公共行动体系。"② 因此，通过参与到过程中的多主体之间的合作关系的建立和维护，有效的治理机制得以形成，而这一过程同时也是一个公共性的再生产过程，是特定国家—社会状态下的公共性的构建过程。公共性的构建不是一个空洞的理论概念，而是建立在一定社会互动、社会行动和主体参与基础上的实实在在的再生产过程。现代治理语境中的公共性构建，固然同传统社会存在着很大的差别，但是只要社会存续发展，通过多主体参与建立合作关系，进而纾解公共性困境的问题就一定存在。在此意义上，通过讨论传统社会中乡村水利治理中的公共资源治理之道，对于我们思考和认识当下社会的公共性构建也应当是

---

① 本尼迪克特·安德森认为："我们应该将民族主义和一些大的文化体系，而不是被有意识信奉的各种政治意识形态，联系在一起加以理解。这些先于民族主义出现的文化体系，在日后既孕育了民族主义，同时也变成民族主义形成的背景。只有将民族主义和这些文化体系联系在一起，才能真正理解民族主义。……一个重要的课题是，我们必须探究为什么这些文化体系会产生不证自明的合理性，而又是什么样的重要因素导致它们的解体。"本书译者也论证道："'想象的共同体'不是虚构的共同体，不是政客操纵人民的幻影，而是一种与历史文化变迁相关，根植于人类深层意识的心理的建构。……民族和民族主义问题的核心不是'真实与虚构'，而是认识与理解。……'共同体的寻求'——寻找认同与故乡——是'人类的境况'（human condition）本然的一部分……"上述论述，对于我们理解和认识以水利治理为典型案例的传统国家的文化权力与国家构建，以及当下的国家—社会关系构建，都有一定的参考价值。可参见本尼迪克特·安德森《想象的共同体——民族主义的起源与散布》，吴叡人译，上海人民出版社 2011 年版，译者导读第 17 页，正文第 11 页。

② 孔繁斌：《公共性的再生产：多中心治理的合作机制建构》，江苏人民出版社 2012 年版，第 10—11 页。

有益的。

在山陕地区的水利治理中，通过特定的制度机制，将不同的权威主体、利益主体统合进了水公共资源的治理过程。这些权威主体既包括在村庄基础上自发生长起来的水利自组织，也包括掌握正式权力的政府机构；而不同的利益主体，既包括参与到分水用水中的个人及其家庭，也包括村落或者同流域的村庄集合。这些不同的参与者按照既定的规范，依照各自所主张或声称的权力或者权利参与到水利治理中，建立起彼此间的合作关系，保障正常用水秩序的建立。应当说，这一多主体参与的过程，实际上也是一个不断推进参与者各方对个体与他人、政府与民众、国家与社会关系不断观察、检证和构建的过程，同时也是公共性不断被认知、确认和再生产出来的过程。如果说这一过程与现代语境中的公共性构建存在差别的话，那么最大的差别可能在于，现代社会通过法治化的方式，将这种公共性的再生产过程真正理性化了。理性化的法律体系建构，从而对多元参与主体的合理化规范，是现代治理过程不断为社会再生产出公共性的最重要的保障。

在传统乡村社会缺乏现代法治的情形下，为其公共性的构建提供保障的是一种替代性机制，即通过乡村水利祭祀或者水利崇拜而建立起来的神圣性规范。在水利祭祀或者崇拜中，符号、仪式或者象征以神圣化的方式，将那些整合了应然与实然、正当与合理的诸规范要素，以隐喻的但是不可拒斥的方式加之于水利治理的各参与主体之上，并因而使公共性的再生产过程被强化了，虽然这一强化并非像现代社会那样借助认知、判断与分析。因此，乡村水利祭祀过程，通常也会表现为一个人们或主动或被动地参与构建公共性的过程。当然，现代社会的"祛魅"，很可能会使传统社会的这种公共性构建的保障破产。此时，法治显得尤为必要了。也正因如此，在隐喻的意义上说，法治应当成为一种信仰。

（二）值得进一步思考的问题

1. 对权力的合理有效规约

通过上面的论述可以看出，建立在传统国家—社会关系基础上的乡村水利治理中，权威的建立和行使，认同和服从的形成，共同性的构建，或多或少都凭借了道德资源，具有道德化的色彩。这从现代的视角来观之，还是无法真正成为一种现代意义的治理。而这种前现代的治理机制所可能潜在的问题，可以表现在诸多方面上：没有法治保障的权利如何最终实现，政府自身结构的合理性与权力如何规约？这些问题其实可以归为一个问题，即政府权力的规约问题。这是因为现代社会正是为了保障权利，而对权力设置了严格的约束机制。

在对大官圩水利的研讨中，我们较为细致地讨论了国家相对直接的介入和管理，对大官圩的水利治理带来的相对负面的后果：水利组织机构的行政化，行政效率的降低，事务性权力的政务权力化，等等。当然，导致这些现象的原因是多方面的，但是，政府对圩务过于直接的介入一定是重要原因。相关的研究也表明："官僚机构强行按统一的方式去解决问题的倾向，是产生问题的主要源头。……关键是要加强政府按惯例解决问题的协商能力，并将更多的惯例责任转移到具有很大灵活性的体制中，包括市场机制和自我管理。"① 因此，政府权力不要伸展到过于宽广的领域，并将这些领域留给社会来自我管理，是水利治理有效的题中应有之义。而在这一方面，传统国家始终未能找出完善的方案，即使国家对乡村水利事务的被动和间接介入，某种意义上也只是传统国家能力不足的结果，而非其权力受到规约的结果。在我国构建现代治理机制的过程中，这一问题也将是值得我们不断去探讨的。

2. 协商与行动

进行协商和对话是现代社会用来协调行动者行动，实现合作的重要机制。通过协商和对话，不同的主体建构起主体间性，合理弥补事实性与有效性之间的鸿沟，公共理性得以形成并贯注于社会的公共性建构中，② 从而使得现代治理的目标真正得以实现。因此，对东南亚国家水权协商实践的研究表明："面对日益增长的用水需求，协商是一种能够公平、合理地分配水的有效方法。……灌溉体制的改革已经在协调和管理用水户两方面获得显著进展，但还是需要通过协商来明确界定水权。"③

在传统乡村水利治理实践中，正如我们前面所举的诸多案例所显示

① ［泰］布伦斯、［美］梅辛蒂克：《水权协商》，田克军等译，中国水利水电出版社2004年版，第11—12页。
② 哈贝马斯认为商谈过程能够达致语用学意义上的"真"，即合理的可接受性。哈贝马斯说："诚然，谈判伙伴们不必出于同样的理由而接受成功的谈判结果。但从谈判开始起各方所进行的那些深思熟虑隐含地预设了对规范性理由的共同承认。这些理由揭示了根据程序所达成的结果为什么会被当作是公平的，并因此而对这程序本身作为公平的程序而加以辩护。"商谈过程是一个各方的合理、合意过程，这一过程不断以合理的方式再生产出社会的公共性建构（公平是一种重要的公共价值理念建构）。根据前文我们的论述，这一过程同时是一个面向公共议题的公共事务治理过程。可参见［德］哈贝马斯《在事实与规范之间：关于法律和民主法治国的商谈理论》，童世骏译，生活·读书·新知三联书店2011年版，第366页。
③ ［泰］布伦斯、［美］梅辛蒂克：《水权协商》，田克军等译，中国水利水电出版社2004年版，第2页。

的，参与分水用水的民众在自身的权益受到侵害时，以水利纷争、群体械斗和争讼等方式处理矛盾的做法屡见不鲜，这实际上是一种古代意义上的"通过诉诸闹事解决问题"的做法。遇到矛盾和纠纷，通过"闹一闹"直接或间接迫使公权力介入，事情解决了。但是，通过协商和对话意义上机制解决矛盾的做法却几乎难以看到。如果说协商于对话机制是促进矛盾解决的合理化、合意化机制，并且能够在这一过程中不断再生产出公共性的话，那么，这一机制的缺失，无疑是传统乡村水利治理机制中的一个欠缺。至于何种原因导致这一机制的缺失，我们拟在以后的研究中进一步讨论。这里想指出的是，在我们今天的现代化治理机制构建中，应将一个好的协商机制的构建作为一个重要目标。

3. 程序正义与实质正义

程序正义和实质正义是制度或行动判别的重要标准，两者实际上同属正义的范畴，只不过从不同方面强调了正义的不同侧面。按照一般的理解，实质正义意味着"法律和制度这类指涉规范必须由指涉价值的实质性思考去判定，也就是说形式正义本身无法给自身以正义与否的判定，这一判定只能由指涉价值的实质正义来作出"①。也即是说，实质正义越过了制度和规范的所有的形式性规定，而直接指向了由对价值的实质性认定所确定的目的。因此，与形式正义不同，实质正义似乎不特别强调价值的形式性规定。但是，事实上任何的价值都必须由两个部分构成：所指的和能指的部分。两者结合在一起，才能为我们提供完整的价值整体。并且就人的认知直观来讲，作为所指部分的形式正义更加符合理智直观。因而也就能够在深刻的意义上，对人的行为有着规范性意义。单纯强调实质正义，甚至忽视程序正义，最终一定会导致实质正义价值目标的丧失，蜕变为某种意义上的"存在即合理"。

在对乡村水利社会基于"均平使水"的公平价值进行论述时，我们认为这实际上是一种实质正义的诉求。这一实质正义的价值偏向，固然在一定程度上维护了用水者的水权权利，保障了水利社会的用水秩序。但是，也可能有意无意地忽视形式正义的重要性，进而使水权的维护最终只被看作用水量的多少、用水时序的先后，用水秩序的保障仅以最后的结果公正、用水均平作为判别依据，价值自身应该具有的规范性依据被忽略了。因此，水权应当是被维护的，并且应当是被合法地维护；用

---

① 郑祥福、徐正铨：《论罗尔斯正义理论中的实质正义诉求》，《浙江社会科学》2014 年第3 期。

水应当是有序的，并且应当是在合理的程序基础上被保障。而这可能恰恰是传统水利社会所缺失（或者至少是没有引起足够重视的）的正义的另一侧面。借用一句俗语："正义不仅要实现，而且要以看得见的方式来实现。"

第二节　新型国家与社会关系下基层治理机制

在上一节开头的论述中，曾经强调了对传统乡村水利治理讨论的现实意义。因此，在接下来的讨论中，我们拟在简单回顾当下我国水利治理历程的基础上，对新型国家社会关系的基层治理机制做一些初步的讨论。

一　中华人民共和国成立以来我国的农村农田水利建设

（一）人民公社体制下的农田水利建设

新中国成立后，以人民公社为代表的国家体制全面深入了乡村社会中。公社制度下的"高度集权的权威模式确保了制度的稳定、政令的贯彻、体制的单一和计划的执行"[1]。在人民公社组织之下，国家通过一级级生产大队和小队将千万个分散的农村重新整合起来，政权的触角直接延伸到了每一个农民的家门口。通过自上而下的有效行政的权力支配系统，对社会资源进行大规模整合，以丰富的劳动力弥补资金和技术上的不足，修建了一大批大中型的农田水利工程，较为彻底地改变了农田水利的面貌。在农田水利的管理上也形成了自上而下的六级管理系统，即由中央政府、省政府管理，中央和地方政府、县政府、生产大队和生产小队（自然村落）等各负其责、分层管理。[2] 据统计，仅在"一五"期间，山西全省就"相继建成了滹沱河、潇河、桑干河等河上的拦河闸坝以及御河、万益渠、民生渠等15项灌溉工程，修改建了汾河二坝铁板堰和八大冬堰，完成了1500余件防洪工程，新凿与修复各种水井5.3万多眼，其中有自流井300多眼"[3]。在山西洪洞介休一带，根据当地的实际情况，国家先后组织兴修了七一渠、五一渠等水利工程，以代替原先民间的中小型水利工程，这些水利工程建成后都发挥了良好的规模效益。

---

① 张乐天：《告别理想——人民公社制度研究》，上海人民出版社2005年版，第237页。
② 罗兴佐：《治水：国家介入与农民合作》，博士学位论文，华中师范大学，2005年。
③ 张荷：《山西水利建设50年回眸》，《山西水利》1999年第5期。

在山陕地区的水利治理中，中华人民共和国成立后，原有的水利社会也发生着激烈的变革。张俊峰利用地方性媒体（主要是《山西日报》）相关资料，对中华人民共和国成立后该地区通利渠的水利秩序变化和调整做了较为完整的回顾。①"我们清楚地看到一种与往日截然不同的纠纷解决机制。由于代表国家的水利委员会的全面介入，改变了地方社会长期以来形成的权利分配格局，以资源配置不平衡、运行效率低下为特征的传统水利秩序，在生产资料所有制发生巨大变化的条件下，体现出一种截然相反的社会运行特征。……原本处于矛盾焦点的上、下游村庄，渐渐退居次席，原本作为矛盾仲裁者的国家则由于过多介入地方事务，成为矛盾的焦点，陷入左右为难的困境。"② 可以看出，国家权力的全面介入，改变了以往乡村水利治理的基本格局，水利社会中的权利关系、组织方式、分配关系都在发生着深刻变化。

总体来说，这一时期的水利建设和管理呈现出一种"国家介入与农民合作"的特点，具体可以概述为：首先，国家全方位介入水利活动中，以国民经济计划的形式对整个水利建设和管理进行全方位的规划和协调，并且将用水的日常管理也纳入整个国家政治体制中。国家的强力动员和组织，通过集体经济组织而贯彻到农村基层，从而将整个农村社会捆绑为一个整体。在集体化的背景下，以高歌猛进的形式组织起许多水利工程的建设。其次，国家通过组织化的途径实现了农村社会的有效整合，保证了农田水利建设和维护的基本力量。最后，人民公社作为一个政、经、文全方面整合的组织，将水利建设、管理、维护的诸多职责一体化为一个统一的整体，将水利过程中诸多事项结合在一起，社会分散利益也被相对凝聚在一起，实现了水利管理的相对高效率。

（二）改革开放以来的农村水利

改革开放以来，以人民公社体制为代表的传统农村社会组织体制不再，农村社会在传统体制瓦解的基础上重新组建起"三级所有，队为基础"的新的经济体制。以农户个体为主体的小生产形式再次占据了农村社会生产形式的主流，个体家庭和农民个人的经济利益被凸显。相应地，政治上，农村村民自治制度在农村广泛展开，国家将农村组织的权力再一次交还给了农村和

---

① 详细研究可参见张俊峰《水利社会的类型：明清以来洪洞水利与乡村社会变迁》之第三章第六节"1948 年以后通利渠水利秩序的重新调整"，北京大学出版社 2012 年版，第182—193 页。

② 张俊峰：《水利社会的类型：明清以来洪洞水利与乡村社会变迁》，北京大学出版社2012 年版，第 193 页。

农民。但是目前农村自治中尚存在诸如农民对村政参与缺乏热情，农村精英人物外流等诸多问题。特别是近些年来，随着改革程度的不断深化，集体经济日渐呈现一种"虚化"或者"虚置"的状态。集体经济作为权利所有者的主体地位不断受到侵蚀，其权能因受到种种限制而显得残缺不全。这也从另一个方面昭示着乡村政治服务功能弱化的程度。

"村庄里面除了原子化的农民，只有村委会一个村庄政治行动单位，国家赋予其足够大的权力，就容易将这个权力发挥到极致；国家如果将其权力收回，则可能瘫痪"①。村庄权力在整个政治权力体系中处于一种较为"尴尬"的地位。这就直接限制着其对原子化的村民的组织能力。因此，村庄中人与人的联系开始逐步弱化，人们独立追求自己经济利益的倾向加剧。特别是在村庄日常社会关系中，价值理性的考虑越来越被工具理性的考虑所代替。人们之间逐渐呈现一种"工具性差序格局"状态，即"社会联系以我为中心，从内到外、从亲到疏而建立起来的；人们建立这种关系的实质就是有利可图；关系越亲密，就越有可能被中心成员用来实现其利益目标"。② 传统虽在一定意义上复生，但是传统文化网络的力量却已很难将社会再整合起来。"在村庄场域中，由于传统文化影响逐渐减弱，通过契约产生的内生强制力十分弱小，普通村民和体制外精英即使拥有明确的共同目标，仍然难以采取有效的一致行动。"③ 内生性力量的弱化，村庄原有的行动逻辑正经历着改变，这必然带来了村庄为自身提供和管理公共品及公共资源的能力减弱。

罗兴佐、贺雪峰等对两湖地区农村水利的研究表明：实行联产承包责任制后，国家力量在启动了农村水利体制改革机制之后，就从农村社会撤退出来，减少了对农村基层水利建设的投入和支持力度。不仅新建项目大幅减少，而且原有的水利设施也逐渐处于一种破败的状态。同时，集体经济的瓦解，村庄自治在缺乏人民公社的组织动员能力和自身可动用的资源极为有限的情况下，对于农村公共物品的提供乏力，对农民组织的能力也大大降低。包括水利在内许多集体应当提供的基本服务，在许多农村中实际上付诸阙如。此外，农村中出现的一些市场化的水利管理单位，也因无法解决与小农户的衔接问题而经营困难。最后，农村遍地开花式的小水利

① 吕德文：《村庄里的公共品》，资料来源：西南交通大学西部农村研究中心网站，http://www.xbnc.cn/Article_Show.asp? ArticleID=1071，2021年7月12日。
② 李沛良提出的概念，参见吴思红《乡村秩序的基本逻辑》，《中国农村观察》2005年第4期。
③ 吴思红：《乡村秩序的基本逻辑》，《中国农村观察》2005年第4期。

无法形成资源利用的规模效益，效率低下，对抗自然灾害能力低下，资源的浪费较为严重。农村以水利为代表的公共事物治理机制中遇到的这些困境，都昭示着这样一个基本问题：必须为农村公共事物的治理寻找到新的出路。

二　构建符合我国国情的公共资源治理机制

　　农村公共物品的受益范围主要是在农村区域之内，其受益对象也主要是农民。农村公共物品同一般意义的公共物品一样，也应该具有一定的非竞争性和非排他性。根据上述两个标准的程度不同，农村公共物品也应该有纯公共物品和准公共物品之别。一般来说，农村公共物品是与农村农民的正常生产和发展密切相关的公共设施和公共服务。因而有效的农村公共物品供给机制是保证农村社会稳定有序发展所不可或缺的。

　　实际上解决农村公共物品供给机制的核心，是国家与社会如何进行有效互动和衔接的问题。要建立起国家与社会之间的良好的互动关系，就要彻底改变过去那种"国家对乡村社会的控制达到前所未有的规模与深度，国家与乡村社会演变为控制与被控制、倾轧与被倾轧的极端不对等关系"[1]，进而建立起"被配置权力的各种组织和机构既能有效率地运行，又能相互平衡，有着严密的自我制约机制；当地民众对乡村政府与组织的行为应有足够控制的管道与能力"的农村公共物品治理机制，[2] 培养农村的组织资源再生，增强农民的自组织能力，进而形成一种"强国家、强社会"的结构模式（参见图6-1）。[3]

　　所谓强国家并不是说国家从农村社会中全面退出，而是国家应该有所为有所不为。国家要从原来的直接管理和控制方式中解脱出来，变直接管理控制为间接调控、监督和服务。国家要在既定的法律制度框架内，对农村自组织监督制约，使其不致游离于为农民利益服务的职能之外；建立起国家与农村社会良好互动机制，加大对其有关服务职能的支持和配合，对农村组织自己无法解决的公共物品供给和管理问题，国家要从宏观上给予

①　王先明、魏本权：《"近五百年来中国社会结构变迁"国际学术讨论会综述》，《史学月刊》2006年第3期。

②　肖唐镖：《二十余年来的乡村建设与治理：观察与反思》，《二十一世纪》2003年8月号（第4期）。

③　学界有关"强国家、强社会"结构模式的论述，可参见吴思红《乡村秩序的基本逻辑》，《中国农村观察》2005年第4期；唐士其《"市民社会"、现代国家以及中国的国家与社会关系》，《北京大学学报》（哲学社会科学版）1996年第6期；王振海《社会与国家关系的现实选择》，《政治学研究》1996年第3期。

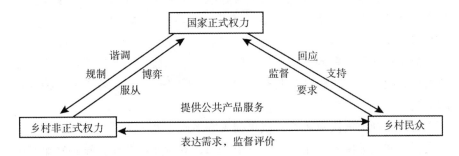

图 6 - 1　农村公共产品治理中的国家社会关系示意

协调、支持和帮助；对于农村组织的权威性国家要给予肯定和支持，保证其对农村公共产品的自我管理和协调；对来自农民的要求、意见和建议，国家要有一定的法律和制度渠道确保其能得到正常的反映和解决；逐步解决城乡差别，消除各种对农村不平等的制度歧视，确保农村社会公共产品在符合公平正义的原则下分配利用，使农村社会也能够共享改革和社会发展带来的成果。

所谓强社会是指加强农村社会自身的组织化，加强农村社会内部的自我整合，保障农村社会自身的相对独立性，从而促使农村社会结构、权力结构的优化和要素的良性互动，提高农村的自我组织、自我均衡能力。要构架起一个能够让农村精英人物自觉代表乡村利益、主动参与农村治理、自觉维护乡村秩序的平台；赋予农村自组织相应的权威，使其在与社会其他权力组织或者主体的交往中，能够获得平等的谈判、博弈地位，从而有效地维护农村社会的合法利益；使农村自组织成为农村公共物品供给的主体，赋予其相应的权责义务，并建立其规范的公共物品供给和管理制度；加强农村文化建设，克服农民的原子化倾向，提高农村社会的凝聚力，建立起合作、信任、互惠、公民参与的农村社会网络体系；农民在法律制度范围内要能够对农村非正式组织进行有效的监督制约，促使其正常履行职能，避免以权谋私、侵犯村民合法权益事件的发生。

根据上面的论述，公共资源治理的关键是要形成"强国家、强社会"的治理格局。之所以"强权"模式是实现公共资源治理中的关键内容，是在总结本书的研究基础上所得出的结论。因此，下面让我们从现代的政治社会理论出发，对传统区域社会中的水利治理形成、构建和运作的学理机制，作一梳理和总结。

在我们所讨论的区域水利治理中，按照一般的公共资源理论，水资源作为农村社会中的公共资源，必然会存在着分配和使用上的"拥挤效应"和"过度使用"的潜在可能。这种潜在可能在"公地悲剧"和"集体行动逻辑"的双重"魔咒"效应下，客观上一定会导致公共资源被破坏性开发使用和在公共资源使用上的集体理性难以达成，从而最终导致公共资源治理失败。因此，水利公共资源的合理分配和使用，必须要求一种良好的机制。

通常，社会解决资源配置或再配置的手段无外乎两种：市场被认为是解决资源初次分配和优化配置的一般手段；政府通常处在资源再分配的位置上，解决那些在资源的市场初次配置中所不能较好地解决的问题。但是，现代制度经济理论的研究表明，市场和政府两种手段，在解决公共资源配置的时候，都存在着"失灵"的可能性。市场失灵意味着，依托于每个人的理性选择行动，最终将公共资源配置到最有效率的使用者那里去的想法，因为公共资源使用中的"过度使用"的必然性的存在而变得非常难以实现；而政府同样也会在这一问题上表现出失灵的可能，即通过政府的权力之手，而实现资源在不同的使用者那里公正地再分配，从而达到社会的公平正义的目标，也常常会因为公共资源使用中必然存在的"拥挤效应"而变得难以满足。

市场并非一种完整意义上的组织形式。原因在于，市场实际上是借助于社会中的那些按照自己的"自由意志"和"自由决定"，选择个人的行动目标和行动模式的个体行动过程。如果说市场有什么共同的目标和行动模式的话，那恐怕也只是看上去像是"共同的"。也正因如此，才有了亚当·斯密（Adam Smith）的"看不见的手"："诚然，他通常并无意去促进公众的利益，也不知道他促进了多少。他宁愿支持国内劳动，而不支持国外劳动，因为他追求的只是他自己的安全；他引导劳动去生产能具有最大价值的产物，因为他追求的只是个人的所得，而在这一点上他就像在其他许多场合一样，总是被一只看不见的手牵引着去促进一个他全然无意追求的目的。而且也并不因为他没有任何这种意图，就对社会更加不好。他在追求个人的利益时，时常比他真心诚意地促进社会利益还更加有效地促进了社会的利益。"① 在一个市场行动者眼里，并没有一个总的"目的"存在，只有每一个人的目的，但正是那些一个个分散的目的和决策，最终促进了社会共同目的的实现，这正是"看不见的手"的神秘之处。因此，在市场过程中，最终是社会中的一个一个人的个体目标和行动，促进和推

---

① ［英］亚当·斯密：《国富论》（修订本），谢祖钧译，中华书局 2018 年版，第 402 页。

动集体的目标和行动。

现代政治理论一般认为，政府是从社会中成长和发展起来并且日益矗立于社会之上的公共权威组织。但是，一旦独立于社会之上，就意味着政府与社会之间已经存在着分野与殊异。即是说，政府已经成为不同于社会的特殊存在物。在一定程度上，政府甚至会成为社会的对立物。因此，在此意义上说，政府与社会可以成为我们讨论公共资源治理机制的两个基本主体。政府有着不同于社会中的个体的行动目标，也就有着不同社会中个体的行动。政府所追求的，恰恰是居于社会中的每一个个体之上的目标，政府所做的也是外在于每个个体之外的行为。而作为集体行动和目标的实现形式，政府的行动和目标恰恰又是由一个个的组成政府的决策者、执行者、政策承受者所作出的。或者事实上并不存在政府要做什么，而只存在政府中的决策者要做什么；也不存在政府做了什么，而只有政府中的政策执行者们做了什么。

纯粹的市场方式从完全个体性的目标和行动选择出发，意图通过一种"看不见的手"的力量实现集体的理性；纯粹的政府方式则认同集体的目标和行动选择的实现，最终达成了每一个人的目的和意愿。如果仔细考虑上述两种理路就能发现，两者实际上是从两个方向上共同达成一种公共意义上的好。从市场角度来说，是通过每一个人的理性选择，个体目的的实现"无意中"最终达成了公共的好；从政府视角来看，是通过集体的行动和目标的实现，从而保证对于社会中所有人来说的"公正"。也就是说，两者实际上是殊途同归的，最终都要实现公共性意义上的目的，而这恰恰是同公共事物，进而同公共资源利用和治理上的善的追求是一致的。

但是，从两端出发分别去追求的公共性的善，实际上却因为两者各自失败的可能而变得难以实现。在山陕地区的乡村水利治理路径选择上，我们曾讨论过水公共资源的"利维坦"思路和市场化手段各自的得失。这一讨论表明，两种路径都不能有效解决水资源的分配和利用问题。而之所以如此的深层原因，可能同上面我们对这两种方式在达致公共性的好上的取向相关。因此，如果我们想要在这两种方式之外，寻找一种在公共资源治理上的"第三条道路"，那么可行的思路应当是，在市场与政府之间。这种治理机制一定同时具备了政府和市场两者各自的优势和力量，但又能相对有效地避开两者的问题。换句话说，这种治理机制既是集体行动的，又是个体行动的；它认同每个人的目标和行动的合理性，又承认对所有人的好的价值。简言之，它应当是二重性的，而这二重之间在地位上应当是对等的，而不应该是一重彻底对另一重的宰制或者决定。

　　而在现实的政治社会中，任何的制约或者决定关系实际上最终都会表现为一种权威或者权力关系。因此，我们所谓的二重之间的对等，最终落脚到现实的政治社会中，就会表现为不同的权威主体之间的对等关系。而要实现这种对等意味的是，要将处于个人一端的那一重重新组织起来。原因是政府是高度组织化的，任何一个个体的力量与高度组织化的政府的对等，无论如何都是难以实现的。因而在历史时期中的乡村水利治理中，我们能够看到，乡村的水利自组织及其掌握的非正式权力，是保障作为制度技术的水权实现和作为规则制度的渠规实行的最重要的组织性资源。

　　正是在这两重组织化的权威性力量的共同治理下，乡村水利治理才保持了一个较长时期中的相对稳定的秩序。而将这两者连接起来，并使两者之间的关系保持在一个合理的范围，或者说在两者之间架构起一条双方都能够认同的边界的，正是传统乡村水利社会中那些通过价值观念、符号象征等方式，建构起来的水利治理中的文化资源。在此意义上，水利文化实际上是一个两种权力竞合的"场域"。在这个场域中，每一种权力都力图表现自己的在场：国家意图从中汲取更多来自乡村的认同；乡村自组织意图从中建构更强的基于"我们—他们"区分的地域化意识。但两者的"竞争"最终都应当指向共同认可的目的——那些隐含在"均平使水"背后的公平正义。而这种公平正义，正是对所有人的"好"。在此意义上，乡村水利治理中文化的建构过程，也就是一种水利社会中公共性的建构过程。

　　当然，相对高度组织化的政府所掌握的正式权力，相对于乡村自组织所掌握的非正式权力而言，是更强的一种权威性资源。但这也不意味着，政府就取得了相对于自组织的绝对支配的、决定性的权威优势。在传统乡村水利治理中，我们看到，传统政府屡弱的政府能力，不足以支撑其全面介入村庄的水利日常治理中。因而政府及其所代表的国家，往往采取间接的、被动的方式进入村庄，而且对村庄水利事务或者纷争的裁判，表现出了对村庄规则和自组织权威的足够重视。当然，我们也观察到，近代以来的国家建设运动，在某种意义上大大强化和增强了国家的力量和政府的权威，从而使得国家权力不断下沉到了村庄基层，从而形成了杜赞奇所谓的代表国家权威力量，对村庄原有自组织力量具有压倒优势的"掠夺型经纪"，两者的力量出现了失衡。

　　但是，以国家及其政府的力量来强力组织农村的做法并非总是奏效的，其基本原因在于，在政府与乡村之间事实上总是存在着信息不对称的状况。相对于高度规范化、整体化、程序化的政府权力而言，乡村社会总是分散化的、日常化的、非规范化的。因此，一方面政府固然可以凭借其权力的特点强力整合社会，但是另一方面，这种整合的成本往往也会是非常高昂的。在我们对大官圩水利治理和张俊峰通过山西地方媒体对水利建设的讨论中，上述结论似乎都能够得到一定程度的检证。因此，可以观察到的一个结果是，在我国改革开放以后的乡村，随着国家权力的逐步退出，乡村在某种程度上"空心化"了，乡村水利出现了相当程度弱化的情形。

因此，对于时下的乡村公共资源治理而言，要解决的关键问题是，国家权力要重新介入，去解决那些依靠乡村自身无法解决的难题；乡村自身也需增强自我管理、自我服务的能力，去克服那些依靠国家权力介入而无法有效管理的地方性困境。唯有在公共资源治理上的国家、社会两重力量的有效合作，才能真正实现公共资源的有效治理。而两重力量有效合作的关键，就是要处理好两者之间的权力关系。因此，公共资源治理的关键问题也就是权力关系问题。

总的来说，实现乡村社会公共物品的有效治理，就需要在克服以往国家乡村社会关系的基础上，借鉴传统和西方现代治理理念中有益的东西，构建国家与乡村社会上下结合、全面互动的关系，在国家权力机构与乡村权力主体的协同作用中，实现乡村公共物品的有效供给和有效管理，保证农村公共物品的公平合理分配适用，维护社会正义，实现农村社会稳定、持续、和谐发展。

三 国家权力与社会组织视野下的农村基层治理机制

当下社会也远不是仅仅从传统社会继承和发展而来的那么简单。人与自然的关系也不能仅仅从资源、气候、地理等因素去做简单的思考和归纳，它本身就包含着丰富的社会内容和信息在里面，处在我们周围的环境是一个被深刻"人化"了的环境。"外部环境本身在相当大的程度上就是民众和政府行为的结果，而不仅仅是他们行动的条件或起点。"① 如果我们从传统水利治理的思路拓展开来，以传统为借鉴，深刻反思当今农村社会中的治水问题，就应该从政府与民众的相互关系入手，探讨适合我国当前发展状况的农村公共事物治理之道。

"农民"一词，是对以农业作为主要谋生方式的人群的一个统称。同社会上的其他产业相比，农业本身的弱质性，决定了其在现代以市场需求

---

① 刘伟：《治水社会的政治逻辑反思》，《绿叶》2007 年第 6 期。

为先导的大生产条件下的弱势地位。因而农民也"像传统的小农一样，面对着变幻莫测的自然和动荡不定的市场，单家独户的农业经营者显得软弱无力，束手无策"①。因而他们是需要帮助的，唯有农业以外的力量才能帮助农民实现从传统农业到现代农业的转变。但这里的问题是如何去帮助农民实现农业生产的这种转变。通过上文的分析可以看出，如果这种来自农村以外的力量，不管是政府抑或是市场的力量，直接介入农村，实践证明，这种帮助的效果是打折扣的。还以农村水利为例来讲，事实上，"治水问题与村治问题紧密相关，若要突破目前农田水利建设和管理所面临的困境，就不仅仅要考虑解决水利投资问题，而更重要的是将其作为整个乡村社会的治理与建设当中的一个环节去解决"②。这或许才是解决农村面临的很多困境的一个值得思索的路径。实际上，目前学界很多学者也从不同的侧面对村庄治理的理念、范畴、原则等问题作出了一些探讨。通过探讨，学者们发现了"中国乡村社会今后一段时期内的政治图景"，即"从政府单方面的控制（control）或管理（management），到双方妥协和共谋基础上的'治理'（governance）"。③

　　所谓治理，是指"各种公共和私人的机构管理其共同事务的诸多方式的总和，它是使相互冲突的或不同的利益得以调和并且采取联合行动的持续的过程"④。治理所服从的规则既包括国家正式权力系统制定的正式制度和规则，也包括各种人们同意并自觉服从的非正式制度和规则。治理所要达成的权力结构方式和社会秩序并不是由外来的力量所强加的，而更多的应该是多种统治力量互动和相互影响的结果。按照学界的有关论述，治理有以下几个基本特征。第一，合法性。对于公共物品供给的相关决策是被自觉地认可和服从的，而不是被强制的。第二，透明性。即所有的决策的制定和执行过程是公开接受所有人监督的。第三，责任性。强调相关责任人对其行为及其可能发生的后果是需要负责的。第四，法治。各种正式规则和非正式规则最终都要统一到法制的框架范围，法律作为最高准则，指导和协调有关群体及其权利义务关系。第五，回应性。正式权力机构与非正式权力机构之间构建起一定的互动框架，公共权力机构能够对来

① 张乐天：《告别理想——人民公社制度研究》，上海人民出版社2005年版，第525页。
② 谭同学：《拿什么来拯救农田水利——读〈治水：国家介入与农民合作〉有感》，载贺雪峰主编《三农中国》第11辑（2007年第2期），湖北人民出版社2007年版。
③ 黄剑波：《乡村社区的国家在场——以一个西北村庄为例》，《西北民族研究》2002年第1期。
④ 俞可平主编：《全球化：全球治理》，社会科学文献出版社2003年版，第3页。

自社会和公民的信息作出及时的回应和反馈。第六，有效性。主要是指对公共事物的决策和执行是有效的，而不是拖沓冗长的。第七，参与性。决策制定和执行过程能够有不同群体和方面的广泛参与，得到社会较多方面的支持。第八，廉洁性。克服各种公共权力行使过程中的权力腐化、寻租和败德行为，保证公共权力的廉洁高效。第九，公正性，所有社会成员都依据其平等的地位在公共物品和服务上享有同等的权利。①

治理与统治不同，两者之间的差异主要表现在以下几个方面：首先，两者所依赖的权威主体不一样。治理的权威来源是多方面的，其中既有政府权威，也有非政府权威。相应地，其统治主体也应该是多元的，既包括政府机构，也包括非政府公共权威组织，还可以是私人机构，而统治的权威来源则必须是政府机构。其次，两者的权力运作方式不同。治理更强调不同权威机构之间的权利互动，权威机构之间通过合作、对话、协商、博弈等方式实现对社会公共事务的共同管理，其权力作用的方式是多元互动、相互交织的。而统治的权威授权方式则只能是自上而下的，通过上层的逐级权力授予和认可最终实现对社会公共事务的管理。最后，两种权力结构方式的价值基础不同。治理所追求的权力结构方式通过对统治权力的全面扬弃，实现了"诉求公共利益价值或抵抗对人类发展目标缺乏公共关怀"的目的，从而"将生活政治、低级政治、规劝政治和复合政治这些被断裂了的知识在政治发展中重新统一化"，"进化了人类的政治思维对政治发展不同层次的感觉"。②

具体到农村来说，所谓农村治理就应该是一种基于农村基层民主和市场的"合作"过程。在农村中国家权力体系不断"退出"的形势下，扶持农村自我组织发展起来，在国家正式权力和乡村治理权力的合作、谈判、互动和共同作用下，依据国家正式制度规则和乡村非正式制度规则，以法治的原则确定各方权利义务关系，管理乡村社会公共事物，提供各种公共服务，实现乡村社会的全面发展。③

这一农村治理模式与我们所讨论的公共资源治理模式在本质上是一致的。因此，如果说在公共资源的治理中，关键的问题是要处理好两种

① 对治理特征的研究，可参见俞可平《善政：走向善治的关键》，《当代中国政治研究报告》2004 年第 00 期；［美］斯托克《作为理论的治理：五个论点》，《国际社会科学杂志》1999 年第 1 期。

② 张凤阳等：《政治哲学关键词》，江苏人民出版社 2006 年版，第 319 页。

③ 关于乡村治理的含义，参见刘晔《治理结构现代化：中国乡村发展的政治要求》，《复旦学报》（社会科学版）2001 年第 6 期。

"强权"之间的关系,那么,在农村基层治理中,同样也是要处理好不同权力主体之间的关系。在公共资源治理中,这一关系的关键表现为国家权力与乡村水利自组织权力的关系,而在农村基层治理中,这一关系的关键在于处理好国家权力与农村社会的关系。而这里的农村社会既包括农村中的基层自我组织、自我管理的村民自组织,也包括由农民自发组成或者行业部门参与组织的各种农村、农业或者农民生活的自治组织、经济组织或者其他社会组织形式。因而所谓处理好国家和农村社会的关系,也就是要处理好政府与不同类型的乡村组织之间的关系。

而要处理好政府与乡村社会中不同类型的多种社会组织之间的关系,其中可能存在的困难是可想而知的。最大的困难在于,限于政府与社会之间在信息获得上的不对称性,政府主动参与到乡村社会中事实上存在着治理成本过高的问题。而解决这一问题的答案,或许就隐藏在这一问题本身之中。如果说乡村基层治理也是作为一个治理问题而存在的话,那么,参照上面我们对治理与统治的区分,治理的题中之义便意味着,治理是多元化的、参与的、协商的。治理不是统治,其信息获取从来是双向的、互动的、多元的、协商的,而这种互动、协商的治理过程,对于跨越因"地方性知识"所带来的政府与社会之间的信息鸿沟,应当是相当有益的。

习近平总书记指出:"在中国社会主义制度下,有事好商量,众人的事情由众人商量,找到全社会意愿和要求的最大公约数,是人民民主的真谛。涉及人民利益的事情,要在人民内部商量好怎么办,不商量或者商量不够,要想把事情办成办好是很难的。我们要坚持有事多商量,遇事多商量,做事多商量,商量得越多越深入越好。涉及全国各族人民利益的事情,要在全体人民和全社会中广泛商量;涉及一个地方人民群众利益的事情,要在这个地方的人民群众中广泛商量;涉及一部分群众利益、特定群众利益的事情,要在这部分群众中广泛商量;涉及基层群众利益的事情,要在基层群众中广泛商量。在人民内部各方面广泛商量的过程,就是发扬民主、集思广益的过程,就是统一思想、凝聚共识的过程,就是科学决策、民主决策的过程,就是实现人民当家作主的过程。这样做起来,国家治理和社会治理才能具有深厚基础,也才能凝聚起强大力量。"① 事关众人的事情,政府只有与众人商量,才能找到符合全社会意愿和要求的最大公约数,而这本身就是人民民主的真正内涵。因此,涉及哪个地方或者哪

---

① 习近平:《在庆祝中国人民政治协商会议成立65周年大会上的讲话》(2014年9月21日),http://www.gov.cn/xinwen/2014−09/21/content_2753772.htm,2020年7月12日。

些特定群众利益的事情，就要同他们商量，这样才能真正集众人之力、聚众人之志，才能真正凝聚共识，把事情真正做好。习近平总书记这段重要讲话所体现的协商精神，恰恰是我们所讨论的良好的基层治理机制的关键所在。

在基层治理中，政府与基层社会之间有效的协商机制的建立，必定能够推动和促进两者之间的信息畅通、互动互信和凝心聚力。因而也就有效避免了政府单纯通过行政命令的方式将自己的意志和目的加之于社会，而出现政令水土不服乃至好心办坏事的现象；对于基层社会而言，政府与社会的沟通机制的建立，意味着政府与社会处于一种对等协商、商谈的位置上，社会对于政府的呼求和相关主张也就能在真实表达的基础上得以实现。

进一步来说，政府与乡村基层社会之间良好的沟通协商机制的建立，也必须依赖一系列有效的渠道、形式或者机制的构建。政治学的相关研究表明，现代政治社会中，公民的政治参与和意见表达，通常都应当是通过集体表达的方式，以组织化参与的形式而进行。否则，在一个利益诉求多样、价值观念日益分化的现代复杂社会中，政府与社会通过良性沟通而实现有效社会整合的愿望就会落空。因此，农村基层社会与政府之间通过商谈，进而进行良性互动的有效治理过程，就必须依托农村社会中既有的多种组织形式，与政府之间建立起稳定的、常态化的商谈平台和商谈机制，从而使乡村基层治理机制真正得以建立，并发挥作用，从而不断推动国家治理体系和治理能力现代化的历史进程。

参考文献

Ⅰ　经典著作

《马克思恩格斯文集》第十卷，人民出版社 2009 年版。

《马克思恩格斯选集》第一——四卷，人民出版社 2012 年版。

Ⅱ　史料资料

（宋）宋敏求、（元）李好文：《长安志·长安志图》，辛德勇、郎洁点校，陕西出版传媒集团、三秦出版社 2013 年版。

（明）沈启：《吴江水考》（光绪黄象曦增辑本），清光绪二十年刻本。

（明）张国维：《吴中水利全书》，《钦定四库全书》史部十一，地理类四。

（明）徐光启：《农政全书校注》，石声汉校注，上海古籍出版社 1979 年版。

（清）《山西通志·水利》。

（清）陈镐等：《芙蓉湖修堤录》。

（清）陈宏谋：《咨询民情土俗谕》，《皇朝经世文统编》卷二十七。

（清）光绪《晋政辑要》。

（清）光绪《永年县志·水利》。

（清）光绪三十四年重修《通利渠渠册》。

（清）刘大鹏：《晋祠志》，幕湘、吕文幸点校，山西人民出版社 1986 年版。

（清）刘大鹏：《退想斋日记》，乔志强标注，山西人民出版社 1990 年版。

（清）乾隆十四年《五凉全志·古浪县志·地利志·水利》。

（清）吴邦庆：《畿辅河道水利丛书》，道光四年刻本。

（清）员佩兰、杨国泰：《太原县志》，道光六年刊本，成文出版社有限责任公司 1976 年影印本。

（清）朱万滋：《官圩修防汇述》，光绪二十五年刻本。

（民国）孙奂仑：《洪洞县水利志补》，山西人民出版社 1992 年版。

白尔恒等：《沟洫佚闻杂录》，中华书局 2003 年版。

崔凡芝：《颂晋文选》，山西古籍出版社 2002 年版。

故宫博物院明清档案部：《清末筹备立宪档案史料》，中华书局 1979
　年版。

黄竹三、冯俊杰等编著：《洪洞介休水利碑刻辑录》，中华书局 2003
　年版。

李仪祉：《李仪祉水利论著选集》，水利电力出版社 1988 年版。

秦建明、［法］吕敏编著：《尧山圣母庙与神社》，中华书局 2003 年版。

陕西省地方志编纂委员会：《陕西省志·水利志》，陕西人民出版社 1999
　年版。

王增华等：《介休民间故事集成》，山西人民出版社 1991 年版。

张学会：《河东水利石刻》，山西人民出版社 2004 年版。

郑东风主编：《洪洞县水利志》，山西人民出版社 1993 年版。

中国科学院经济研究所：《中国近代农业史资料》第 1—4 辑，生活·读
　书·新知三联书店 1957 年版。

中国农村惯行调查刊行委员会：《中国农村惯行调查》，岩波书店 1952—
　1957 年版。

中国水利史典编委会：《中国水利史典》综合卷一，中国水利水电出版社
　2015 年版。

Ⅲ　学术专著

蔡少卿主编：《再现过去：社会史的理论视野》，浙江人民出版社 1988
　年版。

曹锦清：《黄河边的中国——一个学者对乡村社会的观察与思考》，上海
　文艺出版社 2000 年版。

常云昆：《黄河断流与黄河水权制度研究》，中国社会科学出版社 2001
　年版。

钞晓鸿主编：《海外中国水利史研究：日本学者论集》，人民出版社 2014
　年版。

陈秉章：《政治社会学》，三民书局 1984 年版。

陈锋：《乡村治理的术与道：北镇的田野叙事与阐释》，社会科学文献出

版社 2016 年版。

陈锋主编：《明清以来长江流域社会发展史论》，武汉大学出版社 2006
　　年版。

陈家刚：《协商民主与国家治理：中国深化改革的新路向新解读》，中央
　　编译出版社 2014 年版。

陈文玲：《村庄的记忆、舆论与秩序》，北京大学出版社 2016 年版。

陈曦：《宋代长江中游的环境与社会研究：以水利、民间信仰、族群为中
　　心》，科学出版社 2016 年版。

陈泳超：《背过身去的大娘娘：地方民间传说生息的动力学研究》，北京
　　大学出版社 2015 年版。

邓正来：《国家与社会：中国市民社会研究》，中国法制出版社 2018
　　年版。

范进学：《权利政治论：一种宪政民主理论的阐释》，山东人民出版社
　　2003 年版。

费孝通：《江村经济》，江苏人民出版社 1986 年版。

费孝通：《乡土中国　生育制度》，北京大学出版社 1998 年版。

费孝通：《费孝通文集》第 4 卷，群言出版社 1999 年版。

冯友兰：《中国哲学简史》，涂又光译，北京大学出版社 1985 年版。

复旦大学历史系等编：《近代中国的乡村社会》，上海古籍出版社 2005
　　年版。

傅衣凌：《明清社会经济变迁论》，人民出版社 1989 年版。

高其才：《中国习惯法论》，湖南出版社 1995 年版。

葛兆光：《中国思想史》，复旦大学出版社 2001 年版。

葛兆光：《思想史研究课堂讲录》，生活·读书·新知三联书店 2005
　　年版。

郭于华主编：《仪式与社会变迁》，社会科学文献出版社 2000 年版。

韩明谟、刘应杰、张其仔主编：《社会学家的视野：中国社会与现代化》，
　　中国社会出版社 1998 年版。

侯外庐：《中国思想通史》，人民出版社 1995 年版。

胡英泽：《流动的土地：明清以来黄河小北干流区域社会研究》，北京大
　　学出版社 2012 年版。

黄小勇：《现代化进程中的官僚制：韦伯官僚制理论研究》，黑龙江人民
　　出版社 2003 年版。

冀朝鼎：《中国历史上的基本经济区与水利事业的发展》，朱诗鳌译，中

国社会科学出版社 1981 年版。

嵇文甫:《嵇文甫文集》,河南人民出版社 1985 年版。

金太军、张振波:《乡村社区治理路径研究:基于苏南、苏中、苏北的比较分析》,北京大学出版社 2016 年版。

金耀基:《从传统到现代》,中国人民大学出版社 1999 年版。

孔繁斌:《公共性的再生产:多中心治理的合作机制建构》,江苏人民出版社 2012 年版。

李景鹏:《权力政治学》,黑龙江教育出版社 1995 年版。

李路路、王奋宇:《当代中国现代化进程中的社会结构及其变革》,浙江人民出版社 1992 年版。

李培林等:《20 世纪的中国学术与社会·社会学卷》,山东人民出版社 2001 年版。

李时岳:《近代史新论》,汕头大学出版社 1993 年版。

李祖德、陈启能主编:《评魏特夫的〈东方专制主义〉》,中国社会科学出版社 1997 年版。

梁开金、贺雪峰:《村级组织制度安排与创新》,红旗出版社 1999 年版。

梁漱溟:《梁漱溟全集》第 5 卷,山东人民出版社 1990 年版。

梁漱溟:《乡村建设理论》,上海人民出版社 2011 年版。

梁治平:《清代习惯法》,广西师范大学出版社 2015 年版。

刘梦溪主编:《中国现代学术经典·萧公权卷》,河北教育出版社 1999 年版。

刘泽华:《中国传统政治哲学与社会整合》,中国社会科学出版社 2000 年版。

刘泽华主编:《中国传统政治思维》,吉林教育出版社 1991 年版。

孟凡胜:《徽州水利社会研究:以新安江流域为中心》,安徽大学出版社 2017 年版。

钱穆:《中国历史研究法》,生活·读书·新知三联书店 2001 年版。

乔志强主编:《近代华北农村社会变迁》,人民出版社 1998 年版。

施惠玲:《制度伦理研究论纲》,北京师范大学出版社 2003 年版。

时和兴:《关系、限度、制度:政治发展过程中的国家与社会》,北京大学出版社 1996 年版。

苏力:《送法下乡——中国基层司法制度研究》,中国政法大学出版社 2000 年版。

汤水清:《传统与现代之间:中南乡村社会改造研究(1949—1953)》,社会科学文献出版社 2014 年版。

汤志钧编:《章太炎政论选集》,中华书局 1977 年版。

汪荣祖编校:《中国现代学术经典·萧公权卷》,河北教育出版社 1999
年版。

汪熙、魏斐德主编:《中国现代化问题——一个多方位的历史探索》,复
旦大学出版社 1994 年版。

王海洲:《政治仪式:权力生产和再生产的政治文化分析》,江苏人民出
版社 2016 年版。

王建革:《传统社会末期华北的生态与社会》,生活·读书·新知三联书
店 2009 年版。

王建革:《水乡生态与江南社会(9—20 世纪)》,北京大学出版社 2013
年版。

王莉君:《权力与权利的思辨》,中国法制出版社 2005 年版。

王铭铭、[英] 王斯福主编:《乡土社会的秩序、公正与权威》,中国政法
大学出版社 1997 年版。

王先明:《近代绅士》,天津人民出版社 1997 年版。

王先明、郭卫民主编:《乡村社会文化与权力结构的历史变迁:"华北系
村史学术研讨会"论文集》,人民出版社 2002 年版。

吴承明:《中国的现代化:市场与社会》,生活·读书·新知三联书店
2001 年版。

夏文斌:《走向正义之路:社会公平研究》,黑龙江教育出版社 2000
年版。

萧公权:《中国政治思想史》1—3 卷,辽宁教育出版社 1998 年版。

行龙主编:《近代山西社会研究:走向田野与社会》,中国社会科学出版
社 2002 年版。

行龙:《山西水利社会史》,北京大学出版社 2012 年版。

行龙:《区域社会史研究导论》,中国社会科学出版社 2018 年版。

徐勇:《乡村治理的中国根基与变迁》,中国社会科学出版社 2018 年版。

许纪霖、陈达凯:《中国现代化史》第一卷,生活·读书·新知三联书店
1995 年版。

严复:《严复集》第 1 期,中华书局 1986 年版。

杨国安:《明清两湖地区基层组织与乡村社会研究》,武汉大学出版社
2004 年版。

杨念群主编:《空间·记忆·社会转型——"新社会史"研究论文精选

集》，上海人民出版社 2001 年版。

杨念群：《昨日之我与今日之我——当代史学的反思与阐释》，北京师范大学出版社 2005 年版。

杨嵘均：《乡村治理结构调适与转型》，南京师范大学出版社 2014 年版。

姚春敏：《清代华北乡村庙宇与社会组织》，人民出版社 2013 年版。

尤琳编：《中国乡村关系——基层治理结构与治理能力研究》，中国社会科学出版社 2015 年版。

俞可平：《西方政治分析新方法论》，人民出版社 1989 年版。

俞可平主编：《全球化：全球治理》，社会科学文献出版社 2003 年版。

虞和平主编：《中国现代化历程》第 1 卷，江苏人民出版社 2001 年版。

张凤阳等：《政治哲学关键词》，江苏人民出版社 2006 年版。

张继焦：《市场化中的非正式制度》，文物出版社 1999 年版。

张静主编：《国家与社会》，浙江人民出版社 1998 年版。

张静：《基层政权：乡村政权诸问题》，浙江人民出版社 1999 版。

张俊峰：《水利社会的类型：明清以来洪洞水利与乡村社会变迁》，北京大学出版社 2012 年版。

张俊峰：《泉域社会：对明清山西环境史的一种解读》，商务印书馆 2018 年版。

张乐天：《告别理想：人民公社制度研究》，上海人民出版社 2005 年版。

张鸣：《乡土心路八十年：中国近代化过程中农民意识的变迁》，上海三联书店 1997 年版。

张铭、严强：《政治学方法论》，苏州大学出版社 2000 年版。

张岂之等：《中国近代史学学术史》，中国社会科学出版社 1996 年版。

张亚辉：《水德配天：一个晋中水利社会的历史与道德》，民族出版社 2008 年版。

章开沅：《章开沅学术论著选》，华中师范大学出版社 2000 年版。

赵崔莉：《清代皖江圩区社会经济透视》，安徽人民出版社 2006 年版。

赵旭东：《权力与公正：乡土社会的纠纷解决与权威多元》，天津古籍出版社 2003 年版。

周荣德：《中国社会的阶层与流动：一个社区中士绅身份的研究》，学林出版社 2000 年版。

朱国华：《权力的文化逻辑》，生活·读书·新知三联书店 2004 年版。

朱国云：《政治社会学概论》，清华大学出版社 1998 年版。

[澳] 马克·吉布森：《文化与权力：文化研究史》，王加为译，北京大学

出版社 2011 年版。

［德］伽达默尔：《真理与方法》，洪汉鼎译，上海译文出版社 1999 年版。

［德］哈贝马斯：《后形而上学思想》，曹卫东等译，译林出版社 2001
　　年版。

［德］哈贝马斯：《在事实与规范之间：关于法律和民主法治国的商谈理
　　论》，童世骏译，生活·读书·新知三联书店 2011 年版。

［德］黑格尔：《历史哲学》，王造时译，生活·读书·新知三联书店
　　1956 年版。

［德］黑格尔：《法哲学原理》，范扬、张企泰译，商务印书馆 1961 年版。

［德］柯武刚、史漫飞：《制度经济学：社会秩序与公共政策》，韩朝华
　　译，商务印书馆 2000 年版。

［德］马克斯·韦伯：《韦伯自选集》Ⅲ，康乐等编译，远流出版事业股
　　份有限公司 1996 年版。

［德］马克斯·韦伯：《儒教与道教》，王容芬译，商务印书馆 1997 年版。

［德］马克斯·韦伯：《经济与社会》（上、下卷），林荣远译，商务印书
　　馆 1997 年版。

［德］马克斯·韦伯：《学术与政治》，冯克利译，生活·读书·新知三联
　　书店 1998 年版。

［俄］恰亚诺夫：《农民的经济组织》，萧正洪译，中央编译出版社 1996
　　年版。

［法］布罗代尔：《15 至 18 世纪的物质文明、经济和资本主义：世界的时
　　间》第 3 卷，施康强、顾良译，生活·读书·新知三联书店 1992 年版。

［法］迪维尔热：《政治社会学：政治学要素》，杨祖公、王大东译，华夏
　　出版社 1987 年版。

［法］勒内·达维德：《当代主要法律体系》，漆竹生译，上海译文出版社
　　1984 年版。

［法］孟德斯鸠：《论法的精神》，张雁深译，商务印书馆 1961 年版。

［法］米歇尔·福柯：《知识考古学》，谢强、马月译，生活·读书·新知
　　三联书店 1998 年版。

［法］米歇尔·福柯：《规训与惩罚》，刘北成、杨远婴译，生活·读书·
　　新知三联书店 2007 年第 3 版。

［法］让·皮埃尔·戈丹：《何谓治理》，钟震宇译，社会科学文献出版社
　　2010 年版。

［法］托克维尔：《旧制度与大革命》，冯棠译，商务印书馆 1992 年版。

［法］魏丕信：《十八世纪中国的官僚制度与荒政》，徐建青译，江苏人民出版社 2006 年版。

［法］耶夫·西蒙：《权威的性质与功能》，吴彦译，商务印书馆 2015 年版。

［古希腊］亚里士多德：《政治学》，吴寿彭译，商务印书馆 1965 年版。

［加］卜正民：《国家与社会》，张晓涵译，中央编译出版社 2014 年版。

［美］A. 爱伦·斯密德：《财产、权利和公共选择——对法和经济学的进一步思考》，黄祖辉译，生活·读书·新知三联书店、上海人民出版社 1999 年版。

［美］埃莉诺·奥斯特罗姆：《公共事物的治理之道：集体行动制度的演进》，余逊达、陈旭东译，上海译文出版社 2012 年版。

［美］安东尼·M. 奥勒姆：《政治社会学导论——对政治实体的社会学剖析》，董云虎、李云龙译，浙江人民出版社 1989 年版。

［美］本尼迪克特·安德森：《想象的共同体：民族主义的起源与散布》，吴叡人译，世纪出版集团、上海人民出版社 2005 年版。

［美］本杰明·史华兹：《古代中国的思想世界》，程钢译，江苏人民出版社 2004 年版。

［美］彼德·布劳：《社会生活中的交换与权力》，孙非、张黎勤译，华夏出版社 1988 年版。

［美］大卫·科泽：《仪式、政治与权力》，王海洲译，江苏人民出版社 2015 年版。

［美］戴维·斯沃茨：《文化与权力：布尔迪厄的社会学》，陶东风译，上海世纪出版集团 2012 年版。

［美］道格拉斯·C. 诺斯：《经济史中的结构与变迁》，陈郁、罗华平等译，上海三联书店、上海人民出版社 1995 年版。

［美］道格拉斯·C. 诺斯：《制度、制度变迁与经济绩效》，刘守英译，上海三联书店 1994 年版。

［美］杜赞奇：《文化、权力与国家：1900—1942 年的华北农村》，王福明译，江苏人民出版社 1996 年版。

［美］杜赞奇：《从民族国家拯救历史：民族主义话语与中国现代史研究》，王宪明、高继美、李海燕、李点译，江苏人民出版社 2009 年版。

［美］凡勃伦：《有闲阶级论》，蔡受百译，商务印书馆 1964 年版。

［美］费正清、赖肖尔：《中国：传统与变革》，陈仲丹等译，江苏人民出版社 1992 年版。

[美] 哈罗德·拉斯韦尔、亚伯拉罕·卡普兰:《权力与社会:一项政治研究的框架》,王菲易译,上海人民出版社 2012 年版。

[美] 汉密尔顿、杰伊、麦迪逊:《联邦党人文集》,程逢如等译,商务印书馆 1980 年版。

[美] 赫伯特·金迪斯、萨缪·鲍尔斯等:《人类的趋社会性及其研究:一个超越经济学的经济分析》,汪丁丁、叶航、罗卫东主编,上海世纪出版集团 2006 年版。

[美] 黄仁宇:《中国大历史》,生活·读书·新知三联书店 1997 年版。

[美] 黄宗智:《华北的小农经济与社会变迁》,中华书局 2000 年版。

[美] 黄宗智:《清代的法律、社会与文化》,世纪出版集团、上海书店出版社 2001 年版。

[美] 黄宗智编:《中国研究的范式问题讨论》,社会科学文献出版社 2003 年版。

[美] 吉尔伯特·罗兹曼:《中国的现代化》,沈宗美译校,江苏人民出版社 1995 年版。

[美] 杰克·普拉诺等:《政治学分辞典》,中国社会科学出版社 1986 年版。

[美] 康芒斯:《制度经济学》,于树生译,商务印书馆 1983 年版。

[美] 克利福德·格尔兹:《尼加拉:十九世纪巴厘剧场国家》,赵丙祥译,上海人民出版社 1999 年版。

[美] 柯文:《在中国发现历史》,林同奇译,中华书局 2002 年版。

[美] 科斯等:《财产权利与制度变迁》,生活·读书·新知三联书店、上海人民出版社 1994 年版。

[美] 孔飞力:《中国现代国家的起源》,陈兼、陈之宏译,生活·读书·新知三联书店 2013 年版。

[美] 里普森:《政治学的重大问题:政治学导论》,刘晓等译,华夏出版社 2001 年版。

[美] 罗伯特·阿克塞尔罗德:《合作的进化》,吴坚忠译,上海世纪出版集团 2007 年版。

[美] 罗伯特·阿克塞尔罗德:《合作的复杂性——基于参与者竞争与合作的模型》,梁捷、高笑梅等译,上海世纪出版集团 2008 年版。

[美] 罗伯特·芮德菲尔德:《农民社会与文化:人类学对文明的一种诠释》,王莹译,中国社会科学出版社 2013 年版。

[美] 马文·哈里斯:《文化的起源》,黄晴译,华夏出版社 1988 年版。

参考文献　277

[美] 曼瑟尔·奥尔森:《集体行动的逻辑》,陈郁等译,上海三联书店1995年版。

[美] 明恩溥:《中国乡村生活》,陈午晴、唐军译,中华书局2006年版。

[美] 乔尔·S. 米格代尔:《强社会与弱国家:第三世界的国家社会关系及国家能力》,隋春波译,江苏人民出版社2009年版。

[美] 乔尔·S. 米格代尔:《社会中的国家:国家与社会如何相互改变与相互构成》,李杨、郭一聪译,江苏人民出版社2013年版。

[美] 萨缪尔森、诺德豪斯:《经济学》(第12版),中国发展出版社1992年版。

[美] 塞缪尔·亨廷顿:《变革社会中的政治秩序》,李盛平、杨玉生等译,华夏出版社1988年版。

[美] 施坚雅:《中国农村的市场和社会结构》,史建云、徐秀丽译,中国社会科学出版社1998年版。

[美] 维克多·特纳:《戏剧、场景及隐喻:人类社会的象征性行为》,刘珩、石毅译,民族出版社2007年版。

[美] 沃特纳:《烟火接续:明清的收继与亲族关系》,曹南来译,侯旭东校,浙江人民出版社1999年版。

[美] E. 希尔斯:《论传统》,傅铿、吕乐译,上海人民出版社1991年版。

[美] 杨懋春:《乡村社会学》,正中书局1970年版。

[美] 杨懋春:《一个中国村庄:山东台头》,张雄等译,江苏人民出版社2001年版。

[美] 杨庆堃:《中国社会中的宗教》,范丽珠译,四川人民出版社2016年版。

[美] 约翰·罗尔斯:《正义论》,何怀宏等译,中国社会科学出版社1988年版。

[美] 约翰·罗尔斯:《政治自由主义》,万俊人译,江苏译林出版社2000年版。

[美] 詹姆斯·R. 汤森、布兰特利·沃马克:《中国政治》,顾速、董方译,江苏人民出版社1996年版。

[美] 詹姆斯·C. 斯科特:《农民的道义经济学:东南亚的反叛与生存》,程立显、刘建等译,译林出版社2001年版。

[美] 张仲礼:《中国绅士:关于其在十九世纪中国社会中作用的研究》,李荣昌译,上海社会科学院出版社1991年版。

［日］大谷敏夫：《清代政治思想史研究》，汲古书院 1991 年版。

［日］富勇健一：《社会结构与社会变迁——现代化理论》，董兴华译，云南人民出版社 1988 年版。

［日］沟口雄三：《日本人视野中的中国学》，李甦平译，中国人民大学出版社 1996 年版。

［日］青木昌彦：《比较制度分析》，周黎安译，上海远东出版社 2001年版。

［日］森田明：《清代水利与区域社会》，雷国山译，山东画报出版社 2008 年版。

［日］森正夫：《江南三角洲市镇研究》，丁韵、胡婧等译，江苏人民出版社 2018 年版。

［日］增渊龙夫：《中国古代的社会与国家》，吕静译，上海古籍出版社 2017 年版。

［泰］布伦斯、［美］梅辛蒂克：《水权协商》，田克军等译，中国水利水电出版社 2004 年版。

［以］S. N. 艾森斯塔得：《帝国的政治体系》，阎步克译，贵州人民出版社 1992 年版。

［英］安东尼·吉登斯：《社会的构成》，李康、李猛译，生活·读书·新知三联书店 1998 年版。

［英］霍布斯：《利维坦》，黎思复、黎廷弼译，商务印书馆 1985 年版。

［英］李约瑟：《四海之内》，劳陇译，生活·读书·新知三联书店 1987年版。

［英］洛克：《政府论》，叶启芳、瞿菊农译，商务印书馆 1964 年版。

［英］玛丽·道格拉斯：《制度如何思考》，张晨曲译，经济管理出版社 2013 年版。

［英］迈克尔·曼：《社会权力的来源》第 1 卷，刘北成、李少军译，上海世纪出版集团 2007 年版。

［英］王斯福：《帝国的隐喻：中国民间宗教》，赵旭东译，凤凰出版传媒集团、江苏人民出版社 2009 年版。

［英］亚伯纳·柯恩：《权力结构与符合象征》，宋光宇译，台湾金枫出版社 1987 年版。

［英］亚当·斯密：《国富论》（修订本），谢祖钧译，中华书局 2018年版。

Bonnie G. Colby, John E. Thorson, Sarah Britton, *Negotiating Tribal Water*

Rights: *Fulfilling Promises in the Arid West*, University of Arizona Press, 2005.

Bourdicu, *Language and Symbols Power*, ed by John B. Thompson, London: Polity Press, 1979.

Clifford Geerz, *Local Knowledge*, New York: Fontana Press, 1993.

David I. Kertzer, *Ritual, Politics and Power*, Yale University Press, 1988.

Garrit Voggesser, *Irrigation, Timber, and Hydropower*: *Negotiating Natural Resource Development on the Flathead Indian Reservation, Montana, 1904 – 1945*, Salish Kootenai College Press, 2017.

J. Stephen Lansing, *Priests and Programmers*: *Technologies of Power in the Engineered Landscape of Bali*, Princeton & New York: Princeton University Press, 1991.

Jean Baechleretaled, *Europe and the Rise of Capitalism*, Oxford: Blackwell, 1988.

Kenichi Matsui, *Native Peoples and Water Rights*: *Irrigation, Dams, and the Law in Western Canada*, McGill – Queen's University Press, 2009.

M. Kyle Woodson, *The Social Organization of Hohokam Irrigation in the Middle Gila River Valley, Arizona*, Gila River Indian Community, 2016.

Pasternak, *Kinship and Community in Two Taiwanese Villages*, Stanford University Press, 1972.

Stevan Harrell, "Introduction", *Violence in China*: *Essays in Culture and Counter – culture*, ed. Jonathan N. Lipman and Stevan Harrel, Albany: State University of New York Press, 1990.

Theodore E. Downing, McGuire Gibson, *Irrigation's Impact on Society*, University of Arizona Press, 2015.

W. E. Wilmot ed. , *Economic Organization in Chinese Society*, Stanford University Press, 1972.

Ⅳ　期刊论文

卞建宁:《民国时期关中地区乡村水利制度的继承与革新——以龙洞—泾惠渠灌区为例进行研究》,《古今农业》2006 年第 2 期。

才惠莲:《中国水权制度的历史特点及其启示》,《湖北社会科学》2004 年第 5 期。

曹茂、杨声:《论西汉神道设教的政治功能》,《云南社会科学》2001 年增刊。

常书红、王先明:《清末农会的兴起和士绅权力功能的变化》,《社会科学研究》1999 年第 2 期。

钞晓鸿、佳宏伟:《传统水利的历史地理学研究:李令福著〈关中水利开发与环境〉介评》,《中国社会经济史研究》2004 年第 4 期。

陈春声:《历史的内在脉络与区域社会经济史研究》,《史学月刊》2004 年第 8 期。

陈焱、张红杰:《乡村治理与国家政权建设》,《江汉大学学报》(社会科学版)2005 年第 3 期。

邓小南:《追求用水秩序的努力——从前近代洪洞的水资源管理看"民间"与"官方"》,《暨南史学》第 3 辑,暨南大学出版社 2004 年版。

董晓萍:《陕西泾阳社火与民间水管理关系的调查报告》,《北京师范大学学报》(人文社会科学版)2001 年第 6 期。

董晓萍:《节水水利民俗》,《北京师范大学学报》(社会科学版)2003 年第 5 期。

杜静元:《组织、制度与关系:河套水利社会形成的内在机制——兼论水利社会的一种类型》,《西北民族研究》2019 年第 1 期。

冯贤亮:《清代至民国前期浙西山村的水利与社会》,《历史地理》2011 年第 1 期。

高建民:《近代晋北水利企业探析》,《山西水利》2005 年第 6 期。

高瑞泉:《上天入地:思想史的边界与方法》,《杭州师范学院学报》(社会科学版)2003 年第 4 期。

郜明钰、石涛:《清代区域水资源配置效率的理论空间——山西水利社会问题研究综述》,《中国农史》2023 年第 1 期。

郭亮、何得桂:《乡村社会中的国家遭遇:一个文化的视角》,《学习与实践》2006 年第 5 期。

郭星华、王平:《国家法律与民间规范的冲突和互动——关于社会转型过程中的一项法社会学实证研究》,《江海学刊》2003 年第 1 期。

郭于华:《"道义经济"还是"理性小农"——重读农民学经典论题》,《读书》2002 年第 5 期。

韩茂莉:《近代山陕地区基层水利管理体系探析》,《中国经济史研究》2006 年第 1 期。

韩喜平:《关于中国农民经济理性的纷争》,《吉林大学社会科学学报》2001 年第 3 期。

郝平、张俊峰：《龙祠水利与地方社会变迁》，《华南研究数据中心通讯》2006 年第 43 期。

郝亚光：《治水社会——基于"深度中国调查"的案例总结》，《云南社会科学》2020 年第 6 期。

何小青、江美塘：《"正式权力"与"非正式权力"——对政治权力的一项基础性研究》，《学术论坛》2001 年第 5 期。

何志鹏：《权利发展与制度变革》，《吉林大学社会科学学报》2006 年第 5 期。

贺雪峰：《熟人社会的行动逻辑》，《华中师范大学学报》（人文社会科学版）2004 年第 1 期。

贺雪峰：《中国农村研究的主位视角》，《开放时代》2005 年第 2 期。

贺跃夫：《晚清县以下基层行政官署与乡村社会控制》，《中山大学学报》（社会科学版）1995 年第 4 期。

胡伟：《貌合神离：正当性视角下的国家—社会关系——集体化后期水利个案研究》，《中国研究》2014 年第 2 期。

黄剑波：《乡村社区的国家在场——以一个西北村庄为例》，《西北民族研究》2002 年第 1 期。

佳宏伟：《水资源环境变迁与乡村社会控制——以清代汉中府的堰渠水利为中心》，《史学月刊》2005 年第 4 期。

金安平、王格非：《水治理中的国家与社会"共治"——以明清水利碑刻为观察对象》，《北京行政学院学报》2022 年第 3 期。

李爱荣：《清代权利观念研究》，《兰州学刊》2005 年第 1 期。

李伯重：《水与中国历史：第 21 届国际历史科学大会开幕式的基调报告》，《思想战线》2013 年第 5 期。

李凤圣：《论公平》，《哲学研究》1995 年第 11 期。

李汉林：《中国城市社区的整合机制与单位现象》，《管理世界》1994 年第 2 期。

李林、王永宁、王文献：《农村非正式结构与公共物品低效率配置研究》，《商业研究》2006 年第 11 期。

李猛：《从士绅到地方精英》，《中国书评》1995 年总第 5 期。

李三谋、李震：《清朝洪洞县的河渠灌溉与管理》，《农业考古》2003 年第 3 期。

李三谋：《清代山西主要农田水利活动》，《古今农业》2005 年第 2 期。

李晓方、陈涛：《明清时期萧绍平原的水利协作与纠纷——以三江闸议修争端为中心》,《史林》2019 年第 2 期。

李悦、吕艳红:《权利和权力错位的政治哲学分析》,《学术论坛》2007 年第 4 期。

李振宏:《中国古代均平文化论纲》,《学术月刊》2006 年 2 月号。

廖艳彬:《国家、社会与地方水利系统管理——以明清鄱阳湖流域为中心》,《人文论丛》2014 年第 1 期。

林喆:《权力、资源与分配——平等分配问题的法哲学思考》,《法学研究》1996 年第 2 期。

刘圣鹏:《终极信仰与终极信仰的世俗化——中国古代文化信仰的知识学分析》,《学术论坛》2007 年第 7 期。

刘世定、邱泽奇:《"内卷化"概念辨析》,《社会学研究》2004 年第 5 期。

刘伟:《治水社会的政治逻辑反思》,《绿叶》2007 年第 6 期。

刘晔、罗飞:《中国传统"法治"的政治学诠释》,《上海社会科学院学术季刊》2000 年第 1 期。

刘泽华:《开展思想与社会互动和整体研究》,《历史教学》2001 年第 8 期。

刘泽华、张分田:《开展统治思想与民间社会意识互动研究》,《天津社会科学》2004 年第 3 期。

刘志刚、陈先初:《传统水利社会的困境与出路——以民国沅江廖堡地区河道治理之争为例》,《中国历史地理论丛》2015 年第 4 期。

龙登高:《施坚雅的中国社会经济史研究述评》,《国外社会科学》1998 年第 2 期。

龙太江:《乡村社会的国家政权建设:一个未完成的历史课题——兼论国家政权建设中的集权与分权》,《天津社会科学》2001 年第 3 期。

罗志田:《科举制废除在乡村中的社会后果》,《中国社会科学》2006 年第 1 期。

吕廷君:《论民间法的社会权力基础》,《求是学刊》2005 年第 5 期。

马宝成:《试论政治权力的合法性基础》,《天津社会科学》2001 年第 1 期。

马敏:《放宽中国近代史研究的视野——评介〈近世中国之传统与蜕变〉》,《历史研究》1999 年第 5 期。

马敏:《政治仪式:对帝制中国政治的解读》,《社会科学论坛》2003 年第 4 期。

马敏:《政治象征符号的工具价值分析》,《四川行政学院学报》2004 年
  第 4 期。

马敏:《政治象征:作为意义和价值阐释的功能分析》,《辽东学院学报》
  2006 年第 3 期。

马泰成:《中国水利社会下的政治理性与经济效率》,《制度经济学研究》
  2017 年第 3 期。

宁立波、靳孟贵:《我国古代水权制度变迁分析》,《水利经济》2004 年
  第 6 期。

欧阳静:《水利合作的社会基础——皖中薛村调查随笔》,《中国乡村发
  现》2010 年第 2 期。

欧阳英:《试论权利与公共物品的内在关联》,《哲学研究》2004 年第
  9 期。

潘明涛:《州县际水利纠纷与地方志书写——以 17 世纪滏水流域为中
  心》,《史林》2015 年第 5 期。

钱杭:《库域型水利社会研究——萧山湘湖水利集团的兴与衰历史研究》,
  《历史研究》2009 年第 6 期。

强世功:《“法律不入之地”的民事调解——一起“依法收贷”案的再分
  析》,《比较法研究》1998 年第 3 期。

秦晖:《农民需要怎样的“集体主义”——民间组织资源与现代国家整
  合》,《东南学术》2007 年第 1 期。

曲鲁捷:《政治理念文明是政治文明的精髓》,《武汉理工大学学报》(社
  会科学版)2004 年第 1 期。

任丹丽:《论水权的性质》,《武汉理工大学学报》(社会科学版)2006 年
  第 3 期。

任放:《施坚雅模式与中国近代史研究》,《近代史研究》2004 年第 4 期。

任放:《近代市镇研究的方法论》,《清华大学学报》(哲学社会科学版)
  2006 年第 3 期。

石玉波:《关于水权与水市场的几点认识》,《中国水利》2001 年第 2 期。

史建云:《对施坚雅市场理论的若干思考》,《近代史研究》2004 年第
  4 期。

宋靖野:《水利、市场与社会变迁——对川南五通堰的历史人类学考察
  (1877—1941)》,《中国社会经济史研究》2017 年第 2 期。

苏敏、曾长进:《乡土社会的“无讼”文化:一个法社会学解释》,《社
  会》2001 年第 8 期。

孙立平：《"过程—事件分析"与当代中国国家——农民关系的实践形态》，《清华社会学评论》特辑1，清华大学社会学系编，2000年6月。

田东奎：《水利碑刻与中国近代水权纠纷解决》，《宝鸡文理学院学报》（社会科学版）2006年第3期。

田东奎：《中国近代水权纠纷解决的启示》，《政法学刊》2006年第3期。

田广清、李倩、刘建伟：《制度的十大功能：学理层面的诠释》，《北京行政学院学报》2007年第5期。

仝志辉、贺雪峰：《村庄权力结构的三层分析：兼论选举后村级权力的合法性》，《中国社会科学》2002年第1期。

王笛：《大众文化研究与近代中国社会——对近年美国有关研究的述评》，《历史研究》1999年第5期。

王惠娜：《团体特征与灌溉自组织治理：两个村庄的比较研究》，《公共行政评论》2013年第6期。

王建革：《河北平原水利与社会分析（1368—1949）》，《中国农史》2000年第2期。

王锟：《寻求"精英思想"与"民众观念"的统一———对中国思想史的一些思考》，《南京大学学报》（哲学·人文科学·社会科学）2005年第2期。

王铭铭：《象征的秩序》，《读书》1998年第2期。

王铭铭：《"水利社会"的类型》，《读书》2004年第11期。

王铭铭：《宗族、社会与国家——对弗里德曼理论的再思考》，《中国社会科学季刊》（香港）总第16卷。

王琴、谭振亚：《试论政治理念文明的学理范畴》，《湖北社会科学》2007年第2期。

王先明、常书红：《晚清保甲制的历史演变与乡村权力结构——国家与社会在乡村社会控制中的关系变化》，《史学月刊》2000年第5期。

王先明：《士绅构成要素的变异与乡村权力》，《近代史研究》2005年第2期。

王先明：《"区域化"取向与近代史研究》，《学术月刊》2006年第3期。

王振海：《社会与国家关系的现实选择》，《政治学研究》1996年第3期。

魏文斌：《从"治水社会"到"水利社会"》，《浙江水利水电学院学报》2022年第4期。

吴承明：《从传统经济到现代经济的转变》，《中国经济史研究》2003年第1期。

吴承明：《研究经济史的一些体会》，《近代史研究》2005 年第 3 期。

吴理财：《对农民合作"理性"的一种解释》，《华中师范大学学报》（人文社会科学版）2004 年第 1 期。

吴思红：《乡村秩序的基本逻辑》，《中国农村观察》2005 年第 4 期。

萧延忠：《中国思想研究的独特视角——从〈知识与文化〉看"中国思想"研究方法之方法论问题》，《开放时代》2003 年第 4 期。

萧正洪：《历史时期关中地区农田灌溉中的水权问题》，《中国经济史研究》1999 年第 1 期。

谢继忠：《明清时期石羊河流域的水利开发与水利管理——河西走廊水利社会史研究之六》，《边疆经济与文化》2014 年第 1 期。

谢湜：《"利及邻封"——明清豫北的灌溉水利开发和县级关系》，《清史研究》2007 年第 2 期。

谢岳、陈振群：《政治控制的限度：国家与社会关系研究新视角》，《中共福建省委党校学报》2001 年第 7 期。

行龙：《明清以来山西水资源匮乏及水案初步研究》，《科学技术与辩证法》2000 年第 6 期。

行龙：《论区域社会史研究的理论与方法——山西明清社会史研究》，《史学理论研究》2004 年第 4 期。

行龙：《晋水流域 36 村水利祭祀系统个案研究》，《史林》2005 年第 4 期。

行龙《从"治水社会"到"水利社会"》，《读书》2005 年第 8 期。

徐勇：《当前中国农村研究方法论问题的反思》，《河北学刊》2006 年第 2 期。

许苏民：《中国思想史研究的意义》，《河南社会科学》2008 年第 1 期。

薛莉、武华光、胡继连：《农用水集体供应机制中"公地悲剧"问题分析》，《山东社会科学》2004 年第 9 期。

杨龙：《新制度经济学的政治学意义》，《政治学研究》1998 年第 3 期。

杨秀香：《走向制度化的伦理学——对中国现代化进程中道德建设的反思》，《中国人民大学学报》2006 年第 1 期。

姚亚美：《浅议山西省农业水权》，《科技情报开发与经济》2006 年第 8 期。

叶文辉：《农村公共产品供给制度变迁的分析》，《中国经济史研究》2005 年第 3 期。

虞和平：《关于中国现代化史研究的新思考》，《史学月刊》2004 年第 6 期。

湛志伟：《"公地悲剧"及其治理的博弈分析》，《经济评论》2004 年第
　3 期。

张爱华：《"进村找庙"之外：水利社会史研究的勃兴》，《史林》2008 年
　第 5 期。

张德元：《农村的人文贫困与农村的制度"贫困"》，《人文杂志》2002 年
　第 1 期。

张分田：《深化中国古代统治思想研究的几点思考》，《天津师范大学学
　报》（社会科学版）2007 年第 3 期。

张果、吴耀友、段俊：《走出"公地悲剧"——"农村水利供给内部市场
　化"制度模式的选择》，《农村经济》2006 年第 8 期。

张荷：《山西水利建设 50 年回眸》，《山西水利》1999 年第 5 期。

张继焦：《非正式制度、资源配置与制度变迁》，《社会科学战线》1999
　年第 1 期。

张建民：《碑石所见清代后期陕南地区的水利问题与自然灾害》，《清史研
　究》2001 年第 2 期。

张静：《历史：地方权威授权来源的变化》，《开放时代》1999 年第 3 期。

张景平：《水利、政治与区域社会——以民国鸳鸯池水库建设为中心》，
　《近代史研究》2021 年第 5 期。

张俊峰：《水权与地方社会——以明清以来山西省文水县甘泉渠水岸为
　例》，《山西大学学报》（哲学社会科学版）2001 年第 6 期。

张俊峰：《明清以来山西水力加工业的兴衰》，《中国农史》2005 年第
　4 期。

张俊峰：《明清时期介休水案与"泉域社会"分析》，《中国社会经济史研
　究》2006 年第 1 期。

张俊峰：《前近代华北乡村社会水权的表达与实践——山西"滦池"的历
　史水权个案研究》，《清华大学学报》（哲学社会科学版）2008 年第
　4 期。

张俊峰：《油锅捞钱与三七分水：明清时期汾河流域的水冲突与水文化》，
　《中国社会经济史研究》2009 年第 4 期。

张俊峰：《明清中国水利社会史研究的理论视野史学理论研究》，《史学月
　刊》2012 年第 2 期。

张俊峰：《超越村庄："泉域社会"在中国研究中的意义》，《学术研究》
　2013 年第 7 期。

张俊峰：《清至民国山西水利社会中的公私水交易——以新发现的水契和

水碑为中心》,《近代史研究》2014 年第 5 期。

张俊峰、武丽伟:《明以来山西水利社会中的宗族——以晋水流域北大寺
　武氏宗族为中心》,《青海民族研究》2015 年第 2 期。

张俊峰:《金元以来山陕水利图碑与历史水权问题》,《山西大学学报》
　(哲学社会科学版)2017 年第 3 期。

张俊峰:《清至民国内蒙古土默特地区的水权交易——兼与晋陕地区比
　较》,《近代史研究》2017 年第 3 期。

张俊峰:《当前中国水利社会史研究的新视角与新问题》,《史林》2019
　年第 4 期。

张浚:《比较研究:一种跨文化的政治学分析方法》,《政治学研究》1997
　年第 1 期。

张康之:《论权利观念的历史性》,《教学与研究》2007 年第 1 期。

张小劲:《"中国农村研究:交流与沟通"学术会议述要》,《社会主义研
　究》1998 年第 4 期。

张小劲:《比较政治学的历史演变:学科史的考察》,《燕山大学学报》
　(哲学社会科学版)2000 年第 1 期。

张小军:《复合产权:一个实质论和资本体系的视角——山西介休洪山泉
　的历史水权个案研究》,《社会学研究》2007 年第 4 期。

张宇辉:《近代山西雁北水利股份公司述要》,《海河水利》2001 年第
　6 期。

章开沅:《传统文化与现代化》,《华中理工大学学报》(社会科学版)
　1995 年第 1 期。

赵崔莉:《清代皖江圩区的组织功能与社会控制》,《农业考古》2008 年
　第 3 期。

赵崔莉:《联圩的防汛——由〈当邑官圩修防汇述〉管窥清代当涂官圩的
　防汛》,《中国地方志》2010 年第 1 期。

赵鼎新:《集体行动、搭便车理论与形式社会学方法》,《社会学研究》
　2006 年第 1 期。

赵红梅:《简论中国价值观念的"大传统"》,《湖北大学学报》(哲学社
　会科学版)2002 年第 1 期。

赵世瑜:《分水之争:公共资源与乡土社会的权力和象征——以明清山西
　汾水流域的若干案例为中心》,《中国社会科学》2005 年第 2 期。

郑萍:《村落视野中的大传统与小传统》,《读书》2005 年第 7 期。

郑祥福、徐正铨:《论罗尔斯正义理论中的实质正义诉求》,《浙江社会科

学》2014 年第 3 期。

周亚、张俊峰：《清末晋南乡村社会的水利管理与运行——以通利渠为例》，《中国农史》2005 年第 3 期。

朱海龙：《哈贝马斯的公共领域与中国农村公共空间》，《科技创业月刊》2005 年第 5 期。

朱启才：《经济制度变迁中的权力结构及其影响》，《经济问题探索》2001 年第 11 期。

庄华峰：《古代江南地区圩田开发及其对生态环境的影响》，《中国历史地理论丛》2005 年第 7 期。

邹小站：《中国近代思想史研究方法学术研讨会综述》，《历史研究》2003 年第 1 期。

［德］E. 威德：《西方发展过程中的思想、制度和政治文化》，英国《理论政治学杂志》季刊 1990 年第 4 期。

［美］萨拉·纽兰：《何种公共？谁之物品？——中国农村的公共产品提供》，《国外社会科学》2017 年第 3 期。

［日］丰岛静英：《中国西北部にぉけゐ水利共同体について》，《历史学研究》1956 年第 201 号。

［日］祁建民：《八復渠水案与古代"均水"理念》，《中国社会历史评论》2014 年第 15 卷。

［日］森田明：《明清时代の水利团体——その共同体的性格について》，《历史教育》1965 年第 13 卷第 9 号。

［英］沈艾娣：《道德、权力与晋水水利系统》，《历史人类学学刊》2003 年第 1 期。

［英］约翰·格林：《经济、国家与市民社会》，《中国社会科学季刊》（香港）1994 年夏季卷。

Clifford Geertz, "The Wet and the Dry Traditional Irrigation in Bali and Morocco", *Human Ecology*, Vol. 1, No. 1, 1972.

D. Suresh Kumar, "Adoption of Drip Irrigation System in India: Some Experience and Evidence", *The Bangladesh Development Studies*, Vol. 35, No. 1, 2012.

Gautam Pingle, "Irrigation in Telangana: The Rise and Fall of Tanks", *Economic and Political Weekly*, Vol. 46, No. 26/27, 2011.

Gordon, H. S., "The Economic Theory of a Common - Property Resource: The Fishery", *Journal of Political Economy*, Vol. 62, 1954.

Gül Özerol, "Institutions of Farmer Participation and Environmental Sustainability: A Multi – level Analysis from Irrigation Management in Harran Plain", Turkey, *International Journal of the Commons*, Vol. 7, No. 1, 2013.

Hardin, G. , "The Tragedy of the Commons", *Science*, Vol. 162, 1968.

Henk Schulte Nordholt, "Dams and Dynasty, and the Colonial Transformation of Balinese Irrigation Management", *Human Ecology*, Vol. 39, No. 1, Studies of the Subak: New Directions, New Challenges, 2011.

James E. Nickum, "An Instance of Local Irrigation Management in China", *Economic and Political Weekly*, Vol. 12, No. 40, 1977.

Jasveen Jairath, "Social Conditioning of Technology Use: A Study of Irrigation and Production in Punjab, 1965 – 1970", *Economic and Political Weekly*, Vol. 21, No. 13, 1986.

K. Sivasubramaniyan, "Sustainable Development of Small Water Bodies in Tamil Nadu", *Economic and Political Weekly*, Vol. 41, No. 26, 2006.

Pradeep Puradare, "Water Governance and Droughts in Marathwada", *Economic and Political Weekly*, Vol. 48, No. 25, 2013.

Rahul Ramagundam, "Complexities in Natural – Resource Management: Irrigation Infrastructure in Bihar", *Development in Practice*, Vol. 19, No. 1, 2009.

Robert C. Hunt, "Size and the Structure of Authority in Canal Irrigation Systems", *Journal of Anthropological Research*, Vol. 44, No. 4, 1988.

Silvia Freiin Ebner von Eschenbach, "Managing Floods and Droughts by Invocating the Water Spirits: Analyzing Prayers for Rain (daoyu 祷雨) and Prayers for a Clear Sky (qiqing 祈晴). With Some Examples from Local Source Material of the Song 宋 Dynasty (960 – 1279)", *Zeitschrift der Deutschen Morgenländischen Gesellschaft*, Vol. 169, No. 1, 2019.

T. K. Jayaraman, "Farmers' Organisations in Surface Irrigation Projects: Two Empirical Studies from Gujarat", *Economic and Political Weekly*, Vol. 16, No. 39, 1981.

V. Santha Kumar and R. Rajagopalan, "Technological Prejudice: Case of Indian Irrigation", *Economic and Political Weekly*, Vol. 28, No. 14, 1993.

Vikas Rawal, "Irrigation Statistics in West Bengal", *Economic and Political Weekly*, Vol. 36, No. 27, 2001.

Vineetha Menon, Antonyto Paul and K. N. Nair, "Dynamics of Irrigation Institutions: Case Study of a Village Panchayat in Kerala", *Economic and Political Weekly*, Vol. 40, No. 9, 2005.

Wai Fung Lam and Chung Yuan Chiu, "Institutional Nesting and Robustness of Self-governance: The Adaptation of Irrigation Systems in Taiwan", *International Journal of the Commons*, Vol. 10, No. 2, 2016.

V　学位论文

郭瑞萍:《我国农村公共产品供给制度研究》,博士学位论文,西北农林科技大学,2005 年。

刘彦文:《水利、社会与政治——甘肃省引洮工程研究（1958—1962)》,博士学位论文,华东师范大学,2012 年。

罗兴佐:《治水:国家介入与农民合作》,博士学位论文,华中师范大学,2005 年。

孟凡胜:《明清徽州水利社会几个问题的研究》,博士学位论文,安徽大学,2013 年。

田东奎:《中国近代水权纠纷解决机制研究》,博士学位论文,中国政法大学,2006 年。

许和隆:《冲突与互动:转型社会政治发展中的制度与文化》,博士学位论文,苏州大学,2006 年。

姚建文:《政权、文化与社会精英》,博士学位论文,苏州大学,2006 年。

张俊峰:《明清以来洪洞水利与社会变迁》,博士学位论文,山西大学,2006 年。

周亚:《环境影响下传统水利的结构和趋势研究》,硕士学位论文,陕西师范大学,2006 年。